QUALITY EVALUATION OF EARLY CHILDHO
RESEARCH AND PRACTICE

学前教育质量评价：研究与实践

胡碧颖　王　双／著

北京师范大学出版集团
BEIJING NORMAL UNIVERSITY PUBLISHING GROUP
北京师范大学出版社

图书在版编目（CIP）数据

学前教育质量评价：研究与实践/胡碧颖，王双著. —北京：北京师范大学出版社，2021.1（2024.9重印）
ISBN 978-7-303-26449-0

Ⅰ.①学… Ⅱ.①胡… ②王… Ⅲ.①学前教育－教育评估－研究 Ⅳ.①G610

中国版本图书馆 CIP 数据核字（2020）第 218448 号

图书意见反馈 gaozhifk@bnupg.com 010-58805079
营销中心电话 010-58802181 58805532

出版发行：北京师范大学出版社 www.bnupg.com
北京市西城区新街口外大街 12-3 号
邮政编码：100088
印　　刷：北京溢漾印刷有限公司
经　　销：全国新华书店
开　　本：787 mm×1092 mm　1/16
印　　张：24.5
字　　数：426 千字
版　　次：2021 年 1 月第 1 版
印　　次：2024 年 9 月第 4 次印刷
定　　价：69.00 元

策划编辑：苏丽娅　　　　　　责任编辑：齐　琳　张筱彤
美术编辑：焦　丽　　　　　　装帧设计：焦　丽
责任校对：段立超　王志远　　责任印制：陈　涛　赵　龙

专家推荐序一

中国的教育研究长期因缺乏实证研究范式的应用而受到关于可靠性与科学性的质疑。近年来，中国的教育研究加快了国际化步伐，开始呈现实证化的趋势。然而，中国学前教育领域的实证研究仍旧非常薄弱，众多学前教育研究者缺少实证研究方法的系统性训练。从质量评价的角度看，中国现有的学前教育质量评价往往是基于感性经验或主观意识来开展实践工作的，缺少以实证研究为支撑的理论框架的指导，质量评价中的许多指标与幼儿的发展及学习相关甚少。胡碧颖教授及其学生王双所著的《学前教育质量评价：研究与实践》在这一背景下应运而生。该书系统地介绍了有关学前教育质量评价的理论、概念、工具、实践与相关研究，对于中国学前教育研究与实践的进一步发展有很大的启发意义。

胡碧颖教授是我在澳门大学任职时的同事。在澳门大学的支持下，她主持的几项关于中国幼儿园质量的课题，围绕质量与儿童发展这一研究主题，进行了一系列深入的探索，获得了一批高质量研究成果，且组建了一支在亚洲地区幼儿教育领域研究产出丰富、颇具影响力的团队。这些研究从国际学前教育质量的研究热点出发，基于国际研究者已达成共识的理论框架与研究范式，探索了中国社会文化背景下的幼儿教育质量及质量提升的实践。这些研究涉及师幼互动、教师专业发展、儿童发展、教育政策等诸多方面，对学前教育质量的评价与提升进行了全面且系统的审视。

有效的教育研究应具备本土性与实践性的特点。胡碧颖教授开展的研究以中国社会文化为背景，立足于中国学前教育实践，关注中国学前儿童的发展。这些研究一方面为中国学前教育的实践与政策制定提供了参考，另一方面向世界介绍了中国学前教育的经验、现状与挑战，增强了中国学前教育研究在国际上的话语权。胡碧颖教授把其中一些高质量研究进行的归纳总结，写进了这本《学前教育质量评价：研究与实践》。通过这本书，读者能够了解学前教育质量与儿童发展研究中通常使用的概念、理论框架、研究设计与分析方法。

质量是教育发展的生命线，也是教育研究的主阵地，它关乎每位儿童的成长与发展。对教育质量的研究与实践没有终点。希望胡碧颖教授及其学生的这本书能够为中国学前教育领域的政策制定者、研究者及实践者带来启发。

"路漫漫其修远兮，吾将上下而求索。"以此与胡碧颖教授及其学生共勉。

范息涛

2020 年 10 月，于深圳

专家推荐序二

自 2010 年《国务院关于当前发展学前教育的若干意见》（简称"学前教育国十条"）颁布以来，中国学前教育事业总体发展态势良好，进步神速，成绩喜人。2020 年，《国家中长期教育改革和发展规划纲要（2010—2020 年）》所制定的中长期目标也迎来达标验收。困扰中国学前教育几十年的三个难题中的两个——"入园难"和"入园贵"——也基本得到解决，但最后一个难题——"入园差"——仍未完全解决。

"入园差"其实就是质量问题。由于学前教育质量的提升是一场持久战，需要在教师培训、文化培育、资源投入和体制建设等多方面下功夫，因此，这也成为学前教育事业大发展的攻坚战。要攻坚，必须要有利器。澳门大学胡碧颖教授及其学生王双所著的《学前教育质量评价：研究与实践》正是在此紧要关头为我们送来的"锋利的攻坚武器"。这本书的出版，可为解决"入园差"问题提供有效的工具，为在全国范围内推进学前教育质量评估与提升带来一场"及时雨"。可喜可贺，值得称赞！

胡教授原在美国执教，2012 年回国并任教于澳门大学，创建了学前教育与儿童发展研究中心并担任中心主任至今。在澳门大学的这 7 年多时间里，她带领团队专注于中国学前教育质量评估的大样本追踪研究，将国际通用的班级互动评估系统（CLASS）和幼儿学习环境评量表（ECERS）等量化工具进行本地化和标准化，验证其信度与效度，并建立了广东 CLASS 和浙江 ECERS 两大数据库。在此基础上，她的团队在《幼儿研究季刊》（*Early Childhood Research Quarterly*）、《儿童与青少年服务评论》（*Children and Youth Service Review*）等国际顶尖期刊上发表了大量研究报告，将中国学前教育质量研究推向国际领先水平，引起了国际学术界的广泛关注。

但是，这些英文学术期刊受众面窄，中国广大学前教育工作者往往无法了解和运用胡教授团队的最新研究成果。为了解决这一问题，胡教授利用工余时间，将其研究成果翻译、整理、修改、润色，终成这一重要著作。作为中国学前教育质量实证研究的里程碑式作品，这本书从质量评价实践和教育实证研究的双重视角出发，在厘清学前教育质量的定义、框架与研究热点的基础上，对班级整体质量、班级师幼互动质量、教师专业发展、托幼机构管理者领导力、政策工具及其有效性、儿童发展、0～3岁托育服务质量共7个热门话题进行了系统性的梳理和探讨，介绍了相关理论框架和测评工具，总结了大量国内外实证研究。内容翔实丰富，有理有据。

感谢胡教授盛情相邀，让我为她的新作写推荐序，我得以先睹为快！我深信，此书正式出版后，会大大促进中国学前教育质量评估的科学发展，也会给业界带来深远影响。当然，由于时间和篇幅有限，此书还留有一定的余地，也为再版提供了机会。我相信，经过未来几年的广泛应用，此书所介绍的工具和方法将会得到极大的普及和推广，而学界与业界也会不断推陈出新，与时俱进。

在此，祝愿中国学前教育事业不断发展壮大，成长为世界之林里那棵最茂盛的参天大树。桃李无言，下自成蹊！

是为序。

李 辉

2020年8月，于悉尼

作者序

我自攻读博士学位起，一直专注于学前教育质量方面的研究。10 多年前，我在我的博士学位论文中思考：在中国的社会文化背景中，什么是高质量的学前教育？如何提升中国的学前教育质量？基于这两个宽泛的问题，我开启了中国学前教育质量研究之旅。在这一研究旅途中，具体的研究问题接踵而至——能够对儿童发展产生短期和长期影响的关键质量要素是什么？不同的质量要素如何影响儿童具体领域的发展？是否存在能够有效促进儿童学习和发展质量的门槛效应（即什么是基本有质量的学前教育）？幼儿园应如何分配财政资源从而最有效地促进儿童的学习与发展？什么样的质量提升政策工具可以最大地促进儿童的学习和发展？有效促进儿童发展的师资培训模式具备哪些特征？等等。这些问题皆围绕学前教育质量的定义、评估与提升展开，它们既是世界各国学前教育发展与改革的核心议题，也是学前教育研究的永恒主题。

在美国的大学执教 3 年后，我于 2012 年回国，并在国内从事有关学前教育质量的研究。我的团队于 2014 年在国内开展了首项关于学前教育质量与儿童发展的大型追踪课题研究。这个追踪课题让我有机会基于实证研究，探索关于中国幼儿园班级质量、教师专业发展等一系列研究议题。随着对这些问题的深入探讨，我的研究视野不断拓宽，研究水平和能力持续提升，对质量内涵的理解也不断深化。截至今日，我在这一领域陆续发表了近 90 篇英文论文，这些论文涉及中国学前教育质量的方方面面。尽管如此，我一直深感遗憾，觉得应该用中文对自己十几年的研究进行一个总结，让我的研究成果被更多的国内学前教育工作者看到，并能对他们产生影响。本书便在这样的愿景下诞生。

对学前教育质量的评价，既是提升学前教育质量的重要实践，也是基于实证视角开展的评价研究。本书基于质量评估实践与教育实证研究的双重视角，在明确学前教育质量的定义、框架与研究热点的基础上，分别从班级整体质量、班级师幼互动质量、教师专业发展、托幼机构管理者领导力、政策工具及其有效性、儿童发展、0～3 岁托育服务质量 7 个方面，对学前教育质量进行了系统性讲解和探讨。针对以上 7 个方面，本书介绍了一系列关于学前教育质量的理论框架和测评工具，总结了大量基于科学测量工具开展的国内外实证研究。我相信，本书对于国内关注学前教育质量的教师、学者、政策制定者及研究生等都会有实质性的帮助和启发。此外，需要说明的是，本书在研究和写作方面，难免有疏漏之处，恳请各位同人与读者批评指正。

此外，我要感谢我的研究团队，没有他们的努力和付出，就不会有支撑本书的丰硕研究成果。我还要特别感谢我的人生导师，也是我所遇到过的最优秀的领导——范息涛教授。在我对自己的研究能力产生怀疑的时候，是他给予了我莫大的信任和支持，让我有勇气迈开步伐；每当我和研究团队遇到困难与瓶颈时，他总能用智慧和经验帮助我们走出困境。最后，感谢我的家人，在这十几年里他们始终是我最坚实的后盾，让我安心地把自己的事业放在最重要的位置，在今后的日子里，我要更珍惜你们！

回首来路，我一直提醒自己不能忘记初衷。在学前教育质量研究的旅途中，我仅迈开了第一步。"路漫漫其修远兮，吾将上下而求索。"我将孜孜不倦地用一生来探究高质量学前教育这一议题，写下此序，与我的同行们共勉！

胡碧颖

2020 年 8 月，于澳门

第一章 学前教育质量的定义、框架与研究热点

Chapter One

❧ 本章导读 ❧

有质量的学前教育具有促进儿童发展、改善家庭与社区的功能。推进学前教育公平，确保每位儿童接受有质量的学前教育，是世界各国学前教育事业所追求的目标。学前教育质量的定义、评估与提升既是当下世界各国学前教育改革与发展的重要议题，也是学前教育研究的永恒主题。20世纪80年代末至今，中国各级政府根据对本土高质量幼儿园的经验总结开展了系统性的学前教育质量评价工作，制定并颁布了幼儿园质量验收标准，并通过自上而下的形式，有组织、有计划地对托幼机构进行分等定级的质量测评与提升。2010年颁布的《国家中长期教育改革和发展规划纲要（2010—2020年）》和《国务院关于当前发展学前教育的若干意见》（简称"学前教育国十条"）明确提出，把提高质量作为教育改革发展的核心任务，保障适龄儿童接受基本的、有质量的学前教育，建立幼儿园保教质量评估监管体系。然而，很多地方的评级工作仍然缺少系统性的理论支持和实证研究支持，质量提升工作也缺乏科学的指导。进一步明确学前教育质量的内涵与结构，仍是我国学前教育质量研究的一项重要任务。

20世纪60年代，以美国为代表的一些国家开始关注并研究"什么是有质量的学前教育"及"学前教育中的哪些质量要素能够促进幼儿的发展及其长远的人生成功"这两个问题，并持续探索至今。当前，很多国外学者关注学前教育质量对儿童身心发展的促进作用，认为只有促进儿童全面发展的学前教育才真正符合教育的目的。国内有学者认为，鉴于托幼机构设置的目的与核心任务，学前教育质量在很大程度上取决于其满足幼儿身心健康发展需要的程度（李克建、胡碧颖，2012）。然而，从社会视角出发，学前教育质量也需关注各利益主体的需要（利益主体可能是社会发展需求、托幼机构、儿童家长及儿童本身）。因此，学前教育质量也可被视为托幼机构满足相关利益主体的需要的特征总和。

时至今日，如何定义、评估和提升质量依旧是各国学前教育领域的一项重大研究议题。科学定义质量并制定与之相匹配的评估方式和质量提升措施，在理论和实践方面仍然是一项挑战。当质量评估的目的是提升质量并最大限度地促进儿童的学习经验与身心发展时，这项挑战就变得更加突出。因此，学前教育质量评估工作需要解决的关键问题是：提炼不同文化下的学前教育的核心质量要素（即回答"什么是有质量的学前教育"这一问题），并开展与之相匹配的评估工作和有针对性的质量提升工作，继而有效地促进儿童的全面发展。

本章介绍了一系列学前教育质量的定义，从广度和深度两个维度构建学前教育质量框架，讲解当前学前教育质量研究的几个热点议题与选题，并讨论学前教育质量评价中的几个争议性问题。

第一节　学前教育质量的定义

在过去近 40 年的研究中，国际学界关于学前教育质量的说法并没有完全统一。在不同的研究中，常见概念有整体质量（global quality/overall quality）、机构质量（program quality）、观察质量（observed quality）、班级质量（classroom quality）、环境与过程性质量（environment and process quality）、结构性质量（structural quality）和过程性质量（process quality）等。不同的学前教育质量概念之间存在一些混淆，不同研究的表达方式也不一致（Layzer & Goodson, 2006）。与此同时，学前教育环境中对儿童发展预测性较强的一些质量要素，因其宽泛甚至含混不清的质量定义而没有在研究中得到充分的关注与合理的评价。

也有不少学者试图对质量进行明确的界定。20 世纪 90 年代初，有学者（Grisay & Mählck, 1991）提出，教育质量应该包括 3 个内在相关的维度：为教学提供的人与物质资源的质量（投入）；教学实践的质量（过程）；成果的质量（产出和结果）。也有学者（Love & Schochet, 2000）认为，托幼机构的教育质量应从 5 个方面来考虑：托幼机构的动态特征，如师幼互动、教师行为、教学活动等；托幼机构的静态特征，如物质环境、安全和健康特征、材料等；工作人员的特征，如教师的培训、经验、工资及福利等方面的情况；管理与支持性服务，如工作人员的发展机会、财政情况等；家长的参与，如教师与家长的关系、家长的支持、家园互访等。还有学者（Dunn, 1993）指出，传统的对质量的定义包含多方面的近端（proximal）特征（如课程、班级互动）和远端（distal）特征（如机构特征、政策），这些质量特征的重要程度并不相同，这便造成了一些质量的定义过于宽泛、质量对儿童的发展缺少指向性的状况。

总之，对学前教育质量做出精确且可操作的定义较为困难。因为质量概念及其内涵具有多层次性，所以通过某个评估工具来对质量的全部概念及其内涵进行定义与测量往往很困难。以学前教育领域近 30 年应用最为广泛的质量评估工具幼儿学习环境评量表（Early Childhood Environment Rating Scale, ECERS）为例，虽然该工具从 7 个维度对托幼机构班级质量进行了定义，但从儿童发展的角度来看，有很多重要的质量要素（如户外学习环境、情感支持和教学性互动）在此工具中没有受到足够的重视。著名学者达尔伯格（Dahlberg, 1999）认为，在处理复杂性、价值观性、多样性、主观性、多视角及时空背景的问题时，应采取一种不同的、后现代的方式和立场来理解世界，对于学前教育质量的讨论亦是如此。

综合近几十年学界对质量内涵的理解，对于学前教育质量，可以从结构性质量和过程性质量两个领域来界定；同时，质量还包含第三个领域——结果性质量。此外，对质量也可以从 4 个角度加以理解：结构性质量、师幼互动质量、整体质量、质量监测系统（政策工具）。从质量提升的角度看，结构性质量、过程性质量和结果性质量的各要素之间存在复杂的、动态的关系。基于以上维度和视角，这里对学前教育质量的定义进行具体介绍。

一、学前教育质量的领域

质量的界定具有复杂性。纵观近 40 年的学前教育研究文献，国际学界一般将学前教育质量分为两个领域：结构性质量和过程性质量（Burchinal et al., 1998; Cryer et al., 1999; Cassidy et al., 2005a）。此外，联合国教科文组织（UNESCO）在《全民教育全球监测报告 2005》（"EFA Global Monitoring Report 2005"）中指出，教育质量除包括结构性质量和过程性质量外，还包括第三个领域——结果性质量。

（一）结构性质量

结构性质量主要指托幼机构和班级两个层面的可调节的静态质量。托幼机构层面的结构性质量要素有空间设施、师幼比、财政投入与保教费、教师工资与福利、教师培训与进修、人事管理制度与财务制度、家园合作与社区合作制度、管理者领导力等。班级层面的要素包括班级人数，设施与材料，课程方案，教师的学历、资格证、工作经验、专业发展水平，等等。托幼机构的结构性质量通常受到国家和地区的学前教育政策、管理制度（如办园准入制度）、经济发展水平等因素的综合影响。有研究表明，学前教育管理政策对师幼比、教师专业能力等结构性质量的调节，能够影响学前教育整体质量的提升（Howes et al., 1992）。

（二）过程性质量

过程性质量是指与儿童学习和生活经历直接相关的人际互动的质量（动态质量），包括师幼互动、同伴互动、课程（如发展适宜性的教育活动）、家长参与等质量要素（Howes & Ritchie, 2002; Hamre & Pianta, 2007）。大量研究结果显示，过程性质量会直接影响儿童的健康、认知、语言、社会性等方面的发展（Hamre & Pianta, 2007; Vandell & Wolfe, 2000）。大量的评估工具基于不同的理论框架，定义了过程性质量及其评价方式。当前，国际学前教育质量研究中最常见的过程性质量评估量表是班级互动评估系统（Classroom Assessment Scoring System, CLASS）。其他常见的工具，如养育者互动量表（Caregiver Interaction Scale, CIS）等，也从不同的角度定义并评估了过程性质量。

（三）结果性质量

任何学前教育的实施均以儿童发展目标为依据，提升学前教育质量的最终目标是促进儿童发展。儿童发展水平（或称儿童发展结果，child outcome）是检验学前教育质量的重要指标，可被视为学前教育质量中除结构性质量和过程性质量外的第三个领域——结果性质量。当前，世界各国政府、专业组织或学者制定的学前教育质量标准均围绕着儿童早期发展目标，强调提升质量以促进儿童发展的观念，并持续开展大量的儿童发展测评研究，以此来检验学前教育的有效性、教育政策工具（如质量监测系统）的有效性。

然而，国际上一些学者并不建议将儿童发展水平的评估标准纳入学前教育质量标准，因为对儿童发展水平的评估耗时耗力，信度和效度都难以得到保证；对儿童发展水平的评估往往很难准确地反映某一托幼机构的质量，且将儿童发展水平作为托幼机构评价标准有可能导致教育的功利化（Elicker & Thornburg, 2011）。我国也有学者认为不宜将幼儿发展结果作为质量评价指标，而应关注教育过程中幼儿园对儿童发展评估的重视程度，如考察幼儿园是否将儿童发展评价作为常规性工作（康建琴、刘焱，2011）。综合考虑这些背景因素，将儿童发展水平作为标尺来评价某一个托幼机构的质量可能会产生误导性结论。[①] 然而，值得注意的是，在选取不同类型的、数量较多的托幼机构作为研究样本时，儿童发展水平依然可以成为检验学前教育有效性和政策工具有效性的标尺。

（四）各质量领域之间的关系

康纳斯（Connors，2016）基于前人大量实证研究的结果，总结了 3 个质量领域之间关系的质量模型（见图 1-1）。康纳斯认为，过程性质量与儿童发展有直接且稳定的关系。然而，结构性质量对过程性质量和儿童发展的影响

---

① 有学者（Elicker & Thornburg, 2011）认为，在讨论儿童发展水平与质量的关系时可能会遇到一些潜在的问题。首先，儿童可能会更换托幼机构，此因素不可控；其次，不同托幼机构中的儿童在年龄、能力、文化和语言背景方面有较大差异，因此测量难度较大；最后，有特定需求和期望的家长可能会为孩子选择特定类型的托幼机构，从而影响儿童某方面技能的发展。

均是较弱或不稳定的。事实上，过程性质量还可以细化为情感支持质量和教学支持质量。其中，情感支持与儿童的社会性情绪和行为控制有密切的关联，而教学支持与儿童的认知与学业发展有紧密的关联。过程性质量的逐步细分，让质量促进儿童各领域发展的逻辑更为清晰。

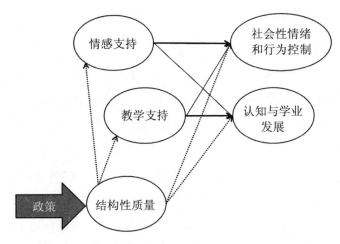

图1-1　3个质量领域之间的关系（Connors，2016）

其中，托幼机构的结构性质量由具体的、可观察的资源或工作条件构成。这些资源或工作条件既可通过观察或文件查询等方式进行评估，也可通过学前教育政策（如政府出台的政策工具）的颁布与实施进行调节。因此，政策干预可以通过结构性质量的调节（如师幼比和教师学历的调节），来间接调节过程性质量（有针对性地调节班级情感支持和教学支持质量），继而影响儿童的社会性情绪、行为控制以及认知与学业的发展。然而，这种政策干预对儿童发展的影响往往是微弱的、不稳定的，其原因在于政策并没有直接干预过程性质量，而过程性质量要素才是直接促进儿童发展的关键质量要素。

二、学前教育质量的视角

如何对学前教育质量进行定义是困扰学前教育研究者多年的问题，美国教育专家皮亚塔等人（Pianta et al.，2016）发表了专题论文《学前教育课堂质量：定义、差距和系统》（"Quality in Early Childhood Education Classrooms: Definitions, Gaps, and Systems"），对学前教育质量的定义进行了精辟的、全方位的解释。他们认为可以通过4个视角来看学前教育质量：结构性质量、师幼互动质量、整体质量和质量监测系统（政策工具）。

（一）结构性质量

结构性质量是托幼机构中相对稳定的、可观测且可调节的静态质量，如教师学历、师幼比、班级规模等。政府往往基于结构性质量的调节（如明文规定、财政投入、专项等）来整体地提升托幼机构质量。政府对结构性质量的调节一般参考国家制定的质量标准，或者依据权威专业机构推荐的质量标准。

当前，国内外托幼机构大多存在师资匮乏的情况，因此，在班级师幼比的安排上往往遵循最低标准的原则。在绝大多数国家和地区，营利性托幼机构是学前教育市场的主体。无论是在美国还是在中国，大部分托幼机构都按照国家和地区规定的结构性质量的最低标准来执行，从而满足其最大程度营利的需求。然而，我国很多托幼机构实际的班额和师幼比尚无法达到政府规定的最低标准，农村幼儿园大班的班额往往超过 35 人，有的班级甚至超过 50人（李克建，2017）。

政府通过调节结构性质量来提升过程性质量，从而实现儿童的全面发展。政府需要思考如何有效地通过质量监测系统来合理设置最低质量要求，如何有效地调配资源来帮助广大托幼机构达到最低标准。政府对教育资源的调配主要体现在：①给予规定期限内达标的幼儿园一定的资金奖励；②对监测不达标的幼儿园，可取缔其经营权；③通过专项资金直接改善幼儿园的结构性质量。政府调节幼儿园结构性质量的最终目的是促进其过程性质量的提升，进而促进儿童的发展。该调节往往需要基于科学的观察和实证研究的决策，其调节的有效性需要实证研究的检验。

（二）师幼互动质量

在托幼机构中，几乎时时刻刻都发生师幼互动。当前，学者一致认为，教师与儿童在班级内的互动深刻地影响儿童各方面的发展，该影响会从学前阶段一直延续到小学阶段，甚至更为长远。来自不同国家的研究者探索了师幼互动对儿童发展的影响，发现师幼互动质量对儿童的认知、语言、社交性情绪能力及执行功能（executive function）的发展有积极的预测作用（Burchinal et al., 2010; Hu et al., 2017; Leyva et al., 2015）。高质量的师幼互动有助于儿童认知与语言的发展，能够提高儿童的学业成绩。此外，高质量的师幼互动对处境不利儿童的帮助更大（Curby et al., 2009; Hamre & Pianta, 2007）。可以说，师幼互动质量是学前教育质量的核心要素。

不同学者基于不同理论框架，对师幼互动质量的理解与定义有所不同。2007 年，皮亚塔及其同事提出了"基于互动的教学理论框架"（teaching through interactions framework, TTI），并于 2008 年提出了当前最具代表性的师幼互动测评工具——CLASS。

CLASS 关注师幼互动过程中教师的系统性、意向性行为。CLASS 将师幼互动质量定义为 3 个领域的内容：情感支持、班级管理和教学支持。其中，情感支持领域强调教师应建立一个温暖安全的情感环境，使儿童在其中有意愿主动探索学习，并享受这个过程；班级管理领域强调教师应提供恰当的行为支持，增进儿童各种活动的参与度，促进儿童自我控制能力和自我管理（self-regulation）能力的发展；教学支持领域强调教师应通过有效的提问、支架教学、内容反馈、示范模仿等方法，促进儿童认知能力及语言能力的发展。近年来，CLASS 及其背后的师幼互动理论在近 30 个国家得以推广，成为当前国际上应用最为广泛的师幼互动质量评估工具之一。一些国家检验了 CLASS 在本国的适用性（如中国、美国、芬兰、智利、德国），结果显示 CLASS 具备跨文化的适用性，即 CLASS 从理论基础到评估内容和方式均不受社会文化背景的限制，适合在不同的社会文化背景中使用。

（三）整体质量

整体质量是结构性质量和过程性质量的总和，包含的质量要素比较广，涉及托幼机构的环境设施和玩教具等可移动和不可移动的物理环境设置、课程的内容与安排、师幼互动等一系列托幼机构中可观测的静态质量与动态质量。整体质量的视角强调过程性质量的重要性，以及结构性质量对过程性质量的支持作用，其评估的对象既可以是托幼机构，也可以是班级。

20 世纪 80 年代初，整体质量作为质量的重要概念，在学前教育质量研究领域开始为学者们所关注。那时，北卡罗来纳大学教堂山分校的 3 位教授研发的 ECERS·是最具代表性的评估班级整体质量的观察性评估量表。当前，ECERS 仍被认为是描述班级整体质量的权威工具，可以从该工具的视角理解班级整体质量的定义。

ECERS 包括关于班级结构性质量和过程性质量内容的 7 个子量表，它们是空间和设施、个人日常照料、语言—推理、活动、互动、课程结构、家长和教师。这 7 个子量表定义了内容丰富的班级整体质量的要素。具体来说，空间和设施子量表针对班级的物理环境；个人日常照料子量表针对班级的卫生、健康和安全实务的情况；语言—推理子量表针对班级质量对儿童语言发展的影响；活动子量表针对班级室内外各种活动的计划性和多样性；互动子量表针对班级教学活动中师幼之间、幼儿之间信息交换的质量；课程结构子量表针对班级课程安排中的时间规则，评价教师面对不同儿童需求的灵活性；家长和教师子量表评价家园互动、教师之间的互动合作、幼儿园对班级教师个人专业成长的支持等多个方面。目前，该量表广泛应用于世界各国的托幼机构班级整体质量的评价与研究。

（四）质量监测系统（政策工具）

质量监测系统（政策工具）的视角关注政府如何通过大规模的幼儿园质量测评（政策工具），有针对性地、整体性地提升本地区托幼机构的质量。在质量监测系统（政策工具）中，托幼机构能够通过持续的评估与督导以及政策与资金支持，系统地、动态地获得质量的提升。该质量监测系统（政策工具）的有效性、成熟性及托幼机构的参与度，均可被视为学前教育质量的重要组成部分。

这里以美国的质量评定与提升系统（Quality Rating and Improvement System, QRIS）为例进行阐释。QRIS 是美国以州政府为主体实施的学前教育综合性项目。作为质量提升的政策性工具，其功能是对托幼机构质量进行监测与评级，通过一系列的政策手段来改善机构质量，同时帮助家长更为理智地选择托幼机构。QRIS 有 5 项基本内容：①质量标准（program standards），指由各州制定的清晰的质量定义与评估方式，以及明确的质量标准与指标；②绩效责任测量（accountability measures），包括质量测量与问责制；③技术支持（technical assistance），包括托幼机构质量提升方案与教师专业支持等；④财政激励（financial incentives），包括教师奖学金、财政津贴、分层补贴等；⑤家长教育（consumer education）。可以说，QRIS 使用一系列质量标准对托幼机构进行质量测量与评级，并向家长发布评级信息。托幼机构可获得诸如教师培训、分级补贴与特殊儿童补贴、质量提升奖励的技术协助和财政激励等方面的收益，持续提升质量，从而使低质量的托幼机构逐渐减少或退出教育市场。此外，QRIS 的运作还可以确保州学前教育政策和财政支出的合理性和有效性。通过持续地整体提升托幼机构的质量（尤其是低质量托幼机构的质量），并将财政补贴有针对性地发放给处境不利儿童，教育公平可获得维护。该系统对政府和家长行为的引导能间接提升托幼机构的教育质量，从而对政府、托幼机构和家长发挥多重作用力，并最终促进儿童的认知、情绪与社会性发展。当前，除 QRIS 外，很多国家（如英国、澳大利亚、芬兰、中国等）均采用政策工具系统性地评估与提升学前教育质量，该机制可以被视为学前教育质量的重要部分。在近几十年里，针对各国学前教育质量提升系统开展的学前教育质量追踪和干预研究均得出一个深刻的理论模型：政策性干预能调节结构性质量，结构性质量能支持师幼互动质量，师幼互动质量能直接影响儿童的发展。基于该模型，我们可以认为，师幼互动质量是所有质量要素中的核心成分。

综上所述，对质量进行精确的定义和测评是提升质量的关键前提。当前国际学界普遍认为，师幼互动是学前教育质量中最关键的质量要素。准确地对师幼互动质量进行评估与调节，是提升学前教育质量的有效途径。

第二节　学前教育质量的框架

构建一个系统的、科学的学前教育质量框架是有效评价学前教育质量的理论前提。从系统的角度来看，学前教育质量体现在政府监测调控、托幼机构环境、班级环境、家庭环境等不同层面。从关键要素的角度来看，学前教育质量的核心内容体现在课程质量上，包括课程方案、师幼互动、儿童发展评价等一系列结构性、过程性和结果性质量要素。本节在一系列学前教育质量定义及大量实证研究（NICHD, 2000; NICHD, 2002; NICHD, 2005; Cassidy et al., 2005; UNESCO, 2005; Burchinal et al., 2010; Burchinal et al., 2011; Zellman & Fiene, 2012; Sabol & Pianta, 2015; Connors & Morris, 2015; Connors, 2016; Pianta et al., 2016; Hu et al., 2017）的基础上，构建了学前教育质量的框架（模型），从而能够更清晰地认识学前教育质量。从系统的视角出发，可以讨论质量的广度；从课程的视角出发，可以讨论质量的深度。本节通过系统与课程两个视角（即质量的广度与深度）构建学前教育质量框架。

一、系统视角下的质量框架

对学前教育质量进行评价时，应将其放置于社会文化背景中，并考虑政府行为对质量的调节作用。UNESCO 在《全民教育全球监测报告 2005》中指出，构建学前教育质量指标体系，应将学前教育放在整个社会发展的大背景下考察，并强调评价和监测学前教育发展的功能。可以说，学前教育质量标准理论框架的建构应考虑到质量体现在儿童、班级、机构、社区、地区、社会（包括文化）等不同层面，增设能够反映学前教育社会背景的质量标准，并关注学前教育质量标准的监测与决策功能。对此，我们构建了静态质量模型，以对不同层面的质量进行描述。此外，学前教育质量包括结构性、过程性和结果性质量领域，各领域包含一系列质量要素，不同质量领域及其质量要素之间存在复杂的动态关系。对此，我们参考了教育评价的"教育背景—教育投入—教育过程—教育产出"模式（CIPP 模式）[①] 的理念，构建了描述不同质量要素关系的动态质量模型。

（一）静态质量模型

生态系统理论（ecological systems theory）（Bronfenbrenner, 1979）的个体发展模型认为，发展中的个体嵌套于相互影响的一系列环境系统中。在这些系统中，系统与个体交互作用，并影响个体的发展。

布朗芬布伦纳（Bronfenbrenner, 1979）认为，环境可被视为一个嵌套结构，每一个环境嵌套在更大的环境中（就像俄罗斯套娃）。换句话说，发展中的个体处在包括直接环境（如家庭、班级）和间接环境（如文化）的环境系统中。直接影响儿童发展的环境为微观系统（microsystem），指与儿童活动和互动直接相关的环境，如家庭、幼儿园班级等环境。第二个环境是中间系统（mesosystem），指各微观系统之间的联系或相互关系。第三个环境为外层系统（exosystem），指儿童并没有直接参与但却对其发展有影响的环境，如父母的工作环境等。第四个环境被称为宏观系统（macrosystem），指的是存在于前述 3 个系统中的文化、亚文化和社会环境，它规定了如何对待儿童、教育儿童及儿童发展的目标。各系统依次嵌套——微观系统嵌于中间系统，中间系统嵌于外层系统，外层系统嵌于宏观系统。每个系统都与其他系统及个体交互作用，影响儿童各领域的发展。

在学前教育领域，基于生态系统理论，学前教育环境包括一系列影响儿童发展的近端与远端环境要素。近端环境要素与儿童直接交互作用，如师幼互动、玩教具、课程计划等；远端环境要素间接影响儿童发展，如托幼机构管理者的领导力、政府质量监控、教师培训等。不同层面的环境要素相互嵌套、交互作用，并影响儿童发展。基于此，学前教育质量作为儿童发展生态系统中的要素，也可被视为一个系统，即学前教育质量系统。在该系统中，质量围绕儿童发展目标这一中心（以促进儿童发展为目标），体现在从微观到宏观的 4 个水平上，包括：①社会文化、政府或组织；②托幼机构；③班级；④儿童。由此便可得出学前教育的静态质量模型（见图 1-2）。

---

① CIPP 模式以决策为中心，包括教育背景（context）、教育投入（input）、教育过程（process）和教育产出（product）4 个维度，能够体现学前教育从投入到产出的过程，强调质量指标为政策制定服务的功能，兼顾学前教育的社会价值和社会效益，具有较好的描述解释性与国际通用性（OECD, 2004）。

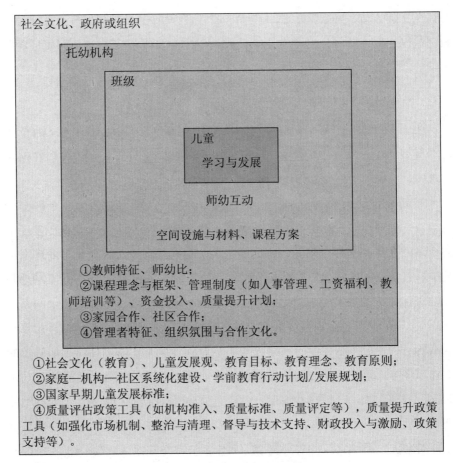

图 1-2 学前教育的静态质量模型

1. 社会文化、政府或组织

首先，从宏观视角（国家和地区）来看，学前教育本身根植于庞大的社会文化生态系统。社会经济发展水平、文化特征与学前教育的发展密切相关。社会文化中大众的育儿观念、育儿方式、教育方式，政府与学界所倡导或规定的儿童发展观、教育目标、教育理念与教育原则，均对学前教育质量有深刻的影响，对儿童发展也会产生间接的影响。

其次，各国政府制订长期学前教育发展规划（或行动计划），从而系统、整体地调配各种资源以发展本国学前教育，提高学前教育供给效率和学前教育质量。此外，家庭、托幼机构与社区的系统化建设是促进儿童发展的重要议题。很多发达国家通过一系列政策工具，依托社区、托幼机构或家长工作单位，为家庭提供更好的物质保障（如与社区合作促进家长就业），开展家长教育和家园互动，支持科学家庭教育的实施，从而为儿童构建良好、适宜、全方位的身心发展环境。

最后，国家层面制定的儿童发展标准为学前教育的实施指明了方向和目标。中央与地方层面颁布的学前教育行动计划（或发展规划），质量评估政策工具（包括托幼机构准入制度、质量评估标准、早期学习标准、质量监测系统等），质量提升政策工具（包括强化市场机制、整治与清理、督导与技术支持、财政投入与激励等政策），均系统地、直接或间接地调节本地区托幼机构的质量，影响学前教育发展，并间接促进儿童发展。

2. 托幼机构和班级

托幼机构是当前世界各国学前教育最主要的实施主体。从托幼机构的空间及组织结构上看，托幼机构一般存在机构组织和班级组织两个水平。从质量领域上看，整体质量可分为结构性质量和过程性质量两个领域。因此，基于康纳斯与莫里斯（Connors & Morris, 2015）提出的质量模型，托幼机构的整体质量可分为：①班级结构性质量；②托幼机构结构性质量；③班级过程性质量；④托幼机构过程性质量。班级结构性质量和班级过程性质量的总和又可被称为班级整体质量。其中，班级过程性质量（如师幼互动质量）是促进儿童发展的核心质量要素。这 4 个质量领域的具体内容见表 1-1。

表 1-1　托幼机构和班级质量领域的具体内容

质量领域	具体内容
班级结构性质量	班级规模与师幼比； 符合标准的日常安排； 发展适宜性游戏材料 / 设施； 游戏区角 / 活动室； 户外空间； 室内空间； 教师学历； 教师资格证； 教师经验； 适宜的儿童发展计划； 课程安排。
托幼机构结构性质量	成人与儿童的比例； 各类管理制度（健康、安全、人事、财务等）； 机构环境创设； 家园合作制度与社区合作制度； 教师办公区；

质量领域	具体内容
托幼机构结构性质量	教职工工资、奖金与福利； 园长与副园长资格与工作经验； 教职工培训计划，专业发展的费用支出； 健康与安全自评或他评； 符合国家质量标准； 完成国家和地区的教育发展任务。
班级过程性质量	社会情绪性互动； 教学互动； 教师对儿童发展的评估/观察； 符合标准的、适宜的课程内容与实施； 个性化课程内容与实施。
托幼机构过程性质量	家长会； 家长教育培训会； 家园互动/家长参与； 教职工定期会议； 教职工专业自评与互评； （第三方）专家指导/督导； 教职工参与幼儿园决策； 园长指导教师教学； 新入职教师培养； 帮扶/督导低质量幼儿园； 组织氛围与学习文化。

以上 4 个质量领域之间有密切的关联。首先，托幼机构结构性质量直接影响班级结构性质量，间接支持班级过程性质量，同时也支持托幼机构过程性质量；其次，托幼机构过程性质量影响班级结构性质量和班级过程性质量；最后，班级结构性质量支持班级过程性质量（如师幼互动质量）。班级过程性质量是促进儿童发展的核心质量要素，班级结构性质量也间接地影响儿童的发展。

3. 儿童

提升学前教育质量的目标是促进儿童的发展，任何学前教育的实施均以儿童发展目标为依据。学前教育对儿童发展的促进作用是衡量学前教育有效性的标尺，儿童发展水平（即儿童发展结果）是检验学前教育质量的重要指标。儿童发展水平可被视为学前教育质量中的结果性质量。

（二）动态质量模型

不同水平（儿童，班级，托幼机构，社会文化、政府或组织）的质量中的各要素之间存在广泛且深刻的交互作用。那么，质量要素以什么样的模式交互作用并最终促进儿童的发展呢？我们基于康纳斯（Connors, 2016）的质量模型及 CIPP 模式，从结构性质量—过程性质量—结果性质量模型的角度出发，建构了动态质量模型，见图 1-3。

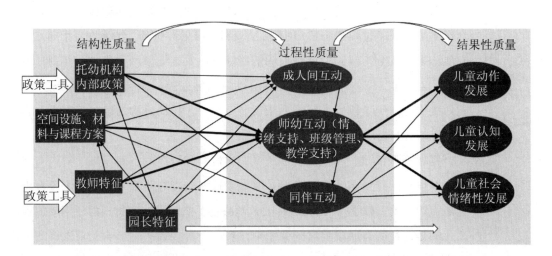

注：①托幼机构内部政策包括师幼比、班级规模、人事管理制度、工资福利、教师职后培训、质量提升计划、收费与资金投入、家园合作政策、社区合作政策等。
②空间设施、材料与课程方案主要指托幼机构和班级层面的结构性质量要素，包括空间设施、玩教具、游戏材料、课程设置（框架）、课程内容与形式等。
③教师特征包括教师的教龄、受教育水平、专业发展水平等。
④政策工具主要指政府层面出台的一系列评估、提升托幼机构质量的学前教育政策。
⑤园长特征包括管理者资质、个人特质、领导力等。
⑥师幼互动以CLASS为理论框架，包括情感支持、班级管理和教学支持3个领域。
⑦成人间互动主要是指家园合作/互动、托幼机构教职工之间的人际互动、组织氛围及教师之间专业发展的合作与互动等。
⑧图中粗实线代表重要且直接的关系，细实线代表直接的关系，虚线代表间接的关系。

图1-3　结构性质量—过程性质量—结果性质量动态质量模型

在动态质量模型中，托幼机构的内部政策，机构和班级的空间设施、材料与课程方案，以及教师与管理者的特征，都属于结构性质量。结构性质量影响过程性质量。其中，托幼机构内部政策（如师幼比、人事管理制度、教师职后培训、工资福利等）影响师幼互动，机构和班级的空间设施、材料与课程方案的制定，教师的专业发展水平，家园合作，以及机构组织氛围与教师专业发展的合作文化。机构和班级的空间设施、材料与课程方案直接影响班级师幼互动质量。教师特征（如专业发展水平、教龄）会直接影响班级师幼互动质量、家园合作和组织氛围。管理者特征（如领导力）直接影响机构和班级的空间设施、材料与课程方案的制定，托幼机构内部政策的制定，家园合作与社区合作，以及组织氛围，并间接影响教师专业发展水平和班级师幼互动质量。

班级师幼互动质量、家园合作、托幼机构的组织氛围和教师专业发展的合作文化[①]属于过程性质量，过程性质量影响结果性质量。结果性质量即儿童发展结果，可分为认知发展结果和情绪社会性发展结果两大领域。其中，班级师幼互动直接影响儿童认知与社会性情绪的发展。家园合作、社区合作、托幼机构的组织氛围间接影响儿童发展。此外，托幼机构的组织氛围也会影响班级师幼互动质量。

需要强调的是，一些过程性质量，如机构和班级的空间设施、材料与课程方案也会间接影响儿童的发展，但直接且深刻影响儿童发展的质量要素仍然是师幼互动（教学），因为教师的教学决定了空间设施和材料的使用。值得注意的是，在所有质量要素的关系中，有一个直接且深刻影响儿童发展的关系模式：托幼机构内部政策，机构和班级的空间设施、材料与课程方案，以及教师的专业发展水平，直接影响班级师幼互动质量，班级师幼互动质量直接影响儿童的发展。

二、课程视角下的质量框架

（一）什么是课程

课程是学前教育的核心内容，课程质量是与儿童发展密切相关的质量要素。从广义上看，与其他阶段教育（如小学、初中教育）的课程不同的是，学前教育课程不仅体现在儿童在一日生活中与物理环境（如玩教具）及他人（如教师）的互动上，还体现在从设施材料到师幼互动再到儿童发展评价的各种质量要素上。从狭义上看，学前教育课程是指幼儿园一日生活中有目的性和计划性的教学活动（如集体教学、小组教学、自由游戏）。课程质量涉及教师、管理者、设施材料、环境创设、活动安排、师幼互动、家园合作等托幼机构质量要素。可以说，学前教育质量（结构性质量和过程性质量）集中体现在

[①] 托幼机构的组织氛围和教师专业发展的合作文化反映了托幼机构中成人的人际互动，可被视为过程性质量。

托幼机构的课程质量上。

学前教育课程由课程方案、课程实践、课程评价3个要素构成（UNESCO，2005）。其中课程方案属于结构性质量，课程实践属于过程性质量，课程评价属于结果性质量。

课程方案是指儿童发展的目标及与学习经验有关的教学计划，即作为目标或计划的课程，包括课程理念、课程目标、课程设置与内容，同时也包括一系列诸如设施材料、环境创设等其他课程资源。课程实践主要指师幼互动（即教学）、家园合作等过程性要素。课程评价主要指通过儿童发展评价来检验课程方案及课程实践的有效性，即对课程能否达到促进儿童发展的目的所进行的价值判断。

课程方案、课程实践、课程评价3个要素之间存在交互作用。课程方案决定了课程实践的内容；课程实践的结果反馈给课程方案，并指导课程方案的调整；课程评价指导课程方案的制定及课程实践过程，而课程方案与课程实践是课程评价的内容。无论是3个要素中的哪一个，都是围绕儿童发展目标建构的。背离适宜性儿童发展目标的课程（方案与实施）不仅不会促进儿童的发展，而且可能对儿童的发展造成伤害，学前教育课程的3个要素与儿童发展目标的关系见图1-4。

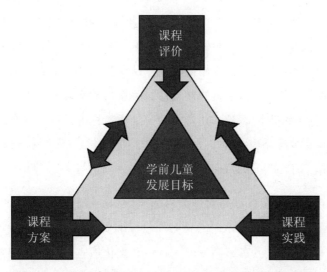

图1-4 学前教育课程的3个要素与儿童发展目标的关系

因此，在进行课程质量评价时，需要注意两点：一是课程方案、课程实践、课程评价3个要素均指向儿童发展目标，即课程方案需要基于儿童发展目标来制定，课程实践需要基于儿童发展目标来实施，课程评价需要基于对儿童发展水平的评估来开展；二是课程质量评价应重点关注教师利用结构性质量要素（如设施、材料），通过有效的教学和活动设计，完成有效的教学（即高质量师幼互动）的过程。该过程既是班级过程性质量的核心内容，也是促进儿童发展的核心质量要素。

（二）课程质量——以 NAEYC 的课程标准为例

美国政府对学前教育质量的监测与调节较为成熟，从联邦政府到州政府，再到一些行业认证组织（如全美幼教教协会，NAEYC），均制定了大量的托幼机构质量评估标准和儿童发展标准，联邦政府层面如开端计划，州政府层面如 QRIS。我们以具有广泛影响力的 NAEYC 的课程标准为例进行详细说明。

NAEYC 于 2005 年制定了新的《幼儿教育机构质量标准与认证标准》（"The Early Childhood Program Standards and Accreditation Criteria"，简称《认证标准》）。《认证标准》对涉及幼儿认知、情绪与社会性、身体等发展领域的课程内容进行了规定，要求课程内容使幼儿在各方面（如认知、情绪与社会性和身体等方面）的发展受益，使幼儿为成为对社会有贡献的公民做好准备。《认证标准》目前是美国托幼机构制定、实施、评价课程的重要依据（或参考）。此外，美国学前教育质量监控系统 QRIS 也会参考 NAEYC 制定的《认证标准》来评估托幼机构的课程质量。

NAEYC《认证标准》包括 10 个质量标准——课程、关系、教学、儿童发展评价、健康、教师、家庭、社区关系、物质环境、领导和管理，共 370 项指标。其中，课程、关系、教学、儿童发展评价这 4 个质量标准直接与课程评估有关，其中的每项质量指标均指向儿童的发展。从课程的 3 个要素上看，课程质量标准与课程方案有关，属于结构性质量；关系与教学质量标准属于课程实践的内容，评估了过程性质量；儿童发展评价质量标准即课程评价，是结果性质量。

1. NAEYC 课程质量标准

NAEYC 课程质量标准是对作为目标或计划的课程进行评估的质量标准，即课程方案的评估标准。NAEYC 课程质量标准要求实施与儿童发展目标相一致的课程，要求课程方案遵循发展适宜性和文化适宜性原则，倡导以儿童为中心的游戏与教学。该质量标准强调课程应促进儿童的身体、情绪与社会性、语言、认知等方面的发展，共 11 个质量维度、79 项指标。这 11 个质量维度可划分为两个方面：一方面规定了课程的基本特征；另一方面建立了儿童的身体、情绪与社会性、语言和认知 4 个发展领域的早期发展标准和相应课程要求。两个方面的质量标准内容见表 1–2。

表 1-2 NAEYC 课程质量标准两个方面的内容

方面	内容
课程的基本特征	课程观（文本形式）； 课程框架（清晰连贯）； 活动设计（考虑所有幼儿，有连续性）； 课程的组织与实施（有灵活性，尊重儿童文化背景，具有发展适宜性，材料与设施鼓励儿童自主探索与交往，鼓励游戏，材料与设施满足儿童的特殊需要，关注每个儿童，有多样化的教学组织）； 儿童发展评价（基于过程目标对儿童发展进行持续性评价，利用评价结果为儿童设计个性化课程）； 活动日程表（依据课程目标制定，具有稳定性和灵活性，满足个别儿童的需要，有合理的过渡时间，室内外活动结合）； 课程内容（全面性——促进儿童各领域发展，综合性——综合各领域课程的关键内容）； 教师发展（在课程指导下支持教师的专业发展，提供学习机会）。
对身体、情绪与社会性、语言和认知发展领域课程的早期发展标准和相应课程要求	对幼儿在身体、情绪与社会性、语言和认知各发展领域应达到的学习与发展目标及教师实施课程的行为（创设学习与发展的环境，提供学习与发展的机会）进行详细规定； 对与儿童认知发展有关的课程内容进行详细规定，包括早期阅读、早期数学、科学、现代技术、创造性表达和艺术欣赏、安全与健康、早期社会性学习。

第一，在课程质量标准中，课程的基本特征方面对课程进行了全面的规定。其中，课程观与课程框架规定了课程设计的目标，课程内容、活动设计与活动日程表描述了课程的内容，活动设计应与课程框架一致，并考虑课程的发展适宜性（即儿童经验的连续性）。课程的组织与实施关注课程实施中材料的供给和利用，倡导游戏式课程，并强调课程的文化适宜性（即尊重儿童的家庭与文化背景）。

第二，儿童的学习与发展目标是课程目标与设计的依据。课程质量标准中的一些质量维度对幼儿在身体、情绪与社会性、语言和认知各领域的发展目标进行了详细描述。此外，这些质量维度还规定了教师实施课程的行为，即为幼儿创设各领域发展的适宜环境（包括设施、材料等物质环境和教学互动等文化环境），并为其提供各领域发展的学习机会。其中，与儿童认知发展有关的课程内容包括早期阅读、早期数学、科学、现代技术、创造性表达和艺术欣赏、安全与健康、早期社会性学习等，每一项课程内容均单列为一个维度。

2. NAEYC 关系质量标准与教学质量标准

NAEYC 关系质量标准与教学质量标准主要评估班级过程性质量，与课程实践有关，其核心内容可以概括为师幼互动。关系与教学质量标准中的指标多达 85 项，反映了 NAEYC 对过程性质量评估的重视。

关系质量标准指促进机构内所有儿童与成人的积极关系，鼓励每位儿童认可自身价值，形成社区归属感与贡献感。它包括 6 个维度，如建立良好的师幼关系，创建可预测的、稳定的、和谐的班级氛围，帮助儿童社交，培养儿童自我调节能力。关系质量标准既关注师幼关系，也关注儿童的同伴关系和班级氛围。NAEYC 认为，儿童与成人之间的积极关系对于课程的有效实施来说十分关键。

教学质量标准指依据课程目标，运用适宜儿童发展的、适宜文化与语言环境的有效教学方法，促进每个儿童的学习与发展。它包括 6 个维度，如创设丰富的学习环境，制定时间表、分组或安排活动从而完成学习目标，对儿童的兴趣和需要进行回应，使儿童的学习富有意义，利用教学促进儿童的理解并提高其知识和技能发展水平。教学质量标准对课程实施中的教师行为进行了规定，描述了教师发起的促进儿童学习的教学行为，包括制订活动计划与安排、创设学习环境、向儿童提供学习机会、回应儿童等等。

3. NAEYC 儿童发展评价质量标准

儿童发展评价质量标准是对课程实践效果的评价，即对儿童发展的评价，属于结果性质量。该质量标准强调系统地、持续地评价并掌握儿童的发展进程，根据评价结果提升教学质量，改善教学环境，从而促进儿童的发展。该质量标准对评价的目的、方法、实施程序与结果运用进行了详细描述，具有较强的可操作性。该质量标准共有 25 项指标，往往通过家长参与、合作等形式完成评价。此外，该质量标准认为制订文本形式的儿童发展评价计划很重要，并强调评价计划的全面性和系统性。

（三）对课程质量的评价

对课程的评价应以课程对儿童发展产生的影响为立足点，以儿童早期发展标准为标尺，分别从课程方案（课程理念、设置与内容）与课程实践（师幼互动或教学）两个方面进行。需要注意的是，课程方案与课程实践应与当前社会文化背景下公认的儿童观、教育观、教育学与发展心理学理论相一致，并满足国家和地区制定的儿童早期发展标准（如我国的《3—6 岁儿童学习与发展指南》）。

值得注意的是，不同托幼机构实施的课程可能不同。例如，当前国际上流行的蒙台梭利课程、高瞻课程和瑞吉欧课程在各机构的实施存在一定的差异。除上述课程外，各国学前教育市场还存在大量其他类型的课程，如华德福课程、森林幼儿园等。此外，在一些幼儿园中，集体教学是一种普遍的教学方式。集体教学往往以学科教学为载体（如语言、艺术、数学等学科），开展以教师为中心的课程，课程的结构性较强。尽管如此，无论使用哪一种课程模式，对课程质量的评估均需关注教师利用设施和材料，通过有效的教学设计，开展高质量的师幼互动的过程。可以说，该过程既体现了结构性质量支持过程性质量的功能，也强调了过程性质量是促进儿童发展的最为核心的质量要素。此外，课程质量评价有两个方面值得注意。

其一，在不同的社会文化背景下，儿童发展目标和教育观念有一定差异，对课程进行评价时应考虑这些文化差异，并关注质量测评工具的跨文化适用性问题。一些国际上广泛使用的学前教育质量评估工具，如前文提到的ECERS 和 CLASS，均是用于围绕过程性质量开展的评估。

其二，不同课程（如蒙台梭利课程、高瞻课程和瑞吉欧课程）的课程方案具有明显的差异——不同的课程方案在教师于教学活动中的角色定位、师幼互动的要求、玩教具的应用、活动的设计、活动的形式（如集体活动、小组活动、个别指导）等方面均有所不同。有鉴于此，在对课程进行评估的过程中，需要注意结合教师和儿童所在的社会、经济、文化背景和班级现有的资源（或条件），考虑不同的课程实践的目的和背景（例如，集体教学可能在资源有限的条件下更加适合 5 ~ 6 岁儿童的概念学习），兼顾不同利益相关者（如政府、家长、儿童与教师）的观点和感受，对课程进行综合性评价。

总之，无论在哪一种课程方案下实施课程，均需重点关注课程实践的质量（即过程性质量），并依据适宜的儿童发展标准衡量课程的价值（即课程符合发展适宜性标准）。课程的设置、内容与实施应符合儿童身心发展的规律，并围绕儿童发展目标来建构。在当前的社会文化中，以科学研究和有效实践为基础的高质量课程往往拥有一些共同的特征——安全、健康、以儿童为中心、发展适宜性、文化适宜性和良好的师幼关系。

第三节　学前教育质量研究的热点议题与选题

很多时候，学前教育质量评价的过程也是学前教育研究的过程，学前教育研究也往往离不开对学前教育质量的评价。无论是学者、一线教育工作者还是儿童家长，都应以科学研究的理论、态度和方法评价学前教育质量，并在评价过程中不断反思、挑战、创新。

一、学前教育质量研究的几个热点议题

在不同文化、社会经济发展水平、教育理念与方式的差异的影响下，一些研究问题是学前教育质量研究领域经久不衰的热点问题，需要与时俱进，基于具体情景分析和探索，如学前教育质量如何影响儿童的学业、社会性、学习品质（approaches to learning）或入学准备等能力的发展等问题。另有一些研究问题则随着政策（教育政策工具）的变化、研究方法的更新产生。接下来对当前几个学前教育质量研究的热点议题进行简单描述。

（一）托幼机构的服务类型、质量及其与儿童发展的关系

托幼机构的类型日趋多样化。在美国，学前教育服务项目至少可分成4类：私立托幼中心，有政府补贴的社区托幼中心，政府推广与财政支持的普惠性幼儿园，为低收入和特殊儿童服务的托幼中心（在开端计划中实施）。政府和研究者们非常关注这些不同类型托幼机构教育质量的区别，以及这些托幼机构对儿童发展的影响。对这两个研究问题的探索能帮助政府更好地在资金和资源分配上进行决策，从而进行资源优化与整合。

在中国，政府同样关心托幼机构的服务类型与资源分配的一系列衍生性问题：政府是应该把有限的资源投向农村公办幼儿园的扩建，还是投向普惠性幼儿园的推广？怎样分配才能让资源发挥最大的作用？如何缩小城市幼儿园和农村幼儿园的质量差异？得到政府大力资助的公立幼儿园的质量一定优于私立幼儿园的质量吗？毕业于公立幼儿园的儿童是否在学业成就和社会性发展方面优于私立幼儿园的儿童？可以说，这些问题都是围绕中国托幼机构的服务类型、质量及其与儿童发展的关系展开的。

提升学前教育质量的最终目的是促进儿童的发展。儿童发展水平（儿童发展结果）是检验学前教育质量的重要指标。当前，各国政府、专业组织和学者开展了大量的考察学前教育质量与儿童发展关系的研究，来检验学前教

育的有效性和政策工具（如质量监测、财政投入）的有效性。可以说，学前教育质量与儿童发展的关系是学前教育质量研究的永恒主题。

（二）质量的门槛效应

越来越多的研究发现，结构性质量与过程性质量之间、过程性质量与儿童发展之间的关系是非线性的，所以用线性统计的方法无法检验它们之间的关系。同时，非线性统计方法使找到质量的门槛效应成为可能。因此，质量的门槛效应近年来成为学前教育质量研究的一个热点议题。

质量的门槛效应研究主要包括两项内容：一是结构性质量与过程性质量之间的门槛效应，即结构性质量存在一个门槛值，超过这个门槛值后，其与过程性质量的关系与未超过时不同；二是过程性质量与儿童发展之间的门槛效应，即过程性质量存在一个门槛值，超过这个门槛值后，其与儿童发展的关系与未超过时不同。

门槛效应研究可以帮助回答"什么是学前教育最低质量水平？"这一问题（即划定质量红线），这有助于学前教育政策的研究与制定。例如，中国最近几年开始为农村处境不利儿童提供免费或低收费性质的学前教育服务，但如果这些投入对儿童的学业与社会性的发展没有产生任何正面影响，甚至给儿童发展带来负面影响，就说明这些儿童连最低质量的学前教育服务也未享受到，那么国家就应对相关负责机构进行问责。研究者可以通过对质量的门槛效应的研究划定基本的质量门槛值，确保每个儿童接受基本的、有质量的学前教育，不是仅保障儿童入学（而不保证其所接受的教育的质量）。此外，这个质量门槛值也可以作为幼儿园的办园准入条件或验收条件。

（三）政策工具的有效性研究

当前，很多国家的政府出台了一系列政策工具，开展系统性的托幼机构质量评估与提升工作。以当前较为成熟的美国的 QRIS 为例，该系统是美国以州政府为主体实施的一项学前教育机构质量评级与提升的综合性项目。各州实施 QRIS 以来，政府与研究机构持续对该系统的有效性进行研究，以指导 QRIS 的设计与改进，记录并检验其实施情况。

有学者（Zellman et al., 2001）对大量的 QRIS 有效性研究进行了分类，归纳出 4 类 QRIS 有效性研究：考察质量的基本概念的有效性；考察质量测量的有效性；考察托幼机构评级结果的有效性；考察托幼机构质量与儿童发展水平的关系。事实上，这些考察 QRIS 有效性的研究有很大作用。首先，有效性研究可用来建立 QRIS 质量标准，并验证质量标准的有效性。其次，有效性研究能引导政府对学前教育政策的制定，同时指导 QRIS 的修正或再设计；每个州的 QRIS 可通过有效性研究确保托幼机构良性运转，并记录儿童、家庭和托幼机构的发展。最后，有效性研究可以向家长、托幼机构和政府提供相关信息，使家长、托幼机构工作人员及政府决策者的经验得以匹配。此外，很多学者通过纵向研究持续考察学前教育质量或 QRIS 对儿童各方面发展的影响，这些研究能够为学前教育政策的制定与实施提供有效的支持。

（四）不同质量观的研究

当前的学前教育质量观主要代表学前教育专家与研究者的观念，而家长、教师和园长的质量观及儿童的质量观有待进一步重视。研究者需要从不同视角出发，扩展和完善质量的定义，并探索不同利益相关群体对质量是否存在不同的看法及其原因、如何帮助家长了解各质量要素对儿童发展的影响等问题。因此，针对这些不同利益相关者开展质量观念研究是很有必要的。

针对不同利益相关者的质量观念的研究往往采用问卷法或访谈法。这样的研究可以帮助教育工作者更好地识别质量的核心概念，也可以明确家长所关心和重视的质量与研究者所关注的质量之间的差异。有学者将专家观察获得的质量数据与教师自评或家长评价的数据进行比较，来判断教师对质量的核心概念的理解是否到位，也可以通过数据进一步分析各方在观念上存在的差异，或通过教师访谈寻找原因。此外，了解儿童的质量观念可以帮助成人从儿童的视角审视学前教育质量。儿童的质量观是否随着他们年龄的增长或课程的变化而变化？成人的质量观与儿童的质量观是否产生冲突？儿童的质量观可以在多大程度上引导幼儿园的课程与教学的实施？这些问题都值得深入研究。

（五）教师的教育观念与心理素质对其教学质量的影响

教师作为班级教育服务的提供者和实施者，其教育观念和心理特征深深影响儿童在班级一日生活中的体验。教师的教育观念与心理特征包括以儿童为中心的教育观、质量观、职业认同感、情绪工作（emotional labor, EL）与情绪智力、职业承诺、自我效能感等。

在该研究领域，很多研究问题有待中国学者进行探索。例如，幼儿教师的儿童本位理念如何影响教师的教育实践？儿童本位理念下的教学如何对幼儿进入小学后各方面的发展产生影响？教师的自我效能感如何影响其教学实践？教师的人格特征与情绪管理能力对其师幼互动质量及儿童发展有什么影响？如何培养教师的情绪管理和调节能力？等等。这些问题的探索对于幼儿教师教育实践、幼儿园过程性质量的提升具有重要的指导价值。

（六）园长领导力对班级整体质量的影响

幼儿园园长领导力对教师学习成长环境的建设有举足轻重的作用，园长领导力也会间接影响班级的整体质量。园长自身的学历与其所接受的培训直接影响幼儿园内部学习文化的形成。若园长缺乏自我提升意识，或不愿意进行新的学习、迎接新的挑战，教师则难以获得良好的专业成长环境。相反，在良好的工作氛围与专业发展环境中，教师会逐渐把学习和自我提升看作工作的一部分，对自己有严格的专业发展要求。这样一来，园长也会制定配套的幼儿园内部政策以支持教师的自我提升与成长。

以上这些逻辑模型中有很多已被实证研究证实，然而，当前仍有很多影响机制等待着研究的检验。例如，园长如何创造持续提升的专业文化与学习环境？良好的工作氛围、健全的管理制度、高质量的幼儿园学习文化如何对班级质量产生促进作用？等等。

二、开展学前教育质量研究——基于量化实证研究

对学前教育质量的评价既是提升学前教育质量的重要实践，也是基于实证视角开展的评价研究。开展一项量化实证研究，需要选择研究题目，明确研究目标，制订研究计划，明确研究人员、物质与资金保障，确定研究变量，收集变量信息，开展数据分析，撰写研究结论与报告（形成文章）。

在进行一项与学前教育质量有关的研究时，研究者可以从不同层面的结构性质量、过程性质量、政策工具、儿童发展水平领域中选取研究变量进行相关研究。表1-3简要地呈现了不同质量领域的研究变量。其中，托幼机构层面的结构性质量和政策工具的相关信息，可以通过自制的园长问卷进行收集；关于班级层面的结构性质量，可以通过自制的教师问卷进行信息收集；过程性质量变量的数据可以通过科学的评估工具（如 ECERS、CLASS）进行观察性测量；儿童发展水平可以通过评估量表、实验或测试进行测量，其中儿童的个体特征和家庭背景（即家庭特征）信息可以通过家长问卷进行收集。在确定研究主题和制订分析计划时，研究者可以参考结构性质量—过程性质量—结果性质量的理论框架，根据不同的研究目标和兴趣开展研究分析。值得注意的是，在关于质量与儿童发展的研究中，儿童的个体特征和家庭背景信息往往作为控制变量，考虑影响儿童发展的多重因素，并有效地探索学前教育质量对儿童发展的影响。

表 1-3 学前教育质量研究常见的研究变量

质量领域	维度	变量（例子）
结构性质量	托幼机构层面	机构性质（如公/私立），所在地，质量等级，幼儿在园时间，服务形式，师幼比，教师平均年龄与教龄，教师编制与职称，财政拨款，收费与其他收入，固定资产，生均成本支出，公用经费与人员经费，空间面积，设施与材料，课程方案，教职工数量，教师培训及其支出等。
	班级层面	班级规模，空间设施，课程结构，活动内容与安排，教师的年龄、教龄、学历、编制、教师资格证、培训与进修等个体特征，教师的儿童观念、课程观念、学科态度、自我效能感、教学意识、情绪工作、情绪智力、焦虑与愤怒、人格特质、入职动机、职业状态、留职意向、幼儿入学准备观念、学科教学知识（教法、内容、知识），教师满意度与工作压力等。
过程性质量	托幼机构层面	组织氛围，教师间的专业发展互动与合作，家园互动，社区合作等。
	班级层面	班级师幼互动，同伴互动。
政策工具	—	儿童发展标准，国家和地区出台的质量标准，财政拨款，补贴与奖励，培训与进修制度，技术支持。
儿童发展水平	个体特征	年龄，性别，个性，课外活动等。
	家庭背景	社会经济地位，父母期望，教养方式，夫妻关系，社区支持，是否为单亲家庭，家庭文本阅读，父母学校教育参与，父母家庭教育参与。
	动作	精细动作，大动作，运动量。
	认知	接受性语言，表达性语言，早期阅读，早期数学与推理，工作记忆，科学、社会、历史知识，数字广度，创造力等。
	情绪与社会性	执行功能，情绪智力，社交技能，问题行为，亲社会行为，学习品质，社会认知等。

第四节　学前教育质量评价中的几个争议性问题

　　所谓评价，就是评价主体对评价对象的价值判断活动。从评价过程上看，教育评价是量化测量（或质性描述）与价值判断的总和，即评价是在量（或质）的描述的基础上开展的价值判断活动（陈玉琨等，2004）。在当前社会文化背景中，教育评价可被理解为：评价主体基于教育测量，对教育活动满足个体与社会发展需要的程度所进行的价值判断与研究。其中，教育测量是教育评价的基础，教育评价在教育测量的基础上对评价对象（如学前教育质量）做出价值判断与深入研究。

学前教育质量评价指对学前儿童的保教环境质量、影响保教环境质量的因素及儿童发展水平进行的测量与评价活动。学前教育质量评价的目的是有效提升质量，从而促进儿童的发展。因此，学前教育质量评价应重点关注教育环境质量在多大程度上促进学前儿童的学习与发展。

在进行学前教育质量评价时，鉴于学前教育质量定义的复杂性，评价主体应综合考虑社会文化背景、教育目标、教育理念和原则、政府的教育政策与法规、科学理论与研究、评价的理论框架与评价工具、评价人员、教育实践经验、评价对象的性质与背景、评价的有效性、评价结果的分析等一系列要素。在具体实施测评的过程中，评价主体可以通过科学的评价量表或质性评价方法对评价对象（质量）进行测评，并收集关于评价对象的背景信息（如幼儿园的公私立属性及所在地、儿童家庭的社会经济地位等），同时应对利益相关者（如教师、家长、园长、政府人员等）进行访谈，以收集相关信息。

质量标准是学前教育质量评价的核心内容。质量标准的制定需要关注标准制定的主体、理论基础和依据、标准制定的步骤和要求等方面。良好的托幼机构教育质量评价标准具有可操作性，并具有较高的信度与效度。国际上广泛使用的科学评价量表（如 ECERS、CLASS 等）均具有科学理论和实证研究的扎实基础，并且是在广泛的教育实践基础上研制出来的，展现了较强的实用性和文化适宜性。学前教育质量评价作为学界的热点议题，一直存在一些具有争议性的问题，探讨这些问题可以引发对质量内涵及其评价的进一步思考。

一、全球统一的质量标准问题

质量是一个主观建构的概念。不同价值观、信仰和社会背景的人对质量的诉求也有所不同。在不同的社会文化背景中，人们对质量核心要素的理解和需求的差异也很明显。因此，很多学者（尤其是文化人类学研究者）持有一种观点——评估学前教育质量不应采用全球统一的质量评价标准。

以当前应用较为广泛质量评估工具——幼儿学习环境评量表（修订版）（ECERS-R）和 CLASS——为例，这两个工具是在美国文化背景下编制的，但这两个工具目前在多个国家广泛应用。在美国文化背景下编制的量表必然体现的是美国文化中的教育质量观，对不同于美国主流文化的文化，尤其是东方文化来讲，使用美国的量表必然会产生文化上的冲突。例如，ECERS-R 对幼儿餐饮的评估中有一个项目要求是：教师与幼儿一起进餐，并在进餐时进行愉快的社会性交谈。显然，美国的教育专家非常重视教师利用就餐时间与儿童进行互动，促进其社会性和语言等各方面的发展。而在中国，绝大部分幼儿园要求儿童在进餐时保持沉默，也不鼓励教师与儿童一起进餐。

（一）托宾对全球通用质量标准的质疑

文化人类学家托宾（Tobin, 2015）认为，学前教育并不需要一个全球通用的质量标准；一些来自美国和欧洲的（自称全球通用的）质量标准在世界范围内得到了广泛的传播和应用，但实际上，这些质量标准发源于特定的社会环境，反映了特殊的文化信仰，并不应将其强加给其他的社会环境和文化。托宾曾在 20 世纪 80 年代和 2004 年对中国、日本、美国 3 种社会文化中的学前教育进行了比较研究。他指出，如果 NAEYC 所推崇的质量标准是世界各地都适用的，那么日本的托幼机构均没有达到 NAEYC 质量标准的要求。以师幼比这一质量标准为例，中国与日本的师幼比均在 1∶30 以下，这无法达到 NAEYC 相关质量标准的底线要求，如果依照美国的研究结果，这些幼儿无法得到令人满意的教育，其各方面的发展均会受到不良影响。然而，没有证据表明中国和日本的幼儿因其所在班级的师幼比达不到美国的标准而受到消极的影响或发展出现偏差。另外，托宾以法国学前教育中的多元文化教育为例说明了同样的道理。他指出，多元文化教育是基于价值观和信念的，而非客观实证的教育实践。通过上述论证，托宾坚持认为，国际化的、与语境或文化背景相脱离的学前教育质量标准有极大的缺陷。

托宾还从以下几方面论述了他反对学前教育质量标准国际化的原因。第一，文化相对观。即不能用本土文化的标准去评判其他文化中的教育观念和教育实践，不存在某一种文化中的教育观念、行为和质量标准适合作为国际化的质量标准的现象。第二，发展观。他认为一个时代的质量标准和教育实践不一定优于其之前时代的质量标准。第三，国际化和地区化。他认为教育方法往往无法兼顾国家文化的多样性和地区的特殊性。第四，殖民主义现象。他认为教育是殖民者灌输自身价值观的手段，为赢得其他国家的资助，一些国家被迫采取一些改革措施，包括将发达国家的质量观念直接引入本国的教育体系，这种殖民主义现象也会在一个国家的内部发生。托宾强调，教育专家在与某地区的教师和家长讨论质量标准的话题时，应尊重各方观点，一些与当下广泛接受的观点相悖的看法并不是愚昧无知的。

最后，托宾总结道，质量概念的建构是一个过程，而非一份已完稿的文本；应该放弃使用"标准"这个词，因为它暗示有一个适合解决所有问题的方案的标尺；应该加强家长在质量构建中的参与作用，同时也要在研究中将不同文化的质量标准进行本土化处理。

（二）全球量表的中国适用性

有学者认为，中国学前教育若盲目借鉴和运用西方国家的学前教育质量标准，如刻板地依据西方标准制定幼儿园装备标准，对园区占地面积、房舍数量与面积、室内设备和材料等方面做出规定，则会脱离我国学前教育的实际情况，产生很多问题（朱家雄，2006）。事实上，中国的集体主义文化和以教师为中心的集体教学模式，与美国的个人主义文化和以儿童为中心的教学模式有巨大的差异。

在受集体主义文化影响的中国幼儿园里，儿童进行自由游戏的时间虽然与过去相比有所增加，但与美国幼儿园自由游戏的时长相比仍是很少的（约为美国幼儿园的1/3）。通常情况下，中国幼儿园不设置私密空间，有的幼儿园甚至缺少柔软的玩具（用于缓解儿童压力），儿童在一日生活中花很多时间进行集体游戏或上课。在这种集体教学模式中，教师往往无法与每位儿童（或大部分幼儿）进行个别化的社会性交流。由于集体化的要求，教师的语言大多用于班级纪律管理，或纠正儿童的行为，而非与儿童进行社会性交流。另外，教师在集体教学中往往引导儿童在教师预设的观点上思考，而非遵循儿童的观念或想法。此外，中国幼儿园中自由游戏的质量也受到质疑。在很多幼儿园里，教师掌控了游戏的时间、空间和材料，儿童则需要等候教师分配游戏的地点、内容和材料（Hu, Dieker, Yang, et al., 2016）。

无论是ECERS-R还是CLASS（获得广泛使用的量表），均在很大程度上遵循个人主义文化情境下的、以儿童为中心的教学模式。在这种文化情境和教学模式下，教师更加关注儿童的班级体验是否遵循了他们的发展与学习的速度、兴趣和方式。儿童在托幼机构中往往有大量的时间参与游戏，在一日生活中对自己游戏的对象、内容和方式能够做出大量的个性化选择。美国的托幼机构也有集体游戏和教学时间，并且会随着儿童年龄的增长逐渐增加集体活动的时间。但与中国的同龄儿童相比，他们的集体活动时间是非常少的，大部分活动以个人或小组的形式在不同的游戏区角进行。此外，教师也会给儿童安排舒适区和私密空间（即独处的空间）。设立这些区域的理念是：儿童在班级一日生活中会感受到压力，舒适区和私密空间可以帮助其释放压力，缓解他们的紧张不安情绪，帮助他们自我调节情绪。因此，即使是被冠以"全球性"名号的质量评估量表，在一个新的文化情境下使用时，也需要首先接受信度和效度的检验。

UNESCO 的《全民教育全球监测报告 2005》倡导基于后现代主义的视角对学前教育质量进行界定，强调多元价值、不确定性和各种质量观共存的理念。该报告指出，制定出全球通用的质量标准来适应这个多样性与主观性并存的世界是不可能的。不同利益相关者、不同文化环境中的个体与持不同理论视角的个体对质量的看法是有差异的。因此，质量标准的制定需要关注不同的质量观。综上所述，托幼机构教育质量评价标准的制定应将社会文化、国情及政治、经济等因素考虑进来，学会思考究竟本国的儿童需要怎样的学前教育、什么样的学前教育可以为儿童未来的学习生活做好准备等问题。

二、质量评价视角的多元性问题

质量是一个主观的、基于文化与价值观的不断建构的过程，这种主观性意味着不同利益群体（如政府、学者、家长、教师、儿童等）审视质量的视角有所不同。因此，质量评价的内容需要各方达成一定的共识，并能够迁就不同利益群体在不同视角下的观点。这也意味着质量的定义不能仅基于研究者或政策制定者的视角，而需要收集不同利益群体的观念和看法，在质量建构的过程中甚至需要不同利益群体（包括儿童）一起协商和决策。

（一）研究者视角

关于学前教育质量评价视角的问题，被广泛引用的无疑是卡茨（Katz, 1993）教授提出的多重视角理论。在该理论中，卡茨首先提到研究者和专家的视角。研究者主要解决的是识别和测评与儿童发展有最大关联性的托幼机构的结构性质量和过程性质量。截至目前，大量的研究探索了质量与儿童发展的关系，研究方向从以线性研究为主演变为以非线性研究为主，从横断研究演变为追踪研究，并不断从新的角度诠释质量的内涵。此外，从研究内容上看，学前教育研究者对学前教育质量科学的、客观的定义主要回答以下 3 个问题：①与家庭教育环境相比，托幼机构教育环境对儿童的发展来说是好还是坏？②儿童托幼机构质量的变化对儿童的发展有何影响？③儿童保育质量如何与家庭因素结合并对儿童的发展产生影响？

（二）家长视角

第二个视角来自学前教育服务的消费者，也就是家长。家长的观点、需要和教育理念有时与自上而下的视角（如政府视角、研究者视角）下的观点是不同的。自上而下的视角不应被忽略，而家长的视角亦应被关注。对此，质量的定义应当有所延伸以涵盖家长的质量观念和教育观念。

1. 家长对学前教育的诉求

有研究发现，家长对学前教育的诉求主要集中在家庭的便利性方面，这似乎与专家的质量观念背道而驰。事实上，完整的质量定义应参考家长的质量观念。有研究显示，在对容易观察的质量标准（如卫生环境的好坏、空间的大小及材料丰富与否）进行评估时，家长与专家的评价结果相似，因为这些质量标准容易通过观察进行识别和判断。而在家长评价较难观察或需要专业背景来进行有效识别与观察的情景（如教师指导幼儿自由游戏）时，他们与专业人士的评价就出现了差别。此外，来自美国、澳大利亚、葡萄牙的学者（Cryer & Burchinal, 1997; Da Silva & Wise, 2006; Barros & Leal, 2015）认为，儿童父母的职业及父母对儿童的期望是质量定义不能忽视的要素。也就是说，当家长认为孩子某些领域的发展更为重要时，他们就会更加关注这些领域的质量情况。

中国学者关于影响家长质量观念的因素的研究与很多国外研究者的发现类似。比如，胡碧颖、周忆粟和李克建等人（2017）的研究发现，家长因为重视儿童的语言领域发展及与之相适应的集体教学，所以对该部分的质量评价更加重视。这也解释了为什么中国家长对结构化的集体教学是相对满意的（尽管专业的评估发现其质量要比家长们想象的差）。此外，一些中国家长对高质量的学前教育有理解上的误区，他们认为学前教育的目的是使自己的孩子在将来更具社会竞争力，让孩子习得更多的学科知识和技能。许多家长希望自己的孩子能多学几个字词，多背几首古诗（或将孩子能背诵的古诗数量作为教育成功的标准）。在中国香港和澳门地区，3岁幼儿在入园前甚至要接受面试。胡碧颖、周忆粟和李克建等人（2017）也通过研究发现，中国家长往往通过儿童的学业表现来判断幼儿园的质量，家长在某种程度上对幼儿园服务质量的评价就是他们对其满意度的评价，确切地说，是对幼儿园促进儿童学业发展的情况进行的评价。研究还发现，家长并不喜欢孩子玩水、沙、毛绒玩具，不希望孩子有私密空间，家长更关心他们的身体健康。这说明中国父母对于高质量的幼儿园所推崇的发展适宜性游戏活动还缺乏深刻的了解，仍需要专业人士的宣传和讲解。

2. 家长诉求的个体差异

不同社会经济地位、文化背景下的家长对学前教育的认识与诉求也有所不同。当前，中国很多城市家长意识到儿童身心健康与发展的重要性。胡碧颖等人（2015）在浙江省城市地区调查了 44 位父母，通过混合研究方法（Q 分类法和访谈法）研究了中国城市家长对幼儿教育优先考虑的质量要素。家长表达了 4 种优先考虑的质量要素：①健康与全面发展；②一日生活和保育；③环境；④以儿童为中心的学习。研究发现，父母最关注孩子的身体和情感健康，而非孩子获取的知识和技能。该结果与以往的研究结果相反，以往的研究发现，中国父母相较于西方的父母更喜欢以教师为中心的教学，更重视儿童的学习成绩及幼小衔接；然而，此研究显示，中国较发达地区的父母更希望教师能在以教师为中心的教学和以儿童为中心的教学之间实现平衡。该结果传达出一个新信息：中国城市父母与许多国家的父母一样，最关心幼儿的身体健康和心理健康。一直以来，很多研究文献显示中国家长更加注重学科知识的习得而忽略儿童自由游戏的重要性，而这个研究则说明中国家长的教育观念正发生变化。很多中国家长非常重视自由游戏对儿童发展的重要意义，希望幼儿园能够实施高质量的、以儿童为中心的游戏课程。

总之，家长作为学前教育市场的主导性消费群体，其教育观念能够引导市场对教育方式与教育内容的选择。可以说，家长是学前教育市场运作中极为重要的一环。在制定教育质量评价标准时，应关注托幼机构对家长的教育观念的引导。相关学者应联合教育部门，共同推广科学的学前教育观念，改变部分家长的错误观念，共同构造良好的教育发展环境。

（三）儿童视角

第三个视角来自学前教育的最终服务对象和获益者——儿童。截至目前，受研究方法的限制，探索儿童对于他们在幼儿园的生活及幼儿园环境的看法的研究很少，儿童群体也很少在质量观念研究中作为研究的主体。

了解儿童关于高质量学前教育的看法可以拓宽研究者的视野，并帮助成人完善和提升现有的保教质量。杜普里等人（Dupree et al., 2001）通过研究证明，儿童具有表达自己意见的能力，研究者能够通过他们了解幼儿园的生活与教学安排是否合适。有研究者调查了意大利维罗纳市的儿童对学前教育质量的看法（Harcourt & Mazzoni, 2012）。在研究中，儿童一致地表达了两个明确的观点：①他们喜欢教师温柔地对待他们；②他们期盼教师是公平和正义的。这些发现能启发教育工作者思考如何与儿童建立关系，如何处理班级内发生的各种与儿童有关的事件。儿童作为学前教育的最终服务对象，其感受与看法理应受到重视，未来需要更多的研究从儿童的视角出发审视学前教育质量。

（四）教师视角

1. 教师质量观念的重要性

幼儿教师的教育质量观念是影响幼儿园班级教育质量的因素之一。不同机构的管理者（如园长）基于不同的工作经验、文化背景、管理经验及个人成长背景，持有不同的质量观。教师的个人特征（如工作经验、学历与培训、年龄、文化背景等）也决定教师所持有的质量观念各不相同。除了教师的个人特征，国家/地域文化、城乡差异、幼儿园性质与等级、地区经济发展水平等诸多因素都对会对教师的质量观产生影响。不同教师对各质量要素重要性的认识存在差异。胡碧颖、周忆粟与李克建（2014）分别让中国幼儿教师与专业评估者使用 ECERS-R 对幼儿学习环境进行评估。研究发现，当幼儿教师认为某些课程质量的项目很重要时，他们则倾向于认为自己在这些项目中表现得较好。然而，依据受过训练的专业评估者的评估结果，大部分教师高估了自己的教学能力。在控制个人特征与幼儿园特征变量后，教师的质量观念成为教师自我评价的最强预测变量。因此，鉴于过程性质量对儿童发展的直接影响，职前和职后幼儿教师培养均需要强化对过程性质量尤其是师幼互动质量的内容及其重要性的教育，也应培养教师准确识别师幼互动质量的能力，从而提高教师的教学实践水平。

2. 教师关注的质量要素

幼儿园工作环境也是很多幼儿教师看重的质量要素。幼儿园工作环境是一个比较宽泛的概念，包括园长领导力，工作压力，教师的情绪工作、自我效能感与职业认同，教师的工资福利及专业发展支持等内容。很多研究发现，教师的工作压力、情绪工作及组织承诺会影响其教学表现与师幼互动质量（胡碧颖等，2019）。在国际上，很多学者认为教师的在园经历、同事关系、支持性、合作性、接纳性及互相信任和尊重的工作与学习环境是托幼机构环境质量不能缺少的要素。当前，中国很多地区的学前教育质量标准纳入了关于教师专业发展及其生活需求的满足情况的指标。大部分地区关注幼儿园提升教师专业能力的措施。比如，浙江省幼儿园等级评价系统就对教师的专业发展提出了一些要求，例如：定期观察，不定期督导评价，教师自我评价；每位教师可以选择自己感兴趣的研究团队；平均每周参加一次专业研修活动；省级以上课题或论文发表及获奖；等等。

（五）不同质量观的协商与对话

影响学前教育质量的因素有很多，从宏观上看，这些因素来自广泛的社会生态系统，包括儿童观、文化模式和个人价值取向等。任何单一的质量观念都会造成学前教育质量的定义标准化、统一化，因而难以适应各种不同的教育文化、目标和情景，面对一系列挑战。UNESCO（2005）指出，学前教育质量标准的制定应当加强中央和地方层面的各利益相关者（如家长、教师、政府人员、学者、儿童等）之间的对话，参考各方观点并达成共识，构建质量标准。

中国学者刘焱、潘月娟（2008）基于社会建构论的观点，认为幼儿园教育环境质量标准的制定应是不同主体共同参与并建构的过程，是学者、政府人员、家长、园长、教师与儿童等各利益相关者对话与协商的结果。此外，因为不同评价主体的经验视域不同，还应关注质量评价实施主体的多元性，如从多利益相关者的视角来评价托幼机构的质量。德国学前教育专家蒂策等人（Tiete et al., 1998）制定的《国家托幼机构教育质量标准目录》就是采用后现代视域融合的方式，结合专家学者、政府人员、家长、儿童和教育一线工作者各方的经验与观点制定的。

综上所述，定义质量需要考虑不同利益群体的观念与诉求，需要从不同视角出发，与不同利益群体（包括儿童）一起协商和决策，并最终提出各方能够达成共识的方案。同样，国内学者应对托幼机构质量进行多视角的研究，制定出满足各利益群体需要的质量评定标准。

三、质量评价的广度与深度

通过近半个世纪的关于学前教育质量的解析、建构与诠释，学者们深刻意识到，质量的定义与评价需兼顾广度和深度。质量评价的广度主要指评价学前教育质量应从广泛的社会文化系统出发，涵盖一系列儿童学习与发展环境及其影响因素的质量要素。质量评价的深度主要指评价学前教育质量应关注儿童学习与发展环境中影响儿童发展的关键质量要素，并对该要素进行深入的分析讨论，围绕关键要素开展质量提升工作。

（一）质量评价的广度

在当前很多国家的质量评价系统中，一些专业人士认为托幼机构的质量评价难以全面客观地反映保教质量的方方面面，而且单次的评价或测量难以保证测量的信度和效度（例如，在周一做的评价的结论可能与在这一周中其余几天做的评价的结论不一致）。

那么，如何保证质量评价内容的广度及其测量的一致性呢？运用测量整体质量的权威量表进行测评是一个较好的方法。ECERS-R 作为当下权威的测量整体质量的量表，可在班级层面提供足够的质量信息，解决质量测量的广度问题。从 ECERS-R 的评估范围来看，它包括 7 个子量表（空间和设施、个人日常照料、语言—推理、活动、互动、课程结构、家长和教师），共计 470 个评价指标，覆盖了大量的质量内容。中国学者修订的 ECERS-R 则包含了 8 个子量表，共 574 个评价指标，其中新加的子量表"集体教学"充分考虑了中国的文化与教育情境。此外，一些研究显示，采用 ECERS-R 的评估与测量的一致性较好（NICHD, 2002），也就是说，无论在某个学期的哪一天进行观察性评估，只要按照量表要求的评估方式严谨地测量，对于同一班级而言，其得分结果具有一致性，因此，ECERS-R 解决了质量测量一致性的问题。

尽管 ECERS-R 测量的覆盖面很广，但难免会有遗漏的内容。有专家指出，ECERS-R 的评价指标没有很好地体现师幼关系及其互动质量（尤其是师幼之间的情感联结）；另外，ECERS-R 也没有评估幼儿的体育锻炼的内容和强度。由此可见，要全面覆盖对幼儿各方面发展有影响的质量内容，还需要研究者们持续不断的努力。

（二）质量评价的深度

该问题主要指对一些较大程度影响儿童发展的质量指标的评价深度。前文提到，ECERS-R 在一定程度上解决了测量内容的广度问题，然而，该量表对很多指标进行评价的深度远远不够。其中最明显的是，在 ECERS-R 的指标中，师幼互动的评价指标占比很小，而且这些指标评价的内容与方式比较粗浅。例如，ECERS-R 关于积木的评估项目涉及了教师与幼儿的互动，在该项目的所有指标中，只有"教师和儿童玩简单的积木游戏"这一指标注明了评估方式，即"指标所述情形必须被观察到 1 次才可得分"。那么，就教师与幼儿在积木游戏中的互动而言，何种形式的互动会对儿童的认知与语言等能力的发展起促进作用呢？显然，ECERS-R 中的这个指标对此并没有清晰的说明与细化。这样的例子在 ECERS-R 评估指标中还有很多，这说明 ECERS-R 虽然有足够的评价广度，但其评价深度远远不够。

前文也提到，过程性质量是直接影响儿童发展的核心质量要素。深入评估过程性质量（师幼互动质量）是各国学前教育质量评估的关键。要合理解决这个问题，就需要深刻把握在幼儿园班级中哪些过程性质量要素对儿童发展起到了巨大的短期或长期影响，筛选出这些过程性质量的核心要素，同时深入地诠释和定义这些质量要素，创造有效的评估方式，并使评估内容与评估方法相匹配。然而，对这些过程性质量要素的深入评价是极考验观察者（评价者）的评估能力与专业敏感性的。例如，对于教师在促进儿童游戏中所扮演的角色，必须在动态的师幼互动过程中进行观察。该观察对评估者的专业素养与能力要求较高，因为评估者需要同时观察教师的行为与儿童的反应，并需要对师生的情感、行为或与教学相关的策略进行匹配，并对师幼互动的质量做出精准的判断。这种判断不仅需要评估者熟记不同水平质量的评分标准，还要求评估者熟悉课堂中各种形式的互动，并熟悉教师行为背后的用意与儿童的反应，以及该反应所代表的儿童认知和社会性发展的水平。显而易见，专业的评估者需要有强大的专业背景与专业素养，并且要有大量的观察与编码经验及幼儿园工作经验。

四、评价工具及其信度和效度的问题

（一）质量评价的复杂性与困境

开发一套全面的、精确的托幼机构质量评价工具是一项充满各种困难的工作。第一，学前教育系统处于社会文化系统中，学前教育质量（如托幼机构和班级）涉及影响儿童发展的近端和远端的一系列质量要素。其内容复杂多变，来自时间和空间层面的不同层次和不同领域，且要素之间相互作用、彼此影响，具有动态性和系统性的特点。这为开发一套适合于不同文化背景及不同教育目的、形式和内容的全面的评估工具带来了困难。

第二，对于一些深刻影响儿童身心发展的核心质量内容，观察性评价工具会遇到一些测量学或方法学方面的困难。这里以师幼互动为例进行说明。作为复杂的行为现象，师幼互动可被视为由教师和儿童双主体构成的系统，该系统包括教师与儿童在心理、生理、文化等各个层面的互动。一些研究显示，师幼互动除在整体层面上促进儿童的综合发展外，互动中的某个特定内容（如社会性互动、教学互动等）与儿童某个特定领域的发展（如社交技能发展、语言发展等）之间有显著的关联——互动的具体目的与内容对儿童具体领域的发展有特定的影响（Hamre et al., 2014）。然而，长期以来，学者们对儿童发展领域的一般性与特殊性的认识存在一定的差异。有学者（Grusec & Davidov, 2010）认为，儿童发展领域具有特殊性，在儿童社会化的过程中，儿童主体与社会化目标之间的关系包括一系列影响其行为变化、导致不同发展结果的不同机制。与此相反，邓恩（Dunn, 2010）认为领域特殊性虽然能够提供一个清晰的儿童发展的概念框架，但无法解释真实世界中儿童发展各领域的重叠与交互作用。因此，以促进儿童不同领域的发展为目标来理解师幼互动的内涵与结构是较为困难的，需要进一步从方法学上进行突破。此外，也有一些研究显示，关于师幼互动质量，在幼儿园一日生活中的不同时间点采集的数据有较大差异（尤其是 CLASS 中的教学支持质量），这也启发研究者反思以往研究中师幼互动质量的测量是否忽略了这些数据的变化。

总之，质量评价的复杂性与困境为评价工具的研发及信度和效度带来了一定的挑战，未来需要基于新的理论框架，采用创造性的、跨学科的方法，研制新的质量评价工具。

（二）评价工具的跨文化信度和效度问题

一些量表的跨文化信度和效度问题也是学前教育质量研究的一个争议性问题。任何一个量表在一个新的文化情境中使用时，均需要接受信度和效度检验。一些在国际上广泛使用的质量评价工具（如 CLASS），显示出较好的跨文化适用性；而一些在某种特定文化情境中研制出来的量表（量表对一些结构性质量有具体的规定），在其他文化情境中使用时，往往需要进行修订。总之，检验量表的信度和效度是质量测量的基础性工作，也是学前教育质量评价与研究的前提条件。当前仍然需要创新性的质量评价工具来克服质量测评中的困难。对复杂的学前教育质量进行有效测量，仍有很长的路要走。

第二章　班级整体质量

Chapter Two

❧ 本章导读 ❧

整体质量是结构性质量和过程性质量的总和。大量研究结果显示，过程性质量会直接影响儿童的健康、认知、语言、社会性等方面的发展（Hamre & Pianta，2007；Vandell & Wolfe，2000）。结构性质量则与儿童发展的关系非常微弱，该质量通常受国家和地区的学前教育政策、幼儿园管理制度、经济发展水平等因素的综合影响。可以说，班级整体质量涉及一系列范围较广的质量要素，既包括环境设施和玩教具等可移动或不可移动的物理环境设置、课程活动的内容与安排、为教师和家长提供的服务等可观测的静态质量，又包括师幼互动、课程实施、家园互动等有关人际互动的动态质量。这里值得注意的是，整体质量的定义强调过程性质量的重要性及结构性质量对过程性质量的影响。这意味着整体质量可被视为过程性质量及其影响因素。

评估整体质量时，评估对象既可以是托幼机构，也可以是班级（即班级整体质量）。班级是构成托幼机构的基本组织单位，多个班级整体质量的总和能够反映托幼机构的质量。班级整体质量以过程性质量为主要内容，关注结构性质量对过程性质量的支持作用。

基于生态系统理论（Bronfenbrenner，1979），班级的学习与发展环境属于直接影响儿童发展水平的微观系统，班级整体质量直接影响儿童发展。班级整体质量侧重于过程性质量的评估，并关注班级结构性质量对教学质量（即师幼互动质量）的影响，例如，教师如何有效利用空间、设施、活动材料来组织有效教学，如何通过有效的活动安排、课程计划来提高教学质量。在班级整体质量指标中，对结构性质量成分与过程性质量成分往往很难进行清晰的划分。

一些班级整体质量的评估工具基于不同的理论框架与文化背景，定义了班级整体质量及其评价方式。其中，美国幼儿教育专家研发的ECERS[①]是当前全球较具代表性、应用较广泛的托幼机构班级整体质量评估工具之一，该量表从7个方面定义了托幼机构班级整体质量，且后来ECERS的课程增订本（Early Childhood Environment Rating Scale-Extension，ECERS-E）能够与ECERS配合使用，对班级的课程方案进行有效评估。此外，学前教育质量的定义根植于个人、文化与社会背景。NAEYC《高质量托幼机构质量认证标准》及国际儿童教育协会（ACEI）研制的ACEI全球指导性评估量表（ACEI Global Guidelines Assessment，ACEI GGA）与中国的幼儿园教育环境质量评价量表对托幼机构班级整体质量的定义，则反映了多元文化背景对多元质量标准的诉求。

本章主要基于ECERS对班级整体质量的质量标准解读，深入阐述班级整

---

① 本章中的ECERS泛指ECERS的第一版、修订版和第三版。

体质量的定义与评价方式，并且介绍国内外学者关于班级整体质量的实证研究。

···

第一节 ECERS 视角下的班级整体质量

ECERS 是当前全球应用较广泛的托幼机构班级整体质量评估工具之一，该量表从 7 个方面（空间和设施、个人日常照料、语言—推理、活动、互动、课程结构、家长和教师）定义了托幼机构班级整体质量的内容。该工具的第一版诞生于 1980 年，并于 1988 年推出了修订版（即 ECERS-R），又于 2015 年推出了第三版（ECERS-3）。该量表自研发至今，见证了美国主流学前教育界对高品质学前教育质量逐步解析、完善的过程。

该量表研发以来，在世界各国的幼儿园班级整体质量评价研究、质量监测及师资培训中广泛应用。美国开展的大型质量追踪研究"成本、质量与产出"（Cost, Quality and Outcomes, CQO）运用了 ECERS 对托幼机构班级的整体质量进行观察测量；该研究结果表明，得到高质量学前教育的 3～4 岁幼儿在之后的学业发展中表现得更为优秀。此后，陆续有很多大型追踪和干预研究运用 ECERS 来测量托幼机构班级整体质量。自美国推广 QRIS 开始，ECERS 成为美国学前教育领域运用最普遍的班级整体质量评价与提升的指导性工具之一。政府投入了大量的人力和物力来培训当地学前教育系统的培训师，大量的培训师运用 ECERS 系统性地指导一线幼儿教师提高其教学水平。在此过程中，托幼机构班级整体质量的水平也获得了提高（表现为 ECERS 得分的提升）。此外，为了更好地对托幼机构班级整体质量进行自评与提升，很多一线教师和托幼机构管理者也参加了 ECERS 培训。

总之，ECERS 是当前描述与定义托幼机构班级整体质量的权威工具，并在全球范围内成为应用广泛的班级整体质量测评工具。ECERS 自研发以来经过了大量实证研究检验。由于 ECERS 的测评实践及近几十年研究者对 ECERS 的研究，后人能够对托幼机构班级整体质量获得较为充分的理解。

一、ECERS 的理论基础

学前教育的最终目的是促进儿童的健康发展，托幼机构班级整体质量的内容也应基于此目的进行建构。ECERS 基于发展适宜性幼儿教育理念，描述了一系列丰富的托幼机构结构性质量与过程性质量。从第一版到第三版，此工具所倡导的发展适宜性幼儿教育理念贯穿 8 个核心质量观，它们分别是：独立性、自由选择性、多样化、计划性、成人角色、积极氛围、监督管理和自由创作。这 8 个 ECERS 核心质量观的建构基于皮亚杰与维果茨基的心理发展与教育理论。皮亚杰强调儿童在认知发展中的主动性；维果茨基强调人际互动、社会文化对儿童心理发展的建构，其最近发展区理论为教师教学提供了指导。此外，ECERS 也关注人际互动中教师为儿童提供的安全的情绪环境，这些观点深受发展心理学中依恋理论的影响。下面对这些核心质量观的理论基础进行阐释。

（一）独立性

皮亚杰强调的幼儿主动学习的教育理念反映在 ECERS 中。良好的环境创设能够使幼儿成为独立的学习者。幼儿通过对环境的把控练习自我控制能力，增强自信和自我效能感。当幼儿有良好的自我效能感时，他们更容易在学习中获得成功经验。环境创设的一个重要目的是让幼儿可以自由地决定在哪里玩、与谁一起玩、玩什么和怎么玩，也就是说，幼儿在任何时候都不需要在教师提供的环境中选择游戏内容、同伴和方式。因此，很多 ECERS 指标涉及诸如"幼儿在一天中有大量的时间可以自由接近和拿取材料"等促进幼儿主动学习与独立学习的环境设置。

此外，幼儿各个领域的知识学习是相辅相成的，所以托幼机构应该为幼儿提供大量的自由游戏经验，同时还应有计划地借助课程设计（如主题教学活动设计）来整合不同领域的游戏活动经验。例如，幼儿在积木游戏中既可以锻炼大小肌肉的活动能力，又可以丰富数学概念类知识，还可以提升问题解决及语言能力。这些内容均反映在 ECERS 的项目中。

（二）自由选择性与多样化

ECERS 倡导通过提供足够的玩教具支持幼儿的发展，并且玩教具的提供应能适应不同幼儿发展的差异及幼儿个体发展的变化。在同一个班级里，不同幼儿的发展水平不一定在同一个层次。例如，在同一个班级里，有的幼儿刚接触数字或刚理解数字的含义，而有的幼儿已经准备好学习加减法了；幼儿的游戏发展水平亦是如此，在同一个班级里，有的幼儿处于独立游戏阶段，有的幼儿主要进行平行游戏，而有的幼儿开始进行合作游戏。可见，通过有效的玩教具准备来满足不同发展水平的幼儿的不同学习兴趣与游戏需要，是对教师教学设计的一大挑战。因此，很多 ECERS 评估项目提出，玩教具的供应应该具备多层次性。例如，ECERS 中的指标要求拼图有 4 块、6 块和 12 块的组合；用于户外游戏的小车除尺寸应适合幼儿外，也应同时具有有轮和无轮两种形式。这样既满足不同年龄阶段幼儿的需求，又能满足幼儿的多重兴趣。总之，ECERS 对幼儿园所提供的玩教具的评测强调了材料的丰富性与多样性。

与皮亚杰一样，维果茨基认为游戏可以促进幼儿认知和社会性发展，是幼儿学习的主要形式和途径。因此，教师应该为幼儿提供丰富的游戏材料来鼓励其进行自由游戏。基于此理念，游戏材料的多样性在 ECERS 的指标中十分常见，如"户外大肌肉活动场所的地面铺设了不同的物料，可以进行不同类型的游戏""有充足的大肌肉活动器材，幼儿使用时不需要花很长时间等待""有许多适合幼儿进行小肌肉活动的各类材料，幼儿在一天中有相当多的时间可以取用"。

此外，维果茨基还强调社会文化的多样性对幼儿学习和发展的影响。ECERS 强调环境的创设和使用的游戏材料应不仅适合幼儿的年龄特点、方便幼儿的使用，而且应反映出幼儿及其家庭的文化背景，促进幼儿对文化的理解。因此，ECERS 的评估项目要求班级环境的设置纳入幼儿自身、家庭和他们的语言文化方面的重要元素，以反映班级文化环境的多样性。比如，"提供的道具体现出多样性（如代表不同文化类型的道具、方便残疾人使用的设备）""为幼儿提供各种类型的音乐（如古典音乐、流行音乐、反映不同文化特色的音乐、以不同语言演唱的歌曲）""幼儿在一天中有相当多的时间可以取用多种多样的图书（图书体现出幻想、知识、人物、动物、自然、科学，也包括反映不同社会文化和适应不同学习能力的幼儿书籍）"。

（三）计划性与成人角色

皮亚杰和维果茨基均认为教师在教学过程中应扮演指导者和观察者的角色。教师应有计划地、有针对性地鼓励幼儿积极主动地尝试和探索，以促进其逻辑思维的发展和社会性发展水平的提升。此外，维果茨基认为成人应根据幼儿的发展水平来创设教学环境并给予发展性支持，提出其著名的最近发展区理论。教师要善于发现每位幼儿的最近发展区，有计划地在这个区域里合理地给幼儿安排活动和学习，给予适当的指导和帮助。ECERS 里有大量的项目体现了这些教育理念。例如，"在音乐活动中鼓励幼儿创作""在幼儿解决问题时，教师鼓励幼儿解释为什么要将东西分成不同类别""提问幼儿两张图片有哪些异同"等。

维果茨基在其理论中阐述了角色游戏对幼儿心理发展的重要性，并强调应让幼儿主导游戏。ECERS 的活动子量表里专门有一个项目对角色游戏进行评估。该项目强调以下几点内容。首先，只有在幼儿能够随意地、自由地使用材料来进行假装游戏时才可以得分，也就是说，教师分配给幼儿的角色任务应满足真正意义上的角色游戏的要求，而非强制性的扮演。其次，角色游戏的形式必须丰富化，角色游戏应包括家务、各类工作、幻想和休闲等不同种类。如果想在这一项目的测评中得到 7 分（最高分），班级所提供的游戏与教学材料就要随时变换主题，道具也要体现出多元化和多样性（能够体现出不同种族、文化、年龄和能力幼儿的需要）。再次，为体现游戏活动的便利性，幼儿应能够在户外进行角色游戏，所以托幼机构在进行户外环境创设时也要投放便于幼儿开展角色游戏的器材和道具。最后，教师必须有计划地借助精心准备的书籍和活动来丰富角色游戏。

ECERS 还强调幼儿对概念的学习与幼儿的生活经验密切相关，并关注概念学习（高级认知发展）的计划性。ECERS 强调将不同的体验与高级认知概念进行有效整合，比如：把美术活动与其他课堂经验联系起来（如在以秋天为话题的谈话活动后，让幼儿结合对秋天的理解进行绘画；或让幼儿在校外活动后绘画）；将日常事件作为学习自然与科学的基础（如探讨天气或季节的变化，观察昆虫或雀鸟，观察雪的融化与冰的凝结）；每天组织促进幼儿学习数学 / 数字的生活活动（如帮忙摆餐桌、数盘子，爬台阶时数数）。这些 ECERS 指标强调托幼机构的教学计划应当适应幼儿的年龄及其身心发展规律。

（四）积极氛围与监督管理

维果茨基强调互动过程对幼儿心理发展的重要性。教师应创造一个温馨舒适的互动环境，并让幼儿在这个环境中获得安全感。幼儿在这个环境中将教师视为"安全的堡垒"，在遇到挫折时，幼儿愿意向教师寻求帮助。也就是说，教师应为幼儿创造一个积极的情绪氛围来帮助其成长。如果幼儿有大量的机会主动选择与同伴交流、游戏，并且教师与每个幼儿都有一对一的交流，幼儿与教师的良好关系就会日渐发展与稳固。基于此，ECERS 中关于师幼互动的项目评估了教师能否在一天中的大部分时间与幼儿进行一对一的交流，并为幼儿创造一个充满安全感的环境。同时，ECERS 强调教师语言的运用主要是为了与幼儿进行社会性交往，而非控制幼儿的行为。在拥有良好的社会性交往的班级里，教师更看重幼儿积极参与的过程，而幼儿更易成为学习过程中的"冒险家"，他们不会在乎答案的正确与错误。在整个量表中，有一个子量表专门评估互动的情况，包括师幼互动和幼幼互动。ECERS-3 增加了互动的项目及其比重，如在互动子量表中增加了一个关于个性化教学的项目，反映的是教师与每位幼儿在教学过程中的互动行为。

此外，师幼互动的过程也是教师对幼儿进行监督管理的过程。建立合理的规则以帮助幼儿有序地度过在托幼机构的一天，完成游戏与教学过程，是托幼机构过程性质量的重要组成部分。同时，教师对不同幼儿的即时需要的关注，以及合理地对其进行满足，也是班级有效监督管理的体现。

（五）自由创作

培养幼儿的学习兴趣和自由探索精神是班级教学任务之一。幼儿可以通过许多不同的方式来学习同一种技能，当教师允许并鼓励幼儿通过不同方式进行学习、探索与自由创作时，幼儿的学习方式和兴趣就得到了尊重。同样的道理，幼儿可以通过不同的方式来表达他们习得的知识，如画画、跳舞、讲故事等。让幼儿自由地选择他们最擅长的方式来进行表达，可以很大程度地激发他们对学习的热情与持久性。基于此，ECERS 中很多高水平的指标反映了教师善于鼓励幼儿运用多种学习方式和表达方式的要求，而非要求幼儿用同样的方式进行游戏和表达。这体现出了教学过程的灵活性，以及幼儿自由创作的意义。

此外，ECERS 重视并鼓励幼儿创造力的培养。ECERS 中的很多指标都体现了幼儿创造力培养的重要性。例如，"借助音乐活动鼓励幼儿创新（要求幼儿给歌曲填新词、鼓励个性化的舞蹈）""在美术材料的使用中，幼儿的个性得以充分的发挥（很少有模仿范例的活动，幼儿的作品呈现多样性和个性化）"。

总而言之，ECERS 系统地、有意识地将儿童发展理论、儿童年龄特点及实践经验进行了整合，并根据不同质量指标的重要性给予不同的分值，从而让每个项目的得分能够客观地、科学地反映托幼机构学习环境的质量水平。

二、ECERS-R 对班级整体质量的定义

（一）ECERS-R 的基本内容

ECERS-R 通过 7 个子量表对班级整体质量进行了定义。这 7 个子量表

包含一系列结构性质量和过程性质量内容，它们是空间和设施、个人日常照料、语言—推理、活动、互动、课程结构、家长和教师。这7个子量表从不同角度定义了内容丰富的班级整体质量：空间和设施子量表评估班级的物理环境；个人日常照料子量表聚焦于班级的卫生、健康与安全；语言—推理子量表关注班级对儿童语言发展的支持；活动子量表评价班级各种教学与游戏活动；互动子量表评估班级师幼互动的信息交换质量；课程结构子量表关注班级课程安排与日程计划；家长和教师子量表评估家园互动、教师间互动合作的情况及教师专业发展等多个方面。每一个子量表有很多质量评价的项目，每一个项目又包含若干指标，这些指标对项目各等级的评分依据给予了解释，见表2-1。每个项目采用7点制评分，其中1代表"低劣"，3代表"基本"，5代表"良好"，7代表"优秀"。

（二）ECERS-R视角下的结构性质量与过程性质量

结构性质量与过程性质量是班级整体质量的两个核心概念。ECERS-R中的7个子量表共包含了43个项目，这43个项目包含一系列丰富的结构性质量和过程性质量内容。虽然量表作者强调ECERS-R侧重评估过程性质量，但也有不少学者认为ECERS-R主要评估了托幼机构的结构性质量。此外，也有研究者质疑将整体质量划分为结构性质量与过程性质量的合理性：把结构性质量与过程性质量结合起来并将之作为幼儿园班级整体质量可能不合适，因为各质量要素的动态协同作用可能大于各要素的简单相加。

表2-1　ECERS-R的子量表、项目及其中过程性指标所占的比例与指标示例

子量表及其中过程性质量的比例	项目	各项目中过程性指标所占的比例	指标示例
空间和设施（2.5%）	室内空间	0	项目"室内空间"的部分指标：有足够的照明、通风、温度调节和吸音设备；通风良好，自然光可通过窗户进入室内；可以调节通风（如可以开窗，使用抽气扇）。
	日常照料、游戏和学习设施	0	
	休闲和舒适的设施	0	
	室内游戏空间规划	0	
	私密空间	28.6%	
	儿童陈列品	0	
	大肌肉活动空间	0	
	大肌肉活动器材	0	

续表

子量表及其中过程性质量的比例	项目	各项目中过程性指标所占的比例	指标示例
个人日常照料（55.0%）	入园和离园	100.0%	项目"入园和离园"的部分指标： 教师跟大部分儿童亲切地打招呼（例如，教师看到儿童时很高兴，面带微笑，说话的语气令人愉快）； 每个儿童都得到个别的招呼（例如，教师叫儿童的名字，并说"你好"）； 儿童入园时，如果有需要，教师会帮助他们融入活动。
	正餐/点心	55.6%	
	午睡/休息	50.0%	
	如厕/换尿片	35.7%	
	卫生措施	54.5%	
	安全措施	30.0%	
语言—推理（69.0%）	图书和图片	27.3%	项目"鼓励儿童交流"的部分指标： 有一些可以拿来鼓励儿童交流的材料； 在自由游戏和集体活动时间都有交流活动（例如，儿童口述关于绘画的故事，小组讨论，参观商店）； 教师将儿童的口语交流和书面语言结合（例如，将儿童口述的内容书写下来，然后读给儿童听；帮助儿童给父母写便条）。
	鼓励儿童交流	55.6%	
	运用语言发展推理技能	100.0%	
	语言的非正式运用	100.0%	
活动（20.0%）	小肌肉活动	0	项目"美术"的部分指标： 儿童每天至少有1小时可以取用一些美术材料； 儿童在一天当中有相当多的时间可以取用各式各样的美术材料； 至少每个月都提供立体美术材料（如黏土、木料粘贴、木工）。
	美术	44.4%	
	音乐/律动	40.0%	
	积木	0	
	沙/水	0	
	角色游戏	0	
	自然/科学	30.0%	
	数学/数字	30.0%	
	电视、录像机、计算机的运用	27.3%	
	促进接受多元性	30.0%	
互动（98.0%）	大肌肉活动的管理	100.0%	项目"儿童一般管理"的部分指标： 看管充分，足以保障儿童的安全； 看管仔细，而且根据儿童的年龄和能力做出适当的调整（例如，对低龄或较冲动的儿童倍加关注）； 教师跟儿童谈论与游戏相关的理念，向他们提问和提供资讯，借以开拓他们的思维。
	儿童一般管理	100.0%	
	纪律	91.7%	
	师幼互动	100.0%	
	同伴互动	100.0%	

续表

子量表及其中过程性质量的比例	项目	各项目中过程性指标所占的比例	指标示例
课程结构（53.0%）	日程表	36.4%	项目"自由游戏"的部分指标： 提供看管以保障儿童的健康和安全； 借看管促进儿童游戏（例如，教师帮助儿童取他要用的材料，帮助儿童使用难以操作的材料）； 定期引入一些自由游戏的新材料和新经验（例如，轮流转换材料，根据儿童的兴趣增加活动）。
	自由游戏	30.0%	
	集体活动	40.0%	
	残障儿童支援	92.9%	
家长和教师（55.0%）	家长支援	69.2%	项目"教师专业需要支援"的部分指标： 有一些存放个人物品的地方； 每天都有上午、下午和午餐的休息时间； 教师可决定自己的弹性休息时间。
	教师个人需要支援	0	
	教师专业需要支援	0	
	教师的互动与合作	100.0%	
	教师督导与评价	100.0%	
	专业发展机会	66.7%	

为了回答这些有争议性的问题，卡西迪及他的同事们（Cassidy et al., 2005）在一篇题为《学前教育质量中结构性与过程性质量的再探究》（"Revisiting the Two Faces of Child Care Quality Structure and Process"）的文章中，基于 ECERS-R 的理论框架，重新定义了过程性质量和结构性质量这两个托幼机构班级整体质量的核心概念。他们在已有文献的基础上重新对 ECERS-R 中的各项目进行了编码，对比了一致性和差异性，并重新建构了 ECERS-R 中结构性质量和过程性质量的定义：① ECERS-R 中的结构性质量指除人际互动环境外的质量要素，主要包括游戏与教学材料、设备、课程计划、管理规范及一些政策方针（如教师资质、生师比）等；② ECERS-R 中与过程性质量有关的项目关注个体之间的关系与互动，包括教师与幼儿在操作材料及参与活动中的互动情况、幼儿之间的同伴互动、师幼互动、教师在互动过程中对幼儿的监管、教师之间的互动及家园互动。该文章对 ECERS-R 结构性质量和过程性质量的定义更加清晰地阐释了人与人之间的关系和人与物之间的关系：过程性质量体现了人与人之间相互作用的这个特征，而结构性质量则独立于人与人之间的相互作用（如提供材料与设备等）。

（三）ECERS-R 各项目中的结构性要素与过程性要素

卡西迪等人（Cassidy et al., 2005）通过多次 ECERS-R 评分实践及理论分析，将 ECERS-R 的每一个项目中的指标划分为过程性指标或结构性指标，并计算了过程性指标在每一个项目中的比例。例如，在某个 ECERS-R 项目中，结构性指标有 6 个，过程性指标有 4 个，那么这一项目的过程性指标的占比为 40%。在 ECERS-R 的所有项目中，有 9 个项目的指标完全是过程性的，13 个项目的指标完全是结构性的，剩下的 21 个项目既包含过程性指标，又包含结构性指标。各项目的过程性指标所占的比例在表 2-1 中有所体现。从以上研究结果出发，卡西迪等人（Cassidy et al., 2005）对 ECERS-R 各项目中的结构性要素与过程性要素进行了以下几点讨论。

1. 对 ECERS-R 项目中的过程性要素和结构性要素很难清晰地区分

在 ECERS-R 中，很多项目的内容同时包含过程性要素和结构性要素。ECERS-R 中与结构性质量有关的项目所关注的重点并非一些政策方针、课程计划或材料的供给，而是材料、设备及幼儿的使用是否达到要求，很多与结构性质量有关的项目涉及教师对材料和设施的使用（例如，教师有效利用材料进行教学）。与过程性质量有关的项目评价了教师与幼儿之间的关系、教师的教学行为及教师对幼儿需要的特别关注，同时也关注了教师在教学过程中对材料的利用。也就是说，在 ECERS-R 中，教师、幼儿及托幼机构的教育环境不是相互独立的要素，它们彼此联结，共同构成了动态的、过程性的质量环境；在这个环境中，教师、幼儿与材料设施之间有交互作用。

2. 结构性质量和过程性质量之间存在复杂的动态关系

结构性质量和过程性质量之间的关系可能是非线性的（而非简单的线性关系），这种关系可以通过一个比喻进行说明。如果将结构性质量比作一辆汽车，将过程性质量比作司机，将幼儿比作乘客，那么这三者的关系就可以这样理解：家长希望自己的孩子乘坐豪华汽车，但更在意司机的驾驶水平，因为孩子的安全才是第一位的；好司机配好车是锦上添花，但如果好车已上路，决定乘客（孩子）乘车体验的就是司机的驾驶水平；这样看来，汽车只要功能完好、质量过关就行，精益求精的质量要求并非是必需的，所以家长更愿意让孩子乘坐有合格司机的经济型汽车，而不是乘坐被吊销驾照的司机所开的豪华型汽车（Cassidy et al., 2005）。同样地，结构性质量（如大量的材料和设施、安全和清洁设施）是必要的，但过程性质量（如教师的教学或师幼关系）对班级整体质量来说更加重要。从这个角度来看，ECERS-R 中与结构性质量有关的项目为班级整体质量水平"基线"（即可接受的最低 ECERS-R 总分）的评估提供了参考，而与过程性质量有关的项目的分数越高，ECERS-R 总分（班级整体质量）也就越高；因此，对结构性和过程性质量之间的相互作用的动态评估可能是更合适的模型。

3. 对班级整体质量需要从更为广阔、系统的视角进行理解

托幼机构班级整体质量与儿童发展水平之间存在某种程度的联系，然而，这种联系呈现出很大的个体差异：很多高质量幼儿园的儿童，其各领域的发展并不是很理想。事实上，每个儿童及其家庭都是复杂地交织在一个动态系统中的。要理解这个系统，研究者需要梳理其中的每一个因素对儿童发展的贡献。只有在特定的背景下结合儿童和教师的个人特点来研究质量的具体方面，才能深入了解质量。

（四）ECERS-3 与班级整体质量

与 ECERS-R 一样，ECERS-3 的设计同样围绕班级整体质量的核心概念（结构性质量与过程性质量），同时关注了班级整体质量对儿童多方面（认知、情绪、身体、健康和安全等）发展的促进作用。不过，ECERS-3 与 ECERS-R 在评估内容方面有所差异。

首先，相较于 ECERS-R，ECECR-3 撤掉了家长和教师子量表的评估内容。ECERS-3 包含 6 个子量表，共 43 个项目，这 6 个子量表是空间和设施、个人日常照料、语言与词汇、学习活动、互动与项目结构。新增加的项目包括个性化教学、理解书面数字、熟悉绘画等。ECERS-3 评估的托幼机构中的儿童由原来的 2.5～5 岁改为 3～5 岁。另外，ECERS-R 的访谈内容被全部取消，ECERS-3 完全基于观察进行评分。这些改变主要基于北卡罗来纳大学的研究团队对这个工具的心理测量学特征的研究。

其次，相比 ECERS-R，ECERS-3 更加关注教师在促进儿童认知发展和社会性技能发展中的指导作用。新增加的指标（如"帮助儿童扩展词汇量""鼓励儿童使用书籍""熟悉绘画""日常事件中的数学"），以及一些项目中的 7 分指标（如项目"角色游戏"中的"教师以对儿童有意义的方式与儿童讨论角色游戏中的绘画和数字"）明显是为了促进儿童的数学与早期语言等高级技能的发展。

再次，ECERS-3 关注教师在教学活动中对材料与玩教具的有效利用。ECERS-R 非常强调各类活动材料的供应及自由游戏时间中儿童对材料的获取，甚至一些高分指标也与材料的分类有关。例如，"积木"的 7 分指标都与

材料的供应有关（"每天至少有两种积木和多种附属材料可以供儿童使用""积木和附属材料存放在开放的、贴有标签的架子上"）。而 ECERS-3 对材料和玩教具的重视明显减少。尽管 ECERS-3 也评估活动材料的提供情况，但相关项目的高分指标往往与教师如何利用材料进行教学活动有关。例如，项目"小肌肉活动"中的"教师通过发放材料并要求儿童合理地整理归纳材料来促进儿童的问题解决能力"，明确指出了教师应利用材料促进儿童的问题解决能力。

三、中国托幼机构教育质量评价量表（试用版）视角下的中国幼儿园班级整体质量

（一）中国托幼机构教育质量评价量表（试用版）研发的理论基础

2013 年，胡碧颖、李克建研究团队在借鉴 ECERS 的理论架构、测量学特性及中国本土试用研究的基础上，完成了 ECERS 的中国本土化修订，编制了中国托幼机构教育质量评价量表（试用版）（Chinese Early Childhood Environment Rating Scale, CECERS）。CECERS 坚持并体现了 ECERS 对托幼机构班级整体质量判定的 8 个核心质量观：独立性、自由选择性、多样化、计划性、成人角色、积极氛围、监督管理和自由创作。这些理念和标准反映在整个量表的各个评价项目中。另外，基于中国幼儿教育质量评价的实际需要，CECERS 纳入了第 9 个质量观——均衡性，即在班级质量评价的过程中，既要衡量课程领域之间的均衡、幼儿身心各方面发展的均衡，也要考虑各种活动形态之间的均衡，尤其是成人主导活动与幼儿自主活动之间的均衡，以及集体的、分组的与个别的活动之间的均衡，同时要考虑东西方文化、教育价值观的平衡。纳入该质量观的目的是增强 CECERS 对中国国情和文化教育情境的适应性。胡碧颖、李克建团队（2013）在开展大量的量表信度和效度研究并确定最佳的评分方案后，使用 CECERS 对中国幼儿园进行了质量测评，并开展了一系列研究。可以说，CECERS 是当前在中国颇具影响力的幼儿园班级整体质量评估工具。

（二）CECERS 对中国托幼机构班级整体质量的定义

从量表的总体构架上看，CECERS 与 ECERS 对托幼机构班级整体质量的构成要素的理解是一致的。有所不同的是，CECERS 根据中国国情（集体教学的重要地位）增设了一个子量表——集体教学。因此，CECERS 包含 8 个子量表，它们是：①空间和设施；②个人保育；③课程计划与实施；④集体教学；⑤活动；⑥语言—推理；⑦互动；⑧家长和教师。在量表评价指标的呈现方

式上，CECERS 运用了与 ECERS 基本相同的架构，保留了 ECERS 7 点评分的李克特式量表结构，每个项目下的指标被组织到 1（不适当）、3（最低要求）、5（良好）或 7（优秀）的等级序列下。这 4 个等级是一种递进的关系：1——不要伤害；3——做好最基础性的工作；5——履行发展适宜性实践；7——追求卓越。此外，相较于 ECERS，CECERS 对每个项目进行了维度的建构。维度是对特定项目进行评价的不同角度或不同层面。比如，空间和设施子量表中的项目"室内空间"由 3 个维度组成：空间及结构、基本设施、维护与清洁。整体来看，CECERS 共包含 8 个子量表，53 个项目，160 个评价维度，574 个评价指标，814 个精细评价指标。

四、ECERS-E 对 ECERS-R 课程评价的补充

正如本书第一章所讲，完整的学前教育课程由课程方案、课程实践、课程评价 3 个要素构成。其中课程方案包括课程理念、课程目标、课程设置与内容等一系列内容；课程实践主要指师幼互动与教学、家园合作等；课程评价主要指通过儿童发展评价来检验课程方案及课程实践的有效性。尽管 ECERS-R 评价了班级中教师利用结构性质量要素、通过有效教学设计（如空间和设施、课程结构、活动子量表的内容）来完成教学的一系列过程，但其对课程方案的评价有所缺失。ECERS-E 能够有效地弥补这一缺失。

（一）ECERS-E 简介

ECERS-R 广泛应用于发展适宜性学前教育实践中的班级整体质量评价，然而，英国的一些研究发现，该量表在预测英国儿童学业成绩方面的能力有限。21 世纪初，英国发布并执行了一份通过游戏活动促进儿童技能发展的课程指引文件——《早期基础阶段法定框架》。该文件指出，英国托幼机构的课程方案应包括身体发展、创造性发展、个人与社会教育、语言、算术及对世界的理解等多个领域，而 ECERS-R 不具备评价此种课程的能力。基于此，英国著名的研究项目——提供有效学前教育项目[1] 开发了适应新课程的量表，即 ECERS-E，来补充 ECERS-R，使量表对具备提高或支持作用的学习策略的评价更加敏感有效。

ECERS-E 是对 ECERS-R 的扩展补充，该量表能够评估针对儿童学业发

---

[1] 提供有效学前教育项目（The Effective Provision of Preschool Education, EPPE），是英国的一项关于学前教育效果的大规模前瞻性纵向研究，其跟踪观察了 3000 多名儿童，在儿童 3 岁和 5 岁时收集了有关儿童认知能力和社会 / 行为能力的评估数据。

展的一系列课程所定义的质量维度，配合 ECERS-R 使用。ECERS-E 同样强调教师合理安排教学计划、有效利用材料实施教学，并对儿童在各领域发展的教学质量进行了规定，其内容和框架与课程质量标准一致。ECERS-E 由 4 个子量表组成，分别为读写、数学、自然 / 科学、多样性，共 15 个项目。具体见表 2-2。

表 2-2　ECERS-E 的子量表与项目

子量表	项目序号		项目名称
读写	项目 1		环境中的文字
	项目 2		图书及读写区
	项目 3		教师与儿童一起阅读
	项目 4		文字的发音
	项目 5		早期书写（前书写）
	项目 6		说话及聆听
数学	项目 7		数数及应用
	项目 8		阅读及表述简单的数字
	项目 9	a	数学活动——形状
		b	数学活动——分类、配对及比较
自然 / 科学	项目 10		自然材料
	项目 11		自然科学区
	项目 12	a	科学活动——非生命
		b	科学活动——生命过程
		c	科学活动——食物的准备
多样性	项目 13		符合个别学习需要的计划
	项目 14		性别平等及意识
	项目 15		种族平等及意识

（二）ECERS-E 课程评价的有效性

课程方案的目标是促进儿童的发展。世界各国制定的课程方案标准均与本国出台的早期儿童学习标准一致。

由之前的研究可知，ECERS-R 有在儿童社会性行为发展方面更敏感的质量指标，而 ECERS-E 则有在儿童认知发展与学业技能方面更为敏感的质量指标。该结论与两个量表的内容架构关系密切。ECERS-R 的子量表为空间和设施、个人日常照料、语言—推理、活动、互动、课程结构、家长和教师。语言—推理子量表、活动子量表、互动子量表都与儿童社会性行为发展的评价相关；其中语言—推理子量表包含 4 个项目，侧重于儿童对语言的运用，即幼儿的"说"，而缺少对儿童读写萌发的评估。然而，ECERS-E 专设 3 个子量表（读写、数学、自然 / 科学）来评价有关促进儿童读写、数学能力、科学和文化思维发展的教育质量。其中读写子量表包含 6 个项目，测量得非常细致，并且除语言的运用外，增设了早期书写（前书写）、环境中的文字、文字的发音等项目，侧重于对有意培养儿童早期读写能力的测量。另一个子量表多样性用来评价教师在面对不同性别、不同文化 / 种族、不同能力水平的儿童时，在实施 3 个领域的教学中所做出的因材施教的措施。因此，ECERS-E 在评价儿童认知发展和学业技能方面更为敏感，这也凸显了 ECERS-E 在课程设置（方案）质量评价方面的有效性。

ECERS-E 作为对 ECERS-R 的重要补充，其研发受到英国文化背景的影响，但该量表在美国及其他地区也得到了广泛应用。美国对早期读写和数学的重视，对早期自然 / 科学学习和全纳教育的关注，均受 ECERS-E 的影响。ECERS-E 与 ECERS-R 相辅相成，相得益彰。它们作为学前儿童教育实践改进的指导工具，为全球各种文化背景下渴望不断发展、完善自身教育实践的托幼机构提供了严谨有效的质量信息收集和反馈的模板。

第二节　各国开展的班级整体质量研究

当前，托幼机构班级整体质量问题受到全球学前教育研究者的重视，ECERS 作为一个有扎实理论基础的托幼机构班级整体质量评估量表，在许多国家的教育质量测量中发挥了重要作用。本节主要介绍一些国家采用 ECERS 对托幼机构班级整体质量进行测评的结果概况，并对美国和荷兰这两个例子进行进一步说明。这些测评结果反映出不同国家的托幼机构班级整体质量的水平、特征与变化。在此基础上，本节对 ECERS 的测量学属性及托幼机构班级整体质量与儿童发展的关系进行探讨。

一、各国托幼机构班级整体质量的概况

从 ECERS 研发至今的近 40 年里，不同研究者和教育工作者在具有不同文化背景的国家中使用 ECERS，对托幼机构班级整体质量进行了测评或指导其质量提升。这里总结包括中国在内的几个比较典型国家的托幼机构班级整

体质量的 ECERS 评估结果（见表 2-3）。该结果可直观地反映不同文化 / 国家的学前教育发展水平与特点。

瑞典作为世界上经济和学前教育比较发达的国家之一，该国的托幼机

表 2-3　5 个 ECERS 子量表及项目的平均分和标准差

子量表 / 项目	平均分（标准差）				
	中国 （样本=178）	美国 （样本=943）	瑞典 （样本=24）	德国 （样本=270）	巴林 （样本=50）
空间和设施 子量表总体	3.41（1.12）	—	—	—	2.23（1.14）
室内空间	—	4.55（1.55）	4.44（1.25）	2.56（1.01）	2.70（1.65）
日常照料、游戏和学习设施	—	4.05（1.10）	4.44（1.25）	2.65（1.70）	1.83（1.83）
休闲和舒适的设施	—	—	4.85（1.20）	2.93（1.42）	1.82（1.22）
室内游戏空间规划	—	3.42（1.45）	5.22（1.16）	3.75（1.56）	2.07（1.34）
私密空间		4.07（1.60）	5.07（1.21）	3.38（1.31）	1.87（1.47）
儿童陈列品	—	3.24（1.37）	4.70（1.27）	3.01（1.38）	2.27（1.43）
大肌肉活动空间	—	3.18（1.48）	5.22（1.16）	3.18（1.41）	2.50（1.40）
大肌肉活动器材	—	2.80（1.68）	4.44（1.25）	3.61（1.31）	2.34（1.67）
个人日常照料 子量表总体	3.62（1.15）	—	—	—	1.81（1.17）
入园和离园	—	—	4.56（1.09）	4.96（1.59）	2.87（2.32）
正餐 / 点心	—	3.15（1.29）	5.26（1.06）	1.38（0.87）	1.57（1.49）
午睡 / 休息			4.63（1.41）		
如厕 / 换尿片	—	3.21（1.41）	3.67（1.52）	1.22（0.58）	1.50（1.32）
卫生措施	—	3.06（1.40）	—	1.83（1.16）	1.51（1.07）
安全措施		4.03（1.72）		1.18（0.49）	1.65（1.47）
语言—推理 子量表总体	3.01（0.89）	—	—		1.81（1.12）
图书和图片	—	3.38（1.69）	4.56（1.42）	3.44（1.35）	1.76（1.46）
鼓励儿童交流	—	4.20（1.54）	4.30（1.56）	3.24（1.33）	1.46（1.01）
运用语言发展推理技能	—	—	4.04（1.56）	2.97（1.41）	2.05（0.80）

续表

子量表 / 项目	平均分（标准差）				
	中国 （样本=178）	美国 （样本=943）	瑞典 （样本=24）	德国 （样本=270）	巴林 （样本=50）
语言的非正式 使用	—	—	4.70（1.03）	3.81（1.52）	1.82（1.39）
活动子量表 总体	2.51（0.94）	—	—	—	1.91（1.83）
小肌肉活动	—	3.98（1.59）	4.56（1.42）	2.94（1.32）	1.76（1.46）
美术	—	3.43（1.48）	4.74（1.43）	3.70（1.50）	1.46（1.01）
音乐 / 律动	—	3.15（1.17）	4.48（1.22）	3.46（1.47）	2.05（0.80）
积木	—	2.23（1.26）	4.48（1.09）	3.70（1.28）	1.82（1.39）
沙 / 水	—	—	—	2.69（1.34）	2.77（1.51）
角色游戏	—	3.14（1.66）	3.85（1.43）	3.35（1.18）	2.38（2.89）
自然 / 科学	—	2.54（1.17）	—	3.61（1.21）	1.60（1.11）
数学 / 数字	—	2.99（1.43）	—	2.98（1.31）	1.62（1.38）
电视、录像机、 计算机的运用	—	—	—	—	1.82（1.54）
促进接受多元 性	—	4.07（1.19）	—	2.55（1.16）	—
互动子量表 总体	3.43（1.04）	—	—	—	2.56（1.52）
大肌肉活动的 管理	—	—	—	2.28（1.64）	2.20（1.85）
儿童一般管理	—	—	—	2.24（1.73）	2.55（1.54）
纪律	—	4.18（1.52）	—	3.56（1.60）	2.32（1.76）
师幼互动	—	4.97（1.84）	—	4.76（1.63）	3.22（2.13）
同伴互动	—	4.47（1.56）	—	4.62（1.54）	2.31（2.27）
课程结构 子量表总体	3.05（1.04）	—	—	—	2.12（1.57）
日程表	—	—	—	2.50（1.06）	2.23（1.44）
自由游戏	—	4.06（1.51）	4.56（1.53）	2.97（1.48）	2.03（1.68）
集体教学	—	3.80（1.50）	4.89（1.25）	4.09（1.50）	1.98（1.98）
残障儿童支援	—	—	4.43（1.69）	—	—

注：家长和教师子量表涉及较大的文化差异性，在此表中未进行数据展示与比较；—表示无相应数据。

构在 ECERS 各项目上的得分水平均处于中等偏上，证明瑞典的学前教育班级整体质量较高。来自美国 46 个州的 ECERS 数据反映了美国的托幼机构在 ECERS 多个项目中处于中等水平，但在个别评价项目（如数学／数字和自然／科学）中表现欠佳。在巴林的样本评估中，几乎所有项目的得分水平都处于中等偏下。无论是学前教育机构的硬件环境还是教学、师幼互动，得分水平均落后于其他国家。此外，经济发展水平处于世界前列的德国在 ECERS 评估中并没有表现出比较高的质量水平。德国在许多 ECERS 质量项目上所获得的评分处于中等偏下水平，仅在师幼互动和同伴互动这两个项目上获得了中等以上的评分。究其原因，可能是德国的学前教育环境更倾向于让儿童走进自然、社会，在此过程中将一些基本的常识、礼节、独立生活的本领、良好的品质内化，并不在托幼机构班级内部环境的创设上花太多精力。基于德国学前教育的这种理念，德国的儿童在学前阶段有更多的机会在大自然中玩耍，在社会里接触形形色色的人、事、物。因此，在德国的托幼机构班级内部，某些结构性质量项目的得分不高，但在教师与儿童的互动及平等交流过程中体现出的质量水平却处于中等偏上。

中国学前教育机构的大多数 ECERS 项目得分都处于中等偏下水平。其中，活动子量表得分最低，仅有 2.51。刘占兰（2012）的研究报告反映了中国不同地区、不同园所属性的幼儿园之间有非常明显的差异性。中国的学前教育质量整体水平还有待进一步提升，城乡之间、公办园与私立园之间"二元化"的局面有待改善，学前教育师资队伍质量及优良师资的福利待遇水平有待提升。

二、美国 QRIS 中托幼机构班级整体质量的评估

美国的 QRIS 是以州政府为主体实施的一项学前教育机构质量评级与提升的综合性项目。各州 QRIS 使用一系列质量标准，对参与 QRIS 的托幼机构进行质量测量与评级，引导托幼机构根据质量标准来提升教育质量。

（一）ECERS 作为 QRIS 的质量标准

QRIS 的核心内容之一是托幼机构的质量评级，该系统在质量测量与评级工作中使用观察性测量工具，描述托幼机构班级整体质量。美国儿童保健信息中心的调查显示，大多数州的 QRIS 质量标准包括 ECERS 的质量内容，会在测量与评级工作中使用 ECERS 来描述托幼机构班级整体质量。可以说，自 QRIS 实施至今，ECERS 一直是美国各州 QRIS 质量标准的重要组成部分。

（二）ECERS 作为 QRIS 质量评估中重要的观察性评估工具

绝大多数州的 QRIS 会使用 ECERS 进行现场观察，来对托幼机构的班级整体质量进行评估。各州 QRIS 均通过清晰的质量指标定义、定期的信度复查、评定者间信度检验来保证评级过程的测量信度。陶特等人（Tout et al., 2013）通过回顾 20 个州的 QRIS 发现，这些州的 QRIS 几乎都要求 ECERS 测量有 0.80 ~ 0.85 的评定者间信度系数。此外，ECERS 也是 QRIS 评级分数线（cut score）划定的主要参考内容。例如，有研究者（Karoly & Zellman, 2012）检验了托幼机构 ECERS-R 得分的分布情况及其与 CLASS 得分之间的关系，帮助政策制定者通过建立评级分数线来调整评级分布，并确定技术支持的工作目标。

三、荷兰托幼机构班级整体质量的变化与调节

（一）荷兰托幼机构班级整体质量的变化

ECERS 的研发者综合分析多项研究结论后指出，从 1995 年到 2001 年再到 2005 年，荷兰托幼机构的质量一直处于下滑状态（Gevers & Riksen-Walraven, 2005; Vab I Jzendoom et al., 1998; Vermeer et al., 2008）。而且 1995 年和 2005 年荷兰托幼机构 ECERS 得分的差距是惊人的。1995 年，荷兰托幼机构的平均分是 4.8，这在当时的国际对比中是处于高水平的（Van I Jzendoom et al., 1998）。到 2001 年评估的时候，平均分下滑至 4.3（Gevers & Riksen-Walraven, 2005）。2015 年，有学者（Helmerhorst et al., 2005）评估了 200 所荷兰的托幼中心，并将该数据与 2005 年的评估结果做比较。他们发现荷兰幼托中心的班级整体质量仍在下滑，平均分降至 3.2，这也是 3 次评估中的最低分，在当时的国际比较中也属于低水平（Vermeer et al., 2008）。

有两个主要原因导致了 1995—2015 年的分数下滑。第一，入托幼儿人数的快速增长及合格保育人员的严重短缺；第二，荷兰学前教育工作者的职前培训改革较为滞后，1996 年以前，托幼机构工作者普遍接受非常专业的婴幼儿保教知识与技能培训，而 1996 年以后，大部分工作人员仅接受一种很宽泛的为期 3 年的社会性教学训练，这些工作人员受训后就直接进入托幼服务机构工作（Vermeer et al., 2008），其专业技能与工作经验相对缺乏。

（二）荷兰学前教育政策工具对托幼机构班级整体质量的调节作用

2005 年以来，荷兰入托幼儿的数量继续增长，托幼机构班级整体质量依旧不乐观。2005 年，荷兰政府出台了《儿童保育法案》（"Child Care Act"），该法案的颁布给学前教育政策带来了一系列变化：原先政府资助托幼机构，

法案颁布后政府改为资助家长，从而给家长更多自主选择的机会。很多研究者和荷兰政府都认为，此项政策在一定程度上促进了托幼机构的质量提升。那么，托幼机构的班级整体质量是否真的发生了变化呢？

2008 年，ECERS 研发者在荷兰选择了具有代表性的托幼机构样本，用 ECERS-R 的 0～3 岁版本（Infant/Toddler Environment Rating Scale，ITERS-R）评估了婴儿和学步儿班级的整体质量，用 ECERS-R 评估了 3～4 岁幼儿班级的整体质量。此项研究探索了荷兰学前教育政策性工具（《儿童保育法案》）能否提升托幼机构班级整体质量。

结果显示，荷兰托幼机构从 1995 年到 2005 年班级整体质量下滑的趋势在 2008 年并没有得到遏制。2008 年的第四次全荷兰托幼机构质量评估发现，托幼机构班级整体质量得分继续下降。具体而言，t 检验显示，与 2005 年的评估相比，ECERS-R 总分、空间和设施子量表得分及互动子量表得分显著下降。而 ITERS-R 的总平均分为 3（量表定义的最低质量要求），降到了历史最低点。从子量表的得分看，得分最低的是活动子量表（平均分为 2.2，标准差为 0.58），之后由低到高依次是空间和设施（平均分为 3.0，标准差为 0.78），语言—推理（平均分为 3.4，标准差为 1.08），课程结构（平均分为 3.7，标准差为 1.03）和互动（平均分为 3.8，标准差为 1.17）。几乎一半的托幼机构的总平均分低于最低质量要求。从该结果来看，荷兰政府 2005 年开始实施的《儿童保育法案》这个政策工具并没有促进托幼机构质量的提升。《儿童保育法案》其实促成了一个由市场机制驱动的系统，该系统通过父母对高质量托幼机构进行自主性选择来引导机构质量的提升；然而，该市场机制驱动系统并没有起到理想的作用。

该政策的失败可能有多个原因，其中一个重要的原因是政府相关部门没有给家长提供关于什么是高品质的幼儿教育的知识与机构质量的信息。也就是说，家长并不真正知道如何为孩子挑选高质量的托幼机构。他们在为孩子选择托幼机构时，更多地考虑入托的便利性和价格等因素，或依赖其他家长、亲戚朋友的介绍。有研究显示，即使荷兰家长对托幼机构的服务不满意，他们也不会更换机构（Berden & Kok，2009），因为家长考虑到更换机构可能给孩子带来情绪上的压力（Plantenga，2012）。以上原因导致了《儿童保育法案》没有起到理想的质量提升作用。

从对荷兰托幼机构的班级整体质量的追踪研究中可以看出，荷兰托幼机构的质量发展是不稳定的。很多因素（如教师培训改革、入托需求增长）都可能导致班级整体质量的下滑。因此，政府相关部门对班级整体质量持续地监测、跟踪，并分析其变化的原因，确保质量的提升，预防质量的下滑，是非常有必要的。

四、ECERS 的效度研究

（一）结构效度

大量研究关注 ECERS 的结构效度，这些研究显示了班级整体质量可划分为哪些质量要素。国外不同学者对 ECERS 进行的结构效度检验得出了不同的结论。珀尔曼等人（Perlman et al., 2004）对美国科罗拉多州 202 个托幼中心的 326 个幼儿班级的 ECERS 得分进行了因素分析，他们发现，ECERS 包括 3 个因子：因子一为"幼儿活动、课程结构、空间和玩教具"；因子二为"师幼互动"，包括个人日常照顾、鼓励语言发展；因子三为"对家长和教师的支持"。这 3 个因子之间的相关度较高。该项研究并没有检测 ECERS 的 7 个质量维度（子量表），而是从 4 个方面来建构班级整体质量。卡西迪等人（Cassidy et al., 2005b）对美国北卡罗来纳州 1313 个幼儿班级的 ECERS 得分进行了因子分析，发现 ECERS 包括"活动与材料""语言与互动"两项内容（因子），其中"活动与材料"因子包括休闲和舒适的设施、私密空间、图书和图片、小肌肉活动、美术、积木、角色游戏、自然／科学、数学／数字等，"语言与互动"因子包括运用语言发展推理技能、语言的非正式运用、儿童一般管理、纪律、师幼互动、同伴互动等。这两大因子与 ECERS 总平均值的相关系数为 0.90，能解释 69% 的 ECERS 得分的变异。

（二）内容效度

ECERS 作为一个评估班级整体质量的权威工具，在美国的托幼机构班级整体质量评估中应用得十分广泛。在量表使用初期，很多美国学者对该量表的内容效度（全面准确的评估质量）和预测效度（对儿童的学业和社会性发展的预测）给予了厚望。

大量关于班级整体质量（用 ECERS 进行评估）和儿童发展关系的研究试图证明它们之间存在关联（Yoshikawa et al., 2013），但关于 ECERS 的一些深入研究发现，该量表作为质量评估工具对儿童发展的预测效果并不理想，很多研究结论并不一致。

有的研究（Le, Schaack & Setodji, 2015）发现 ECERS 总分与儿童认知发展之间存在非线性关系，但其和儿童社会性发展之间的关系是线性的。

另有两项大型研究则发现 ECERS 总分与儿童的早期学业技能之间没有任

何关联（Gordon et al., 2013; Mashburn et al., 2008）。因此，研究者们试图放弃使用 ECERS 总分，而采用因素分析所得出的质量因素分数来预测儿童的发展，并试图寻找新的研究发现。这是因为总分评估的质量概念比较模糊，而因素分析提炼的不同质量因素的得分对质量概念的界定更为清晰与具体。

此外，克利福德等人（Clifford et al., 2010）通过因素分析推断 ECERS 存在"支持环境"和"教学与互动"两大因子。在"支持环境"因子方面，奥格等人（Auger et al., 2014）发现"支持环境"因子与儿童的词汇增长相关联，但豪斯等人（Howes et al., 2008）的研究与韦兰等人（Wetiland et al., 2013）的研究没有发现类似结果。在"教学与互动"因子方面，豪斯等人（Howes et al., 2008）发现"教学与互动"因子与儿童的词汇增长相关联，而奥格等人（Auger et al., 2014）对该因子与儿童发展关系的研究则以不确定性的结论收尾。

这些复杂的研究发现使学者们对 ECERS 的内容效度和预测效度产生了怀疑，同样，学者们也怀疑评估儿童发展的工具是否有瑕疵，或质疑学前教育质量在儿童学业成就上所起的作用。

五、ECERS 对儿童发展水平的预测

（一）ECERS-E 与 ECERS-R 对儿童发展水平的预测研究

凯西等人（Kathy et al., 2006）的研究随机抽取了 141 个托幼机构为研究样本，探讨了 ECERS-E 在英国学龄前阶段预测儿童特定领域成绩的能力，论证了英国学前教育和小学初期的过程性质量对儿童认知与社会性发展的影响。

1. 研究方法

该研究采用英国能力量表 II（British Ability Scales II，BAS II）来测量儿童的认知能力和语言能力。对 3 岁幼儿采用 4 个 BAS-II 分量表进行基线测量，分别是积木搭建、语言理解、词汇命名、图片相似性，从而形成两种综合衡量标准：语言总得分（包括语言理解和词汇命名）及非语言总得分（包括积木搭建和图片相似性）。对 5 岁幼儿进行了 5 个 BAS II 分量表测试，分别是语言理解、图片相似性、词汇命名、模式构造和早期数字概念。在儿童社会性/行为能力的测量方面，该研究采用适应性社会行为量表（The Adaptive Social Behaviour Inventory, ASBI）对 3 岁儿童进行社会性/行为能力评估，采用《儿童社会行为问卷》（"The Child Social Behaviour Questionnaire"，CSBQ）调查 5 岁儿童进入小学时的社会性行为发展情况。此外，研究人员还通过家长访谈获得有关父母与家族特征、儿童特征、健康及儿童保育史的相关信息。

最后，研究者建立了 9 个结果变量的多层模型，其中 5 个为认知变量（早期阅读、一般数学概念、语言、非语言推理、空间感知），4 个为社会性 / 行为变量（独立与集中、合作与从众、同伴社交、反社会 / 焦虑）。

2. 研究结论

结果显示，在预测认知发展方面，考虑儿童的年龄、父母的学历、儿童和家庭的背景特征后，ECERS-E 对儿童在早期阅读、一般数学概念和非语言推理方面的得分具有显著的预测作用，但与空间感知和语言的得分无关。而 ECERS-R 与儿童认知的相关性较小，只有互动子量表与一般数学概念有显著关联。因此，相较于 ECERS-R，儿童的认知发展与 ECERS-E 的关联性更大。

在预测社会性 / 行为发展方面，ECERS-R 的语言—推理、互动子量表可显著预测儿童在合作与从众方面的得分。但 ECERS-E 与儿童的社会性 / 行为发展之间没有显著的关系。因此，ECERS-E 并不是一个能够预测儿童社会性 / 行为发展的强有力工具。

（二）ECERS 对儿童发展水平的预测——元分析研究

有许多研究关注 ECERS 对儿童发展与学业水平的预测作用。《幼儿学习环境评量表及其修订版与儿童发展结果的关系：系统性综述与元分析》（"The Relationship between the Early Childhood Environment Rating Scale and Its Revised Form and Child Outcomes: A Systematic Review and Meta-analysis"）（Brunsek et al., 2017）一文所论述的研究，通过对以往 16 篇独立研究文献进行系统评价和元分析，探讨了 ECERS 与儿童发展结果之间的关系。

该研究通过在 Medline、PsycINFO、ERIC 等大型数据库上检索，得到了

「拓 展 阅 读」

元分析

元分析（meta-analysis）是针对某一问题对众多已有实证文献（独立研究结果）的再次统计，从而将以往研究结果更为客观地反映出来。可以说，元分析的研究者并不进行原始研究，而将研究已获得的结果进行综合分析。元分析利用相应的统计公式，对相关文献中的统计指标进行再一次统计分析，从而根据获得的统计显著性等来分析变量间真实的相关关系。近十几年来，元分析在教育学、心理学研究中获得了极为广泛的应用。常用的元分析软件有 RevMan、Stata、R 等。

823 篇相关文章，并筛选出其中 16 篇进行元分析。其研究对象为 0～6 岁的学龄前儿童及其所在班级。研究通过分析 16 篇文章中的数据，评估了 ECERS 与儿童语言、数学和社会性情绪发展结果之间的关联。研究还分析了语言—推理子量表、互动子量表与儿童发展结果之间的关联。该研究的结果帮助人们重新理解学习环境质量对儿童发展的意义。

1. ECERS 总分与儿童发展结果关系的元分析

该研究对儿童发展的定义归结为数学、语言和社会性情绪 3 个方面，并对 ECERS 总分与这 3 个方面的发展结果的关系进行了元分析。其中，语言方面主要考察了皮博迪图片词汇测验（PPVT）的测试数据，数学方面考察了伍德考克—约翰逊学业成就测验（WJ）的测试数据，社会性情绪方面考察了社会性技能提升系统（SSIS）的测试数据。

语言方面，ECERS 总分与 PPVT 中的词汇测试得分之间显示出显著的、效应量较小的正相关，但与字母识别测试的得分之间没有显著的相关关系。

数学方面，ECERS 总分与 WJ 中的儿童数学应用题测试的得分之间没有显著的相关关系。

社会性情绪方面，ECERS 总分与积极社会性行为之间呈现微弱的正相关，ECERS 总分与儿童社交技能之间有比较弱的正相关，与问题行为之间没有显著的相关关系。

2. ECERS 的两个子量表与儿童发展结果关系的元分析

研究显示，ECERS 的互动子量表和语言—推理子量表与儿童发展结果之间有一定关联。ECERS 互动子量表的得分与词汇测试得分和字母识别测试得分之间的关联不显著。语言—推理子量表和词汇测试的得分之间有显著但显著程度较低的正相关，与儿童数学测试得分、字母识别测试得分之间的相关性不显著。

综上所述，ECERS 总分与儿童发展的关联比其几个子量表与儿童发展的关联更大。这些结果表明，虽然使用子量表进行预测是可行的，但使用 ECERS 总分更可取。还可以看到，评估课堂互动质量的两个子量表与儿童发展结果相关联，这些子量表关注鼓励沟通及通过语言发展儿童的推理能力，可被视为儿童语言发展的衡量标准。

（三）ECERS-3 对儿童发展水平的预测研究

如前所述，很多关于 ECERS-R 信度和效度的研究发现该量表对儿童发展水平的预测效度不够理想。因此，量表研发者在进行修订时，是基于"提高质量对儿童发展的预测能力，并强调一系列对儿童发展结果有重要意义的质量"这一观念进行的（Harms et al., 2015）。

ECERS-3 问世后，以厄尔利为首的北卡罗来纳大学的研究团队对其进行了信度和效度研究（Early, 2018）。此项大型研究在美国的佐治亚州、宾夕法尼亚州和华盛顿州这 3 个州完成。数据的收集与各个州的 QRIS 合作完成，有的州的托幼机构质量评估在这个合作过程中完成了从 ECERS-R 到 ECERS-3 的版本转换。所有研究人员都接受了 ECERS-3 的评分培训，并与量表研发者达成了评分一致性。研发者在每个州培训了与他们达成评分一致性的主培训师，这些主培训师再分头负责各个州的评估测量人员的培训。研究共完成了 3 个州的 944 个班级的观察测量。为了检验 ECERS-3 的预测效度，厄尔利的研究团队对质量测评班级的儿童进行了儿童发展评估。该评估分两次完成，前测在开学后的 4 ～ 8 周内完成，后测则在学期结束后的 8 周内开始，并在 6 周内完成。

研究结果发现，ECERS-3 对儿童发展水平的预测效度较为一般。研究人员推测可能的原因是研究对儿童发展的评估缺乏针对性。此次效度研究发现，数学／数字活动和儿童的社会性增长有关，并非与其数学技能有关，这说明研究对儿童发展的测量不够精确。也有学者指出，其实这些早期数学测试更多地评估儿童的某种技能，如批判性思考与理解（Purpura et al., 2017）和语言发展（Purpura et al., 2011）。此外，ECERS-3 中很多质量的内容与定义很难与儿童发展领域进行清晰的匹配。

基于以上研究结论，研究者建议，今后在评估儿童发展水平方面可以使用一些评估各个教学领域质量的工具，例如，萨拉马和克莱门茨（Sarama & Clements, 2009）研发的评估数学教学的工具，霍兰德（Holland, 2005）研发的评估儿童读写发展的工具，等等。有研究者（Zaslow et al., 2016）指出，对于高质量教学的认识应该包括参与活动、小组教学与集体教学，以及支持儿童深度学习的教学材料有计划地呈现，一些特定的教学活动可能更容易促进儿童学业水平的提升。事实上，很多研究证明这些聚焦于儿童各个发展领域的教学质量评估工具与儿童相关领域发展的关系更为紧密（Zaslow et al., 2016; Purpura et al., 2017）。

此外，ECERS-3 的应用也存在一定缺陷。如果要真正反映班级整体质量，可能需要不断地进行观察，而不是进行一次性的观察和评分。这是目前质量评估工作中的一个有争议的问题，也是需要在今后研究中继续探索的一个问题。然而，无论是采用多人评分的方式，还是采用重复观察几天的解决方案，都会导致成本大幅增加，这对本来就不堪重负的质量评估和提升工作（如美国的 QIRS 工作）来说无疑是一个难题。[①]

综上所述，厄尔利（Early, 2018）认为，也许人们已基本上对学前教育的质量内容达成了一致，但对于如何把质量内容转换成测评系统，还缺乏足够的了解；质量涵盖多个方面，任何单一的测评工具都不可能有效地测量质量的各个方面。因此，ECERS-3 对班级整体质量的测量尚无法完美地、精确地反映班级整体质量的方方面面。

第三节　中国幼儿园班级整体质量研究

本节主要阐述胡碧颖、李克建研究团队利用 CECERS 对中国浙江省幼儿园班级整体质量开展的一系列研究。这些研究探索了 CECERS 的中国本土适用性，调查了中国幼儿园班级整体质量现状，检验了班级整体质量与儿童发展的关系，并对有关提升幼儿园班级整体质量的政策制定带来了一定启发。本节阐述的是如何开展关于班级整体质量的研究。

一、CECERS 的信度和效度研究

2013 年，李克建、胡碧颖研究团队在 ECERS 的理论架构与测量学特性的基础上完成了 ECERS 的中国本土化修订，编制了 CECERS。之后，李克建、胡碧颖等人在浙江省使用 CECERS 观察了 200 个幼儿园班级的班级整体质量，完成了一系列 CECERS 量表的信度和效度研究，以探索该量表的中国文化情境适用性。其中一篇研究论文于 2014 年发表在学前教育领域权威期刊《幼儿研究季刊》（*Early Childhood Research Quarterly*）上，文章题目为《中国托幼机构教育质量评价量表（试用版）（CECERS）：一项效度研究》（"Chinese Early Childhood Environment Rating Scale–trail–CECERS）: A Validity Study"）。

此项研究检验了 CECERS 的测量学特征。研究结合丰富的数据完成了几种量表信度和效度的检验：内容效度、内部一致性信度、评定者间信度、同时效度（CECERS 评价结果与现行的幼儿园等级之间的关系）、效标效度（CECERS 评价结果与儿童发展间的关系）、结构效度（CECERS 的结构）。从

---

① 例如，政府相关部门需要考虑把有效的资源进行最合理的分配，如将资源分配到质量提升上，这就需要解决质量评估工作的成本问题。

该研究中能够看出 CECERS 量表的中国文化情境适用性，以及该量表对中国幼儿园班级整体质量的解读。

「拓 展 阅 读」

CECERS 第一稿的诞生——来自胡碧颖博士的自述

ECERS-R 中文版的修订工作源于我的博士学位论文。我也是从这篇博士学位论文的写作开始思考什么是有质量的中国学前教育的。在收集博士学位论文数据的近两个月里，我住在北大幼儿园，跑遍了北京，用 ECERS-R 量表对 18 家公办幼儿园进行了严格的观察与评分（每家至少评估 1 天）。此项研究是我第一次使用 ECERS-R 探索中国公办幼儿园的班级整体质量。

博士毕业后，我在得克萨斯基督教大学的学前教育系任教了 3 年。任教第一年的暑假，我申请到了一个校内课题——ECERS-R 的中国本土化研究。于是我回到国内，并与浙江师范大学杭州幼儿师范学院开展合作，在浙江省开始了 ECERS-R 的中国本土化研究。首先，我在 2010 年暑假对浙江师范大学 20 余名研究生进行了关于 ECERS-R 工具使用的培训，培训除 1 周的授课外，我带领学生们在幼儿园实地观察了近 3 周。然后，在 2010 年秋季学期里，浙江师范大学李克建教授带领通过培训考核的研究生们观察评估了 105 个位于杭州市区的幼儿园班级。基于这批观察数据，我发表了一篇 SSCI（社会科学引文索引）论文。此次观察评估的目的之一是探索 ECERS-R 在中国幼儿园的适用性问题，以对 ECERS-R 量表进行本土化修订，从而使其更加适用于中国幼儿园质量评价。

研究结果显示，ECERS-R 基本可以作为评估工具在中国幼儿园班级整体质量的评估中使用，但鉴于质量概念背后的文化理念冲突，对该量表进行修订和调整以提高其中国文化适用性是有必要的。例如，研究发现，由于中国幼儿园班级的特征（班额较大、缺乏游戏材料）及缺乏以幼儿为中心的教学模式的训练，中国的幼儿园教师更倾向于采用集体教学和直接教学的模式，这要求中文版的 ECERS-R 必须关注集体教学。此外，中国的学前教育学者需要关注 ECERS-R 质量评估所反映的一些质量概念，并决定如何选取、放弃或调整中国幼儿园质量评级指标。例如，多元文化、放松的环境、大量的自由游戏、对残疾幼儿学业和游戏需求的满足等 ECERS-R 质量指标在中国很多地区的幼儿园质量评估系统中未被纳入。

我们的研究团队基于以上研究结果，开始对 ECERS-R 进行中国本土化修订。我们要求每位参与观察的研究生提供一份对 ECERS-R 项目及其评分标准的文化适用性的看法，以及对量表修订的建议。结合每位观察者的建议及之前的研究结果，我和李克建教授对此量表做了很细致的修订。这次修订持续了一整个暑假。当时我在美国工作，李克建教授在杭州工作，可以说我们夜以继日地围绕这份量表，对每个质量概念的相应题目的文化适用性不断斟酌、反复推敲，并结合评分者的观察情况和意见对题目做出合理的删除、调整和补充。

这里以美术项目为例对量表的修订进行介绍。与 ECERS-R 的美术项目相比，我们的新量表的具体修改内容体现在三个方面。①出现了子维度。项目按照评估的主要概念被分成了几个子维度，美术项目包括材料、机会和时间、活动设计与指导 3 个子维度，我们还补充了每个子维度中不同得分的具体描述。②对大量的活动时间进行了调整。如 ECERS-R 的一个项目指标是"一天中有相当多的时间可以使用这些材料"，我们将此修改成"除集体教学外，幼儿每周至少有 3 次机会（每次至少 30 分钟）可以自由选择和使用美术材料"，时间的减少更贴近中国幼儿园的实际情况。③增加了教师指导的评估内容。ECERS-R 几乎没有涉及成人的指导内容，我们增加了"教师鼓励幼儿在美术活动中创造性地表达""通过适宜的方式为有需要的幼儿提供个别化的指导和帮助（至少观察到两个例子）"等指标。

就这样，ECERS-R 中文修订版的第一稿诞生了，我们将其称为中国托幼机构教育质量评价量表（试用版），英文简称为 CECERS。该量表的评定者间信度显示，子量表的内相关系数处于 0.919 ～ 0.965，总量表的为 0.973，显示了出色的评定者间信度。

（一）内容效度

CECERS 内容效度的检验研究调查了中国学前教育专家及一线从业人员对 CECERS 项目内容的相关性和可行性的看法。研究者向 176 名学前教育专家及一线从业人员介绍了研究计划，并邀请他们完成一份开放式问卷。研究者在问卷中请所有专家对 CECERS 修订的每一个项目与 ECERS-R 的原项目做对比，且从以下几个方面做出评价：①从整体上看，CECERS 能否很好地反映中国幼儿园的整体教育质量？② CECERS 对 ECERS-R 所做的修订是否适合中国国情？③ CECERS 所包括的子量表在中国进行测量的内容效度如何？

研究者对以上通过问题收集的数据进行了分析。专家对 CECERS 中的增加项目和修订项目的相关性评价见表 2-4，对 CECERS 子量表的评价见表 2-5（研究者向专家呈现的是 CECERS 的部分内容，没有呈现语言—推理子量表）。研究结果发现，从评分的方式看，专家认为量化评分标准中增加的项目提高了可观测性（可操作性）和评分逻辑性。专家认可研究者对量表在中国文化情境下在结构效度和文化适用性方面的修订。例如，"正餐时间内大部分教师和幼儿坐在一起"不适用于中国文化情境，需要进行修订；再如，研究者重新界定了不同得分等级中时长的计算标准，以适应中国幼儿园的教学与活动安排。此外，几乎所有专家都赞成增加集体教学子量表，但对融合性服务支持子量表提出了不同看法，有些专家认为融合教育的时机尚不成熟。同时，专家一致认为该量表对质量水平的划分对贫困地区幼儿园来说要求太高，可能无法区分贫困地区幼儿园的质量水平。在获得专家的意见后，研究者决定删除融合性服务支持子量表。

表 2-4 增加项目和修订项目的相关性评价

相关性	平均数	标准差	最小值	最大值
集体教学子量表加项目	4.63	0.56	3	5
融合性服务支持子量表加项目	4.03	1.09	1	5
每一个子项目的评分维度	4.67	0.56	3	5

注：采用 5 点计分法，1 代表很差，5 代表很好。

表 2-5 CECERS 子量表的评价

子量表	a6 平均数（标准差）	a7 平均数（标准差）	a8 平均数（标准差）	a9 平均数（标准差）	a10 平均数（标准差）
空间和设施	4.62（0.59）	4.55（0.60）	4.70（0.57）	4.59（0.61）	4.50（0.61）
个人保育	4.41（0.71）	4.41（0.51）	4.53（0.62）	4.41（0.51）	4.53（0.51）
集体教学	4.45（0.69）	4.58（0.51）	4.90（0.31）	4.53（0.61）	4.71（0.47）
活动	4.63（0.50）	4.82（0.83）	4.82（0.53）	4.59（0.62）	4.75（0.45）
互动	4.56（0.63）	4.60（0.50）	4.72（0.67）	4.35（0.83）	4.60（0.51）
课程计划与实施	4.48（0.68）	4.52（0.67）	4.57（0.75）	3.82（1.14）	4.80（0.40）
家长和教师	4.48（0.68）	4.15（1.07）	4.68（0.48）	4.35（0.83）	4.70（0.57）
融合性服务支持	4.14（1.10）	4.15（1.07）	4.77（0.44）	4.58（0.67）	4.17（0.83）
总体平均分	4.48（0.71）	4.52（0.65）	4.71（0.56）	4.37（0.79）	4.62（0.56）

注：① a6 为"评分项目和评分子维度能否较好地预测质量"。
② a7 为"评分项目和评分子维度是否具备良好的区分度和合理性"。
③ a8 为"量表所使用的语言是否准确且清晰"。
④ a9 为"评分项目和评分标准是否实用？有没有可观测性"。
⑤ a10 为"打分表的设计是否实用"。

（二）内部一致性信度

进行内部一致性检验的目的在于检测 CECERS 各子量表的内部一致性。检验结果见表 2-6。研究发现，CECERS 总分和子量表得分的克伦巴赫 α 系数在 95% 的置信区间内，具备良好的内部信度，即该量表所包含的所有项目之间的一致性程度是比较高的。

表 2-6　CECERS 总分和子量表得分的内部一致性检验

子量表	子量表									信度（95%置信区间）
	空间和设施	个人保育	课程计划与实施	集体教学	活动	语言一推理	互动	家长和教师	总分	
空间和设施	1.00	0.86	0.77	0.64	0.85	0.75	0.69	0.83	0.89	0.93（0.91，0.94）
个人保育	0.86	1.00	0.81	0.76	0.80	0.80	0.80	0.85	0.93	0.90（0.87，0.92）
课程计划与实施	0.77	0.81	1.00	0.73	0.82	0.82	0.75	0.77	0.90	0.89（0.87，0.92）
集体教学	0.64	0.76	0.73	1.00	0.66	0.81	0.80	0.70	0.85	0.93（0.91，0.94）
活动	0.85	0.80	0.82	0.66	1.00	0.78	0.67	0.80	0.89	0.90（0.88，0.92）
语言一推理	0.75	0.80	0.82	0.81	0.78	1.00	0.81	0.80	0.91	0.83（0.78，0.87）
互动	0.69	0.80	0.75	0.80	0.67	0.81	1.00	0.77	0.88	0.90（0.88，0.92）
家长和教师	0.83	0.85	0.77	0.70	0.80	0.80	0.77	1.00	0.91	0.89（0.86，0.92）
总分	0.89	0.93	0.90	0.85	0.89	0.91	0.88	0.91	1.00	0.98（0.98，0.99）

（三）评定者间信度

研究者对 CECERS 量表总分、子量表及各项目的评定者间信度进行了检验。这一步检验的目的在于了解不同的评定者在使用该量表进行幼儿园班级整体质量评估时所达成的一致性，以及这种评分一致性是否支持该量表的实际应用。研究具体到了每一个项目上的评定者间一致性水平。

研究结果表明，评定者的评分结果达到完全一致的概率为 64.2%。研究者还通过皮尔逊相关系数检验法验证了不同评定者的评分情况是否具有合理的相关性。相关性检验结果表明，对于绝大多数项目的评分，评定者之间都达到了 70% ～ 95% 的高相关，仅活动子量表中的项目"电视、录像机、计算机的运用"，在 82% 的班级中被认为是不适用的，该项目的评定者间相关性水平为 60% ～ 70%。8 个子量表得分的平均一致性水平为 89%。在总分水平上，评定者间一致性达到 94%。以上数据均表明 CECERS 量表具备比较高的评定者间信度。

（四）同时效度

研究通过多元方差分析检测了 CECERS 的同时效度，即验证浙江省不同等级幼儿园的 CECERS 得分之间是否存在显著的差异。多元方差分析结果表明，不同等级的幼儿园的 CECERS 子量表得分之间存在明显的区分度，不同等级幼儿园的 CECERS 总分之间也有显著差异，而且这种因幼儿园等级不同而造成的 CECERS 得分差异的效应量也是很可观的。这些分析结果表明，浙江省幼儿园等级评定系统和 CECERS 这两个相互独立的评估系统在某种程度上有较好的一致性。

为进一步检验 CECERS 量表的同时效度，研究者又对量表数据进行了判别分析，即通过 CECERS 各子量表得分来预测幼儿园的等级划分情况。判别分析为判断 CECERS 子量表得分与幼儿园等级划分之间的关系提供了一个新的角度。判别分析的结果表明，CECERS 子量表得分对幼儿园的等级划分有很好的预测能力。这样的结果进一步证明了 CECERS 得分与幼儿园等级划分之间呈现强相关（见图 2-1）。

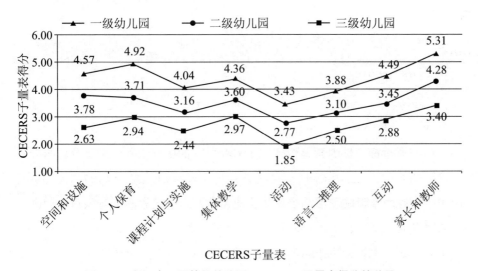

图 2-1 浙江省不同等级幼儿园 CECERS 子量表得分的差异

（五）效标效度

研究者还对 CECERS 进行了效标效度检验。研究以儿童发展水平为校标，检验了 CECERS 得分与儿童发展之间的关系，其相关关系见表 2-7。结果显示，除身体活动方面外，CECERS 得分与儿童各方面发展之间均表现出显著的正向相关关系。

表 2-7　CECERS 得分与儿童发展之间的关系

与儿童发展的相关性		CECERS 子量表得分与总分								
		空间和设施	个人保育	课程计划与实施	集体教学	活动	语言—推理	互动	家长和教师	总分
零阶相关	言语	0.23^{**}	0.22^{**}	0.21^{**}	0.26^{**}	0.19^{**}	0.26^{**}	0.22^{**}	0.27^{**}	0.26^{**}
	早期数学	0.23^{**}	0.23^{**}	0.19^{**}	0.26^{**}	0.18^{**}	0.27^{**}	0.24^{**}	0.26^{**}	0.26^{**}
	社会认知	0.24^{**}	0.24^{**}	0.19^{**}	0.25^{**}	0.22^{**}	0.25^{**}	0.22^{**}	0.30^{**}	0.26^{**}
	身体活动	0.02	0.04	0.02	0.07^{*}	0.00	0.08^{*}	0.08^{*}	0.05	0.05
偏相关（以父母学历为控制变量）	言语	0.14^{**}	0.14^{**}	0.14^{**}	0.19^{**}	0.11^{**}	0.20^{**}	0.17^{**}	0.20^{**}	0.18^{**}
	早期数学	0.13^{**}	0.12^{**}	0.12^{**}	0.18^{**}	0.09^{*}	0.20^{**}	0.17^{**}	0.16^{**}	0.17^{**}
	社会认知	0.17^{**}	0.16^{**}	0.14^{**}	0.19^{**}	0.16^{**}	0.20^{**}	0.17^{**}	0.25^{**}	0.20^{**}
	身体活动	0.04	0.05	0.05	0.09^{**}	0.02	0.10^{**}	0.10^{**}	0.07^{*}	0.07^{*}

注：* 表示 $p<0.05$；** 表示 $p<0.01$。

（六）结构效度

研究通过探索性因素分析探究了 CECERS 的内部结构。平行分析与碎石图显示 CECERS 存在两个因子。这两个因子共解释了数据总变异的 61%。其中，因子一由空间和设施及活动子量表构成（这两个子量表的所有项目在因子一中的因素负荷都大于 0.45），研究者将该因子命名为"学习支持环境"（provisions for learning），主要反映托幼机构基本设施、环境创设、材料供应及课程计划对班级教学的支持的质量。因子二由集体教学、语言—推理、互动三个子量表构成，研究者将该因子命名为"教学与互动"（teaching and interaction），主要反映班级保育、集体教学与师幼互动等过程性质量。此外，子量表个人保育和课程计划与实施中的不同项目在不同的因子中负荷较高，也有一部分项目在两个因子中均有较高的因子负荷（跨因子负荷），研究者认为，这两个子量表既属于因子一，又属于因子二。学习支持环境和教学与互动两个因子分别反映幼儿园班级整体质量的结构性和过程性两个质量要素，后期与 CECERS 有关的研究可以围绕这两个质量因子展开。

综合以上多项分析结果，CECERS 具有比较令人满意的信度和效度，也说明该量表很好地反映了中国幼儿园班级整体质量的内容与要素，具备良好的中国文化适用性。

「拓 展 阅 读」

量表的信度和效度检验

量表的信度和效度检验可以反映量表的可靠性和有效性，是评价量表质量的主要指标。

· **量表的信度检验**

信度即可靠性，它指采取同样的方法对同一对象重复进行测量时所得的结果的一致性程度。从另一角度来说，信度就是测量数据的可靠程度。在检验一个量表的信度时，可以对以下不同类型的信度进行考察。

①重测信度和复本信度。重测信度是对同一组被调查人员采用相同的量表，在不同的时间先后测量两次，并检验两次测量结果之间的差异程度。复本信度是对同一组被调查人员采用两份内容等价但题目不同的问卷／量表进行测量，然后比较两组数据的相关程度。

②内部一致性信度主要反映了测验中题目之间的一致性（是否测量了相同的内容或特质），可分为分半信度和同质性信度。其中，分半信度指量表的两半题目的测量结果的变异程度；同质性信度指量表内各题目在多大程度上考察了同一内容。内部一致性信度可以通过克伦巴赫 α 系数反映出来。

③评定者间信度指不同评定者对同一对象进行评定时的一致性。例如，请两个独立的评定者进行评分，再求两个评分结果的相关系数。

· **量表的效度检验**

效度即有效性，它指的是测量工具或手段能够准确测出所需测量的事物的程度。效度指测量到的结果反映所要考察内容的程度，测量结果与要考察的内容越吻合，则效度越高；反之，则效度越低。检验一个量表的效度时，可以对以下不同类型的效度进行考察。

①内容效度，指量表题目对有关测量内容的适用性，由此可以确定测验是否为所要测量的内容的代表性取样。

②结构效度，指量表测量到理论上的构想（结构与内容）的程度，即量表的测量数据在多大程度上证实或解释与该量表有关的理论假设或构想。此外，通过探索性因素分析，能够寻找量表潜在的因子，并检验每个项目在所属因子上的负荷量（即项目与因子的相关）。

③区分效度，该效度考察量表与某个已知的能有效测量不同的特质的量表间的相关。若两者相关较高，则表明考察的量表测量了其他内容，效度不高。

④效标效度，反映了量表对个体行为表现进行预测的有效性程度。被预测的行为是检验效度的标准，简称效标。例如，在检验 ECERS 的效标效度时，儿童发展水平可以作为效标。

二、班级整体质量的城乡差异研究

一直以来，中国城市和农村幼儿园质量水平之间的差异是一个突出的问题。那么，在排除其他一切相关因素后，中国城乡幼儿园教育质量的差异在多大程度上是由所在地这一因素造成的？为回答此问题，胡碧颖研究团队于 2013 年使用 CECERS 对中国本土幼儿园进行了质量测评，并检验了浙江省 91 所幼儿园教育质量的城乡差异，可参见文章《中国城乡幼儿园质量差异检验：来自浙江的证据》（"Examining Program Quality Disparities between Urban and Rural Kindergartens in China: Evidence from Zhejiang"）。

该研究对以下两个问题进行了探索：① CECERS 子量表所评价的浙江省幼儿园班级整体质量是否因幼儿园所在地或园所属性（公办／私立）的不同而存在显著差异？②师幼比、教师专业背景等质量要素是否影响幼儿园班级整体质量？

第一，研究团队对不同地区、不同园所属性幼儿园班级的 CECERS 子量表得分情况进行了描述性统计和差异分析。表 2–8 展示了不同地区幼儿园班级的 CECERS 得分及不同属性幼儿园班级的 CECERS 得分。从 CECERS 得分的平均水平看，样本班级的整体质量水平处于中等偏下，公办园的平均水平要高于私立园的平均水平，城市幼儿园的各子量表平均得分要高于农村幼儿园。

表 2–8　不同地区与不同园所属性幼儿园的 CECERS 子量表得分情况

子量表	园所属性／地区	平均数	标准差	中位数	75% 分数
空间和设施	总体情况	3.39	1.11	3.50	4.22
	公办园	3.76	1.03	3.88	4.50
	私立园	2.96	1.05	3.00	3.88
	城市	4.00	1.03	4.11	4.67
	乡村	2.16	0.59	2.00	2.38

续表

子量表	园所属性／地区	平均数	标准差	中位数	75% 分数
个人保育	总体情况	3.57	1.15	3.67	4.33
	公办园	3.89	1.12	3.83	4.67
	私立园	3.20	1.07	3.00	4.00
	城市	4.29	1.06	4.33	5.17
	乡村	2.27	0.74	2.33	2.50
课程计划与实施	总体情况	3.03	1.03	3.00	3.80
	公办园	3.38	0.98	3.40	4.00
	私立园	2.63	0.93	2.60	3.40
	城市	3.47	0.98	3.40	4.00
	乡村	2.63	0.93	2.60	3.40
集体教学	总体情况	3.50	1.01	3.50	4.14
	公办园	3.70	1.03	3.86	4.43
	私立园	3.26	0.93	3.29	3.86
	城市	3.70	1.03	3.86	4.43
	乡村	3.26	0.93	3.29	3.86
活动	总体情况	2.47	0.93	2.44	3.25
	公办园	2.81	0.89	3.00	3.50
	私立园	2.07	0.80	2.00	2.88
	城市	2.81	0.89	3.00	3.50
	乡村	2.07	0.80	2.00	2.88
语言—推理	总体情况	3.00	0.89	3.00	3.50
	公办园	3.26	0.88	3.25	3.75
	私立园	2.69	0.79	2.75	3.25
	城市	3.45	0.87	3.50	4.00
	乡村	2.24	0.66	2.25	2.75
互动	总体情况	3.40	1.05	3.25	4.25
	公办园	3.61	1.08	3.60	4.40
	私立园	3.16	0.96	3.00	3.75
	城市	3.97	1.09	4.20	4.80
	乡村	2.64	0.49	2.75	2.80
家长和教师	总体情况	4.10	1.09	4.00	4.83
	公办园	4.40	1.08	4.50	5.33
	私立园	3.75	1.00	3.60	4.67
	城市	4.79	0.94	4.83	5.33
	乡村	2.84	0.69	2.80	3.20

第二，研究对不同地区、不同园所属性幼儿园班级 CECERS 得分情况的差异进行了分析。研究以城市幼儿园为参照组，采用回归分析探索了其他地区（县、乡镇、农村）幼儿园班级 CECERS 子量表得分与城市幼儿园得分的差异。结果显示，从总体上看，城市幼儿园班级的 CECERS 各子量表得分均显著高于其他地区的幼儿园班级，农村地区的幼儿园班级的质量水平最低；具体来说，城市幼儿园班级与农村幼儿园班级的 CECERS 子量表得分之间的差异较大，县幼儿园与乡镇幼儿园这两类幼儿园的班级整体质量水平比较接近，但均低于城市幼儿园班级（见表 2-9）。因此，可以得出结论：城乡幼儿园班级整体质量之间的差异是确实存在的。

表 2-9　不同地区幼儿园办园质量水平差异的回归分析（与城市相比较）

地区	空间和设施	个人保育	课程计划与实施	集体教学	活动	语言—推理	互动	家长和教师
县	-0.81^{***}	-0.86^{***}	-0.74^{**}	-0.80^{**}	-0.77^{**}	-0.73^{**}	-0.82^{***}	-0.82^{***}
乡镇	-0.93^{***}	-1.11^{***}	-0.80^{**}	-0.90^{***}	-0.75^{**}	-0.98^{***}	-0.99^{***}	-1.21^{***}
农村	-1.46^{***}	-1.68^{***}	-1.18^{***}	-1.21^{***}	-1.25^{***}	-1.28^{***}	-1.26^{***}	-1.75^{**}
常量	0.63^{***}	0.72^{***}	0.55^{***}	0.59^{***}	0.55^{***}	0.60^{***}	0.62^{***}	0.74^{***}

注：将所有地区（县、乡镇、农村）幼儿园质量与城市幼儿园质量（参照组）进行比较；与县、乡镇、农村分别对应的数据是回归方程的回归系数；常量指回归方程的截距；** 表示 $p<0.01$；*** 表示 $p<0.001$。

「拓 展 阅 读」...

回归分析中的哑变量

在构建回归模型时，如果自变量 x 为连续性变量，则回归系数 β 可以被解释为：在其他自变量不变的条件下，x 每改变 1 个单位所引起的因变量 y 的平均变化量。如果自变量 x 为二分类变量，如城市儿童和农村儿童（1 为城市，0 为农村），则回归系数 β 可以被解释为：城市儿童（$x=1$）与农村儿童（$x=0$）相比所引起的因变量 y 的平均变化量。但是，当自变量 x 为多分类变量时，如学历（高中以下、大专、本科等）、血型（A 型、B 型、O 型、AB 型），此时就不能仅用一个回归系数来解释多分类变量之间的变化关系及其对因变量的影响。

在回归分析中，通常会将多分类自变量 x 转化为哑变量，每个哑变量只代表某两个级别或若干个级别间的差异，通过构建回归模型，每一个哑变量都能得出一个估计的回归系数，从而使回归结果更易于解释。

哑变量又被称为虚拟变量，通常取 0 或 1 来反映某个变量的不同属性。对于有 n 个分类属性的自变量，通常需要选取某个分类作为参照，因此可以产生 $n-1$ 个哑变量。以幼儿园所在地为例，假设分为县、乡镇、农村、城市 4 个类别，若以城市（x_4）为参照，则需要设定 3 个哑变量 x_1、x_2、x_3，如下所示。

$x_1=1$，县幼儿园；$x_1=0$，非县幼儿园。

$x_2=1$，乡镇幼儿园；$x_2=0$，非乡镇幼儿园。

$x_3=1$，农村幼儿园；$x_3=0$，非农村幼儿园。

设置好哑变量后，便可将各自变量数据纳入多元回归模型。

总体而言，该研究所得的结论与潘月娟等人（2010）的研究结论一致。两项研究均发现中国幼儿园的班级整体质量会因所在地区和园所属性的不同而有所差异。两项研究均验证了城乡学前教育质量之间的差距。在各类幼儿园中，城市公立园的班级整体质量得分是最高的，农村私立幼儿园的班级整体质量得分往往是最低的。然而，因中国政府近年来对农村学前教育方面的重视程度和投入增加，农村地区托幼机构的班级整体质量水平不断提高，与县、乡镇幼儿园教育质量之间的差距也不断缩小。

三、结构性质量与班级整体质量之间的关系研究

从政府的角度出发，找出影响幼儿园班级整体质量的重要结构性质量要素（质量指标），制定相应的政策或奖励机制并落到实处，能够帮助幼儿园提升其班级整体质量，并给予中国质量评估系统建设以启示。胡碧颖研究团队于 2016 年在浙江省开展了一项关于结构性质量与班级整体质量之间的关系的研究，研究内容包括：①结构性质量与班级整体质量的关系；②结构性质量与幼儿园物理环境（即学习支持环境因子）的关系；③结构性质量与教学质量（即教学与互动因子）之间的关系。此项研究的目的在于探讨浙江省幼儿园层面的结构性质量对幼儿园班级整体质量产生的影响，为通过调整结构性质量来提升幼儿园班级整体质量的学前教育政策的制定与实施带来启示。具体来说，此项研究探讨以下问题：哪些幼儿园层面和班级层面的结构性质量可以预测幼儿园班级整体质量？会产生怎样的预测作用？基于这两个问题，此项研究的分析模型如图 2-2 所示。

此项研究采用分层随机抽样的方式，选取代表浙江省不同经济发展水平的 6 个城市为样本数据采集地，选取 91 个幼儿园并从中抽取 162 个班级为样本。首先，研究通过分层回归分析，探索了幼儿园层面和班级层面的结构性质量对班级整体质量的预测能力。然后，研究以学习支持环境及教学与互动两个

CECERS 因子的得分为结果变量，以结构性质量为预测变量，分别探索结构性质量与学习支持环境及教学与互动因子之间的关系。[①]

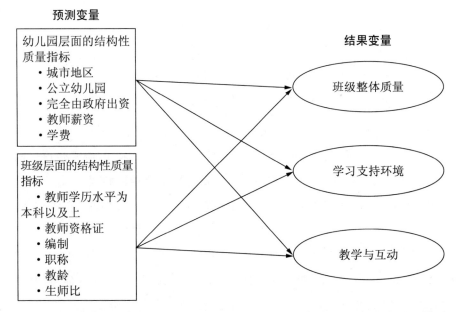

图 2-2　不同层面的结构性质量指标预测 CECERS 班级整体质量及因子的分析模型

「拓 展 阅 读」⋯⋯⋯⋯⋯⋯⋯⋯⋯⋯⋯⋯⋯⋯⋯⋯⋯⋯⋯⋯⋯⋯⋯⋯⋯⋯⋯

分层回归

回归分析法是利用数理统计方法建立因变量与自变量之间的回归方程式的方法。在回归分析中，当研究的因果关系只涉及因变量和一个自变量，就叫作一元回归分析；当研究的因果关系涉及因变量和两个或两个以上自变量，就叫作多元回归分析。

分层回归是能够对两个或两个以上回归模型进行比较的多元回归模型。分层回归的模型比较可以用来评估预测变量。检验某个预测变量是否显著的方法是比较两个模型，第一个模型不包括这个预测变量，而第二个模型包括该预测变量。假如该预测变量解释了显著的额外变异，那第二个模型就显著地比第一个模型解释更多的变异。如果某个模型解释了更多的变异，则它对数据的拟合更好。在其他条件相等的情况下，如果一个模型比另一个模型解释了更多的变异，则前者的拟合更好。

---

① 前文已讲到，学习支持环境因子主要反映托幼机构基本设施、环境创设、材料供应及课程计划对班级教学的支持的质量；教学与互动因子主要反映班级保育、集体教学与师幼互动等过程性质量。

分层回归可以通过决定系数（R^2）来反映测量模型所解释的变异量的大小。R^2 代表所有预测变量所解释的因变量的变异量。模型的显著性检验是将预测变量所解释的变异与误差变异进行比较（即 F 值）。分层回归包括建立一系列模型，其中某一模型（模型 k）会纳入前一模型（模型 $k-1$）所没有的额外预测变量。假如新纳入的预测变量对变异的解释具有显著的额外贡献，那么该模型（模型 k）的 R^2 就会显著提高。

（一）结构性质量对班级整体质量的预测

此项研究探索了幼儿园层面的结构性质量对班级整体质量的预测。分析结果表明，在5个幼儿园层面的结构性质量预测变量中，城市地区、公立幼儿园、教师薪资、学费这4个变量能够显著预测幼儿园班级整体质量，完全由政府出资这一变量不能预测幼儿园班级整体质量。从总体上看，这5个幼儿园层面的结构性质量预测变量能够解释幼儿园班级整体质量变异的56.3%，即5个幼儿园层面的结构性质量预测变量总体对幼儿园班级整体质量有显著的影响。当回归模型的第二层加入6个班级层面的结构性质量预测变量后，这11个结构性变量总体能够显著预测幼儿园班级整体质量（能够解释班级整体质量变异的64%）。但从班级层面的变量来看，仅编制及生师比能够显著影响幼儿园班级整体质量水平。因此，研究进一步简化回归模型，将上一步检验中对班级整体质量有显著预测能力的4个幼儿园层面变量和2个班级层面变量作为预测变量，构建简化模型。该模型的整体预测能力较简化之前有所上升，教师薪资、学费、职称、生师比这4个变量对于幼儿园班级整体质量有显著影响（能够解释班级整体质量变异的62%）。可以说，这4个结构性质量指标是影响浙江省幼儿园班级整体质量的重要质量指标。具体的数据分析结果见表2-10。

表2-10　以幼儿园班级整体质量为结果变量的分层回归结果

模型	变量	**B**	**SE**	**β**	**T**	**R²**
简化前模型	**11个预测变量整体**	—	—		—	0.64
	城市地区	0.20	0.32	0.11	1.49	—
	公立幼儿园	0.26	0.13	0.14	1.73	—
	完全由政府出资	−0.05	0.15	−0.03	−0.33	—
	教师薪资	0.00	0.15	0.23	2.97**	—
	学费	2.78	0.00	0.27	3.75***	—
	教师学历水平为本科及以上	0.10	0.00	0.06	0.75	—
	教师资格证	0.08	0.14	0.03	0.44	—

模型	变量	B	SE	β	T	R^2
简化前模型	编制	−0.02	0.18	−0.02	−0.13	—
	职称	0.34	0.17	0.18	2.21[*]	—
	教龄	−0.004	0.16	−0.03	−0.48	—
	生师比	−0.03	0.01	−0.23	−3.25[***]	—
简化后模型（取其中4个预测变量）	**4个预测变量整体**	—	—	—	—	0.62
	教师薪资	0.00	0.00	0.32	4.91[***]	—
	学费	2.84	0.00	0.27	4.59[***]	—
	职称	0.42	0.12	0.22	3.43[***]	—
	生师比	−0.04	0.01	−0.27	−4.08[***]	—

注：[*] 表示 $p<0.05$；[**] 表示 $p<0.01$；[***] 表示 $p<0.001$；教师薪资指教师的月薪，学费指一年的学费；—表示无相应数据；B 为回归系数估计值；SE 为标准误；β 为回归系数；T 为差异性统计量；R^2 为决定系数。

（二）结构性质量对学习支持环境因子的预测

此项研究先探索了幼儿园层面的结构性质量对学习支持环境因子的预测能力。结果显示，5个幼儿园层面的结构性质量预测变量作为一个整体，能够解释幼儿园学习支持环境质量变异的55%。在5个幼儿园层面的结构性质量预测变量中，城市地区、公立幼儿园、教师薪资、学费这4个变量能够显著预测学习支持环境因子，而完全由政府出资这一变量没有对学习支持环境产生显著的预测。之后，研究加入了班级层面的6个结构性质量预测变量。结果显示，幼儿园层面和班级层面的11个变量总体能够解释学习支持环境质量变异的67%。然而，在6个班级层面的结构性质量预测变量中，仅生师比这一变量能够显著预测学习支持环境因子。接着，研究根据第一个回归模型的分析结果简化了回归模型，以幼儿园层面的公立幼儿园、教师薪资、城市地区、学费及班级层面的生师比为预测变量来构建模型。结果显示，这5个结构性质量预测变量对学习支持环境因子的总体预测力为65%。可以说，这5种结构性质量是影响学习支持环境因子的重要质量指标。

（三）结构性质量对教学与互动因子的预测

此项研究最后以教学与互动这一过程性质量因子为结果变量展开分析。结果显示，幼儿园层面的变量作为一个整体，解释了幼儿园教学与互动质量变异的55%。其中城市地区、公立幼儿园、教师薪资、学费这4个变量是对教学与互动因子产生重要影响的幼儿园层面的变量。在模型中加入班级层面的结构性质量预测变量后，11 个预测变量总体对教学与互动因子的预测力上升到 59%。但在班级层面，仅生师比这一变量对教学与互动因子产生显著预测。简化模型是以幼儿园层面的教师薪资、学费及班级层面的生师比为预测变量来构建的。结果显示，这 3 个变量对教学与互动因子的总体预测力为 54%，这些结构性质量指标是影响教学与互动因子的重要质量指标。

综上所述，幼儿园整体质量的影响因素涉及几个结构性质量指标：教师薪资、学费、职称、生师比。从政策制定的角度看，提高教师的专业资质，充分发挥师资培训的作用，保障学前教师福利待遇，保持班级较低的生师比，是中国政府通过政策性工具提升幼儿园班级整体质量的有效手段。

四、班级整体质量与儿童发展水平的关系研究

李克建研究团队于 2016 年分析了 CECERS 的两个因子（学习支持环境和教学与互动）的得分对浙江省儿童发展水平的预测作用，可参见文章《中国学前教育质量与儿童发展：来自浙江的证据》（"Early Childhood Education Quality and Child Outcomes in China: Evidence from Zhejiang Province"）。此项研究以浙江省杭州市的 178 个幼儿园班级为研究对象，旨在探究幼儿园班级整体质量与 3 ～ 6 岁儿童的各方面（包括语言、早期数学、社会性认知等方面）发展之间的关系，研究成果从政策和实践的角度出发，为提升中国学前教育质量、保障儿童和谐健康发展提供了实证依据。研究结论如下。

（一）幼儿园质量与儿童父母受教育水平之间的关系

该研究发现，幼儿园的办园质量和儿童父母的受教育水平之间存在一定的关联。与儿童父母学历整体较低的幼儿园相比，儿童父母学历整体较高的幼儿园拥有更多的师资、办园支出、班级与儿童以及较大的空间，这类幼儿园的 CECERS（班级整体质量）得分往往较高。具体结果显示，城市幼儿园中高学历父母的比例（98%）要高于农村幼儿园中高学历父母的比例；农村幼儿园中低学历父母的比例（72%）要高于乡镇幼儿园中低学历父母的比例（7%）；农村私立幼儿园中低学历父母的比例（40%）要高于农村私立幼儿园中高学历父母的比例（10%）。由此可见，农村私立幼儿园中低学历水平父母的比例较高，而且根据 CECERS 的测评结果，这些幼儿园的班级整体质量都是比较低的。

（二）幼儿园班级结构性质量和过程性质量对儿童发展水平的影响

研究采用多层线性模型检验了幼儿园班级整体质量和儿童发展之间的关

系。该模型以一些重要的儿童、家庭、幼儿园及社区层面的因素为控制变量，检验了幼儿园班级层面（学习支持环境因子和教学与互动因子）的质量因素对儿童发展的影响；其中学习支持环境因子代表幼儿园班级结构性质量，教学与互动因子代表幼儿园班级过程性质量。

如表 2-11 所示，模型一检验了模型的主效应。结果表明，CECERS 中的教学与互动因子得分、儿童年龄均能够正向预测儿童语言、早期数学及社会性认知方面的发展。母亲学历能够积极预测儿童语言与社会性认知的发展。儿童学龄对儿童各方面的发展有显著的正向预测效应，但效应量并不大。模型二和模型三检验了幼儿园质量与儿童发展之间的关系是否因幼儿园所在地及父母受教育水平的差异而有所不同。模型二将 CECERS 得分和父母的受教育水平（是否为高中及以下学历）的交互项作为协变量纳入模型一，模型三将 CECERS 得分与幼儿园所在地（是否为城市）的交互项作为协变量纳入模型一。如表 2-11 所示，父母受教育水平与幼儿园所在地这两个变量均没有对幼儿园班级整体质量和儿童发展之间的关系产生显著的调节作用。

总体来看，此项研究有两个重要结论。第一，只有教学与互动（而非学习支持环境）质量能够有效地影响儿童在语言、早期数学和社会性认知方面的发展。既然教学与互动对儿童发展的影响如此重要，且远远超过结构性质量对儿童的影响，那么以后的质量提升应聚焦于过程性质量（尤其是师幼互动质量）。第二，幼儿园教育质量不能调节父母受教育水平或幼儿园所在地类型对儿童的影响。也就是说，学前教育质量并不能消除父母受教育水平或幼儿园所在地（经济水平）等对儿童发展所造成的负面影响。

第四节　多元文化视角下的班级整体质量

当前，学前教育机构班级整体质量的评价与提升为人们所关注，一些学前教育研究者和一线教育工作者提出了关于学前教育质量评价是否有统一标准和尺度的疑问。事实上，统一的质量标准往往很难实现，因为不同国家和地区的文化背景、教育观念与教育方式有差异，各个国家和地区的学前教育发展水平也不均衡，且托幼机构的质量水平参差不齐，所以要制定一个放之四海而皆准的质量评价标准并不现实。准确地说，学前教育质量的定义是复杂的、动态的，是植根于个人、文化与社会背景的。

表 2-11　分层回归分析结果

模型	变量		语言			早期数学			社会性认知		
			B	SE	ES	B	SE	ES	B	SE	ES
模型一（主效应）	CECERS	学习支持环境	-0.30	0.31	-0.06	-0.71	0.57	-0.08	-0.13	0.27	-0.03
		教学与互动	0.78**	0.29	0.15	1.48**	0.55	0.16	0.52*	0.26	0.13
	协变量	儿童年龄	3.04***	0.37	0.49	5.57***	0.61	0.51	2.10***	0.29	0.42
		儿童性别	-0.30	0.24	-0.06	-0.34	0.36	-0.04	0.01	0.18	0.00
		儿童学龄	0.06***	0.02	0.13	0.11***	0.03	0.14	0.03*	0.01	0.09
		母亲学历	0.24***	0.05	0.16	0.41	0.08	0.16	0.14***	0.04	0.12
		公立	0.23	0.41	0.05	0.31	0.76	0.04	0.43	0.37	0.11
		城市	0.88	0.45	0.17	2.13**	0.83	0.24	0.90*	0.40	0.23
模型二（幼儿园质量与父母受教育水平的交互作用）		学习支持环境 × 父母学历	-0.76	0.46	—	-0.56	0.74	—	-0.54	0.38	—
		教学与互动 × 父母学历	0.39	0.47	—	0.44	0.75	—	0.38	0.40	—
模型三（幼儿园质量与幼儿园所在地的交互作用）		学习支持环境 × 城市	0.40	0.57	—	0.85	1.06	—	0.73	0.49	—
		教学与互动 × 城市	-0.38	0.59	—	-1.16	1.12	—	-0.99	0.52	—

注：模型三除包含两个交互项外，还包含了模型一中的所有变量；B 为回归系数估计值；SE 为标准误，ES 为效应量；* 表示 $p<0.05$，** 表示 $p<0.01$，*** 表示 $p<0.001$。

为进一步讨论多元文化视角下的班级整体质量，本节介绍我国学者研发的幼儿园教育环境质量评价量表、NAEYC 制定的《高质量托幼机构质量认证标准》、ACEI 制定的 ACEI GGA 的结构与内容，并分别将它们与 ECERS 做比较，从而展示不同文化背景对班级整体质量的不同理解与诉求。

需要注意的是，《高质量托幼机构质量认证标准》与 ACEI GGA 中的很多质量指标评价的是托幼机构层面的一些质量要素。事实上，班级是构成托幼机构的基本组织单位，也是儿童学习的基本场所。《高质量托幼机构质量认证标准》与 ACEI GGA 中的每一项质量标准都能指向班级整体质量的评估与提升，因此，能够从《高质量托幼机构质量认证标准》和 ACEI GGA 中看到它们对班级整体质量评估与提升的理解。

一、幼儿园教育环境质量评价量表与中国幼儿园班级整体质量

在借鉴 ECERS-R 和 ECERS-E 的结构的基础上，刘焱、潘月娟（2008）编制了幼儿园教育环境质量评价量表。该量表以建构主义（constructivism）、社会建构主义（social constructivism）及发展适宜性实践为基础，既强调儿童学习的自主性及环境与材料在儿童学习中的重要作用，也强调成人的引导对儿童发展与学习的重要促进作用。从多元文化视角看，该量表以指导中国学前教育实践的重要文件《幼儿园工作规程》和《幼儿园教育指导纲要（试行）》为依据，在广泛征求中国幼儿园一线教职工、学前教育专家与政府相关工作人员的意见的基础上进行研制，是评估中国文化背景下幼儿园班级整体质量的重要工具。

（一）幼儿园教育环境质量评价量表的内容

幼儿园教育环境质量评价量表包括物质环境创设、人际互动、生活活动和课程 4 个领域（共 25 个项目），从领域、项目、指标和等级描述 4 个层面来定义幼儿园班级整体质量。有研究表明，该量表具有较强的实践性和可操作性，内容适合中国幼儿园教育的实践，能够区分幼儿园班级整体质量的高低，具有较好的信度和效度（刘焱、潘月娟，2008）。

物质环境创设指儿童与教师开展游戏、学习和教育教学活动所需要的物质条件，关注幼儿园室内物质环境评价。该领域强调幼儿园应同时为儿童和教师提供学习与发展的良好的、支持性的物质环境；另外，物质环境的评价应关注物质环境对以游戏为核心的基本活动的支持作用，强调活动区角的创设和游戏材料的提供，即基于物质环境对教学的支持的视角来评价物质环境。

人际互动指发生在幼儿园班级内直接影响儿童学习与发展的人与人之间的互动，包括师幼互动、儿童间互动、教师间互动和家园互动。该领域关注直接影响儿童发展的过程性质量的评价。

生活活动指与满足儿童基本生活需要相关的活动，如进餐、睡眠等。该领域强调集体活动与班级常规对培养儿童良好的生活习惯的积极作用，并从3个方面对幼儿园班级生活活动进行评价：①能否满足儿童的生活需要（基本要求）；②能否发挥生活活动的教育作用；③能否满足儿童个体的需要。

课程领域从教学内容和教学方式两个方面对幼儿园班级课程的实施进行评价。在教学内容方面，该领域强调自由游戏课程是儿童学习与经验获得的重要途径，因此该领域专门设置了自由游戏评价项目；此外，该量表将数学作为独立的儿童发展领域加以考察。在教学方式方面，该领域强调高质量教育实践应该能够在以教师为中心的教学（如集体教学）与以儿童为中心的教学（如儿童自由游戏）之间找到平衡，利用多种形式开展适宜的教育，并合理安排不同教学方式的时间。

（二）幼儿园教育环境质量评价量表与 ECERS 的比较

幼儿园教育环境质量评价量表在结构形式上保留了 ECERS 的基本特征，与 ECERS 一样强调发展适宜性教育实践。从理论层面看，该量表与 ECERS 均强调了过程性质量对儿童发展的促进作用，并在评价支持儿童发展的物质环境时关注物质环境（如空间设施条件）对教师实施班级教学的支持作用；同时，两个量表也都强调了托幼机构对成人发展（教师与家长）的支持作用（事实上，对教师与家长的支持能够间接促进儿童的发展），以及教师应充分利用一日生活中的每一次机会与儿童互动，来促进儿童的认知发展与行为管理。

从多元文化视角看，幼儿园教育环境质量评价量表更加强调学前教育质量是动态的、复杂的，是植根于个人、文化和社会背景的，而幼儿园班级整体质量评价亦需要不同主体共同参与、协商并达成共识。另外，基于中国文化背景下集体教学比例较高及教学实践的特点，幼儿园教育环境质量评价量表强调应合理平衡集体教学与自由游戏的实践活动，并将幼儿园班级整体质量评价纳入学科教学评价，而这些内容是 ECERS 较少关注的。但相比于 ECERS，幼儿园教育环境质量评价量表对幼儿园班级给予特殊儿童支持的质量的关注较不足，这一点与 CECERS 相似。

二、《高质量托幼机构质量认证标准》与美国托幼机构班级整体质量

NAEYC 是美国学前教育领域规模最大、最有影响力的民间教育组织。该

协会成立于 1926 年，目前在美国拥有 300 多个分支机构，成员近 9 万人。该协会以 0～8 岁的儿童为服务对象，其目的是让所有美国儿童都能享受高质量的学前教育，促进美国学前教育事业的全面发展。

1984 年，NAEYC 颁布了一个《高质量托幼机构质量认证标准》（1991 年修订）。该标准基于发展适宜性教育理念，该教育理念在全球的影响相当广泛。制定《高质量托幼机构质量认证标准》的目的是：①引导幼教工作者提高教育质量；②明确什么是高质量托幼机构。此外，该标准还能够帮助家长识别高质量托幼机构，促使各利益相关者（教师、管理者、家长等）更好地理解质量的含义并达成共识，从而促进整个学前教育质量的提高。NAEYC 认为，高质量的托幼机构应能满足所有进入托幼机构的儿童在身体、情绪与社会性及认知方面的发展需要，促进儿童在这些方面的发展，使其成为身心健康并对社会有贡献的社会成员。此外，《高质量托幼机构质量认证标准》能够帮助托幼机构进行自我反思和质量提升。托幼机构能够通过持续的自我学习与评估，对《高质量托幼机构质量认证标准》中的所有指标进行测量，来评估自己达到了什么程度。

《高质量托幼机构质量认证标准》从托幼机构层面出发，考察了托幼机构的整体质量水平。《高质量托幼机构质量认证标准》中的每项质量标准的内容都指向班级整体质量的评估与提升。

（一）《高质量托幼机构质量认证标准》的内容

《高质量托幼机构质量认证标准》包括两个部分：第一部分是评价的政策及过程；第二部分是高质量托幼机构的评价标准及具体的评价指标，简称"评价标准"。评价标准包括 10 个方面的内容，每个方面都包括目的、理论依据及具体的评价指标（见表 2-12）。

表 2-12　评价标准的目的、理论依据及具体的评价指标

评价标准	目的	理论依据	具体的评价指标（示例）
教师与儿童的互动	教师与儿童的互动应以温馨、尊重儿童个性、鼓励儿童和对儿童积极反应为特征。教师应为儿童提供发展社会技能和认知水平的机会。	儿童所有方面的最佳发展是在与成人积极的、鼓励性的和个别化的互动过程中实现的。同时，儿童也能通过同伴交往在社会性和认知方面获得发展。	经常通过各种方法与儿童交往，如微笑、抚摸、拥抱、谈话。帮助儿童处于舒适、轻松和愉快的状态，并鼓励儿童参与游戏及其他活动。鼓励儿童用语言表达感情和思想。

评价标准	目的	理论依据	具体的评价指标（示例）
课程	鼓励儿童积极参与学习活动，体验适合不同发展阶段的不同活动和游戏材料，从其所在社区和生活环境中获得游戏的乐趣。	课程不仅包括有目的和有计划的活动，而且包括日常活动、材料的使用、活动的转换及完成任务的方式。课程实施的评价标准应体现出儿童在与环境的互动中获得知识，并促进儿童通过生活经验来学习概念。	课程计划要反映正确的教学观念和儿童发展目标。 教师应在评价儿童个体的需要和兴趣的基础上，制定现实的课程目标。 教师要提供各种各样的、适宜儿童发展的活动和材料，并达到一定的教育目标。
教师和家长的交流	有效地向家长提供有关托幼机构的信息，欢迎他们成为托幼机构的观察员和捐助人。	托幼机构只有真正认识到家庭对于儿童的重要性并进行有效的家园合作，才能真正地满足儿童的需要。教师与家长的交流应基于"家长是儿童成长中最重要的影响因素"这一教育观念。	教师要与家长就家庭和托幼机构中儿童的发展情况进行交流。 通过刊物或小册子、宣传栏、电话和其他方式让家长了解托幼机构的情况。 1 年至少举行 1 次家长会。
教师资格及其发展	托幼机构的教师应了解儿童的发展，意识到儿童的发展需要，并能提供机会满足其需要。	教师的质量是决定教学质量的最重要因素。托幼机构工作人员接受的关于儿童发展和教育的培训与儿童发展之间有紧密的联系。	教师和园长要具备一定的资格。 托幼机构要以不同形式为教师提供定期培训，确保教师获得最新的知识与观念，提高其工作能力。
管理	根据儿童、家长及教师的需要和建议，对托幼机构进行有效的组织管理。	托幼机构的管理方式可影响机构内部各方面的质量。有效的管理包括让所有人员良好地交流，与社区建立积极的联系，关注教师的需求及工作条件，等等。	托幼机构应有健全的规章制度、劳动纪律和相应的操作程序。 以书面形式明确每个管理者的职责。 教师和管理人员应不断交流，定期召开沟通会议。
人员配置	托幼机构应有充足的工作人员，以促进儿童在身体、情绪与社会性及认知等方面的发展。	工作人员的配置是影响托幼机构质量的重要因素。良好的人员结构有利于保教工作的开展。有研究显示，较小班级规模和较高师幼比与儿童的积极发展有关。	限定班级规模，便于成人与儿童的互动以及儿童之间的创造性活动。 配备充足的教师。师幼比应依据儿童年龄、活动类型、有特殊需要儿童的数量、时间及其他因素来确定。

续表

评价标准	目的	理论依据	具体的评价指标（示例）
物质环境	通过提供探索及学习的机会，促进儿童的健康成长与发展。	物质环境影响在其中生活的成人和儿童的行为与发展。物质空间和材料质量影响儿童参与活动的水平和儿童与成人互动的质量。应对室内外空间的大小和安排及材料的利用进行评价。	室内外环境应该安全、清洁、有吸引力且宽敞。空间安排应有利于儿童进行个别的、小组的、集体的活动，促进班级互动。向儿童提供数量充足、种类齐全且符合儿童年龄特点的材料与设施。
健康和安全	维护儿童与成人的健康和安全。	提供健康和安全的环境是托幼机构最基本的质量要求。如果环境有潜在的危险，那么其造成的危害是任何高质量课程或师幼互动都无法弥补的。	托幼机构应持有地方或州一级机构颁发的鉴定执照。建立儿童健康档案。每天对各种设施设备进行清洗，对浴室装备进行消毒，清理垃圾。
营养和膳食	满足儿童及成人的营养需要，促进儿童各方面的发展。	应为儿童提供足够的营养，并帮助他们养成良好的饮食习惯。	餐食应满足美国农业部儿童保健食品中心关于儿童营养的要求。
评价	对托幼机构能否有效地实现其关于儿童与成人发展的目标进行系统性评价，确保和维持高质量保教工作。	持续性和系统性的评价是提高和维持托幼机构质量的基础。评价应建立在托幼机构的目标和对需求的评价基础上，并评价托幼机构各方面的优劣。	机构管理者至少 1 年进行 1 次机构自评。单独记录每个儿童的发展情况，并评价相应的教学活动，促进每个儿童的发展及教师与家长的交流。

（二）《高质量托幼机构质量认证标准》与 ECERS 的比较

《高质量托幼机构质量认证标准》与 ECERS 同为在美国文化背景下研制的整体质量标准。[①]《高质量托幼机构质量认证标准》与 ECERS 在理论基础、评价内容、实践层面方面有一些相似之处。从理论基础看，它们均以发展适宜性教育实践为导向，强调课程设置、互动等过程性质量的重要性；同时，它们均关注教师在保教工作中的重要作用，强调教师行为是儿童身心发展的基石。从评价内容看，它们均非常重视与儿童身心发展有关的安全与身心健康这一质量标准，认为其他质量的有效性建立在安全与身心健康质量的基础上。从实践层面看，在美国，每个州政府都有权对托幼机构进行审核认证，

---

① ECERS 虽然为国际性托幼机构质量评估工具，但其研制深受美国文化背景的影响。

在有些州，《高质量托幼机构质量认证标准》就是该州托幼机构班级整体质量评估的最高标准；对托幼机构来说，该标准也是其质量提升的努力方向。而ECERS 也是美国州政府进行托幼机构质量评估的重要工具和质量提升指导性工具。它们均在美国托幼机构质量评估与提升的相关政策性工具（如 QRIS）中扮演重要的角色。

此外，两者在质量标准的内容方面有一些不同之处。《高质量托幼机构质量认证标准》对托幼机构政策及其实施方面（如师幼比、配餐制度、书面的管理制度等）进行了明确的规定，这些结构性质量易于通过资料审查等方式受到评估；同时，这些结构性质量标准也反映了美国各利益相关者对学前教育质量的共识，以及各地（联邦政府层面 / 州层面 / 地方层面）对托幼机构质量认证的具体规定与要求，对美国各地托幼机构结构性质量的提升具有一定的促进作用。与此不同，考虑到不同国家或地区不同的学前教育质量发展水平与不同的文化特征，作为国际性托幼机构质量评估工具的 ECERS 并没有对结构性质量进行非常具体的规定。

在美国，关于什么是高质量的学前教育的争论已持续很久。NAEYC 主席卡罗尔（Carol, 2016）认为，各种质量评价标准中没有最好的，只有最适合的。托幼机构班级整体质量标准应允许托幼机构基于其现有资源和发展水平进行特色化发展。同时，在进行质量评估时，应考虑托幼机构所在地的文化背景及当地学前教育的发展水平，在一个更为广阔的社会文化背景中审视托幼机构班级整体质量。

三、ACEI GGA 与托幼机构班级整体质量

ACEI 与世界学前教育组织（OMEP）联合开发的 ACEI GGA 是国际上具有影响力和实用性的托幼机构质量观察性评估工具。目前，ACEI GGA 已经开发至第三版，该版本具备扎实的理论基础、较高的信度和效度与跨文化一致性。

ACEI GGA 关注当前多元文化挑战下可持续发展的学前教育质量的重要性，并基于大量理论与实证研究，建构了包括环境、课程、教师、家庭、社区等托幼机构质量要素在内的质量标准体系。ACEI GGA 具有领域—子范畴—项目三级评价指标体系；每个领域包括若干子范畴，每个子范畴包括若干项目，涉及环境与空间、课程内容与教育方法、教师与保育人员、家庭—机构—社区的伙伴关系、关注特殊需要儿童 5 个领域（见表 2-13）。与《高质量托幼机构质量认证标准》一样，ACEI GGA 可用于评估托幼机构的质量水平。与此同时，ACEI GGA 中的每个质量领域均指向班级整体质量的评估与提升。

表 2-13　ACEI GGA 的领域、子范畴和项目示例

领域	子范畴	项目数量	项目（示例）
环境与空间	环境与物理空间	6	周围环境与空间没有不安全的设备、污染、暴力等危险因素。教师与保育员创造了一个有利于人际互动和情绪发展的温馨的班级环境。
	激发儿童发展的环境	11	向儿童提供与同伴、成人积极互动的机会。拥有丰富的材料，环境能够激发儿童的游戏与探索，向儿童提供积极参与室内外游戏的机会。
课程内容与教育方法	课程	2	拥有促进儿童学习的课程计划。
	课程内容	3	课程向儿童提供概念学习和实践技能的机会，使其在社会生活中能有效地完成任务。
	教育方法	3	教师与保育员和儿童互动时使用积极性语言。
	学习材料	2	教师与保育员运用当地素材作为教学资源。
	儿童发展评估	3	系统地把握每个儿童学习的过程与成就。
	教育活动评估	2	就教学活动对儿童的直接与间接影响进行定期的全面评价。
教师与保育人员	知识与实践表现	5	教师与保育员在实践中表现出具备关于儿童发展和学习的知识，并能灵活运用这些知识。教师与保育员能不断对自己的教育实践进行反思与改进。
	个人与专业品格	4	教师与保育员表现出关怀、接纳、理解、移情等个人特质。
	道德伦理	2	教师与保育员尊重儿童、儿童的家庭及其文化。
家庭—机构—社区的伙伴关系	机构规章	4	机构规章倡导机构与家庭、社区间建立积极的、建设性的伙伴关系。
	道德责任与行为	3	机构制定并执行保护儿童免遭危险和虐待的制度。
	培训与资源	4	为家长和社区成员提供儿童健康和营养方面的信息。
	儿童入园适应	3	向家长讲解机构办学水平及其在儿童行为养成和学业成就方面的预期目标。
	家庭与社区参与	5	建立义工制度，鼓励家长参与班级教学或贡献特长。
关注特殊需要儿童	服务的便利性与公平性	5	低收入家庭的儿童能够获得与高收入家庭的儿童相同的服务。特殊需要儿童有平等的机会就近获得各种不同类型的服务。
	共同的理念与目标	2	特殊需要儿童的父母、教师、保育员和专家组成团队，共同满足儿童的需要。
	特殊教育人员与服务人员	4	机构至少有 1 位特殊教育职员或服务人员，该人员能够识别儿童的特殊需要，或获得相关专家的支持。
	提供服务	3	完善设施与材料，从而在教育活动中满足儿童的特殊需要。

（一）ACEI GAA 的质量领域

1. 环境与空间

环境与空间领域强调儿童的学习环境应关注身体和心理两个方面的安全。身体安全关注让儿童远离阻碍其学习能力与发展的负面环境；心理安全关注使儿童获得安全感和愉悦感的情绪环境。安全的环境能够为儿童提供自由探索、游戏与练习社会技能的机会。该领域包括环境与物理空间、激发儿童发展的环境 2 个子范畴，共 17 个项目。

2. 课程内容与教育方法

课程内容与教育方法领域主张以儿童为中心的课程，倡导儿童的学习应适合其发展阶段，并根植于儿童的文化背景和知识经验。课程（儿童在日常集体教学和自由游戏中的互动及体验）能够给教师与儿童的互动提供指引。课程应满足让所有儿童参与的要求（即符合所有儿童的最近发展区），高质量课程应聚焦于儿童的全面发展——关注儿童在认知与语言、情绪与社会性、创造力等方面的全面发展。

3. 教师与保育人员

教师与保育员在保教工作中扮演着核心的角色。ACEI GGA 强调教师与保育员应具有有效开展保教活动的专业知识和技能及适宜的人格特质。该领域包括知识与实践表现、个人与专业品格、道德伦理 3 个子范畴，共 11 个项目。

4. 家庭—机构—社区的伙伴关系

儿童的健康发展需要家庭、托幼机构和社区的共同努力，家庭、托幼机构与社区中的所有利益相关者均承担着儿童教育的责任。ACEI GGA 中家庭—机构—社区的伙伴关系领域包括机构规章、道德责任与行为、培训与资源、儿童入园适应、家庭与社区参与 5 个子范畴，共 19 个项目。

5. 关注特殊需要儿童

特殊需要儿童的范围从只需少量关注的儿童到需要广泛矫治或特殊服务的儿童，但一般情况下，特殊需要儿童指那些患有不同程度疾病的儿童、残疾儿童、处境不利（如受到身心虐待、极度贫困等）儿童、有发展迟滞风险的儿童、智力超常儿童，这些儿童在发展中需要得到比同龄儿童更多的支持性保教服务，以促进其正向发展。但从多元文化的视角看，不同的社会文化背景均有该文化语境下的特殊需要儿童的定义，基于此，ACEI GGA 强调，所有特殊需要儿童均能就近获得同等的保育服务及该文化背景下针对特殊需儿童的个性化教育活动。关注特殊需要儿童领域包括4个子范畴，共14个项目。

（二）ACEI GGA 与 ECERS 的比较

与 ECERS 相同，ACEI GGA 亦为国际性学前教育整体质量观察性评估工具，并且多个国家的实践与研究证明其具有较好的信度和效度和跨文化一致性。ACEI GGA 与 ECERS 在过程性质量与结构性质量的定义、质量标准的内容等方面有很多相似之处。希腊的一项研究显示，ACEI GGA 与 ECERS-R 的评估在空间设施、课程与活动、家园互动、家长参与、多元文化等方面的得分非常相似（Rentzou，2010）。此外，它们均强调自身在托幼机构质量自评与提升过程中的指导作用。

相比于 ECERS，ACEI GGA 更加关注家长在儿童发展中的作用，并认为托幼机构有责任在社区层面通过改变家长的教育知识、亲子关系及社区环境来促进儿童的成长。可以说，ACEI GGA 将儿童发展置于广阔的生态系统中进行审视，并在此基础上理解学前教育质量。事实上，学前教育不仅与儿童和家长的利益相关，也与教育行政部门、托幼机构、教师和社区等的利益密切相关。在这方面，ACEI GGA 彰显了学前教育质量的多元利益主体特征，倡导以促进儿童身心发展为基本出发点，以促进托幼机构、教师与儿童三方的共同发展为直接目标，以满足社区文化与社会公平的需要为最终目标，公平地关照各利益相关者的发展诉求，从而系统地促进当地学前教育（乃至社会文化）的发展，而这些又可以促进儿童的发展。

第三章　班级师幼互动质量

---〜3〜---

Chapter Three

❧ 本章导读 ❧

....

0～6岁是儿童各方面快速发展的重要时期，这一时期的教育会对儿童未来的发展产生重要影响（Shonkoff & Phillips, 2000）。高质量的学前教育能够对儿童发展产生持续的积极影响（Barnett, 2011; Yoshikawa et al., 2013）。无论是小样本的早期干预项目，如初学者项目（Abecedarian Project）、高瞻佩里项目（the High Scope Perry Project），还是大样本的美国全国性的早期教育研究（NICHD ECCRN, 2005）和州政府支持的早期维度研究（Burchinal et al., 2008），都发现早期教育质量对儿童的学业成绩、社会性情感发展具有即时的及长期的积极影响。

此外，高质量的教育对低收入家庭或存在其他风险因素的家庭中的儿童来说更加重要（Hamre & Pianta, 2005）。其中最著名的研究当数诺贝尔经济学奖获得者赫克曼关于高品质0～5岁早期干预的经济效益的追踪研究。该研究发现，向家庭经济条件欠佳的0～5岁儿童及其家庭投入1美元的高质量早期干预，将来会有高达13美元的回报。相比于未参加早期干预项目的同龄人，参与者长大后的犯罪率更低，也更有成就，简言之，学前教育比大学或监狱更具成本效益（García, Heckman & Leaf, et al., 2016）。赫克曼进一步指出："大家可能对高品质学前教育对儿童学业、社会性及成功人生的作用的认识很深刻，但没有想到高品质的学前教育能够降低家庭经济条件欠佳的儿童成年后罹患各类疾病的概率。"（Campbell, Conti & Heckman, et al., 2014）总之，高品质的学前教育会对儿童的一生产生极大影响。

那么，到底哪些学前教育质量会对儿童的发展有如此深远的影响呢？美国儿童发展科学理事会（The National Scientific Council on the Developing Child, NSCDC）曾在《渴望学习》（Eager to Learn）一书中指出："如果要指出学前教育中最核心的一个质量，那就是教师／成人与儿童的互动和关系，以及成人回应儿童需求的能力。"可以说，教师向儿童提供的高质量的互动是促进儿童积极发展的主要原因（Howes et al., 2008; NICHD ECCRN, 2003）。

所谓师幼互动，是指教师和儿童在托幼机构班级中发生的各种形式、各种性质和各种程度的相互作用和影响。教师是学前教育活动的主要组织者和实施者，其与儿童互动的形式与强度决定学前教育的质量，影响儿童的发展。当教师采取积极的方式与儿童进行互动，这些互动就能够为儿童的学习提供支持和帮助，并可能对儿童今后的学业发展产生积极的预测作用（Pianta, La Paro & Hamre, 2008）。这令人联想到哈佛大学的学者关于成人幸福感的长达75年的追踪研究。研究结果表明，人是否拥有幸福感的关键在于个体能否与他人建立高质量的关系（关系的数量并不重要）。由此看来，无论是成人还是儿童，与他人之间良好的关系是良性发展的前提。教师与儿童在时时刻刻的互动中建立了师幼互动关系，而这些时时刻刻的互动组成了高质量的儿童学前教育体验，该种体验能够对儿童的学业和社会性发展产生巨大的促进作用。

班级环境是直接影响儿童发展的微观系统（Bronfenbrenner, 1979），师幼互动通常是以班级为单位开展的，即班级师幼互动（本书所讲的师幼互动均指班级师幼互动）。当前，国际上对托幼机构质量的评价普遍将重心放在对班级过程性质量的评估上，即评估班级师幼互动的质量。

本章基于 CLASS 及其理论框架，系统性地讲解班级师幼互动质量的定义与测量，并介绍一系列围绕班级师幼互动质量（基于 CLASS）的研究，这些研究涉及 CLASS 对师幼互动质量的描述、CLASS 的信度与效度、师幼互动质量的影响因素及师幼互动质量对儿童发展的预测作用。

第一节　CLASS 视角下的师幼互动质量

师幼互动既是学前教育课程实施的过程，也是学前儿童在托幼机构班级一日生活中的生活体验、学习体验和情感体验的重要载体。在世界各国政府制定的学前教育质量标准系统中，班级师幼互动质量（即教与学的质量）是课程方面的核心内容。CLASS 是评价班级师幼互动质量的观察性评估工具，该评估工具在很多国家得到广泛的应用，展现出良好的文化适用性，并获得学界和一线教育工作者的一致认可。该评估工具基于科学的理论基础，定义了托幼机构班级师幼互动，同时 CLASS 也可用于指导班级师幼互动质量的提升。

一、师幼互动理论与 CLASS

美国的 3 位学者（Pianta, La Paro & Hamre, 2008）在基于互动的教学理论框架的基础上，研发了班级师幼互动质量的观察性评估工具 CLASS。该工具将积极的师幼互动概括为 3 个具体的领域：情感支持、班级管理和教学支持（Pianta et al., 2008）。一系列实证研究支持师幼互动的这 3 个领域与儿童的认知发展（Araujo et al., 2014; Connors et al., 2005; Hamre & Pianta, 2005; Ponitz et al., 2009）及社会性情感发展（Pianta et al., 2002; Mashburn et al., 2008）有积极的相关性。

CLASS 的核心理论框架——基于互动的教学理论框架——关注成人在与儿童交往过程中对儿童做出的即时、符合当时情境的恰当反应（Hamre &

Pianta, 2007）。

根据早期依恋理论，成人的反应性在师幼互动过程中主要体现在教师对儿童的积极性管理、引导及符合情境的反应等，这些成人反应对促进儿童的社会性情感及认知发展有重要的意义（Ainsworth et al., 1978; Hamre et al., 2013; Peterson & French, 2008）。

根据自主决策理论（self-determination theory），教师需要强调儿童自身的学习动机，关注儿童的知识联结并培养其自主性。有效的师生互动能够激发儿童的动机加工过程，促进师幼间的信息传递，并帮助儿童扩充知识、发展认知能力。因此，有效的师幼互动能够在班级中产生一定程度的认知推动力（cognitive press），即教师有目的地促进儿童学习与思考能力的发展（Peterson & French, 2008）。

基于上述理论，CLASS 主要关注学前教育质量的 3 个领域的内容：第一，建立一个温暖安全的情感环境，使儿童在其中有意愿探索学习，即情感支持；第二，教师提供恰当的行为支持，促进儿童自我控制能力和自我管理能力的发展，即班级管理；第三，教师通过有效的提问方式、支架教学、内容反馈、示范模仿等方法促进儿童的认知发展，即教学支持。近年来，CLASS 及与之相关的师幼互动理论在世界上近 40 个国家中得到了推广和研究。一系列关于 CLASS 的国际研究表明：该评估工具具有良好的跨文化适用性及一系列良好的测量学信度和效度，不仅能够准确地反映情感支持、班级管理及教学支持领域的师幼互动质量，而且所评价的 3 个领域对儿童的认知、语言、社交情绪、执行功能等方面的发展都有显著的影响（Araujo et al., 2014; Cadima et al., 2010; Leyva et al., 2015; Hamre et al., 2013; Pakarinen et al., 2010）。

二、CLASS 的基本框架

CLASS 是评估与提升师幼互动质量的观察性评估工具，该工具由 3 个领域组成：情感支持、班级管理和教学支持。每个领域下面有 3 ～ 4 个维度，例如，教学支持下面有 3 个维度——认知发展、反馈质量和语言示范。每个维度均按照 1 ～ 7 来打分，其中 1 和 2 为低水平，3 ～ 5 为中等水平，6 和 7 为高水平。每个维度下面又有不同数量的指标。例如，认知发展维度由 4 个指标组成——分析和推理、创造力的挖掘、融会贯通、与现实生活相联系。指标的质量等级或水平通过行为描述来辨别，比如，分析和推理指标的判断依据是对几种行为出现的次数、频率和质量的观察，分别为：问题解决、预测 / 实验、分类 / 比较和评价、为什么或怎么样的问题。表 3-1 清晰地呈现了

CLASS 的整体架构。

表 3-1　CLASS 的整体架构

内容组成	领域		
	情感支持	班级管理	教学支持
维度	积极氛围； 消极氛围； 教师敏感性； 关注儿童的观点。	行为管理； 活动安排效率； 教学指导方式。	认知发展； 反馈质量； 语言示范。
指标（示例）	关系； 积极交流； 尊重。	清晰的行为期望； 前瞻性； 对不当行为的纠正。	分析和推理； 创造力的挖掘； 与现实生活相联系。
行为描述（示例）	身体上的亲近； 分享活动。	一致性； 澄清规则。	为什么或怎么样的问题。

三、CLASS 各领域的具体内容

（一）情感支持

在情感支持这个领域中，教师需要帮助儿童与自己、其他教师和同伴建立温馨的互动关系，从而使儿童对学习和活动感到愉悦，并在课堂中感到放松和舒适，愿意接受认知和社会性任务的挑战。

情感支持领域包括积极氛围、消极氛围、教师敏感性和关注儿童的观点这 4 个维度。积极氛围主要反映教师与儿童及儿童同伴之间的积极情感联结。消极氛围的程度是通过班级中教师和儿童出现消极行为（如惩罚、讽刺等）的频率和强度来评估的。教师敏感性涉及教师对儿童的学业和情感需要的反应，敏感性高的教师能够持续地给予儿童安慰、肯定和鼓励。关注儿童的观点则反映师幼互动能够在多大程度上激发儿童的学习兴趣和动机。下面对积极氛围、教师敏感性及关注儿童的观点这 3 个维度做进一步说明。

1. 积极氛围

积极氛围反映教师与儿童、儿童与同伴之间的情感联结及彼此通过口头语言和肢体语言所传递的温暖、尊重和愉悦。积极氛围之所以很重要，是因为儿童在高兴地、放松地与他人互动时的学习动机更强，并能够兴奋地参与活动，从而收获更多知识。积极氛围有 4 个指标：关系、积极情感、积极交流、尊重。

①关系。当教师和儿童形成良好关系，他们就会表现出彼此寻求肢体上

的接近。儿童可能表现出非常喜欢接近教师，在教师身边时他们的身体是放松的，并且非常热衷于和教师分享他们所知道的信息和想法。教师也非常享受和儿童在一起的时间，热衷于分享儿童的活动，并参与他们的对话及讨论。在有积极氛围的班级中，同伴之间友好相处，互相协助，享受彼此在一起的时光。教师和儿童的情感是匹配的，也就是说，在儿童伤心难过时，教师表现出同样的情感，并表示对儿童情绪的理解；当教师表现出高兴的样子，儿童也会被这种情绪感染。在幼儿园一日生活中可以看到教师与儿童有大量的社会性交流，而不仅是管理儿童或教导儿童。

②积极情感。积极情感表现在儿童和教师不断地向对方微笑，也有双方很开心地哈哈大笑的时刻。教师和儿童对他们所从事的游戏或讨论活动表现出极大的热情。

③积极交流。积极交流指教师给儿童的语言反馈体现出积极的评价，清楚地表达对儿童的关爱和欣赏。同时，教师通过身体的接触来体现这种积极的评价、关爱及欣赏。另外，教师在活动中对儿童表达积极的期望，这种积极的期望可达美好的祝愿和对儿童的信任，这让儿童在活动和探索中获得充满正能量的支持。

④尊重。尊重的表现方式有很多。首先，教师与儿童之间有目光接触，儿童不会逃避教师的目光，教师也不会忽略儿童。其次，教师说话语气温和且声音平静。教师在平时呼喊儿童时使用他们的名字或昵称，并且使用表示尊重的语言，如"请""谢谢"等。最后，在相互尊重的班级中，儿童之间及儿童与教师之间形成非常和谐的合作关系，彼此乐于分享。

2. 教师敏感性

教师敏感性是指教师时时刻刻针对儿童的认知和情感需要所表现出的关注与反应；具体体现在教师在每个活动和互动中都能关注儿童认知及情感的技能和需求，教师能够预估对儿童来说困难的教学内容，教师能够基于儿童的语言和行为线索，持续、快速且有效地回应儿童，并能够提供适宜的支持。

敏感性高的教师能够持续地、快速地、有效地对儿童的语言和行为做出反应。敏感性高的教师能够清楚地意识到每个儿童在认知和情感上的能力和需要，从而预先判断儿童可能遇到的困难，并且能够提供合适的支持。能够关注并回应每个儿童的教师，也能够支持每个儿童在班级中进行积极学习和探索。敏感性高的教师能够持续地给予儿童安慰、肯定和鼓励，这有助于培养儿童积极探索和学习的能力。在敏感性高的教师的班级中，儿童会把教师看成一种支持性的、可靠的、指导性的资源。教学中的教师敏感性可以让儿童在分享自己的观点、接受学业和社交挑战时感到更加舒适。在敏感性高的教师的班级中，儿童知道在遇到困难时可以向教师寻求帮助，从而更好地进行独立性或合作性的活动和游戏。体现教师敏感性的指标包括：意识、回应、关注问题、儿童自如地表现。

①意识。意识指教师对儿童会表现出的问题和教学活动计划有恰当的预期，这需要教师非常了解每位儿童的社交和学习能力。除需要具备基本的儿童发展知识外，教师还要善于运用正式和非正式的评估方法来了解儿童的社交和学习情况。对于每个儿童，教师需要具备为儿童设计个性化课程的能力，了解每个儿童的优势及需求，并且能够随时注意儿童表现出的语言和行为线索（例如，"我感到很无聊"或"我不知道该如何做"）。教师需要经常注意哪些儿童需要额外的支持、帮助或关心。教师非常熟悉儿童，从而能预测儿童可能出现学业、社会性问题或行为问题的时间。当儿童遇到困难（如难以理解内容）或表现出悲伤、焦虑，教师能注意到儿童的表现并给予回应。

②回应。回应指教师对儿童在遇到问题时所表现出的积极或消极情绪所做出的反应。教师需要理解、包容儿童的情绪，不管儿童表现出的情绪是积极的还是消极的，只要是自然产生的情绪，都是有意义的。教师首先要认可并理解这些情绪，也就是让儿童知道教师理解他现在的感受。对于儿童遇到的问题或不良情绪，教师应及时提供安慰和帮助。教师不仅要提供帮助，而且要站在儿童的角度思考问题：儿童需要的帮助是什么？如何沟通才能使儿童接受帮助？很多时候，教师需要提供个性化的支持，针对每位儿童的需要提供进一步的、更符合儿童需要的支持。当教师表现出理解并以儿童愿意接受的方式提供安慰和帮助，儿童自然觉得教师是可信任的，他们会在遇到困难时主动寻求教师的帮助和资源。

③关注问题。关注问题指教师有效地解决儿童的问题和焦虑、担忧情绪。教师需要在不同的活动组织中积极主动地观察每个儿童的一日活动：区角活动时，教师可以在班级里走动，并蹲下来参与儿童的游戏活动；小组活动时，教师要确保每个儿童都能够理解活动内容；集体活动时，教师要留心那些走神或表情困惑的儿童。这些关注当下的互动能够帮助教师持续地注意儿童的个体需求，只有这样才能及时地给儿童提供合适的帮助和支持。即使有的儿童不能用语言来表达他们的需要，教师也可以通过非语言线索的观察来了解儿童的需要，并及时提供帮助。教师对儿童的问题和要求不感到厌烦，他们

花时间倾听和观察儿童，及时让儿童知道教师已经听见或了解了他们的问题，并且让他们知道教师会很快处理这个问题。这样，儿童便可以安心地参与学习和活动，不会因自己遇到的问题而焦虑或心神不宁。

④儿童自如地表现。儿童自如地表现指儿童能够非常自如地寻求教师的帮助。在这种班级氛围中，儿童会自发地分享他们的观点并努力回答问题，教师会鼓励儿童勇敢地参与和尝试新的游戏和活动，儿童在遇到问题时会直接告诉教师。儿童在班级里参与学习和活动时会表现得像"小小冒险家"，他们不会担心是否会被同伴或教师取笑，他们知道有问题就可以寻求教师的帮助，并知道教师非常愿意提供帮助。在这样的班级里成长的儿童有较强的独立性、探索精神和冒险精神。

3. 关注儿童的观点

关注儿童的观点反映师幼互动能够在多大程度上关注儿童的兴趣、动机和观点，并培养儿童的责任感和独立精神。对儿童而言，只有获得自由，他才会主动探索与学习；只有当儿童主动学习，他才会产生责任感。教师可以主动制造一些机会来发现儿童的想法和观点，从而提高儿童学习的动机和欲望。关注儿童的观点包含 4 个指标：灵活性和儿童关注点、支持自主及主导、儿童表达、适当地允许移动。

①灵活性和儿童关注点。灵活性和儿童关注点指教师的计划是灵活的而不是刻板的。教师并非将一切活动控制在自己的计划中，而是使活动依照儿童的想法开展；也就是说，教学活动围绕儿童的兴趣组织，而非教师主导课程和游戏。当儿童表现出有兴趣或有想法，教师非常乐于倾听，并且愿意考虑采纳儿童的意见或想法。同时，教师能够改变原来的课程计划，遵从儿童的意愿来开展游戏和活动。

②支持自主及主导。支持自主及主导指教师充分支持儿童的自主性行为。教师应给儿童大量的活动选择机会，鼓励他们尽量独立。例如，自由活动时间让他们自主选择区角并参与活动，或者在上集体课的时候让他们自由选择小组及个人活动的内容与方式。教师应让儿童自由发挥或主导课程中的某个环节。在区角游戏和生活活动中，教师应允许儿童发挥更大的主动性，并以自由选择的方式开展活动，儿童能够获得很多主导课程的机会，并带领同伴一起游戏。此外，儿童还可以自主制定规则，并负责班级中的一些日常事务。例如，教师让儿童做值日，负责管理教室的一些日常事务。儿童在这个过程中学习如何承担任务，感受这些任务所带来的响应及自己的责任。然而，允

许儿童主导课程并不意味着让儿童完全自由地决定课程的内容（这样做可能会使课程远离目标），而是指教师让儿童感受到自己是课程中积极参与的一员——对于课程的执行有积极的贡献。

③儿童表达。儿童表达指教师热衷于发掘儿童对某件事物或某些现象的看法，热情地与儿童展开讨论，儿童则主动分享他们的想法。儿童的话语量往往超过教师的话语量并主导对话。即便在集体活动时间，教师的话语量也不多于儿童的话语量，教师能够注意平衡听与说的时间，给予儿童至少一半的时间分享和表达看法。

④适当地允许移动。适当地允许移动指儿童在一定条件下可以在活动中自由移动。在活动中，教师对儿童的行为期望是清晰的，同时也会根据儿童的年龄和发展需求提出合理的期望。此外，在不影响活动进行和同伴注意力的情况下，儿童可以自由移动。也就是说，教师不必要求儿童坐得端正，不必限制他们的随意移动，儿童在很多情况下可以站起来活动双腿或伸懒腰。

（二）班级管理

班级管理领域要求教师帮助儿童发展自我行为管理能力，教师需要最大限度地、高效地利用一日活动时间，并能够保持儿童持续参与学习活动的兴趣。

班级管理领域包括行为管理、活动安排效率和教学指导形式 3 个维度。行为管理要求教师通过提供清晰的行为指令和有效的方法来预防和纠正儿童不当行为的发生，从而帮助儿童发展自我管理的能力。活动安排效率主要评估教师管理教学时间和常规、提供有益活动的能力，从而让活动效率最大化。教学指导形式则关注教师在教学活动中最大限度地激发儿童的兴趣、提高儿童参与度的能力。

1. 行为管理

行为管理指班级的规则和期望能够清晰、明确、一致地传达给儿童，并且儿童能够根据这些规则和期望表现出适宜的行为。行为管理对预防或纠正轻微的不良行为非常有效。有效的行为管理会让儿童了解具体的行为期望，当儿童达到这样的期望，教师则会给予奖励。

有效的行为管理非常重要。首先，在有效的行为管理中，儿童通常知道在班级中应该做什么及怎样做，教师从而能够花较少的时间去管理儿童的行为。其次，有效的行为管理能够减少儿童注意力的分散与所受的干扰，并给予教师大量的时间进行指导性活动，同时增加儿童在一日生活中的学习活动时间。最后，在班级中频繁地应对或处理儿童的不良行为会使教师和儿童双方都精疲力竭，只有降低不良行为发生的频率，班级中的每个人才能更加享受师幼互动的体验。行为管理包含的指标有：清晰的行为期望、前瞻性、对不良行为的纠正、儿童行为。

①清晰的行为期望。清晰的行为期望体现在教师在互动中对儿童表达出清晰的行为期望，教师注意使班级中的儿童能够非常清楚地理解班级规则和教师对他们的期望。此外，教师对自己制定的规则和期望在执行方面有高度的一致性，不会随意更改这些规则。教师也应经常澄清自己的规则，并给予儿童提醒。

②前瞻性。前瞻性指教师在问题发生前能够有所预测，从而能够具有前瞻性地处理问题，并进行实时监控，有效防止问题行为的发生。在遇到问题的时候，教师不会大惊小怪或惊慌失措，相反，教师会在问题扩大或变严重之前有效地阻止儿童问题行为的发生。即使在和个别儿童谈话或指导小组活动的时候，教师也会关注整个班级的动态，从而强化班级所有儿童正确的行为表现。

③对不良行为的纠正。对行为的纠正指教师在不占用儿童学习和游戏时间的情况下，能够有效地减少儿童的不良行为。教师能够通过积极的反馈增加儿童正确的行为，减少不良行为。教师能够关注积极的行为，并善于捕捉儿童的积极行为并进行有针对性的表扬，从而对儿童进行行为管理。当儿童表现出不良行为，教师可以通过眼神或其他暗示让儿童发现自己的问题，进行自我纠正，而不是当众对儿童进行批评。教师对儿童不良行为的纠正需要拿捏好分寸，不能过多地占用教学或游戏时间，同时要有效阻止不良行为的扩大与蔓延。

④儿童行为。儿童行为指班级中的儿童是否表现出攻击性问题行为。一般而言，当教师已经建立了清晰的规则，儿童就知道应该如何管理自己的行为，教师无须纠正儿童的不当行为。这时，儿童的服从表现是通过教师使用有效的班级行为管理策略而产生的。然而，有一种情形也需要得到关注，即班级中的教师在行为管理方面有非常严格的控制。严格控制的行为管理也可以引起儿童的顺从行为，因为儿童担心若不顺从就会被教师严厉地批评或惩罚。在这种情况下，儿童不敢违抗教师的行为要求，这些严格的行为控制可能包括不随意走动，按照教师要求的方式完成活动（可能非常刻板），不能进行自由选择，不能和同伴交流与分享，等等。这时，儿童的顺从行为并非教师具有前瞻性的有效管理的结果。

2. 活动安排效率

活动安排效率指在活动效率高的班级中持续不断的、清晰明确的教学活动。在活动效率高的班级中，每个人都知道自己要做什么及怎样做。教学时间不会浪费在处理儿童的行为问题、材料准备、等待或其他管理任务（如教师需要检查工作或指导活动区下一步怎么做等）。活动效率高的班级能够为儿童提供持续的学习机会。活动安排效率包含这样几个指标：学习时间最大化、常规、过渡、准备。

①学习时间最大化。学习时间最大化指教师善于安排教学与活动时间，各项活动安排得相当合理，从而使儿童在班级一日生活中充分地、高效地、持续不间断地参与活动。教师处理班级管理任务时以尽量不干扰活动、不浪费教学时间为原则，从而使班级管理非常有效。教师能够在班级教学中提供非常丰富的活动，一项活动一结束，儿童能够马上参与另一项活动，不会浪费任何时间。儿童可以对不同活动进行选择，而不是被迫参与。在活动中，游戏与互动能够有节奏感地顺利进行，不会出现儿童消极等待的情况。

②常规。常规体现在班级中的每个人都知道应该做什么及如何做。教师在班级中提供非常清晰且易于儿童理解的行为规范。儿童在班级活动中不会走神，在需要帮助的时候知道应该做什么，教师对每个教学与生活环节都有安排。

③过渡。过渡环节也很重要，儿童需要在过渡环节了解教师对他们的行为期望，并能够很快地从一个活动过渡到另一个活动。教师需要关注过渡环节，并对下一步做什么给予明确的指示。教师应把过渡环节视为教学环节，并把教育目标贯穿于这些过渡活动，让儿童有所思考和收获。

④准备。准备指教师对活动和课程有充分的准备。高效的教师应为课程做充分的准备，所有的活动材料都是方便拿取的。教师应对课程准备到位，把所有相关的材料有次序地排列好，使儿童可以快速找到。教师也应使课程开展的每个环节十分清晰，并熟记相关的教学内容，能够随时灵活地组织活动或游戏。

3. 教学指导方式

教学指导方式考察的是教师在教学和活动中使儿童的学习兴趣、参与度最大化的能力。如果班级教师掌握有效的教学指导方式，他们就会用许多不同形式的方式去指导儿童，如眼神、口头语言、动作等。同时，教师会创造机会让儿童参与活动（在小组课程、区角活动或一对一互动中让儿童积极地参与学习活动）。教学指导方式很重要，因为对班级活动感兴趣并积极参与的儿童往往可以学到更多。通过让儿童对活动感兴趣并积极参与，使儿童从班级教学指导中最大限度地受益。教学指导方式包含 4 个指标：有效的促进、形式和材料的多样性、儿童兴趣、学习目标澄清。

①有效的促进。有效的促进反映的是教师在活动中的参与程度。教师可以通过四处走动、向儿童提问、一起游戏等方式参与儿童的互动，促使儿童尽量挖掘所提供的材料的内容。教师也可以通过提问来促进儿童对活动的参与。例如，教师运用开放性问题来促进儿童对教学活动的参与，增加儿童对学习内容的理解。教师应平衡教学活动的时间和儿童自我探索的时间，从而提高儿童在活动中的参与度。

②形式和材料的多样性。形式和材料的多样性指教师应善于运用基于不同感官通道的教学形式，并通过多种形式呈现学习内容和材料，来帮助儿童理解所学内容。此外，教师还需要保证这些材料在区角游戏中也能使用，使儿童在各种活动中都有足够的材料进行操作，提高其学习和探索的兴趣。即使没有操作材料，教师也能最大化地激发儿童的兴趣，可以通过讲故事、提问、比较等方式启发儿童积极思考，发挥他们的想象力。

③儿童兴趣。儿童兴趣指儿童在整个活动过程中表现出极大的兴趣并积极参与。儿童在教学活动或游戏中能够集中注意，积极地倾听并回答问题。在自由游戏时间，儿童也能积极地参与游戏，充分利用教师提供的活动材料。

④学习目标澄清。教师应使用先行组织者（advance organizer）策略，帮助儿童认识所学内容的重要知识点。教师也应对活动进行总结或讨论活动的内容，帮助儿童明白所要学习的核心概念。此外，教师还应通过引导式的陈述来使儿童对教学目标中的重点内容进行关注。

（三）教学支持

教学支持领域重点关注教师实施教学的过程，即教师如何通过有效的教学策略来促进儿童认知和语言的发展。教师应关注儿童解决问题、推理和思考的能力，通过积极有效的反馈来拓展和深化儿童的知识和技能，并帮助儿童发展高级语言能力。这些内容都是该领域评估的重点。

教学支持领域由认知发展、反馈质量和语言示范 3 个维度构成。认知发展评价教师如何通过讨论和活动来提升儿童的高级思维能力，教师需要关注儿童对知识的理解，而不是死记硬背。反馈质量重点评价教师给出的反馈的质量及这些反馈能否提升儿童的学习能力和参与学习的积极性。语言示范评价教师是否运用有效的语言刺激和语言教学策略（如开放性问题、自我对话和平行对话等）来促进儿童语言的发展。

1. 认知发展

认知发展指教师采用教学方法使儿童对知识概念有更广泛、深入的认识，而非仅让儿童对概念死记硬背。有效的认知发展策略使儿童在解决问题时进行充分的分析与推理，通过实验和头脑风暴的方式理解世界，从而激发他们的创造性，让他们产生自己的想法。认知发展也描述了一种有意识的教学方式：教师将不同活动中儿童所要学习的概念与儿童的日常生活体验联系起来，并将概念运用到儿童每天的实际生活中。

认知发展很重要，因为有效的认知发展策略可以帮助儿童加深对知识概念的理解，并且可以发展儿童的分析思考能力。当教师给儿童提供分析和解决问题的机会，儿童就可以学到更多知识，更好地理解概念，发展思维技能，并尝试独立思考，而不是仅记住和重复知识。认知发展策略也会提升儿童探索的兴趣及将知识应用到实际生活中的能力。认知发展包括4个指标：分析和推理、创造力的挖掘、融会贯通、与现实生活的联系。

①分析和推理。教师应善于提问，通过为什么和怎么样的问题及开放性问题来激发儿童思考，而不是让儿童记忆彼此没有联系的知识。这些问题会促进儿童更长时间的讨论，帮助儿童理解知识并尝试思考。教师还应鼓励儿童独立解决问题，进行比较和分类、实验和预测等认知任务。教师也应鼓励儿童对某一项活动进行评价或总结，以此来提高他们的分析和推理能力。此外，教师在提问后应确保儿童有足够的时间进行反应。

②创造力的挖掘。教师应善于使用提高儿童创造力的教学方法。比如，教师应经常进行示范，或者鼓励儿童用头脑风暴的方法来思考问题。教师不是给儿童一个正确的答案，而是让儿童表达自己的想法，从而激发儿童在问题解决中的创造性，教师亦应引导儿童对游戏活动进行计划，鼓励和帮助他们去实践自己的计划。

③融会贯通。教师应帮助儿童将教学活动中不同的知识点结合起来，或将刚学的知识与之前学习过的知识联系起来。这种联结具有一定的挑战性，需要教师对不同知识点之间如何联结有足够的了解和准备，能够灵活地建构知识，并通过提问等方式帮助儿童思考不同知识点之间的关系。

④与现实生活相联系。教师应努力让儿童所学的知识在现实生活中得以运用。例如，教师在呈现一些新的信息和抽象概念（如数学中的数量和相加

等概念、职业的概念）的时候应将这些概念与儿童的现实生活相联系，让儿童体验这些概念的含义，或在教室里寻找与概念相关的物体。

2. 反馈质量

反馈质量描述的是教师对儿童的行为表现和作品给予详细的反馈，以拓展他们的知识和技能，并鼓励儿童持续地参与活动。有效的反馈能够给儿童提供详细的、扩展性的信息，从而加深儿童对概念的理解，激发儿童持续参与活动的动机，并使儿童从课程和活动中获得最大化的收益。教师可以通过高质量的反馈来帮助儿童优化所学的知识，并启发儿童积极反思自己的思考。通过有意识地寻找反馈机会，教师能够在一日生活中给儿童创造更多的学习机会。反馈质量包含5个指标：支架、反馈回路、促进思考、提供信息、鼓励和肯定。

①支架。当儿童不理解概念或无法给出答案，教师就要给儿童一些提示来帮助他找到答案，而不是替他回答问题或将问题转给其他儿童。在给予提示的时候，教师知道如何提供必要的帮助从而让儿童顺利地完成任务。教师应持续地为儿童提供提示或学习支架，即脚手架（scaffold），直到儿童明白概念。

②反馈回路。高质量的反馈回路指教师通过向儿童提出一系列问题来促进其更好地理解概念。一个儿童给出问题的回应后，教师应追问该儿童（或追问全班儿童）一个问题，教师可以一直重复这样的提问和反馈，直到儿童彻底理解所学内容，这个过程就是反馈回路。这个回路包含持续的信息交换与反馈，即教师的问和儿童的答。教师应坚持不断地提问（一直有后续的问题），其目的就是促进儿童深入理解概念和其他所学内容。这些反馈回路或教学策略在教授儿童一些核心知识点的时候需要经常使用。

③促进思考。教师促进儿童思考的方式主要有2种。第一种是要求儿童对自己的思考进行解释；第二种是对儿童的反应及行为进行质疑。教师在儿童解决问题时可以问儿童"为什么这么做"或"是如何获得答案的"，从而帮助儿童反思学习的过程。

④提供信息。教师应提供额外的信息来拓展儿童对问题的理解。教师不应简单说出"正确"或"错误"的答案，而应想办法来拓展儿童的思考，从而帮助儿童深入理解问题。教师不应给儿童很笼统的反馈，而应提供具体的反馈来帮助儿童理解"正确"或"错误"的原因。当儿童对一些概念出现混淆或对事物的理解比较片面，教师就应帮助儿童澄清概念。

⑤鼓励和肯定。教师的鼓励能够帮助儿童提高活动的参与度和坚持性。教师在给儿童反馈的时候应关注儿童理解能力的提升，亦应关注儿童的努力、坚持及尝试新方法或策略的决心。如果儿童出现沮丧的表情，教师就应鼓励儿童继续尝试、不要放弃。

3. 语言示范

语言示范描述的是教师在一对一、小组和集体教学的师幼互动中，能够有意地使用特定语言来提高教学、活动或游戏的质量。语言示范体现在教师有意识地鼓励儿童、给出回应或激励儿童积极发言的教学行为上。高质量的语言示范包括教师与儿童之间有意义的对话。教师可以采用复杂的句式去重复儿童的话语，并提出一些后续问题。儿童能够持续地处于充满丰富多样的词汇和句式的环境中。例如，教师使用要求、拒绝、评论、对话、预测和确认等不同语句与儿童进行互动。

语言示范很重要，因为在儿童有机会运用不同形式的语言的时候，或在成年人示范复杂语言的时候，儿童的语言能力可以得到发展。儿童可以在不同情境下接受语言的不同用法，以此来发展他们的语言能力，而语言能力对儿童的学业成绩和社交发展有重要的影响。对某些儿童来说，一个具有丰富性语言环境的班级可以成为他们家庭语言环境的重要补充。语言示范的指标包括：频繁的交流、开放性问题、重复和延伸、自我和平行对话、高级词汇。

①频繁的交流。教师与儿童之间应频繁地交流。无论是在自由游戏、生活活动还是在集体教学过程中，教师与儿童之间的频繁交流会使儿童感到自己是有价值的交流者。教师能够引发某个话题，也能够积极地倾听。对儿童的回应，教师应做出即时的反馈，并通过提问与儿童继续交流。同时，儿童也不断与同伴交流。

②开放性问题。教师的提问应是开放性的，在鼓励儿童做出具体反应的同时，还应激发儿童表达更加复杂的想法。

③重复和延伸。教师应关注儿童的交流欲望。在儿童对某个事物做出评价时，教师能够认可儿童的评价，并以更复杂的形式来重述儿童所说的信息。教师不一定能够对每个儿童的评论加以复述和扩充，但可以尽量针对大部分儿童的评价进行扩展与延伸。

④自我和平行对话。教师使用自我和平行对话的策略来扩展儿童对语言的运用。在平行对话中，教师可以简单描述儿童目前在做什么；在自我对话中，

教师可以描述自己的行为，并将语言和行为相联系。

⑤高级词汇。教师应经常示范高级词汇的使用。对儿童来说，很多名词、动词、副词和形容词都是全新的，教师应加深儿童对这些新词的理解，并运用这些词汇对儿童平时的行为反应进行总结。同时，教师应将新词与儿童熟悉的词汇联系起来，加深儿童对新词的理解，从而使新词慢慢变成儿童熟悉且能够灵活使用的词汇。

四、CLASS 与其他师幼互动量表的比较

除 CLASS 外，还有一些量表基于不同的有关成人—儿童互动的心理学、教育学理论，可评估师幼互动的质量，如养育者互动量表（Caregiver Interaction Scale, CIS）和儿童—养育者互动量表（Child-Caregiver Interaction Scale, CCIS）。也有一些评估班级整体质量的量表包含评估师幼互动质量的子量表或维度，如 ECERS。表 3-2 总结了当前可用于评估师幼互动质量的一些量表。

表 3-2　可用于评估师幼互动质量的量表

量表中文名称	量表英文名称	研发者信息
班级互动评估系统	Classroom Assessment Scoring System（CLASS）	Pianta, La Paro & Hamre, 2008
养育者互动量表	Caregiver Interaction Scale（CIS）	Arnett, 1986
儿童—养育者互动量表	Child-Caregiver Interaction Scale（CCIS）	Carl et al., 2007
情绪有效性评量表	Emotional Availability Scale（EAS）	Biringen et al., 1993
养育者观察方式与评量表	Caregiver Observation Form and Scale（COFAS）	Fiene, 1984
儿童—养育者观察评量表	The Child-Caregiver Observation Scale（C-COS）	Boller, Sprachman & the Early Head Start Research Consortium, 1998
豪斯成人参与评量表	Howes Adult Involvement Scale	Howes & Stewart, 1987
沃特斯依恋 Q 分类	Waters Attachment Q-Set	Waters, 1987
养育环境观察性记录	Observational Record of Caregiving Environments（ORCE）	NICHD, 2005
早期儿童项目评估分类	Assessment Profile for Early Childhood Programs	Abbott-Shim & Sibley, 1987
幼儿学习环境评量表	Early Childhood Environment Rating Scale（ECERS）	Harms, Clifford & Cryer, 1980

（一）CIS

CIS 亦称阿内特养育者互动量表（Arnett Caregiver Interaction Scale），它可评估托幼机构教师在师幼互动过程中的行为表现。目前，很多关于儿童教养质量的研究都使用 CIS 评估班级师幼互动，并在美国的早期开端计划研究与评估项目（Early Head Start Research and Evaluation Project）（Love et al., 2004）、开端计划和儿童体验调查项目（Head Start Family and Child Experiences Survey）（Bracken & Fischel, 2006）等大型学前教育质量研究项目中得到应用。

该量表基于 4 种成人—儿童互动类型——独裁型、权威型、宽容型和隔离型（Arnett, 1986），构建了一系列教师行为指标，以评估教师在强制、反应性、对于惩罚的解释等方面的表现。有因素分析显示，CIS 包含 4 个维度——敏感性、惩罚、分离、放任，共 26 个项目。表 3-3 展示了该量表的 4 个维度和与之相对应的项目（行为指标）。

表 3-3　CIS 的维度和具体项目（Arnett 1986）

维度	项目编号	项目内容	解释（示例）
敏感性	1	温柔地对儿童讲话。	积极的语音语调和身体语言。
	3	专注地听儿童讲话。	看着儿童，点头，重述儿童的观点，参与对话。
	6	享受与儿童之间的互动。	通过微笑、接触、认真的谈话营造温暖的氛围。
	7	在儿童犯错时，向其解释其错误。	纠正儿童的问题行为，告诉儿童替代行为。
	8	鼓励儿童尝试新的体验。	帮助儿童开始玩新的材料。
	11	积极、热情地参与儿童的互动与活动。	表扬儿童，认可其努力。
	14	能关注每个儿童的不同。	互动时能叫出儿童的名字，对儿童独特的行为进行评价。
	16	以儿童能够理解的方式与儿童对话。	使用儿童熟悉的词汇。
	19	鼓励儿童展示亲社会性行为。	鼓励儿童展示分享、合作等亲社会性行为。
	25	与儿童交谈时，蹲下、弯腰或坐下，从而能够以方便儿童的方式与儿童进行语言沟通、眼神交流。	当与儿童交谈时保持彼此的连接。

续表

维度	项目编号	项目内容	解释（示例）
惩罚	2	对儿童很严厉。	贬低儿童、恐吓儿童。
	4	需要儿童完全顺从。	让儿童按照成人的日程安排行事，不能灵活地处理幼儿园一日生活中的各种事件。
	10	恼怒和充满敌意地与儿童交谈。	用尖锐的语调，提高嗓门。
	12	以威胁儿童的方式控制儿童的行为。	使用诱惑或威胁来惩罚儿童。
	17	惩罚儿童而不给予解释。	不与儿童讨论其违反纪律的行为。
	20	频繁地指出儿童的错误。	用负面的语调，过度严厉。
	22	频繁禁止儿童做其想做的事情。	固执地执行死板的时间表。
	24	期望儿童练习自我控制能力。	以支持性方式要求儿童合作，塑造儿童的行为期望。
	26	在责骂儿童或禁止儿童的行为时显示出不必要的严厉。	用愤怒的声调，摇晃儿童，体罚。
分离	5	与儿童保持距离，与儿童缺少接触。	儿童与教师分开坐，教师不与儿童接触。
	13	有限地参与儿童的活动，不与儿童互动。	教师在儿童活动期间进行其他工作。
	21	对儿童的活动并不感兴趣。	不参加儿童的活动，不与儿童聊天。
	23	不能时刻监督儿童。	在儿童活动期间离开。
放任	9	不向儿童施加很多控制。	不强制儿童参加活动或遵守时间表。
	15	不在儿童犯错时严厉地训责儿童。	认识到儿童需要时间来学会控制自己的行为。
	18	持续地练习。	进行清晰的、直接的指导，检查儿童对知识的理解。

（二）CCIS

CCIS 是美国学者卡尔及其研究团队（Carl et al., 2007）研发的，该量表主要是基于发展适宜性教育实践进行建构的。发展适宜性教学实践包括以下3项内容：①了解儿童的发展与学习，掌握关于人类不同年龄阶段身心发展的特征，并基于此来设计适合儿童的活动、玩教具/材料、互动，让儿童感受到安全、健康、有趣、主动、有信心、有挑战性；②了解班级内每位儿童的发展优势、兴趣和需要，从而适应不同儿童的个体差异并进行反应；③掌握儿童所在社会文化情境中的相关知识，确保儿童的学习体验是有意义的、目的明确的，且是尊重儿童及其家庭背景的（NAEYC, 2009）。发展适宜性教学实践根植于3个理论观：建构主义理论（Piaget, 1952），生态系统理论（Brofenbrenner, 1979）和依恋理论（Bowlby, 1969）。基于发展适宜性教学实践及其理论基础，CCIS认为与儿童发展密切相关的成人—儿童互动包括与儿童发展密切相关的3个领域：认知、社会 / 情绪性、家庭 / 文化能力。

CCIS（2010年修订版）有3个领域——情绪领域、认知 / 身体领域、社会性领域，共包括14个项目，每个项目包括大量的行为指标（共168个），制定了对教师在互动中的具体行为进行评分的规则。CCIS采用7点评分制：1为不足，3为较低，5为良好，7为优秀。表3-4展示了CCIS（2010年修订版）的3个领域和相应的14项目（168个行为指标在此省略）。

表3-4　CCIS（2010年修订版）的领域和项目

领域	项目
情绪领域	语调
	接纳性 / 尊重儿童
	喜欢并欣赏儿童
	对儿童的期望
	健康与安全
认知 / 身体领域	常规 / 时间安排
	关注身体
	纪律
	语言发展
	学习机会
	参与儿童活动
社会性领域	促进前社会性行为 / 社会与情绪性学习
	根植于文化
	与家庭的关系

（三）CLASS 与 CIS 及 CCIS 的比较

美国本土的一些研究证实，CLASS、CIS 及 CCIS 均具有较好的信度和效度。CLASS 与 CIS 目前都广泛地应用于学前教育质量的研究和实践。但 CLASS 与 CIS 的理论基础是不同的，两个量表的项目内容也有差别。CIS 量表基于互动类型理论定义了具体的教师行为，但这些具体行为不一定适用于不同文化情境（不同的国家文化 / 地域文化、地区或社区亚文化等），即该量表的跨文化信度和效度有待进一步检验。相比于 CIS，CLASS 则在不同国家中展示了较好的跨文化适用性。此外，目前与 CIS 对儿童各领域发展的预测相关的研究较少，CIS 测量的师幼互动质量与儿童发展的关系（CIS 的预测效度）还有待进一步检验。相比于 CIS 量表，CCIS 量表的建构基于发展适宜性教育实践，该量表与儿童各领域发展的关系可能更为紧密，也期待未来能有更多研究深入探索 CCIS 的跨文化适用性与信度、效度。

第二节　结构性质量、师幼互动和儿童发展的国际研究

正如第一章所述，学前教育质量可分为结构性质量和过程性质量（Cassidy et al., 2005），儿童发展水平可被视为学前教育质量的另一个方面——结果性质量。师幼比等结构性质量与儿童发展水平的关系较为微弱，属于学前教育质量领域中的远端质量（Burchinal et al., 2010）。过程性质量反映儿童在班级中真实的人际互动体验，并对其学业、情绪社会性和行为发展有显著影响（Howes et al., 2008）。其中，班级师幼互动质量是班级过程性质量的最主要内容，也是与儿童发展关系最为密切的学前教育质量（NICHD ECCRN, 2002）。在国际学前教育质量评价领域，有大量的研究关注托幼机构的结构性质量、师幼互动质量和儿童发展这三者之间的关系。可以说，它们之间的关系一直以来都是学前教育领域的研究热点。

一方面，探索结构性质量与师幼互动的关系能够为通过调整结构性质量来提升师幼互动质量的政策工具提供依据；另一方面，学前教育的最终目的是促进儿童的发展，通过探索师幼互动质量与儿童发展水平之间的关系，可以深入掌握师幼互动质量的内涵与意义，并为提高教师的师幼互动能力指明方向。

有关研究普遍指出，结构性质量直接影响师幼互动质量，师幼互动质量对儿童发展能够产生直接且深刻的影响，但结构性质量与儿童发展之间的关系则是微弱的、时有时无的或矛盾的。本节梳理并简单介绍国际上关于托幼机构的结构性质量、CLASS 测量的班级师幼互动质量与儿童发展水平三者之间关系的研究。

一、结构性质量与师幼互动质量的关系

学者们普遍认为，结构性质量不仅与师幼互动质量有关，而且是师幼互

动质量的重要预测变量（Cryer et al., 1999）。基于此，相关研究往往以一些结构性质量为预测变量，以师幼互动质量为结果变量，检验两者之间的线性关系；其中，结构性质量变量通常包括班级规模（班额）、师幼比、教师受教育水平、教师教龄和职后培训、空间设施、玩教具等。然而，这些线性模型研究的结论往往是不一致的。这也启发一些学者采用非线性的方法来检验两者之间的关系。

（一）线性关系

1. 班级规模和师幼比

班级结构性质量中的班级规模和师幼比是最常见的班级结构性质量预测变量。有研究发现，较小的班级规模和较高的师幼比与高质量的师幼互动有关（Burchinal et al., 2002; NICHD ECCRN, 2000）。然而，一些研究（Pessanha et al., 2007; Pianta et al., 2005）并没有发现班级规模和师幼比能显著预测师幼互动质量的现象；此外，斯洛特等人（Slot et al., 2015）在其研究中也未发现师幼比和班级规模与师幼互动质量之间的显著关联。另外，一项跨文化研究显示，在德国和美国，较高的师幼比与高质量师幼互动有关；但在西班牙和葡萄牙，该结论不成立（Cryer et al., 1999）。

2. 教师受教育水平、教龄和职后培训

在教师质量方面，研究者最关注教师的受教育水平、教龄和职后培训。

在教师受教育水平（如教师的第一学历）方面，大量研究显示，拥有更高学历的教师能够提供更高质量的、更具支持性的师幼互动（NICHD ECCRN, 2000）。然而，厄尔利等人（Early et al., 2006）报告道：在美国，本科学历的教师和本科学历以下的教师所提供的师幼互动质量没有显著的差异。

在教师教龄方面，一些关于教龄和师幼互动质量的关系的研究结论也不一致。斯洛特等人（Slot et al., 2015）发现，在挪威，拥有较长教龄的教师的 CLASS 得分更高。然而，在美国开展的一些大型研究得出了不一致的研究结论：有的研究者发现教师教龄与其班级师幼互动质量之间的关系是微弱的（Darling-Hammond, 2000），也有研究者发现两者之间的关系是负向的（Connors et al., 2005），还有研究者认为根本没有显著的关联（Pianta et al., 2002）。值得注意的是，当前研究者普遍认为，仅教师教龄这单一因素是不能作为预测师幼互动质量的稳定因素的（Darling-Hammond & Youngs, 2002）。事实上，教师教龄这一因素只有结合以儿童为中心的教育观念和受教育水平等因素，才能较好地预测教师在师幼互动中的表现。

在职后培训方面，大量证据显示，教师职后培训与其他持续的专业发展项目有助于提升班级师幼互动的质量（Zaslow et al., 2010; Burchinal et al., 2002）。然而，也有研究发现，职后培训时间只能正向预测低学历教师的班级师幼互动质量（Zaslow et al., 2010），但无法预测拥有本科学历教师的班级师幼互动质量（Early et al., 2006）。

综上所述，托幼机构的不同结构性质量与师幼互动质量之间存在不同程度的关系，但关于两者之间线性关系的研究所得出的结论往往不一致。

（二）非线性关系

关于不同结构性质量与师幼互动之间的线性关系的研究说明，两者之间的关系可能是非线性的。但迄今为止，检验两者之间非线性关系的研究非常少。萨斯洛等人（Zaslow et al., 2010）发现班级规模和教师受教育水平与过程性质量的关系是非线性的，即班级规模和教师受教育水平分别以非线性的方式支持教师进行师幼互动。胡碧颖等人（2017）采用广义可加模型（generalized additive models, GAM）确定了师幼比、班级规模、教师工资和教龄与其班级师幼互动质量之间的非线性关系，并确定了这些关系的"天花板"和"地板"的阈值，即质量的门槛效应。

总之，新的研究显示，结构性质量可能以非线性的方式支持师幼互动的实施，两者之间的非线性关系也是未来研究的热点。

「拓 展 阅 读」……………………………………………………………………………

非线性系统视角下的学前教育质量

·非线性系统视角下的结构性质量与师幼互动质量

在学前教育质量中，结构性质量和过程性质量之间的关系是紧密的。然而，大量的研究发现，托幼机构结构性质量与师幼互动质量之间的关系较为复杂，很多研究的结论并不一致。一个可能的原因是这些研究较依赖线性模型，很少有研究探索两者之间的非线性关系；此外，基本没有研究探索多个结构性质量变量同时对师幼互动质量产生的影响。

事实上，儿童的发展可以被理解为一个多层次、各种要素持续相互作用或影响的复杂动力系统（Mantzicopoulos, 2005; Pianta, 1999）。这些多层次的要素从微观层面到宏观层面，包括儿童的个体认知和社会性情感、家庭社会经济地位、家庭亲子互动、班级结构性质量、班级师幼互动、教师专业发展支持、教师社会经济地位、社会文化等。

基于生态系统理论（Bronfenbrenner & Morris, 1998）和动态系统理论（Thelen & Smith,

1994），学前教育质量也可被视为一个非线性系统。在该系统中，结构性质量动态地、非线性地促进师幼互动质量的变化（Conners, 2010）。生态系统理论认为，各种环境要素构成了儿童发展的生态系统，儿童的发展就是在该系统的发展与影响过程中实现的。在早期教育环境中，多层次（如班级、幼儿园、社区）和多维度（如教师质量、空间设施质量）的结构性质量要素支持师幼互动质量，师幼互动质量继而影响儿童发展。因此，一些学者建议采用系统的视角来检验结构性质量和过程性质量之间的关系（Connors, 2016）。

· 非线性研究方法

分段线性回归（piecewise linear regression）、广义可加模型和人工神经网络（artificial neural network, ANN）能够很好地描述变量之间的非线性关系。

分段线性回归是在 y 对 x 的回归在 x 的某一范围内服从某种线性关系，在其他范围内又服从斜率不同的线性关系时可采用的一种回归估计方法。这种方法利用指示变量对各段（即不同范围的）数据同时拟合回归模型。例如，在研究师幼比与师幼互动质量的关系时，两者之间的关系会在师幼比达到某个临界值时发生突变，为了区分这种变化（即区分不同师幼比范围内两者之间不同的关系），可以利用虚拟变量进行分段线性回归。事实上，分段线性回归模型只是一种非常粗略的描述变量间非线性关系的模型。

广义可加模型是一种非参数模型，模型的拟合是通过一个迭代过程（反向拟合算法）对每个预测变量进行样条平滑进行的。其算法要在拟合误差和自由度之间进行权衡，最终达到最优。广义可加模型中的每一个可加项使用单个光滑函数来估计，在每一个可加项中可以解释因变量如何随自变量变化而变化。广义加性模型只需要满足预测变量对结果变量的影响是独立的这一条件。此外，因为模型是"可加的"，所以线性模型的假设检验方法也适用于广义可加模型。

人工神经网络是一种人工智能算法模型，该模型由大量的节点（或称神经元，即非线性函数）之间相互连接构成，包括输入层、中间层和输出层。当前使用最为广泛的是反向传播（back propagation, BP）神经网络。神经网络是一种利用误差反向传播算法训练的多层前馈神经网络。在该网络中，每个网络节点代表一个特定的非线性函数，被称为激励函数（activation function），网络的输出因网络的结构和激励函数的不同而不同。因为激励函数是非线性函数，所以神经网络能够描述变量之间的非线性关系。神经网络能够构建多个预测变量与结果变量的非线性关系，具有非线性动力学性质，能够较好地描述非线性系统视角下的学前教育质量，在未来有较为广阔的应用前景。

二、师幼互动质量对儿童发展的影响

大量的研究证明，师幼互动质量对儿童发展具有直接的影响。下面阐述通过 CLASS 测量的师幼互动质量对儿童发展的促进作用。

（一）情感支持与儿童发展

1. 情感支持与认知技能

CLASS 中的情感支持领域涉及教师对积极的班级情感氛围的营造，关注儿童在学业及社交方面的需要，并能够对儿童的需要做出恰当的反应（Hamre & Pianta, 2007）。在高情感支持的班级中，儿童敢于尝试并参与各种学习活动，师生之间敏感的、反应性的互动为儿童的学习创造了安全舒适的环境。因此，高质量的情感支持与高水平的认知发展有关联（Pianta et al., 2002），这些认知发展既表现在儿童的词汇与语言、阅读（如字母识别或词汇识别）、数学、问题解决等学业成绩上，也表现在儿童的执行功能、自我管理、短时记忆、认知控制的发展上（Fuhs et al., 2013; Hamre & Pianta, 2005; Weiland & Yoshikawa, 2013）。

也有纵向研究发现，CLASS 情感支持与儿童认知技能发展之间有显著关联。皮亚塔等人（Pianta et al., 2008）考察了班级质量对儿童阅读发展与数学发展的影响（样本儿童为三年级与五年级的儿童）。研究发现，三年级与五年级时的情感支持组与正常发展组（儿童阅读发展存在 2 个亚组——快速发展组与正常发展组）的阅读提升有较弱的正向关联；在五年级时，情感支持与数学提升有较弱的正向关联。关于师幼互动质量对学业成绩的影响的纵向研究发现（Curby et al., 2009），一年级教师的高情感支持与儿童的语音意识（phonological awareness）的增强有关。然而，也有研究者发现，情感支持与儿童的数学成绩没有关系（Howes et al., 2008; Burchinal et al., 2008; Cadima et al., 2010）。

2. 情感支持与社交技能、问题行为

教师的情感支持能够促进儿童社交技能的发展（NICHD ECCRN, 2003; Peisner-Feinberg et al., 2001; Cadima et al., 2010; Hamre & Pianta, 2005）。研究显示，CLASS 情感支持与儿童的社交技能与问题行为有关（Mashburn et al., 2008）。在情感支持氛围好的班级中，教师对儿童的需要与兴趣能够做出敏感的反应，并且给予儿童恰当的自主性（Pianta et al., 2008）。积极的、具有反应性的师幼互动有助于增强儿童参与班级活动的意愿（Early et al., 2007; Hamre & Pianta, 2005; Ladd et al., 1999）。得到教师情感支持的儿童会有更多的与幼儿园

的联结感，在班级中表现更少的问题行为及更好的社交能力（Birch & Ladd, 1997; Mashburn et al., 2008; Broekhuizen et al., 2016）。

然而，韦兰等人（Weiland et al., 2013）没有发现 CLASS 情感支持与儿童的认知控制、工作记忆的线性关联。莱瓦等人（Leyva et al., 2015）考察了 CLASS 情感支持与执行功能的非线性关系。样条曲线回归的结果显示，在 CLASS 情感支持的中低水平（低于 5 分），情感支持能够负向预测执行功能和认知控制，但这些预测作用的效应量都比较小。还有一些研究没有发现情感支持与社交技能的关系（Howes et al., 2008; Mashburn et al., 2008）。

（二）班级管理与儿童发展

1. 班级管理与认知技能

班级管理涉及教师主动对班级进行组织管理，建立清晰稳定的常规，确保儿童能够有效地利用时间和活动材料进行学习或游戏（Emmer & Stough, 2001; Pianta et al., 2008）。在班级管理水平较高的班级中，教师能够使用恰当的策略优化学习资源，将儿童的注意力引导到活动内容上，并能把更多时间花在参与活动上（Bohn et al., 2004）。当发现儿童有不良行为，教师能够通过清晰、有效的管理策略重建班级秩序，帮助儿童调节他们的行为，减少不良行为的发生（Emmer & Stough, 2001）。

研究发现，CLASS 班级管理与儿童参与活动的积极性有关（Rimm-Kaufman et al., 2009）。高质量的班级管理能够预测儿童早期读写能力的发展及数学学业成绩（Dobbs-Oates et al., 2011; Downer et al., 2012）。一项研究发现，高质量的班级管理与儿童阅读成绩、词汇及概念的发展之间存在正向关联（Cadima et al., 2010; Ponitz et al., 2009）。此外，一项考察 275 名学前儿童学习行为发展轨迹的研究发现，CLASS 班级管理能够显著预测儿童学习行为的增加（Dominguez et al., 2010）。

也有研究者认为，CLASS 班级管理与儿童学业成绩的关系是非线性的。莱瓦等人（Leyva et al., 2015）在智利进行了涉及 1868 名 4 岁儿童的大样本研究，采用样条曲线回归考察了 CLASS 班级师幼互动质量与儿童学业成绩的关系。研究发现，当 CLASS 班级管理达到高水平（分割点为 5），班级管理就能够积极预测儿童的语言技能、早期书写、早期数学的发展。但伯奇纳尔（Burchinal, 2014）在以 849 名农村学前儿童为研究对象的研究中（采用分段线性回归，将 CLASS 班级管理得分为 5 作为分割点）发现了与此不一致的研究结果：在 CLASS 班级管理得分高的班级中，班级管理与数学成绩的负向关系相较于 CLASS 班级管理得分低的班级更强。

2. 班级管理与执行功能、问题行为、社交技能

研究发现，CLASS 班级管理与学前儿童的自我管理能力，特别是行为控制能力和认知控制能力之间有显著的积极关系（Rimm-Kaufman et al., 2009; Weiland et al., 2013）。哈姆雷等人（Hamre, 2014）研究发现，积极的 CLASS 班级管理与儿童认知控制能力有正向关联，有效的班级组织和管理能够给予儿童清晰的活动安排和行为预期，并有助于儿童自我控制和行为自我调节能力的发展。在班级管理质量较高的班级中，教师采用主动而不是被动的方式来管理班级，建立清晰稳定的常规，帮助儿童调节他们的行为，并提供儿童感兴趣的活动（Emmer & Stough, 2001; Pianta et al., 2008）；而且儿童的活动或游戏进展都是受教师指导的，儿童可以最大限度地参与创造性活动（Bohn et al., 2004）。班级管理质量较高的班级中的儿童比质量较低的班级中的儿童有更高水平的任务导向（on-task）行为，问题行为的发生率较低，有更为积极的社交对话，对同伴展现出更多的积极合作行为，并表现出更好的社交技能（Broekhuizen et al., 2016; Pianta et al., 2002; Rimm-Kaufman et al., 2005）。但也有研究发现，CLASS 班级管理与儿童自我管理能力之间没有关系（Ponitz et al., 2009）。

（三）教学支持与儿童发展

1. 教学支持与认知技能

教学支持涉及教师为促进儿童高级思维的发展进行教学，以及教师鼓励儿童学习新的概念。在有高质量的 CLASS 教学支持的班级中，教师往往向儿童提供教学支架，通过提问和给予反馈为儿童的概念发展提供机会（La Paro et al., 2004）；对儿童的回答进行知识的延伸和扩展，鼓励和帮助儿童自主地解决问题，创造性地思考问题，发展更加复杂高级的思维与语言能力（Pianta et al., 2008）。

有研究发现，在幼儿园班级中，高质量的教学支持能够预测儿童在学前班时期的语言（接受性语言、表达性语言、音韵、字母识别）、阅读和数学成绩以及小学一年级的学业水平（Burchinal et al., 2008; Burchinal et al., 2010; Cadima et al., 2010; Downer et al., 2012; Howes et al., 2008; Leyva et al., 2015; Mashburn et al., 2008; Hamre et al., 2014; Hamre & Pianta, 2005）。莱瓦等人（Leyva et al., 2015）的研究发现，教学支持与儿童在幼儿园阶段结束时的听写成绩有正向的线性关系。有研究发现，当教学支持处于高分段（3.25 分）时，教学

支持对语言、阅读和数学的预测力则更强（Burchinal et al., 2010）。也有研究发现，教学支持与儿童学业成绩之间没有关系（Burchinal et al., 2011; Weiland et al., 2013; Zaslow et al., 2011）。

2. 教学支持与执行功能、社交技能

一些研究发现，高质量的教学支持能够有效促进儿童社交能力的发展（Howes et al., 2008; NICHD ECCRN, 2002; Wilson et al., 2007）。CLASS 教学支持能够预测儿童的社交能力（Pianta et al., 2002）。在高质量教学支持的班级中，儿童的移情水平更高，破坏性行为更少（Siekkinen et al., 2013）。

高质量的教学支持与儿童高水平的注意力和任务导向行为有关（NICHD ECCRN, 2002）。研究发现，CLASS 教学支持与儿童在学前期结束时的执行功能、认知控制有正向的线性关系（Leyva et al., 2005）。韦兰等人（Weiland et al., 2013）的研究发现，CLASS 教学支持与儿童的认知控制的关系是非线性的，在高质量的班级中，教学支持与认知控制的关系更强。有研究发现，教学支持与儿童适应性行为的关系是非线性的，CLASS 教学支持在达到门槛值（3 分）后，能够显著正向地预测儿童的适应性行为能力，显著负向地预测问题行为（Burchinal et al., 2014）。但也有一些研究没有发现 CLASS 教学支持与社会情感技能之间的显著关系（Howes et al., 2008; Mashburn et al., 2008）。

第三节　中国幼儿园师幼互动质量研究

本节对 CLASS 应用于中国幼儿园的信度和效度研究进行阐述，并介绍几项关于中国师幼互动质量状况、特征及其影响因素、门槛效应分析的研究。从这些研究中可以了解量表本土化研究的内容及描述质量状况的分析策略与方法。

一、CLASS 在中国幼儿园的应用及其信度和效度检验

2014—2016 年，胡碧颖等人在中国广东省开展了一项 CLASS 信度和效度研究，该项研究不仅描述了样本班级的师幼互动质量水平和特点，也探索了 CLASS 在中国应用的内部一致性信度、评定者间信度和结构效度，可参见文章《基于心理测量证据的班级互动评估系统对中国幼儿园的适用性》（"Applicability of the Classroom Assessment Scoring System in Chinese Preschools Based on Psychometric Evidence"）。

（一）师幼互动质量的描述性研究

表 3–5 显示了广东省 60 所幼儿园的 180 个班级在 CLASS 的 10 个维度上的描述性统计结果（2014 年采集的数据）。如表 3–5 所示，广东省幼儿园教师在情感支持和班级管理领域各维度的得分大多为 3～5，属于中等水平，表明教师有时能在这些维度给儿童提供支持和帮助。10 个维度与 3 个领域的具体状况如下。

表 3–5　CLASS 各维度与各领域的平均分（M）与标准差（SD）

评分项		平均分	标准差
CLASS 维度	积极氛围	5.46	1.02
	消极氛围	1.28	0.43
	教师敏感性	4.24	1.00
	关注儿童的观点	3.69	0.96
	行为管理	5.36	0.94
	活动安排效率	4.91	0.99
	教学指导方式	4.13	0.86
	认知发展	1.77	0.59
	反馈质量	2.30	0.74
	语言示范	2.29	0.64
CLASS 领域	情感支持	5.03	0.69
	班级管理	4.80	0.81
	教学支持	2.12	0.61

首先，情感支持领域的平均分超过 5，说明中国幼儿园教师在为儿童营造一个温馨、愉悦、尊重的班级氛围方面属于中等偏上的水平，与其他领域相比是做得最好的。然而，值得注意的是，这个领域内的教师得分最低的维度是关注儿童的观点，平均分属于中等偏下，这说明中国幼儿园教师若要在情感支持方面进一步提升质量，就必须在关注儿童的观点上下功夫。也就是说，教师要学习以儿童为中心的教学模式，并根据儿童的兴趣来组织讨论和开展活动，让儿童主导讨论和活动。其次，班级管理领域的得分也接近 5，这说明教师能够为儿童提供明确的、清晰的和合理的行为期望来预防儿童不良行为的发生。最后，教师在教学支持这个领域的 3 个维度的得分均低于 3，属于较低水平，这表明教师较少（或不能）通过有效提问、教学支架、内容反馈、示范模仿等方法促进儿童的认知及语言能力的发展。低质量教学支持对儿童发展的影响是值得关注的。

（二）内部一致性信度与评定者间信度

研究团队调查了 CLASS 测量的信度，包括 CLASS 测量的内部一致性信度与评定者间信度。参与 CLASS 观察评分的 180 个班级的质量测量采用每班两名研究人员进行双评（double-coding）的方式进行编码。有 8 组评分者（共16 人）参与最后的评分，每组评定 18 ～ 24 个班级。幼儿园在 CLASS 10 个维度与 3 个领域得分的克伦巴赫 α 系数及评定者间信度检验结果见表 3-6。

表 3-6　CLASS 内部一致性信度与评定者间信度的检验结果

评分项		组内相关系数									克伦巴赫 α 系数
		评定组 1	评定组 2	评定组 3	评定组 4	评定组 5	评定组 6	评定组 7	评定组 8	平均值	
CLASS 维度	积极氛围	0.95	0.92	0.77	0.77	0.66	0.95	0.92	0.74	0.84	—
	消极氛围	0.94	0.96	0.97	0.82	0.93	0.99	0.90	0.82	0.92	—
	教师敏感性	0.85	0.86	0.88	0.72	0.71	0.95	0.91	0.78	0.83	—
	关注儿童的观点	0.87	0.81	0.93	0.72	0.70	0.93	0.84	0.79	0.82	—
	行为管理	0.85	0.93	0.84	0.82	0.84	0.96	0.92	0.84	0.88	—
	活动安排效率	0.93	0.91	0.91	0.76	0.84	0.95	0.90	0.87	0.88	—
	教学指导方式	0.90	0.90	0.88	0.74	0.87	0.94	0.89	0.81	0.87	—
	认知发展	0.95	0.89	0.96	0.87	0.75	0.93	0.84	0.88	0.88	—
	反馈质量	0.94	0.89	0.94	0.58	0.76	0.97	0.92	0.86	0.86	—
	语言示范	0.90	0.90	0.91	0.59	0.61	0.96	0.86	0.85	0.82	—
CLASS 领域	情感支持	0.89	0.92	0.86	0.77	0.83	0.97	0.92	0.79	0.87	0.78
	班级管理	0.93	0.95	0.93	0.82	0.87	0.97	0.94	0.90	0.91	0.84
	教学支持	0.96	0.93	0.97	0.74	0.69	0.98	0.91	0.90	0.89	0.92

注：①统计结果根据 5 个活动周期的 CLASS 观察数据获得。

②所有组内相关系数结果平均值在 $p<0.001$ 水平上显著。

③因为每个维度只包含一个分数项目，故没有 CLASS 每个维度的克伦巴赫 α 系数，用—表示。

评定者间信度采用组内相关系数（intraclass correlation coefficient, ICC）的方法计算（McGraw & Wong, 1996）。CLASS 的 10 个维度的 ICC 最小值为 0.58，最大值为 0.99。8 组评分者在 10 个维度上的 ICC 平均值的范围为 0.82 ～ 0.92，说明研究的评定者间信度水平较高。CLASS 的 3 个领域的 ICC 的范围为 0.69 ～ 0.98。8 组评分者在 3 个领域中的 ICC 平均值范围为 0.87 ～ 0.91，反映出 CLASS 在 3 个领域同样有比较高的评定者间信度。综上所述，CLASS 在中国幼儿园样本中具有比较好的评定者间信度。此外，CLASS 总量表的克伦巴赫 α 系数为 0.89，其中，情感支持为 0.78，班级管理为 0.84，教学支持为 0.92。这些结果表明 CLASS 在中国文化背景下具有较好的内部一致性信度。

「拓 展 阅 读」．．

ICC

ICC 是评价观察者间信度（inter-observer reliability）和复测信度（test-retest reliability）的信度系数指标之一。它最先被巴尔科特于 1966 年用来测量和评价信度的大小。ICC 等于个体变异除以总变异，故其值范围为 0～1。0 表示不可信，1 表示完全可信。一般认为 ICC 低于 0.4 时表示信度较差，大于 0.75 时表示信度良好。

．．

（三）验证性因素分析

三因素结构是目前在国际上获得广泛认可的结构模式，有比较好的模型拟合度（Hamre et al., 2013; Leyva et al., 2015; Pakarinen et al., 2010）。研究团队借鉴已有研究的常用做法，应用 SPSS AMOS 21.0 软件对数据进行验证性因素分析。使用拟合指数 χ^2，RMSEA，CFI 和 TLI 来估计模型的拟合情况（Fan et al., 1999）。

标准化因素载荷与模型拟合信息见表 3-7。结果显示，CLASS 三因素模型拟合良好（ χ^2=161.89，df=49，p<0.001；TLI=0.92，CFI=0.91，RMSEA=0.11），表明 CLASS 的三因素模型在中国文化背景下也具有良好的适用性。

表 3-7 验证性因素分析的标准化因素载荷与模型拟合信息

CLASS 维度	三个领域		
	情感支持	班级管理	教学支持
积极氛围	0.71	—	—
消极氛围	0.46	—	—
教师敏感性	0.93	—	—
关注儿童的观点	0.74	—	—
行为管理	—	0.74	—
活动安排效率	—	0.93	—
教学指导方式	—	0.81	—
认知发展	—	—	0.86

续表

CLASS 维度	三个领域		
	情感支持	班级管理	教学支持
反馈质量	—	—	0.95
语言示范	—	—	0.86
模型拟合	数值		
$\chi^2(df)$	161.89（49）		
χ^2/df	3.30		
p	<0.001		
TLI	0.92		
CFI	0.91		
RMSEA	0.11		

注：—表示无相应数据。

「拓 展 阅 读」......

结构方程模型的拟合度评价指标及标准

结构方程模型的好坏，是通过对比已建立的模型（假设模型）与实际数据反映的变量关系（期望模型）两者之间的一致性程度来进行判断的，也就是常说的"拟合度"。假设模型与期望模型的差异对比，是通过它们对应的变量协方差矩阵完成的。

结构方程模型可以分成测量模型和结构模型两类。测量模型指由不同测量变量组成潜在变量的模型；而结构模型通常指由多个潜在变量组成的线性回归模型。对于这两类模型，常用的对模型好坏进行判断的指标（模型整体拟合度评估指标）包括卡方值（χ^2）、卡方自由度比（χ^2/df）、SRMR、RMSEA、CFI、TFI、AIC、BIC 等。下面对这些指标及其在教育学研究中的一般接受标准进行讲解。

①χ^2。卡方值的大小表示整体模型包含的变量相关关系矩阵与实际资料的相关关系矩阵的拟合度。卡方值越小，表示两者差异越小；卡方值等于 0，表示假设模型与期望模型完全适配。

②χ^2/df。因为卡方值容易受到变量数和样本数的影响，所以容易出现假设模型与期望模型拟合度差的情况。如果将 χ^2/df 作为考量模型拟合度的指标，就可消除变量数对拟合结果的影响。一般而言，χ^2/df 在 1～3 时，表示假设模型的拟合度可以接受。

③SRMR。SRMR 表示标准化残差平方和的平方根。一般而言，SRMR 值在 0.05 以下时是可以接受的。

④ RMSEA。RMSEA 表示渐近残差平方和的平方根。当模型能够完全拟合实际数据时，RMSEA 等于 0。一般来说，如果 RMSEA 小于 0.08，表示模型的拟合度是可以接受的。

⑤ CFI 和 TFI。CFI 与 TFI 均为增值拟合度指标，通常是将待检验的假设理论模型与独立模型进行比较，以判别模型的拟合度。模型矩阵与实际数据矩阵拟合度越高，CFI 和 TFI 越接近 1；相反，拟合度越低，CFI 和 TFI 越小。一般来说，CFI 和 TFI 大于 0.9，则表示模型拟合度好。

⑥ AIC 和 BIC。AIC 和 BIC 被称为综合拟合指标。AIC 被称为赤池信息准则，BIC 被称为贝叶斯信息准则。AIC 和 BIC 越小，表示模型的拟合度越高。

在教育学研究中，结构方程模型拟合度的评价往往不仅看一项评价指标，通常研究者会结合多个指标（如 χ^2/df、SRMR、RMSEA、CFI 和 TFI）的表现来对某一模型的拟合度进行评价。

以 180 个班级为样本的一系列信度检验和验证性因素分析显示，CLASS 在中国幼儿园的应用有良好的结构效度和内部一致性信度，并且内部一致性信度的结果比许多美国学者报告的结果更好（Downer et al., 2012; Mashburn et al., 2008）。此外，这也是目前国际上关于 CLASS 本土适应性的研究中使用双评方式的最大规模的研究，并获得了比较理想的评定者间信度检验结果。以上结果与国外许多研究的结论一致，初步验证了 CLASS 作为班级师幼互动质量测评的观察性工具在中国幼儿园具有良好的适用性。从内容效度来看，研究结果也支持 CLASS 具有跨文化一致性的判断，CLASS 从理论基础到评估内容和方式均不受社会文化情境的限制，是中国文化背景下师幼互动质量测评的有效工具。

（四）各国 CLASS 得分比较

CLASS 与 ECERS 最大的不同是后者的文化适用性问题比较突出。从 ECERS 的中国本土化修订中可以看出，该工具中的很多内容都与本土文化和习俗有关，比如，吃饭时要求教师与儿童一起进食、边吃边聊这种形式在中国很多幼儿园中是不被允许的。另外，ECERS 对大量自由游戏时间的要求也反映了该量表所倡导的教学理念和个人主义文化，这同样与中国的集体主义文化及教学有一定冲突。然而，CLASS 并不存在这个问题。

CLASS 先后在美国、澳大利亚、欧洲国家、南美洲国家等地试用，结果证明，此量表评估的核心质量要素与当地文化相符合，因为 CLASS 既可以评估集体活动中的师幼互动、小组活动中的师幼互动，也可以评估教师与儿童个体的互动，同时该量表适用于评估不同课程体系和不同教学理念指导下的教学，并关注班级内时时刻刻发生的互动。

研究者将在各个国家获得的 CLASS 评分进行对比（见表 3-8）。通过该对比可以看到各国在 CLASS 3 个领域的得分、不同维度在不同国家的评分情况以及造成不同国家在不同领域（维度）得分差异的原因。

首先，从情感支持领域来看，中国幼儿园积极氛围维度得分最高（平均分为 5.46），高于美国（平均分为 5.21）和智利（平均分为 4.66）。中国的样本和芬兰、德国两国的样本的得分未达到差异水平。中国幼儿园教师敏感性维度得分（平均分为 4.24）不如芬兰（平均分为 5.34）、德国（平均分为 5.04），但显著优于智利（平均分为 3.81）。在关注儿童的观点维度，中国幼儿园得分（平均分为 3.69）与美国（平均分为 4.36）、芬兰（平均分为 4.74）、德国（平均分为 4.86）等发达国家有明显差距，仅优于智利（平均分为 3.15）。

其次，从班级管理领域来看，中国幼儿园行为管理维度得分（平均分为 5.36）高于美国（平均分为 4.94）和智利（平均分为 4.86），且有极显著差异，但与德国和芬兰没有显著差异。从活动安排效率维度的统计结果看，中国的样本与德国的样本的得分不存在显著差异，但与其他 3 国均达到差异水平，其中与美国有显著差异，与芬兰和智利有极显著差异。中国在活动安排效率维度上的得分（平均分为 4.91）显著低于美国（平均分为 5.41），极显著低于芬兰（平均分为 5.67），但极显著高于智利（平均分为 4.46）。教学指导方式维度的统计结果发现，中国除了与德国不存在差异外，与其他 3 国都存在极显著差异。具体来看，中国的样本在教学指导方式维度上的得分（平均分为 4.13）极显著低于美国（平均分为 4.57）和芬兰（平均分为 4.89），但极显著高于智利（平均分为 3.53）。

最后，教学支持领域包括 3 个维度的比较。在认知发展维度中，中国的样本与美国、德国、芬兰及智利的样本都存在差异，具体表现为：与美国、芬兰、德国存在极显著差异，与智利存在显著差异。根据具体得分发现，中国的样本在认知发展维度上的得分（平均分为 1.77）极显著低于美国（平均分为 2.69）、芬兰（平均分为 3.76）和德国（平均分为 2.17），但显著高于智利（平均分为 1.53）。从反馈质量维度的得分来看，中国的样本和其他 4 国的样本得分都存在差异，具体表现为与美国、芬兰、智利存在极显著差异，与德国存在差异。从得分看，中国（平均分为 2.30）极显著低于美国（平均分为 2.87）、芬兰（平均分为 3.89），低于德国（平均分为 2.52），但极显著高于智利（平均分为 1.65）。语言示范维度的统计结果表明，中国与其他 4 国的样本得分均有差异，其中与美国、芬兰和德国存在极显著差异，与智利存在差异。具体来看，中国的样

表3-8 中国、美国、芬兰、德国、智利在CLASS各维度得分上的差异

维度	中国（样本量=180）		美国（样本量=164）		芬兰（样本量=49）		德国（样本量=63）		智利（样本量=91）		Cohen's d 和独立样本 T 检验结果			
	平均	标准差	平均	标准差	平均	标准差	平均	标准差	平均	标准差	中国和美国	中国和芬兰	中国和德国	中国和智利
PC	5.46	1.02	5.21	0.90	5.31	0.83	5.38	0.95	4.66	0.71	0.26*	0.15	0.08	0.87***
NC	1.28	0.43	1.63	0.69	1.21	0.38	0.98	0.27	1.13	0.21	-0.62***	0.17	0.76***	0.41**
TS	4.24	1.00	4.34	0.94	5.34	0.74	5.04	0.89	3.81	0.91	-0.10	-1.16***	-0.83***	0.44***
RSP	3.69	0.96	4.36	0.97	4.74	0.82	4.86	0.90	3.15	0.86	-0.70***	-1.13***	-1.24***	0.58***
BM	5.36	0.94	4.94	0.88	5.45	0.85	5.30	0.99	4.86	0.78	0.46***	-0.10	0.06	0.56***
PD	4.91	0.99	5.41	0.82	5.67	0.45	4.92	1.10	4.46	0.77	-0.55**	-0.85***	-0.01	0.49***
ILF	4.13	0.86	4.57	0.78	4.89	0.67	4.23	0.97	3.53	0.74	-0.54***	-0.93***	-0.11	0.73***
CD	1.77	0.59	2.69	0.68	3.76	0.85	2.17	0.78	1.53	0.54	-1.45***	-3.06***	-0.62***	0.42**
QF	2.30	0.74	2.87	0.85	3.89	1.04	2.52	0.81	1.65	0.60	-0.72***	-1.44***	-0.29***	0.94***
LM	2.29	0.64	2.85	0.73	4.27	0.86	2.73	0.76	2.08	0.74	-0.82***	-2.87***	-0.66***	0.31*

注：① PC 为积极氛围；NC 为消极氛围；TS 为教师敏感性；RSP 为关注儿童的观点；BM 为行为管理；PD 为活动安排效率；ILF 为教学指导方式；CD 为认知发展；QF 为反馈质量；LM 为语言示范。

② 除中国外其余 4 国的数据来源为 Pianta，La Paro & Hamre，2008（美国）；Pakarinen et al.，2010（芬兰）；Suchodoletz，Fasche，Gunzenhauser & Hamre，2014（德国）；Leyva et al.，2015（智利）。

③ * 表示 $p<0.05$；** 表示 $p<0.01$；*** 表示 $p<0.001$。

本在语言示范维度上的得分（平均分为 2.29）极显著低于美国（平均分为 2.85）、芬兰（平均分为 4.27）和德国（平均分为 2.73），但高于智利（平均分为 2.08）。

通过比较几个国家的 CLASS 各维度的得分可以发现，各国的教师在师幼互动各项能力中，认知发展和反馈质量均处于相对弱势的位置，即认知发展和反馈质量对所有幼儿教师而言都具有挑战性。无论是发达国家（如美国、芬兰、德国），还是发展中国家（如智利），认知发展和反馈质量的最高分仅分别为 3.76 和 3.89，最低分分别只有 1.53 和 1.65。事实上，这两个维度的相关能力和知识的掌握不仅仅靠单纯知识的学习，还需要不断练习与实践，并可能受到各国课程观念和教育体制的影响。从得分较高的芬兰来看，以儿童为中心的教育实践可能是芬兰教师 CLASS 得分较高的重要影响因素。芬兰的学者表示，他们的教师都具有较高的学历，享有良好的待遇，且注重以儿童为中心的教育实践；相比之下，中国幼儿园教师无论是在学历（学历低）、待遇（待遇差）还是在教学模式上（以教师为主导的集体教学），都与芬兰教师存在较大的差异，而这些差异也导致中国幼儿教师在认知发展和反馈质量维度上的得分较低。

综上所述，以上一系列研究结果为 CLASS 的信度和效度及其在中国的适用性提供了有力的证据。研究说明 CLASS 及其师幼互动理论具备跨文化适用性的特质，包括在中国传统的集体主义教育文化背景下的适用性。CLASS 涉及的 3 个领域和 10 个维度可以在中国幼儿园的等级评价和师资培训工作中得到应用和推广。

二、师幼互动的特征及其影响因素——CLASS 的潜在剖面分析

胡碧颖等人（2016）使用了量化统计分析方法——潜在剖面分析（Latent Profile Analysis, LPA）——探索了中国幼儿园班级师幼互动的类型和特点，以有针对性地为不同类型的教师提供专业发展培训和指导，可参见文章《中国幼儿园班级师幼互动概况及相关教师与培训特征》（"Profiles of Teacher-child Interactions in Chinese Kindergarten Classrooms and the Associated Teacher and Program Features"）。

此项研究对国际上日益增多的各国幼儿园班级师幼互动水平研究是一个很好的补充（Curby et al., 2009; Leyva et al., 2015; LoCasale-Crouch et al., 2007; Pakarinen et al., 2010; Salminen et al., 2012; Suchodoletz et al., 2014; Yoshikawa et al., 2015）。此研究假设中国师幼互动的类型与在美国和芬兰发现的师幼互动的类型有所不同；假设幼儿园层面和教师层面结构性质量条件越好的幼儿园的师幼互动水平越高。研究具体回答了两个问题：一是中国幼儿教师的师幼

互动有哪些类型；二是不同师幼互动类型下的教师特质（如教龄、最高学历水平、专业、编制、幼师资格认证和职称）和幼儿园特征（如所在地区社会经济水平、办园属性、财政来源、幼儿园等级和年度政府资助水平）是否有明显差异。针对以上两个问题，研究者制定的分析策略为：①根据样本幼儿园师幼互动的原始数据，进行师幼互动类别的 LPA；②在确定潜在剖面后，对不同剖面下的教师和幼儿园层面质量（特征）的差异进行卡方检验和多元方差分析。此项研究可以作为重要的政策制定依据，为中国政府完善学前教育公平机制建言献策。

「拓 展 阅 读」

LPA

LPA 是一种多元分析方法，可以帮助研究者发现可能存在的异质性组别。LPA 会对一系列不同"潜在"类别的模型进行估计，研究者可以根据拟合指数发现最优拟合模型。近几年来，LPA 被广泛地应用于学前教育质量领域的研究。

进行 LPA，首先应确定一组分析变量。在确定分析变量后，LPA 能够分别建构一系列潜在剖面模型（如 2 剖面、3 剖面和 4 剖面；剖面即类别），进行剖面分析。LPA 可以通过一系列模型拟合指标来选择最优模型。常用的拟合指标有 AIC、BIC、Entropy、LMR-LRT 检验。其中，AIC 和 BIC 越小，表示相应的模型拟合程度越好。有学者指出，BIC 在这些指标中最为敏感（Nylund, Asparouhov & Muthén, 2007）；Entropy 表示模型分出剖面的正确率，值越大则表示相应的模型越好。若 LMR-LRT 检验中 $p<0.05$，则表示对应的 k 剖面模型优于 $k-1$ 剖面模型（Jung & Wickrama, 2008）。下面以儿童学业水平的潜在剖面分析为例进行讲解。

儿童学业水平有不同领域，如早期数学、接受性语言、执行功能、学习品质等。如果打算区分出不同儿童学业水平的类别，则可以用以上发展领域为分析变量，构建潜在剖面模型。可以采用 Mplus、R 等软件进行 LPA，尝试 2、3、4、5 个剖面的模型，并基于若干拟合指标选择最优剖面模型。表 3-9 显示了不同剖面的拟合指标数据。

表 3-9　潜在剖面分析模型拟合指标

剖面	AIC	BIC	LMR-LRT	LMR-LRT（p）	Entropy
1	10274.563	10396.844	—	—	—
2	9745.440	9931.641	569.938	0.034	0.925
3	9546.990	9797.111	242.246	0.331	0.952
4	9505.239	9819.280	86.961	0.742	0.908

可以看到，从 BIC 值来看，3 剖面模型的值最小。从 Entropy 值来看，3 剖面模型的值最大；从 LMR-LRT 的显著性上看，4 剖面模型并不优于 3 剖面模型。此外，4 剖面模型中有 1 个潜在剖面的样本所占比例很小，意义不大。综合考虑以上拟合信息，研究最终选定 3 剖面模型为潜在剖面模型。

在确定了儿童学业水平有 3 个剖面后，可以根据每个剖面的各个变量（即早期数学、接受性语言、执行功能、学习品质）的平均值来描述各剖面的特点。在此项研究中，儿童学业水平的 3 个剖面分别被命名为"较高学业水平儿童""中等学业水平儿童"和"较低学业水平儿童"。

（一）师幼互动质量类型

LPA 显示，广东省幼儿园班级 CLASS 师幼互动质量可以分为 4 个剖面（类型）。从图 3-1 中可以看出，第一类型（低质量）的师幼互动的水平总体很差，该类师幼互动的班级占总样本的 28.9%（43 个班级）。第二类型（中等质量且教学支持偏低）班级的情感支持和班级管理水平较高，但教学支持水平很低，这类班级占总样本的 47.8%（86 个班级）。第三类型（中等质量且教学支持偏高）与第二类型的模式相反，这类班级的情感支持和班级管理水平相对较低，但教学支持水平相对较高。这类班级占总样本的 13.9%（25 个班级）。第四类型的班级展现出最高质量的师幼互动，占总样本的 14.4%（26 个班级）。然而，这 4 类班级的教学支持水平其实从量表定义的质量水平角度（1～2 为低水平，3～5 为中等水平，6～7 为高水平）来看都是偏低的，其得分范围为从 1 到略超过 3。也就是说，在该样本（随机抽样，代表广东省教师水平）中最高水平的教师也仅能提供略超过 3 这种水平的教学支持。

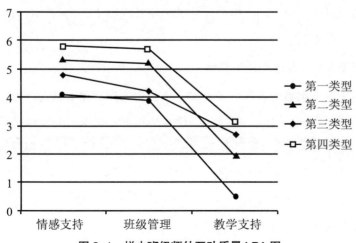

图 3-1　样本班级师幼互动质量 LPA 图

此外，研究者还计算了每两个类型在 3 个 CLASS 领域的差别的效应量。[1] 结果发现，4 个类型两两之间的差异都达到了很大的效应量。

（二）不同师幼互动质量类型下的幼儿园特征和教师特征

在确定了潜在剖面（类型）后，研究者对不同剖面下教师层面和幼儿园层面特征的差异进行了卡方检验和多元方差分析。师幼互动质量在不同剖面上的水平和教师特征、幼儿园特征之间存在统计学上的显著关联。

在教师特征方面，教师的教龄、最高学历水平、编制、幼师资格认证及职称都与班级师幼互动质量的不同剖面有显著关联。具体来说，教龄、最高学历水平、编制、幼师资格认证及职称不同的教师处于不同的师幼互动质量剖面中。此外，研究者还发现，教师的第一学历所学专业、最高学历所学专业及获得最高学历的方式与师幼互动剖面之间不存在统计学上的显著关联。检验结果见表 3-10。

在幼儿园特征方面，不同师幼互动剖面的幼儿园在所在地区社会经济水平、办园属性、幼儿园等级（当地政府评定）、年度政府资助水平方面存在显著差异性。总体上看，社会经济条件较好的城市公办园中，师幼互动质量水平比较高。下面具体描述 4 个师幼互动剖面（类型）及其与幼儿园特征、教师特征的关系。

1. 低质量型（28.9%）

这一类型中教师的得分非常低，他们的情感支持和班级管理得分偏向中等水平，但教学支持水平极低。这个质量类型的教师与其他类型的教师相比，其各个领域和维度的平均分（除消极氛围维度外）都是最低的。在该类型的教师中，大部分教师的教龄小于或等于 10 年（74.4%），近一半的教师学历水平在专科或以下（44.2%），绝大部分教师没有编制（82.5%），不到一半的教师有幼师资格证（48.8%）。

2. 中等质量且教学支持偏低型（47.8%）

样本中这一类型的教师数量最多。该类型的教师在情感支持和班级管理方面的得分均高于平均分，但教学支持水平很低，比第三类型和第四类型的得分低。这类教师中近一半具有 10 年以上的教龄（44.2%）。该类型的教师拥有专科或以下学历的比例（67.4%）比第一类型的教师高（44.2%）；拥有编

[1] 从教育研究的角度，差异检验效应量的小、中、大分别为 $d=0.2$，$d=0.5$，$d=0.8$（Fan，2001）。

表3-10　不同剖面中的教师特征差异性检验结果

教师特征		所占比例/%					卡方值	自由度	φ	四分相关
		第一类型	第二类型	第三类型	第四类型	样本总体				
教龄	≤10年	74.4	55.8	64.0	38.5	58.9	9.37*	3	0.23*	0.22
	>10年	25.6	44.2	36.0	61.5	41.1				
第一学历所学专业	学前教育	72.1	77.9	84.0	80.8	77.8	1.5	3	0.09	0.09
	其他	27.9	22.1	16.0	19.2	22.2				
最高学历水平	本科或以上	55.8	32.6	36.0	11.5	35.6	14.59**	3	0.29**	—
	专科或以下	44.2	67.4	64.0	88.5	64.4				
最高学历所学专业	学前教育	55.8	32.6	36.0	11.5	35.6	6.49	3	0.19	—
	其他	44.2	67.4	64.0	88.5	64.4				
获得最高学历的方式	传统（脱产／全日制）	79.1	62.8	76.0	53.8	67.2	3.32	3	0.14	—
	新型（半脱产／非全日制）	20.9	37.2	24.0	46.2	32.8				
编制	有编制	17.5	20.2	36.0	46.2	25.7	9.80*	3	0.24*	—
	无编制	82.5	79.8	64.0	53.8	74.3				
幼师资格认证	有幼师资格证	48.8	69.8	76.0	100.0	70.0	20.74**	3	0.34**	—
	无幼师资格证	51.2	30.2	24.0	0.0	30.0				
职称	无职称	86.0	51.2	56.0	42.3	58.9	18.26**	3	0.32**	—
	有职称	14.0	48.8	44.0	57.7	41.1				

注：* 表示 $p < 0.05$ ；** 表示 $p < 0.01$ ；*** 表示 $p < 0.001$ ；— 表示无相关数据。

制的比例（20.2%）比第一类型的教师多 2.7 个百分点。第二类型中大部分教师没有编制（79.8%）；与第一类型教师不同的是，第二类型教师的幼师资格证持有率较高（69.8%），近半数有职称（48.8%）。此外，在这一类型的教师中，来自高、中、低社会经济水平地区的人数均等。市教育部门直属或直接监督的幼儿园占 24.4%，有一半幼儿园没有经过政府的等级评定，只有 18.6% 的幼儿园获得了省一级称号（最高等级质量水平），26.7% 的幼儿园获得了市一级称号（第二高等级质量水平）。

3. 中等质量且教学支持偏高型（13.9%）

该类型包括了 25 个班级的教师，他们表现出了中等程度的师幼互动质量水平，其教学支持水平得分超过了总样本的平均分。但与第二类型教师相比，他们的情感支持和班级管理的得分略低。与第一类型教师相似，64.0% 的教师的教龄在 10 年及以下。与第一类型不同的是，大部分教师（64.0%）拥有专科或以下学历，大部分教师有幼师资格证（76.0%），但大部分没有编制（64.0%）和职称（56.0%）。第三类型的班级更多是城市幼儿园的班级（48.0%），而来自乡镇、农村（36.0%）和县幼儿园的较少（16.0%）。半数以上幼儿园是民办园（56.0%），只有小部分是市教育部门资助和管理的幼儿园（16.0%）。拥有省一级称号的幼儿园极少（4.0%）。

4. 高质量型（14.4%）

与其他 3 种类型相比，这一类型的教师拥有相对高水平的情感支持、班级管理及一般水平的教学支持。第四类型教师在 CLASS 3 个领域的得分都显著高于其他 3 类教师。这一类型的教师大部分有 10 年以上的教龄（61.5%）和大学专科或以下学历（88.5%）。他们全部拥有幼师资格证，接近半数有编制（46.2%），半数以上有职称（57.7%）。与其他类型较比，第四类型的班级大部分属于城市幼儿园（76.9%），极少数来自农村（7.7%）。这些幼儿园大部分获得政府资助（76.9%），约一半的幼儿园由市教育部门直接管理。该类型中拥有省一级称号的幼儿园也最多。

综上所述，此项研究确定了我国幼儿园班级师幼互动质量的 4 个不同剖面，这 4 个不同的剖面反映出样本班级在师幼互动质量上的差异。此外，师幼互动质量的差异还会因教师层面和幼儿园层面特征的不同而有所差异。具体而言，教师层面的教龄、最高学历水平、幼师资格认证、职称、编制，幼儿园层面的所在地区社会经济水平、办园属性、幼儿园等级和年度政府资助水平等与班级师幼互动质量水平的差异之间呈现出显著的相关。

三、结构性质量与师幼互动的非线性关系——门槛效应分析

学前教育质量与儿童发展之间的关系可能是非线性的，即存在学前教育质量的门槛效应。然而，这种门槛效应也可能存在于结构性质量和过程性质量的关系中。总体来看，国际上关于学前教育质量门槛效应的研究大多关注质量对儿童发展水平的影响，但除此之外，有研究者开始思考这样的门槛效应是否同样存在于结构性质量与过程性质量的关系中，即结构性质量可能存在一个门槛值，当结构性质量的水平低于这个值，其对过程性质量就不会产生影响；但当其高于这个门槛值，就会促进过程性质量的提升。

针对这一研究假设并结合中国学前教育发展的现状，胡碧颖等人于2017年在《幼儿研究季刊》(*Early Childhood Research Quarterly*)上发表了一篇关于质量门槛效应的文章:《在中国，结构性质量是否与过程性质量有关？一项门槛效应的探索研究》("Are Structural Quality Indicators Associated with Preschool Process Quality in China？An Exploration of Threshold Effects")。

（一）研究内容与方法

该研究检验了幼儿园结构性质量中的班级规模、幼师比、教师教龄、教师薪资这4个指标对 CLASS 师幼互动质量的影响，希望找到这些结构性质量指标对师幼互动质量产生影响的门槛值。具体研究问题为：①结构性质量的指标（班级规模、幼师比、教师教龄和教师薪资）能否预测 CLASS 师幼互动质量？②结构性质量与师幼互动质量的关系是否存在质量的门槛效应（"天花板"阈值或"地板"阈值），即当结构性质量达此阈值，其与师幼互动质量的关系就与未达到阈值时有所不同？

研究选用的师幼互动质量测量工具为 CLASS。其中，情感支持与班级管理两个质量领域之间的相关较大，因此合并为一个领域——情感支持和班级管理（以下简称 ESCO）；另一个领域仍为教学支持。研究选用的结构性质量指标包括班级规模、幼师比、教师教龄、教师薪资。研究样本为中国广东省3个地区的 60 所幼儿园,在每个幼儿园中选取大中小班各 1 个,共计 180 个班级。研究通过 GAM 探索了 4 个结构性质量指标与 CLASS 师幼互动质量之间的非线性关系。

（二）研究结果

通过 GAM 分析研究发现，教师教龄在 ESCO 领域的阈值为 15 年：当教龄低于 15 年，随着教龄的增加，教师的 ESCO 领域的得分就随教龄的增加而

提高；超过 15 年后，ESCO 领域得分就随教师教龄的增加而减少。在教学支持领域，教龄呈现平稳趋势，无明显阈值。班级规模在 ESCO 领域的阈值为 35 人 / 班。也就是说，当一个班级中的儿童人数超过了 35 人，班级师幼互动的 ESCO 质量会降低。而在教学支持领域，班级规模呈现明显上升趋势，无明显阈值。幼师比在 ESCO 领域的阈值为 13：1；而在教学支持领域，幼师比呈现明显下降趋势，无明显阈值。教师薪资在 ESCO 领域中总体呈现上升趋势，无明显阈值。而在教学支持领域，其"天花板"阈值和"地板"阈值分别为 7 万元 / 年和 12.5 万元 / 年。也就是说，教师年收入对 CLASS 教学支持的影响同时存在"天花板"阈值和"地板"阈值，分别是 12.5 万元和 7 万元：教师年收入达到 7 万元后，教学支持质量才能有显著提升；而当年收入超过 12.5 万元后，教学支持质量就不会有明显变化。具体非线性关系模型见图 3-2。

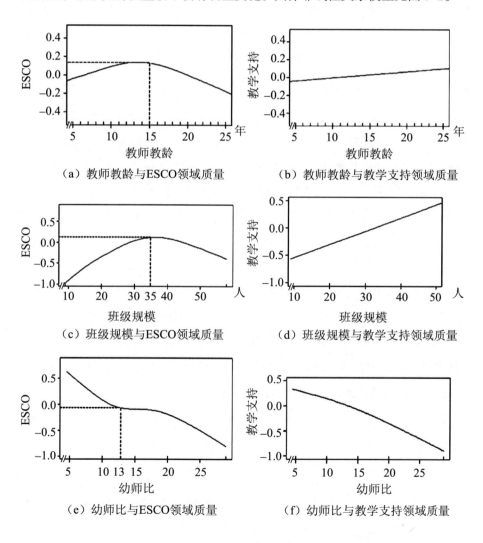

（a）教师教龄与ESCO领域质量　　　（b）教师教龄与教学支持领域质量

（c）班级规模与ESCO领域质量　　　（d）班级规模与教学支持领域质量

（e）幼师比与ESCO领域质量　　　（f）幼师比与教学支持领域质量

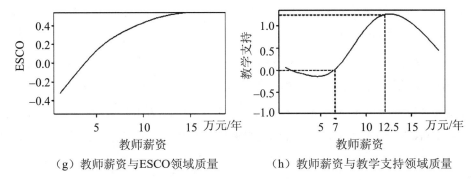

（g）教师薪资与ESCO领域质量　　（h）教师薪资与教学支持领域质量

图3-2　结构性质量指标与CLASS师幼互动质量之间的非线性关系

总之，本节介绍了 CLASS 在我国的信度和效度研究，分析了我国师幼互动的现状与特征，并讨论了其影响因素，分析了门槛效应。面对一个从国外引进的量表，首先应对其进行本土信度和效度检验，包括信度分析、探索性或验证性因素分析、描述性统计等，如果有必要，也可以对其进行本土化改编。此外，LPA 是当前比较流行的描述质量现状的研究方法，该方法易于得出较有意义的结论，未来可以广泛地应用于学前教育质量研究中。

第四节　中国幼儿园师幼互动与儿童发展关系的研究

2014—2018 年，胡碧颖研究团队系统地检验了学前教育质量对我国儿童的学习与发展的影响。这些研究的研究设计主要有：①横断面研究设计，该研究设计中的 CLASS 数据和儿童发展数据在两年内采集（第一年采集的基线数据为控制变量）；②追踪研究设计 / 纵向研究设计，该研究设计中对 CLASS 数据和儿童发展数据采用追踪的方式，在多个时间点进行采集，此类研究设计能更好地反映质量对儿童发展的影响。这些研究可展示师幼互动质量与儿童发展关系研究所采用的研究设计、研究内容、方法与测量。

一、中国幼儿园师幼互动与儿童发展关系的横断面研究

（一）师幼互动质量与儿童认知及社会性发展

2017 年，胡碧颖研究团队采用横断面研究设计，检验了 CLASS 测量的师幼互动质量与儿童认知及社会性各领域发展的关系，可参见文章《中国幼儿园班级师幼互动与儿童认知及社交技能》（"Teacher–child Interactions and

Children's Cognitive and Social Skills in Chinese Preschool Classrooms"）。此项研究的目的是检验师幼互动的质量与儿童认知和社会性发展的关系。研究运用的是一项追踪研究中第二年测量的 CLASS 师幼互动质量与儿童发展（中班下学期）数据（因此是横断面研究，而非追踪研究）。此项研究回答了两个具体的研究问题:①严格控制儿童的家庭和个人特征后，师幼互动质量（情感支持、班级管理和教学支持）与儿童的认知发展之间的关系如何？②严格控制儿童的家庭和个人特征后，师幼互动质量（情感支持、班级管理和教学支持）与儿童的社会性发展之间的关系如何？

1. 研究方法

研究者首先进行了班级师幼互动质量测评及儿童测评（包括班级 CLASS 各维度得分、儿童认知及社交能力的得分）的描述性统计。同时，研究者也对儿童的一些人口地理学特征（包括儿童家庭的社会经济地位、性别等）进行了描述性统计。因为在样本数据中不同层面的数据之间是相互嵌套的（儿童层面的数据嵌套于班级层面的数据），所以研究者采用了多层线性回归的分析方法（hierarchical linear modeling, HLM）（Raudenbush & Bryk, 2002）进行了建模，并围绕研究问题及变量之间的关系建起了多层线性回归模型。

「拓 展 阅 读」⋯⋯⋯⋯⋯⋯⋯⋯⋯⋯⋯⋯⋯⋯⋯⋯⋯⋯⋯⋯⋯⋯⋯⋯⋯

多层线性回归模型在师幼互动质量与儿童发展关系研究中的应用

在社会科学研究中，通过调查得到的数据往往具有嵌套结构（层次）的特点。在教育学研究中，这种情况尤为常见，如在关于学业水平影响因素的研究中，研究者可以考虑的预测变量有学生的入学成绩、学生性别、班级人数、任课教师和教室环境等。在这些变量中，有的是学生个体层面的变量，有的是班级层面的变量。这样的数据具有两个水平——学生水平（第一水平）和班级水平（第二水平），且学生水平嵌套于班级级水平。这样的数据被称为多层数据。

面对多层数据的情况，传统的回归分析有两种处理方法。一是将所有第二水平变量当作第一水平变量，直接在学生个体水平上对数据进行分析。这一方法存在的问题是：假设班级水平变量对同一个班级内的学生有相同的影响，同一班级的学生间相互独立是不合理的。二是将第一水平变量直接合并为第二水平变量（第一水平变量数据打包），然后直接对班级做分析。这样做的主要问题是会丢失班级内学生个体间差异的信息。

因此，在分析具有嵌套结构特点的数据（多层数据）时，应将传统回归分析中的误差分解为两部分，一部分是第一水平即个体间差异带来的误差，另一部分是第二水平即班级间差异带来的误差。可以假设第一水平的测量误差在不同个体间相互独立，第二水平的误差在不同班级之间相互独立。多层线性回归模型同时考虑不同水平的变异，在模型的假设上与实际情况更加吻合，其模型结果能够更加合理、正确地揭示事物之间的真正关系。

在胡碧颖等人（2017）的师幼互动质量和儿童发展关系的研究中，儿童层面的数据嵌套于班级层面的数据。研究采用多层线性回归的分析方法，目的在于从不同层面的变量相互嵌套的模型中，找到相互嵌套层面之间的影响关系。在关注第二水平预测变量引起的结果变量的变异（班级层面的差异性）的同时，兼顾第一水平预测变量所引起的结果变量的变异（儿童层面之间的差异性）。

第一个多层模型为"零模型"。在这个模型中，第一水平（儿童层面的变量）和第二水平（班级层面的变量）的预测变量均不存在，零模型仅是一种基础性质的模型。利用这个模型可以估计不同层面变量之间的相互嵌套对结果变量所产生的效应量，即检验结果变量的变异在多大程度上是因不同层面间变量的相互嵌套关系而产生的，这一效应量的大小可以通过 ICC 的大小反映出来。

嵌套效应量（即 ICC）被估计出来后，便建立第二个模型。第二个模型同时加入了儿童层面（第一水平）的一些协变量（如性别、独生子女状况及家庭社会经济地位）和班级层面（第二水平）的一些预测变量（如 CLASS 师幼互动质量等）。第二个模型能够在控制了儿童人口地理学和个人特征的协变量后，进一步探究师幼互动质量和儿童发展之间的关系。其中，组间方差减少量（比例）是由后续模型中加入的新变量造成的。有学者（Raudenbush & Bryk, 2012）认为，在多层模型建模过程中，应该适当地利用组间方差减少量，第二水平预测变量对结果变量的解释力应因儿童层面变量的具体情况不同而有所不同。对模型的每一次修正都是在原有嵌套基础上进行的更为复杂的处理。

2. 研究结果

班级层面和儿童层面的预测变量之间的嵌套效应总体来说是很强的。就儿童数学成就而言，ICC 可以达到 0.20（即嵌套效应对结果变量变异的解释力达到 20%），嵌套效应对儿童科学知识的解释力达到 61%，对执行功能方面的解释力达到 7%。以上这些证据均证明样本数据适合采用多层线性回归的方法进行分析。

在模型一中，第一水平包括一些协变量（性别、独生子女状况、家庭社会经济地位）。从总体上看，儿童的家庭社会经济地位对儿童的 4 种认知技能（数学成就、语言发展、科学知识和执行功能）具有显著的预测力，家庭社会经济地位较高的儿童往往在 4 种认知技能方面都比较强。男孩和女孩之间在数学成就和科学知识方面表现出比较强的性别差异，男孩在科学知识方面的表现优于女孩；但在语言发展和执行功能方面，男孩和女孩之间并没有表现出显著的性别差异。

模型二在模型一的基础上加入了第二水平即师幼互动质量的预测变量。第二水平中教师的教学支持质量和儿童的数学成就、科学知识和语言发展之间存在显著的正向关系，但与儿童的执行功能之间的关系是不显著的。这表明，在控制了儿童层面的一些变量（如儿童性别、独生子女状况和家庭社会经济地位等）后，在教学支持质量水平较高的班级中，儿童的数学成就、科学知识和语言发展水平较高。班级管理质量和班级中，儿童的执行功能得分水平呈现显著的负向关系，在班级管理水平较高的班级中，儿童的执行功能水平较高。[1]

表 3-11 显示，在检验模型第二水平中的预测变量对儿童认知发展的影响时，研究者将包含班级层面变量的模型二与只包含儿童层面变量的模型一的残差进行了对比，并计算出相应的组间方差减少量。对比模型一和模型二可以得出以下结论：班级层面的预测变量（情感支持、班级管理和教学支持）对班级间儿童发展的变异有显著的预测力，即儿童在数学成就、语言发展、科学知识和执行功能方面分别有约 24%、55%、51%、4% 的变异是由班级间师幼互动质量水平的变异解释的。此外，就结果变量的整体变异而言，在加入了第二水平的预测变量后，儿童在数学成就、语言发展、科学知识及执行功能方面的班级间变异分别减少了 5%、27%、31% 和 0.3%。在教育学研究中，除执行功能外，上述变异已经可以算比较大了（Fan, 2001）。因此，研究结果显示，在控制了儿童层面的一些变量后，幼儿园班级师幼互动质量和儿童认知方面的发展之间呈现出显著的关联。

研究还探索了师幼互动质量与儿童社会技能和问题行为之间的关系。两层变量之间的嵌套效应对问题行为的解释力并不显著（ICC=0.03），但是这种嵌套效应对与儿童社会技能的预测力是显著的（ICC=0.14）。

在检验模型对儿童社会技能水平和问题行为的预测力时，研究将前一年（即 2014 年）的儿童社会技能和问题行为的测量数据作为控制变量纳入模型。研究结果显示，2014 年样本儿童的社会技能水平对其 2015 年的社会技能水平具有显著的正向预测作用。同样，2014 年儿童的问题行为水平也能显著地对

---

[1] 在该研究使用的 BRIRF-P 执行功能量表中，儿童的得分水平越低，其执行功能水平就越高。

表3-11 以幼儿认知技能为结果变量的多层线性回归模型分析

预测变量		数学成就 (ICC=19.797%)		语言发展 (ICC=49.475%)		科学知识 (ICC=61.310%)		执行功能 (ICC=6.546%)	
		模型一	模型二	模型一	模型二	模型一	模型二	模型一	模型二
儿童层面变量	性别	-2.831^{**}	-2.981^{**}	-0.858	-1.212	-2.596^{***}	-2.679^{***}	-0.053	0.042
	独生子女状况	-1.757	-1.493	-0.395	-0.010	-0.927	-0.846	-1.036	-1.221
	家庭社会经济地位	3.552^{***}	2.352^{**}	8.112^{***}	7.092^{***}	2.476^{***}	2.006^{***}	-4.808^{***}	-4.502^{***}
班级层面变量	情感支持	—	0.067	—	4.151	—	2.619	—	2.473
	班级管理	—	-0.726	—	-2.112	—	-3.511	—	-2.934^{*}
	教学支持	—	6.149^{***}	—	13.329^{***}	—	14.456^{***}	—	-1.372
	随机效应	—	—	—	—	—	—	—	—
儿童层面残差		136.457	135.747	189.159	187.510	73.900	73.644	358.390	258.529
班级层面残差		17.587	13.295	89.684	39.930	95.156	46.752	11.716	11.227
班级层面组间方差减少量		24.404%	—	55.477%	—	50.868%	—	4.174%	—

注：性别变量中，0代表男，1代表女；独生子女状况变量中，0代表是，1代表不是；* 表示 $p<0.05$，** 表示 $p<0.01$，*** 表示 $p<0.001$；— 表示无相应数据。

137

2015 年的问题行为水平进行正向预测。然而，第二水平的师幼互动预测变量对儿童的社会技能和问题行为水平的预测并不显著。由此可知，在这些样本儿童数据中，师幼互动质量和儿童的社会技能和问题行为水平之间并没有产生统计学上的显著关联性。

（二）师幼互动质量与儿童学习品质

学习品质作为儿童学习与发展的基石，在最近几年越来越受到学者的关注（Li-Grining et al., 2010; McDermott et al., 2014）。学习品质这一概念最初由卡根（Kagan, 1995）提出，之后学者们广泛认可学习品质是儿童的一个主要发展领域（Scott-Little et al., 2005）。学前期的学习品质是指儿童在（积极或抑制地）参与课堂和其他学习环境中的活动时所表现出的可观察到的行为模式（Fantuzzo et al., 2004）。到目前为止，关于中国儿童学习品质与学前教育质量之间关系的研究非常少（Wang et al., 2011）。因此，胡碧颖研究团队于 2017 年开展了一项关于师幼互动质量与儿童学习品质之间关系的研究，可参见文章《班级质量与中国学前儿童的学习品质》（"Classroom Quality and Chinese Preschool Children's Approaches to Learning"）。

1. 前期对学前教育质量与儿童学习品质关系的研究

在情感支持与儿童学习品质的关系方面，前期的研究结果表明，教师与儿童在学业和社会性发展方面进行的互动会对儿童的学习动机、毅力、注意力和其他学习行为造成很强的影响（Pianta & Hamre, 2009），能够提供高质量情感支持的教师在满足儿童学习行为的需求方面表现出更高的敏感性。此外，大量研究结显示，教师的敏感性及其所秉持的儿童本位观，与儿童的学习动机、成就感、遵守承诺的水平有密切关联（Stipek et al., 1995; Wachs et al., 2004; Wentzel, 2002）。这些研究结果表明，当儿童感受到教师对他们的情感支持，他们会更容易达成教师所期望的目标，如积极参与学习活动等行为期望。

在班级管理与儿童学习品质的关系方面，当教师提供高水平的班级管理时，儿童会为自己设定清晰的行为准则并严格执行这些准则，从而更加积极地参与学习活动。研究者发现，若教师的班级管理水平提高，儿童的自我管理技能就会有所提升（Downer et al., 2010; Hemmeter et al., 2006）。此外，教师高水平的班级管理也有益于儿童良好学习习惯的形成（Domínguez et al., 2011）。另一有力证据来自一项干预研究，在这项干预研究中，当教师提高自身的班级管理水平，儿童自我管理的水平就有显著提升（Raver et al., 2009）。当教师有意提升儿童的自我管理能力，儿童自我控制的能力就有所提升，而且对学习任务的参与度也提高（Rimm-Kaufman et al., 2009）。

在教学支持与儿童学习品质的关系方面，研究结果表明，当教师提高教学支持水平，他们就能够帮助儿童提升学习动机及学习策略和解决问题的灵活性（Hamre & Pianta, 2007）。教师高质量的教学支持涉及高质量的概念讲解、语言示范等有效教学，也包括教师在自然情境下产生的即时、正确、具体的反馈（Kulik & Kulik, 1988）。这样的教学支持可以帮助儿童抵抗挫折感，增强其学习兴趣与动机，并促进其学习能力及高级认知的发展（Good & Brophy, 2008; Rogoff, 1990）。

2. 研究内容与方法

考虑到中国学前教育系统的社会文化特征和实际情况，师幼互动对儿童学习品质所起到的作用可能受到较为刻板的行为规范、严格的管理及要求服从的教育理念的影响（Chan & Rao, 2010）。胡碧颖等人完成了以下两项研究：①检验中国学前儿童的学习品质是否受到性别、家庭社会经济地位及是否为独生子女等因素的影响；②控制以上个体特征变量后，进一步探索师幼互动与儿童的学习品质之间的关系。

该研究所使用的学前儿童学习行为量表（Preschool Learning Behavior Scale, PLBS）（McDermott et al., 2012）是一个在评估儿童学习品质方面广泛运用的量表，由教师根据该量表对儿童的学习品质水平进行评定。该量表包含 3 大板块的内容：能力动机，注意力 / 毅力，学习策略。其中，能力动机指的是学生承担任务的意愿及成功完成任务的决心；注意力 / 毅力指的是儿童能够集中注意力的水平及坚持完成困难任务的能力；学习策略指的是儿童处理任务和解决问题的模式。学前儿童学习行为量表的信度和效度已经在一些国家的测量与实践中得到验证，包括美国（McDermott et al., 2012）、秘鲁（Hahn, et al., 2009）及中国（Wu et al., 2016）。

3. 研究结果

该研究以班级为单位来测量师幼互动的质量，鉴于不同层面的数据之间相互嵌套的特点（儿童层面的变量嵌套于班级层面的变量），研究选取了多层线性回归模型作为主要数据分析方法（Raudenbush & Bryk, 2002）。研究结果如下。

首先，随机效应的方差分析（即零模型）中的 ICC 表示班级间的差异对儿童学习品质差异的解释力（比例）。经检验，组间差异对于结果变量不同维度的解释力如下：能力动机为 37.8%，注意力 / 毅力为 40%，学习策略为

43.8%。以上数据说明班级差异所造成的随机效应是显著的，结果变量适合进行多水平分析。

其次，多层线性回归模型分别检验了儿童个体特征及师幼互动质量与其能力动机之间的关系。结果显示，儿童的性别和他们的能力动机水平有显著的关联，女孩在能力动机这一方面的得分情况要明显好于男孩。独生子女状况、家庭社会经济地位与儿童的能力动机之间并没有显著关联。师幼互动质量与儿童的能力动机的关系不显著。

再次，研究以儿童的学习策略为结果变量，检验了儿童层面的协变量（儿童个体特征）及班级师幼互动质量对儿童学习策略使用水平产生的影响（见表 3-12）。检验结果表明，女孩使用学习策略的水平要显著高于男孩，儿童家庭的社会经济地位越高，其学习策略使用的情况越好。在多层线性回归模型的第二水平中，研究探讨了班级师幼互动质量与儿童学习策略之间的关系。经检验，在控制了班级管理、教学支持和儿童层面的协变量后，教师的情感支持得分显著正向预测儿童在学习策略上的表现；在控制了教学支持、情感支持及儿童层面的协变量后，教师在班级管理领域的质量得分显著负向预测儿童学习策略的得分；在控制了情感支持、班级管理及儿童层面的协变量后，教师在班级中表现出来的教学支持水平与儿童使用学习策略的水平之间没有联系。将模型一和模型二进行对比发现，两个模型之间班级水平的方差减少量为 9.64%。

表 3-12　儿童学习策略多层线性回归模型

变量		零模型			模型一			模型二		
		γ	SE	p	γ	SE	p	γ	SE	p
儿童层面	截距	1.485	0.038	<0.001	1.417	0.040	<0.001	0.964	0.255	<0.001
	性别	—	—	—	0.097	0.021	<0.001	0.097	0.021	<0.001
	独生子女状况	—	—	—	0.045	0.017	0.010	0.045	0.017	0.009
	家庭社会经济地位	—	—	—	0.043	0.015	0.004	0.042	0.015	0.005
班级层面	情感支持	—	—	—	—	—	—	0.215	0.067	0.002
	班级管理	—	—	—	—	—	—	−0.16	0.051	0.003
	教学支持	—	—	—	—	—	—	0.057	0.057	0.328

注：性别变量，0 代表"男"，1 代表"女"；独生子女状况变量，0 代表"是"，1 代表"不是"；—表示无相应数据。

最后，研究以学生的注意力／毅力得分为结果变量，探讨儿童个体特征及师幼互动质量对该结果变量的影响。在模型的第一水平中，样本儿童的注意力／毅力与其性别呈现出显著的关联，女孩的注意力／毅力水平显著高于男孩；样本儿童的独生子女状况与其注意力／毅力水平之间无显著关联。在模型的第二水平中，在控制了班级管理、教学支持及儿童层面的协变量后，教师在班级中展现出的情感支持水平与样本儿童的注意力／毅力水平之间呈现显著的正向关联；在控制了情感支持、班级管理和儿童层面的协变量后，研究并没有发现教师的教学支持水平与儿童表现出的注意力／毅力水平之间有显著的关联。将模型一与模型二进行比较发现，两个模型之间班级水平的方差减少量为 8.82%。

「拓 展 阅 读」

CLASS 双因子模型与儿童发展

大量研究表明，师幼互动对儿童的认知发展、学业水平与社会性发展有着直接的影响。其中一些研究显示，师幼互动中的某个特定内容（如社会性互动、教学互动等）与儿童某个特定领域的发展（如社交技能发展、执行功能发展、语言发展等）之间有显著的关联（Curby et al.，2009），这启发研究者从促进儿童不同领域发展的角度来理解师幼互动的内涵，并从预测儿童各领域发展水平的视角来设计师幼互动质量的测量。

然而，长期以来，学者们对儿童发展领域的一般性与特殊性的认识存在一定的争议。有学者（Grusec & Davidov，2010）认为，儿童发展领域具有特殊性，在儿童社会化的过程中，儿童主体与社会化目标之间的关系包括一系列影响其行为变化、导致不同发展结果的机制。与此相反，也有学者（Dunn，2010）认为，领域特殊性虽然能够提供一个清晰的儿童发展的概念框架，但无法解释真实世界中儿童发展各领域的重叠与交互作用。因此，以促进儿童不同领域发展为目标来理解师幼互动的内涵与结构较为困难。

事实上，师幼互动可被视为教师和儿童双主体构成的系统，该系统包括教师与儿童在心理、生理、文化等各个层面的互动。有学者提出，师幼互动作为影响儿童发展的重要因素，既具备影响儿童整体发展的特征，也具备影响儿童特定领域发展的特征。相应地，师幼互动的结构也由与儿童各领域发展有关的一般性因子和与儿童特定领域发展有关的特殊性因子构成。因此，对师幼互动复杂结构的测量既需要通过一个一般因子来解释数据的总体变异，又需要多个独立的特殊因子来解释额外的变异，这就造成了师幼互动测量的方法学困境。

作为复杂的行为现象，师幼互动除在整体层面促进儿童的综合发展外，互动的具体目的与内容对儿童具体领域的发展也有特定的影响。同时具备一般性因子和特殊性因子的双因子模型（bi-factor model）能够较好地反映出师幼互动的这一特点。双因子模型允许不同内容领域的项目负荷于各特殊因子，同时允许所有项目负荷于一个一般因子，且一般因子与特殊因子彼此不相关，从而允许将一般因子和每个特殊因子作为独特的预测变量建立模型。

哈姆雷等人（Hamre et al., 2014）在《儿童发展》（*Child Development*）期刊上发表了一篇阐述其研究的文章，他们发现，CLASS 双因子模型中的一般因子能够预测包括语言、执行功能在内的多个儿童发展领域，显示 CLASS 双因子模型对儿童发展具有较好的预测作用。

二、中国幼儿园师幼互动与儿童发展关系的追踪研究

目前国际上已有大量的追踪研究探索师幼互动对儿童各领域发展的影响。在这些研究中，有一部分检验了质量的直接影响（Anders et al., 2012; Lehrl et al., 2016; Peisner-Feinberg et al., 2001），也有一部分报告了师幼互动质量与家庭相关因素（如家庭社会经济地位、父母婚姻状况）（Anders et al., 2012, Lehrl et al., 2016; Peisner-Feinberg et al., 2001）或儿童个体特征（如性别和气质）之间的交互作用对儿童发展的影响（Choi et al., 2016）。

美国儿童健康与人类发展研究所的一项研究发现，有高质量师幼互动（用 CLASS 评估）经历的儿童从 4 或 5 岁到小学三年级表现出更高水平的数学、接受性语言和记忆能力。有研究发现，在幼儿园时期有高质量师幼互动经历的儿童，在小学二年级表现出更高水平的表达性语言技能（Peisner-Feinberg et al., 2001）。此外，研究者也探索了 CLASS 评估的师幼互动质量对儿童学业发展的长期影响。有研究者发现，儿童在幼儿园大班时的学业成就可以预测他们小学一年级时的 3 个方面的学业发展速度；大班时的师幼互动质量不能预测儿童的学业发展，但小班时教师的情感支持水平与儿童在小学一年级时的语音意识增长有关联；教师在小班时的情感支持和教学支持得分在儿童的最初成绩和词汇识别发展之间起调节作用（Curby et al., 2009）。另外，皮亚塔等人（Pianta et al., 2008）检验了师幼互动质量对儿童从 4 或 5 岁到小学五年级的广义阅读能力（字、词及看图识词）和数学能力的影响，发现情感支持和儿童在五年级时的数学成绩增长有正向关联；并且情感支持质量调节了教学质量对儿童阅读增长的影响；从三年级到五年级，高质量的情感支持能够预测儿童在阅读方面的积极变化。这些研究都有一致的发现，即情感支持可以对儿童的语言发展产生直接的、持续的影响。综上所述，已有研究结果证实，师幼互动质量会对儿童的认知发展轨迹产生影响。然而，我国关于师幼互动

质量如何影响儿童发展的追踪研究较少。

从研究方法的角度来说，与横断面研究相比，追踪研究更能说明师幼互动对儿童发展的影响作用，也更能体现出发展这一主题。关于师幼互动质量对儿童发展影响的研究需要通过纵向发展模型来深入理解师幼互动质量和儿童发展之间的关系，在此类研究中引入追踪研究设计的方法是很有必要的。

学前教育质量对儿童发展影响的追踪研究往往采用两种纵向设计方法。第一种方法是研究儿童在幼儿园第一年的经历与他们随后 3 年的发展的关系。第二种方法，也是相对高级的一种方法，是检验师幼互动质量在不同时段（年级）对发展的影响。虽然第二种比第一种方法更优越，但也对研究条件有更严格的要求（尤其对研究设计、取样及数据的采集和分析有较高要求）。在分析方法方面，处理纵向数据的增长模型（growth modeling）是最常用的分析模型。

下面的内容介绍了胡碧颖等人开展的两项师幼互动质量对儿童发展影响的追踪研究，其中一项研究用分段增长模型探讨了师幼互动质量对儿童非线性发展的影响，另一项研究探索了师幼互动质量与儿童发展关系中的调节与中介作用。增长模型和调节 / 中介模型是儿童心理发展研究用于描述和探索发展现象与规律的方法，其中调节 / 中介模型能够更好地探索质量对儿童发展影响的机制。

（一）师幼互动质量与儿童认知发展的非线性关系——分段增长模型

在追踪研究中，儿童各领域的发展可能是非线性的；同样，师幼互动质量与儿童发展变量之间也可能存在非线性关系。关于质量的门槛效应的研究发现，师幼互动质量与儿童发展之间存在非线性关系，且幼儿园内的儿童可能每年都会经历班级与教师更换，因此，有必要使用非线性的统计方法来研究两者的关系。运用分段增长曲线模型（piecewise growth curve modeling, PGCM）来描述追踪数据的非线性变化，比用传统的增长模型更适合也更灵活。

2019 年，胡碧颖等人采用分段增长模型，通过 3 个时间点上的儿童发展数据（时间点 1、时间点 2 和时间点 3），检验了不同阶段（中班和大班）的师幼互动质量与儿童发展的关系，从而探索师幼互动质量在不同时期对儿童学业与认知表现的影响，可参见文章《师幼互动质量与中国儿童学业和认知发展：来自分段增长模型的观点》（"Teacher-child Interaction Quality and Chinese Children's Academic and Cognitive Development: Perspectives from Piecewise Growth Modeling"）。

「拓 展 阅 读」

纵向研究与增长模型

纵向研究主要用来分析事物在一段时间内或某几个时间点上的变化趋势，以及不同个体之间变化趋势的差异。通常情况下，处理纵向研究数据的方法有：①重复测量的方差分析，该方法关注数据总体上是否有线性或非线性变化，较少关注个体间的差异；②时间序列分析，该方法要求在不同时间点上多次重复测量，数据要求较为特殊；③多层线性模型，该方法对追踪数据的处理仅限于直接影响关系，且只能分析线性关系；④潜变量增长模型（latent growth modeling, LGM），该方法能够对个体发展趋势和个体间差异进行解释，并能够提供线性或非线性增长变化的描述。

潜变量增长模型是结构方程模型的一种变式，用于探究某一变量的发展轨迹。该方法能够对变量随时间发展过程中的群组和个体变异同时进行估计。与验证性因素分析相似，潜变量增长模型定义了两个潜变量结构，即截距（初始水平）和斜率（增长），然后用某一变量在不同时间点上的实际测量值估计模型中的这两个潜变量结构。其中，截距代表了初始状态（最初时间点）的平均值，其平均值和方差用于描述个体在最初时间点上的整体平均值和个体变异。斜率代表个体在不同时间点上的变化速度，斜率的平均值代表了整体的增长趋势，斜率的方差代表了增长趋势存在的个体差异。根据斜率潜变量的不同设置，潜变量增长模型可分为线性增长模型和非线性增长模型。

分段增长曲线模型被广泛应用于不同领域的研究（Chou et al., 2004; Jaggars et al., 2016; Wu et al., 2011）。分段增长曲线模型通过多个增长斜率来表示变量之间的关系（如师幼互动水平与儿童发展的关系）在不同阶段的增长模式。严格地说，传统的增长曲线模型是分段增长曲线模型的一种特殊表现形式，是模型在不同阶段的斜率相同时的表现（Maerten-Rivera et al., 2014）。

1. 研究内容与设计

该研究在控制了儿童的家庭社会经济地位及儿童性别变量后，探讨了两个问题：①师幼互动质量与儿童发展的初始水平之间有什么样的关系？②随时间变化的师幼互动质量对儿童不同时间的发展产生什么样的促进作用？可以说，该研究探索了师幼互动质量与儿童各方面发展（接受性语言、早期数学、执行功能和汉字识别）之间的短期与长期的关联。

为了检验这些问题，研究者采用多水平分段增长模型，讨论了以下3个层面（水平）的增长模型：①零模型——不包含任何预测变量，仅讨论结果变量的组内相关系数，即数据的嵌套效应；②模型一——在零模型的基础上加入时间变量，即结果变量数据采集的时间点；③模型二——在模型一的基础上加入预测变量，即儿童层面的协变量和班级师幼互动质量变量，其中儿童层面的协变量包括性别和家庭社会经济地位。

两次分段回归的研究设计可以检测师幼互动质量对于不同发展阶段（T_1 至 T_2，即时间点 1 与时间点 2 之间；T_2 至 T_3，即时间点 2 与时间点 3 之间）儿童发展轨迹的影响。在模型分析中，研究者将在时间点 1（T_1，2015 年 5 月）和时间点 2（T_2，2015 年 12 月）收集到的 CLASS 得分分别加入模型的第三水平，作为该水平的预测变量。简言之，就是以在 T_1 收集到的班级 CLASS 得分为预测儿童发展第一阶段（T_1 至 T_2）的预测变量，同时以 T_2 的班级 CLASS 得分为儿童在第二阶段（T_2 至 T_3）发展状况的预测变量。此外，在控制变量的选取方面，儿童的年龄、性别和家庭社会经济地位作为儿童层面的控制变量，被纳入模型中。

2. 研究结论

结果显示，在控制了儿童的年龄、性别和家庭社会经济地位变量后，班级师幼互动质量在不同的时间段均能够显著影响儿童的学业发展。图 3-3 呈

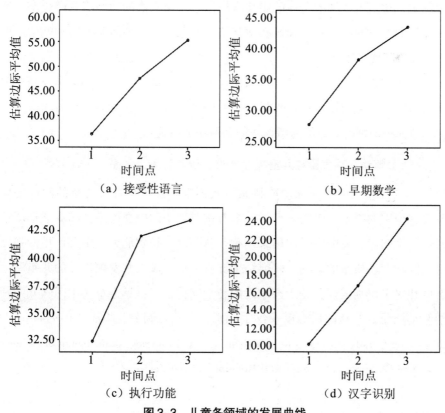

图 3-3　儿童各领域的发展曲线

现了儿童发展 4 个领域的发展轨迹（增长模型）。这些发展轨迹均呈现出不同程度的非线性特征，显示出研究使用分段增长模型分析方法的必要性。

①接受性语言发展。在儿童接受性语言发展方面，儿童在第二阶段（T_2 至 T_3）发展的增长率（斜率）相比于第一阶段（T_1 至 T_2）放缓。接受性语言得分较高儿童的语言发展增长率比得分较低儿童的高；此外，初始值（截距）有明显的个体间差异。在师幼互动质量方面，CLASS 教学支持能够预测接受性语言发展的初始值，但无法预测其增长率；情感支持与班级管理无法显著预测儿童接受性语言发展的初始值与各阶段增长率。

②早期数学发展。第一阶段中，数学成绩越好的儿童数学成绩的增长越快，在第二阶段则没有发现此现象。在第一阶段发展快的儿童，在第二阶段的发展较慢。第一阶段与第二阶段的初始值及增长率均呈现明显的个体间差异。CLASS 教学支持能够预测早期数学发展的初始值与第二阶段的增长率，但无法预测其在第一阶段的增长率。班级管理则能够预测早期数学发展在第一阶段的增长率。表 3-13 显示了儿童接受性语言与早期数学两阶段增长模型的具体信息。

③执行功能发展。儿童的执行功能在第二阶段的发展较为平缓。在两个阶段中，初始值较低的个体的增长率较高，两个阶段的初始值及增长率均呈现明显的个体间差异。CLASS 教学支持能够预测执行功能发展的初始值，但无法预测其增长率。

④汉字识别发展。在第一阶段中，初始值较低的儿童的增长率较高；但在第二阶段中，初始值较高的儿童的增长率较高。模型显示，各 CLASS 维度与儿童汉字识别的初始值与增长率的关系均不显著。

（二）师幼互动质量与儿童阅读态度、汉字识别的关系

2017 年，胡碧颖研究团队探索了我国师幼互动质量对儿童的阅读态度及汉字识别的影响。研究假设了一个有调节作用的中介模型：师幼互动质量通过儿童阅读态度的中介作用来预测儿童的汉字识别能力，中介作用的强度受到师幼互动质量的影响。研究结果支持了该假设，并发现良好的儿童阅读态度和汉字识别成绩受益于高质量的教学支持，可参见文章《中国幼儿园师幼互动质量、儿童阅读态度及汉字识别：中介与调节分析》（"Teacher-child Interaction Quality, Attitudes toward Reading, and Literacy Achievement of Chinese Preschool Children：Mediation and Moderation Analysis"）。

表3-13　儿童接受性语言与早期数学的两阶段增长模型

| 统计项 | 接受性语言（ICC_L2=23.88%, ICC_L3=38.56%） | | | | | | 早期数学（ICC_L2=36.54%, ICC_L3=16.09%） | | | | | |
| | 模型一 | | | 模型二 | | | 模型一 | | | 模型二 | | |
	截距	第一阶段	第二阶段	截距	第一阶段	第二阶段	截距	第一阶段	第二阶段	截距	第一阶段	第二阶段
截距	37.586***	11.305***	7.374***	−20.003	11.299***	1.502	27.432***	10.992***	5.319***	7.145	9.110*	6.265
性别	—	—	—	−0.448	−1.384	−1.633	—	—	—	−1.691	−0.799	0.251
SES	—	—	—	4.096***	−0.354	0.934	—	—	—	3.399*	−0.219	−0.608
ES	—	—	—	4.908	—	3.876	—	—	—	1.872	2.440	−1.755
CO	—	—	—	−2.928	—	−3.094	—	—	—	−1.287	−1.935*	0.153
IS	—	—	—	19.631***	—	0.675	—	—	—	7.150*	−0.492	2.979*
儿童水平方差	155.140***	11.810	23.867*	148.496***	—	15.240	123.861***	1.212	0.669	103.436***	—	—
班级水平方差	180.874***	7.323	8.879*	75.600***	—	4.911*	26.861***	9.163***	31.557***	13.112***	8.686***	31.468***
班级水平方差减少量	58.20%						51.19%					

注：性别变量，0代表女，1代表男；SES表示家庭社会经济地位；ES表示情绪支持，CO表示班级管理，IS表示教学支持；* 表示 $p<0.05$；** 表示 $p<0.01$；*** 表示 $p<0.001$；— 表示无相应数据。

1. 研究内容与设计

该研究回答了两个问题。①师幼互动质量、阅读态度能否预测儿童的汉字识别技能？②阅读态度是否在师幼互动质量与儿童的汉字识别能力之间起中介作用？如果起中介作用，那么中介作用的强度是否受到师幼互动质量的影响？通过回答以上两个问题，研究探讨了阅读态度与师幼互动质量共同促进儿童汉字识别能力发展的机制，从而为相关的干预提供具体的实践方向。图 3-4 为研究的概念图。

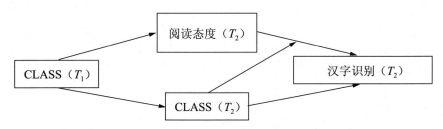

注：T_1 为基线调查时间，T_2 为后续调查时间。

图 3-4　研究概念图

该研究采用分层随机抽样方法，分别从政府划分的高、中、低经济水平地区的幼儿园中随机抽取 59 所幼儿园，然后在每个幼儿园中随机抽取大班的 8～15 名儿童。基线调查于 2015 年 11 月至 12 月进行（记为 T_1），后续调查于 2016 年 5 月至 6 月进行（记为 T_2）。研究分别在 T_1 和 T_2 对样本班级进行师幼互动质量的 CLASS 观察测量。在儿童发展测评方面，在 T_1 有 656 名儿童完成汉字识别能力的基线评估。在 T_2 有 567 名儿童完成第二次汉字识别能力的评估。最终儿童样本包括 285 名女孩（50.3%）和 282 名男孩（49.7%），平均 5.62 岁（标准差为 0.44）。研究设计与各研究变量说明见表 3-14。

表 3-14　研究变量说明

变量	T_1	T_2	量表
师幼互动	自变量	中介变量	CLASS（情感支持、班级管理、教学支持）
汉字识别能力	控制变量	因变量	①接受性词汇：图片词汇测验—修订版（C-PPVT-R）。②中文阅读：150 个汉字识别任务
阅读态度	无	中介变量	PRAS 中文版学龄前阅读态度量表
儿童个体特征	控制变量	无	儿童年龄、性别、家庭社会经济地位

2. 研究结论

在中介作用方面，在纳入儿童个体特征控制变量后，结构方程模型分析结果表明，T_1 情感支持正向预测儿童的阅读态度，儿童的阅读态度正向预测其 T_2 接受性词汇和中文阅读水平。中介作用显示，儿童阅读态度是 T_1 情感支持与 T_2 中文阅读之间关系的中介变量，起部分中介作用；此外，T_1 情感支持对 T_2 儿童接受性词汇的间接影响显著，但直接影响不显著，说明儿童的阅读态度在情感支持与接受性词汇之间的关系中起完全中介作用。

在调节作用方面，T_1 教学支持能够调节 T_2 儿童阅读态度和接受性词汇之间的关系。具体来说，教学支持水平越高，儿童的阅读态度越能预测他们的接受性词汇发展水平。此外，当 T_2 教学支持水平处于中等或较高时，较高的 T_1 情感支持质量更有利于儿童接受词汇的发展。

（三）师幼关系与儿童社交技能的发展

当前，促进儿童社交技能发展已成为一项教育目标，被纳入我国的《3—6 岁儿童学习与发展指南》和一些政策性文件（Zhang & Nurmi, 2012），我国家长也越来越重视对儿童社交技能的培养。2018 年，邬钟灵、胡碧颖等人开展了一项关于师幼关系与儿童社交技能发展的关系的研究，可参见文章《社交技能与师幼关系的联系：一项对中国幼儿园儿童的纵向研究》（"The Associations between Social Skills and Teacher–child Relationships: A Longitudinal Study among Chinese Preschool Children"）。在该研究中，研究者对师幼关系与儿童社交技能之间关系的 3 种理论模型进行了比较，探索了中国幼儿园班级师幼关系（时间不变性预测变量）对儿童在中班至大班社交技能发展的预测作用。

1. 研究设计与方法

数据采集方面，该研究数据来自胡碧颖研究团队的"质量与儿童发展追踪研究"数据库。研究对师幼关系与社交技能分别进行了 3 次追踪测量，第一个测量时间点为中班下学期，样本包含 566 名儿童（平均年龄为 5.07 岁）；第二个测量时间点为大班上学期，包含 677 名儿童（平均年龄为 5.63 岁）；第三个测量时间点为大班下学期，共 582 名儿童（平均年龄为 6.12 岁）。儿童家长在 3 个测量时间点分别对儿童的社交技能进行评价，并且教师也在每个时间点上对师幼关系进行评价。

师幼关系测量工作采用的是简版师幼关系量表（Pianta, 2001），包含师生亲密和师生冲突两个维度。儿童社交技能的测量工具选用的是社交技能提升系统（Social Skills Improvement System, SSIS）（Gresham & Elliott, 2008），该量表包含沟通、合作、断言、同理心、参与、自我控制和责任心 7 个维度。

分析框架方面，研究采用交叉滞后模型（cross-lagged model）分析方法，对已有理论支持的 3 个可能的关系模型进行了考察，分别是：儿童驱动模型（child-driven model），关系驱动模型（relationships-driven model），双向驱动模型（reciprocal model）。儿童驱动模型假设儿童的社交技能会影响儿童与教师的关系；关系驱动模型假设师幼关系会对儿童社交技能的发展产生影响；双向驱动模型假设儿童的社交技能与师幼关系相互影响，即儿童的社交技能可以影响师幼关系，同时师幼关系也能够对儿童的社交技能产生影响。基于已有文献，研究采用一系列交叉滞后模型来检验样本儿童的社交技能与师幼关系之间的关联模式（Zhang & Chen, 2010; Zhang & Sun, 2011）。

研究者先后对 4 个结构方程模型进行了比较：一是没有交叉滞后路径的模型（M_1，稳定性模型）；二是存在前一个时间点的社交技能影响后一个时间点的师生亲密 / 冲突路径的模型（M_2，儿童驱动模型）；三是存在前一个时间点的师生亲密 / 冲突影响后一个时间点的社交技能路径的模型（M_3，关系驱动模型）；四是存在相互作用路径的交叉滞后模型，表示相互影响（M_4，双向驱动模型）。M_2、M_3、M_4 具体见图 3-5。

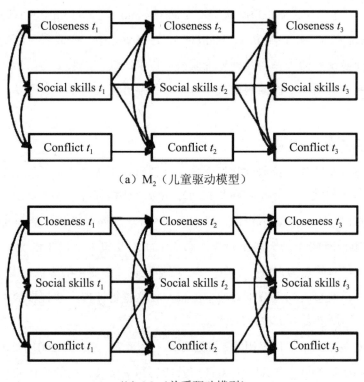

（a）M_2（儿童驱动模型）

（b）M_3（关系驱动模型）

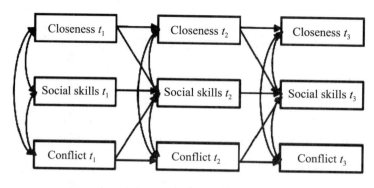

（c）M₄（双向驱动模型）

注：Closeness指师生亲密；Conflict指师生冲突；Social skills指儿童的社交技能；

t_1指第一个测量时间点；t_2指第二个测量时间点；t_3指第三个测量时间点。

图 3-5　研究假设的结构方程模型 M₂、M₃、M₄

2. 研究结果

从模型拟合的角度来看，研究发现，对 SSIS 测量的 3 种社交技能（自我控制、合作、断言）来说，儿童驱动模型拟合得最好；对另外 4 种 SSIS 社交技能（参与、同理心、责任心、沟通）来说，双向驱动模型拟合得最好，但除同理心外，其他 3 种社交技能（参与、责任心、沟通）的双向驱动模型都没有发现师幼关系对儿童社交技能产生影响的显著路径。对同理心来说，中班第二学期的师生冲突能够显著负向预测大班第一学期的同理心的水平，即师生冲突越多，儿童的同理心水平越低。

从具体的关系路径来看，结果显示，在所有的 SSIS 社交技能维度中，儿童驱动效应比关系驱动效应更加显著，具体表现为：儿童在大班上学期的同理心、责任心、沟通、合作、断言得分越高，其在大班下学期的师生亲密度越高，师生冲突越少。对于参与这个维度来说，大班上学期的参与能够显著正向预测大班下学期的师生亲密，参与对师生冲突的影响作用不显著，即儿童在大班上学期参与维度的得分越高，在大班下学期的师生亲密度就越高，但参与对师生冲突没有显著影响。对于自我控制这个维度来说，大班上学期的自我控制能够显著负向预测大班下学期的师生冲突，对师生亲密的影响作用不显著，即儿童在大班上学期自我控制维度的得分越高，在大班下学期的师生冲突越少，但是对师生亲密没有产生显著影响。

总体来看，研究发现，具有较高社交技能水平的儿童与教师的关系更好，说明当儿童表现出良好的社交行为，他与教师就更可能建立起积极的师幼关系。对该研究结论的意义需要结合当前中国幼儿园班级组织的特点及中国社会的文化特征来具体分析。

第五节　CLASS 的评分实践

CLASS 可用于评估班级师幼互动质量，也可用于指导托幼机构管理者和一线教师提升班级师幼互动质量；相关教师可使用 CLASS 中的各个质量指标来进行质量自我评价和教学实践反思。此外，CLASS 还是一个被广泛用于各种师幼互动研究的研究工具。自 CLASS 研发以来，各国学者使用该工具开展了大量关于师幼互动质量的研究。本节主要对 CLASS 的评分方法与质量报告进行简要介绍。

一、CLASS 的评分方法

CLASS 种各等级分数的意义为：1～2 为低分段，3～5 为中分段，6～7 为高分段。以维度认知发展中的指标分析和推理为例，若该指标得分为 1～2，教师则很少组织、鼓励儿童进行分析和推理的讨论及活动；若得分处于 3～5，教师则偶尔组织、鼓励儿童进行分析和推理的讨论和活动；若得分处于 6～7，教师则经常组织、鼓励儿童进行分析和推理的讨论及活动。至于如何判断具体分值，评分者需要参加 CLASS 观察和评分培训并学习相关的细节。[①]

「拓 展 阅 读」……………………………………………………………………

跳芭蕾舞的牛

请认真阅读以下师幼互动的案例，并对该案例中的教师在 CLASS 认知发展、反馈质量、语言示范 3 个维度中的表现进行评价。教师教学支持得分及评分依据见表 3-15。

儿童端坐好，教师坐在教室前面。

教师对全班儿童说："今天啊，王老师给大家带了一张图片，我们一起来看一下，图片上的人在干什么？"（手指图片）

全班回答："跳芭蕾舞。"

教师："嗯，是的，你们的声音真响亮。是的，她们在跳芭蕾舞。那你们看一下，这个

---

① 想了解具体的观察评分相关信息，可以查询 Teachstone 官网。

芭蕾舞跟我们平时跳的舞蹈有什么不同呢？"

（有几位儿童同时举手。）

儿童一回答说："她们跳得很高，是用脚尖跳的。"

教师重复说："她们跳得很高，还有吗？"

儿童二回答说："她们的脚抬得很高，然后，她们的另一个脚伸得很直。"

教师："嗯，还有吗？"

儿童三说："她们的背挺得很直。"

教师："有什么明显的不同呢？"

儿童四："我们平时跳舞都是用脚底来跳的，她们是用脚尖来跳的。"

教师："嗯，看得真仔细。是的，我们平时跳舞是整个脚落在地上的，而她们是用脚尖跳舞的。用脚尖支撑起自己的身体，所以啊，芭蕾舞还被称为脚尖上的舞蹈。小朋友们，再仔细观察一下，这些芭蕾舞演员的身材怎么样？"

儿童五："很瘦。"

教师重复："很瘦，很苗条的。很好，还有吗？"

儿童六："她们的身体像铅笔一样直。"

教师重复："她们的身体像铅笔一样直直的，很挺拔。说得真好！还有吗？"

儿童七："她们的脚不是盘起来的，是交叉的。"

教师："我们说她们的身材，你说的是她们的动作。"

儿童八："她们的身材像一根油条，手又细又长。"

教师重复："噢，她们的手细细长长的。她们的腿呢？噢，也是细细长长的。所以啊，她们的四肢很修长。"

教师："现在我们也来学学芭蕾舞演员，用脚尖来跳芭蕾舞好吗？"

儿童们开心地回答："好！"

教师和儿童们一起起立。

教师："脚尖踮起来，把你的手伸起来。"

片刻后，教师让儿童们坐回原位。

教师提问："你们谁能告诉我，用脚尖跳芭蕾舞是什么感觉啊？"

其中一位儿童回答："很难！"

教师重复："很难！还有吗？"

另一位儿童回答："觉得跳得脚尖很疼。"

教师重复："跳得脚尖很疼，那么你感觉怎么样啊？身体感觉怎么样？"

儿童不约而同地回答："站不稳。"

教师重复："哦！站立不稳，好像要摔倒了。"

教师接着问："你们的身体都感觉怎么样啊？"配上摇晃的动作。

儿童们各抒己见。

教师重复："噢！歪歪扭扭、摇摇摆摆的是吗？"

其中一位儿童大声喊道："东倒西歪的！"

教师重复："东倒西歪的。"

另一位儿童大声喊道："脚酸酸的！"

教师继续重复："噢，脚又酸又痛。看来学芭蕾舞容易吗？"

儿童们齐声回答："不容易！"

这时，教师引出课堂主题："可是啊，有这样一头牛，它也想学芭蕾舞，你觉得它能成功吗？为什么？"

其中一位儿童回答："它不能跳芭蕾舞，因为它的脚是分开来的。"

教师评价说："因为它的脚分开来，这是它的动作。还有吗？"

另一位儿童说："它不能，因为它很胖。"

教师重复："因为它太胖了，所以不能舞动。还有吗？"

第三位儿童说："因为它的肚子太大了，而且它的脚也不够长，所以不能跳芭蕾舞。"

教师重复："因为它的肚子太大了，四肢又那么短，根本不能支撑它的身体，所以不能跳芭蕾舞。说得真好！还有吗？"

第四位儿童说："它也没学过。"

教师重复："哦，它没练过，所以不能成功。"

第五位儿童说："因为，因为……因为人家跳芭蕾舞的都是很细很瘦的，它这么胖怎么跳呢？"

教师重复："因为它身材又肥又胖，所以不能成功。"

接下来，教师说："今天啊，王老师给小朋友们带来了一本大书，大书里藏着一个有趣的故事。就是和芭蕾舞有关的，我们一起来看一下。"

教师展示书，带领儿童们阅读书的封面"跳芭蕾舞的牛"。

教师提问："看这本书的封面，你们猜猜看，这个故事的主角会是谁呢？"

其中一位儿童回答："这头牛。"

教师指着封面上的牛，重复道："是这头牛，你们同意吗？"

儿童齐声回答："同意！"

教师接着问："那你们是怎么看出来的呢？为什么就是它？"

其中一位儿童回答："因为封面上的一个圆圈里就是它。"

教师重复："噢，你的意思是，封面上画了一头很大的牛，其他小动物虽有这么多，但画得……（引导儿童回答）这么小，而且还看不清楚，对吧？"

教师自言自语道："嗯，从图画上看出来的，还有吗？"

另一位儿童回答："因为那里有6个字'跳芭蕾舞的牛'。"

老师提示："噢！这是什么啊？"（指着封面的标题）

儿童齐声回答："题目。"

教师重复："噢，就是从这本书的题目上猜出这个故事的主角是这头牛，对吗？"

儿童回答："对！"

教师接着说："好，故事要开始了，现在老师把这个大书放到大屏幕上。"

投影仪投出一头牛的画面。

教师说："这是书的第一页。从这一页上，你们看到了什么？"

其中一位儿童回答："它在看电视。"

教师打断："谁在看电视？"

儿童接着回答："牛在看电视，看到里面有在跳芭蕾舞的。"

教师重复道："你的意思是，一头牛在收看芭蕾舞节目，对吗？那你觉得它看得怎么样呢？"

另外一位儿童答："它看得都想自己去跳一跳。"

教师重复道："嗯，它看得都想自己去跳一跳，那你们觉得它看得认真吗？"

儿童齐声回答："认真！"

教师接着提问："从什么地方看出来它很认真？"

一位儿童回答："因为它的眼睛一直在盯着电视。"

教师重复："它的眼睛紧紧地盯着电视节目，看得非常认真，还有吗？"

另一位儿童回答："它边看电视还边微笑。"

表 3-15　"跳芭蕾舞的牛"教师教学支持得分及评分依据

维度		教师具体表现	得分	打分原因
认知发展	分析和推理	·教师提出了很多为什么和怎么样的开放性问题来促进儿童进行观察思考，如"身体感觉怎么样？""你觉得它能成功吗？为什么？" ·教师经常让儿童进行猜想和比较，如比较芭蕾舞和儿童平时跳的舞蹈有什么不同，猜测牛能不能跳芭蕾舞等。 ·教师经常让儿童对某些活动和环节进行评价，如让儿童在体验了用脚尖跳芭蕾舞后评价自己的感受，以帮助他们了解学跳芭蕾舞是一件不容易	5	

续表

维度		教师具体表现	得分	打分原因
		的事情，以此来促进儿童进行分析和推理。 · 教师也尝试让儿童解决一些问题。		这个例子中教师的很多语言行为都符合认知发展维度中中分段的行为描述，但教师在分析和推理这一方面做得很好，所以这个例子中的教师可以得到中分段的高分，即5分。
	创造力的挖掘	· 教师有时会使用头脑风暴的方法让儿童进行创造和思考，但留给儿童表达和思考的机会并不是太多。 · 没有观察到教师让儿童做计划。		
	融会贯通	· 教师有时会尝试让儿童使用先前的知识回答一些问题，如平时跳的舞和芭蕾舞，芭蕾舞的动作（很难）和故事里跳芭蕾舞的牛等。		
	与现实生活相联系	· 教师尝试通过联系实际生活的经验帮助儿童把一些概念具体化，如让儿童体验芭蕾舞的动作，并询问他们的感觉。		
反馈质量	支架	· 教师偶尔会为儿童提供一些支架，如儿童在描述芭蕾舞演员的身材时，教师会提示他们观察芭蕾舞演员的腿。	6	这个例子中有很多符合高分段反馈质量所描述的行为，但由于教师在支架这方面做得略显不足，所以只能够得到高分段中的低分，即6分。
	反馈回路	· 教师和儿童之间有很多来来回回的交谈，如讨论牛能否学会跳芭蕾舞，故事的主人公是谁，等等。 · 教师坚持问很多后续的问题来使儿童有更多的机会进行思考，如经常问"还有吗？""从哪里看出来的？"等问题。		
	促进思考	· 教师经常对儿童的回答提出质疑，或要求他们解释自己的想法，而不是简单地告诉他们是正确还是错误。		
	提供信息	· 教师经常对儿童的回答进行拓展和解释。 · 教师对儿童的回答给出特定的反应。		
	鼓励和肯定	· 教师经常鼓励和肯定儿童的回答，以提高他们在活动中的参与度，如"看得真仔细"。		
语言示范	频繁的交流	· 教师虽然经常和儿童进行交流，但这些对话都是由教师发起和主导的，教师有时急于转换到下一个话题。	5	这个例子的教师在频繁的交流、重复和延伸这两个指标中符合中分段的描述，在开放性的问题和高级词汇指标中表现出了很多符合高分段描述的
	开放性的问题	· 教师问了很多开放性的问题，并且这些问题都需要儿童用较多的词汇进行回应，如"这个芭蕾舞跟我们平时跳的舞蹈有什么不同？""你觉得它能成功吗？为什么？"等。 · 儿童能够对教师提出的开放性问题做出回应，并用丰富的语言进行回答。		

续表

维度		教师具体表现	得分	打分原因
	重复和延伸	·教师有时会通过重复儿童的回答表示认可，但这样的行为并不是持续出现的。		行为，但由于教师并没有使用自我和平行对话的策略来拓展儿童的语言，所以综合来看，教师只能够达到中分段的高分，即5分。
	自我和平行对话	·没有观察到。		
	高级词汇	·教师经常使用丰富的高级词汇，并且能够把这些比较复杂的词语与儿童已知的词联系起来，例"瘦""苗条""身体像铅笔一样直直的""挺拔""细细长长""修长"等。		

本书针对下面拓展阅读中的案例（跳芭蕾舞的牛），对 CLASS 教学支持维度中的 3 个维度（认知发展、反馈质量、语言示范）及其具体指标进行分析。可以说，一个好的评分者不仅要有一定的一线教学实践经验，还要接受系统的 CLASS 理论与评估实践的训练，并对这些评估内容了如指掌。

二、CLASS 师幼互动的质量报告

胡碧颖研究团队（2014）在广东省 3 个地区随机选取了 60 所幼儿园的 180 个班级，并对班级师幼互动质量进行了 CLASS 观察评估。下面以中山市某幼儿园的 CLASS 师幼互动质量观察性评价为例，对 CLASS 质量报告进行介绍。

（一）中山市某幼儿园师幼互动质量及比较

中山市某幼儿园在 CLASS 的各个领域和维度上的得分与广东省及中山市整体情况的比较可见表 3-16。由表 3-16 可知，该幼儿园教师在 CLASS 各领域的得分情况与广东省和中山市幼儿园的整体情况一致，略高于平均水平。在情感支持和班级管理领域的平均得分均高于 5 分，属于中等偏上水平。虽然在教学支持领域的得分仅为 2.42 分（属于中下等水平），但该领域中的最高得分能够达到 5 分，表明教师在个别活动中能够偶尔运用有效的教学策略，但这些策略的使用不够连贯和持续，且出现的频率不高。这反映了教师不能在儿童一日生活的各个环节或教学过程中灵活自如地采用有效的教学策略来促进儿童语言和认知等方面的发展。因此，该幼儿园提升教育质量的首要任务是重点提高教师的教学支持质量，通过有针对性的培训来帮助教师掌握更多有效的教学策略，如提问策略、支架教学、内容反馈、示范模仿等策略。

表 3-16　中山市某幼儿园与广东省和中山市整体在 CLASS 上的得分比较

领域／维度	平均分			最小值			最大值		
	某幼儿园	广东省	中山市	某幼儿园	广东省	中山市	某幼儿园	广东省	中山市
情感支持	5.95	5.03	5.01	4.75	1.75	2.50	6.50	7.00	6.50
积极氛围	6.20	5.46	5.50	3.00	1.00	1.00	7.00	7.00	7.00
消极氛围（反向计分）	6.93	6.72	6.65	6.00	3.00	3.00	7.00	7.00	7.00
教师敏感性	5.67	4.24	4.24	5.00	1.00	1.00	6.00	7.00	7.00
关注儿童的观点	5.00	3.69	3.64	3.00	1.00	1.00	6.67	7.00	6.00
班级管理	5.73	4.80	4.87	3.67	1.00	1.67	6.00	7.00	6.67
行为管理	5.67	5.36	5.43	4.00	1.00	1.00	7.00	7.00	7.00
活动安排效率	6.60	4.91	5.05	4.00	1.00	1.00	7.00	7.00	7.00
教学指导方式	4.93	4.13	4.14	1.00	1.00	1.00	4.33	7.00	7.00
教学支持	2.42	2.12	2.09	1.00	1.00	1.00	4.00	5.67	5.33
认知发展	1.67	1.77	1.73	1.00	1.00	1.00	4.00	6.00	5.00
反馈质量	2.87	2.30	2.22	1.00	1.00	1.00	5.00	6.00	6.00
语言示范	2.73	2.30	2.33	1.00	1.00	1.00	5.00	6.00	6.00

具体来看，该中山市幼儿园教师在积极氛围、消极氛围、教师敏感性、关注儿童的观点、行为管理、活动安排效率这 6 个维度的平均得分均高于或等于 5 分，表明该园各班级中的整体情感氛围和日常秩序良好。大多数教师都能够对儿童表示尊重，能够营造一个友好、温馨、和谐的班级氛围，很少在儿童面前表现出消极情绪或惩罚、讽刺儿童，能够及时满足儿童的学业和情感需求，并在大部分时间里能够为儿童提供足够的自主学习与探索的机会。同时，教师还能够为儿童提供恰当的行为支持，比较合理高效地利用儿童在园活动的时间，激发他们参加各项活动的兴趣，促进儿童自我控制能力和自我管理能力的发展。值得注意的是，该园教师在认知发展这个维度上的平均得分低于广东省和中山市幼儿园的平均分，在反馈质量和语言示范这 2 个领域的得分均低于 3 分，属于中下等水平，这表明仅有少部分教师在某些活动中能够偶尔尝试使用不同的策略促进儿童语言的发展，如追问、及时反馈、重复和拓展儿童的回答等，但这些策略的使用不够灵活且持续性不强；同时，教师在促进儿童认知发展方面的策略较少（这些策略主要包括分类、比较、推理、头脑风暴等），因此需要通过有针对性的培训来帮助该园教师熟练地掌

握这些策略,以进一步提升该园的教育质量。

(二)中山市某幼儿园小、中、大班师幼互动质量报告

表 3-17 显示了中山市某幼儿园小、中、大班在 CLASS 的各个领域及维度的得分情况。小班在各领域的平均得分均略高于中班和大班,表明小班的师幼互动质量略高于中班和大班。CLASS 得分低于 3 分属于较低水平,根据"木桶效应",要提升师幼互动质量,应从质量"洼地"入手,因此各年龄班教师的培训应重点应关注不同的内容。小班师幼互动需要重点提升教师的认知发展策略的训练;中班师幼互动需要重点提升教师认知发展、反馈质量和语言示范 3 个维度上的能力;大班师幼互动需要重点提升教师在教学支持领域 3 个维度上的能力。综上所述,教师的教学支持能力是该园教师核心能力的"短板",未来应通过系统的训练有针对性地提升教师认知发展、反馈质量和语言示范 3 个方面的能力。

表 3-17 中山市某幼儿园各年龄班的 CLASS 得分情况

领域 / 维度	平均分			最小值			最大值		
	小班	中班	大班	小班	中班	大班	小班	中班	大班
情感支持	5.95	5.03	5.01	4.75	1.75	2.50	6.50	7.00	6.50
积极氛围	6.20	5.46	5.50	3.00	1.00	1.00	7.00	7.00	7.00
消极氛围(反向计分)	6.93	6.72	6.65	6.00	3.00	3.00	7.00	7.00	7.00
教师敏感性	5.67	4.24	4.24	5.00	1.00	1.00	6.00	7.00	7.00
关注学生观点	5.00	3.69	3.64	3.00	1.00	1.00	6.67	7.00	6.00
班级管理	5.73	4.80	4.87	3.67	1.00	1.67	6.00	7.00	6.67
行为管理	5.67	5.36	5.43	4.00	1.00	1.00	7.00	7.00	7.00
活动安排效率	6.60	4.91	5.05	4.00	1.00	1.00	7.00	7.00	7.00
教学指导形式	4.93	4.13	4.14	1.00	1.00	1.00	4.33	7.00	7.00
教学支持	2.42	2.12	2.09	1.00	1.00	1.00	4.00	5.67	5.33
认知发展	1.67	1.77	1.73	1.00	1.00	1.00	4.00	6.00	5.00
反馈质量	2.87	2.30	2.22	1.00	1.00	1.00	5.00	6.00	6.00
语言示范	2.73	2.30	2.33	1.00	1.00	1.00	5.00	6.00	6.00

第四章　教师专业发展

Chapter Four

◦◦ **本章导读** ◦◦

....

　　幼儿教师专业发展是托幼机构质量评估的内容之一。在教育研究与实践中，教师专业发展也是重要的研究议题和教育质量提升的关键。

　　在班级中，幼儿教师的专业发展水平是直接影响班级师幼互动（教学）质量的重要因素。在托幼机构层面，教师专业发展水平是衡量托幼机构整体质量的重要结构性指标，也是整体质量提升的关键。越来越多的证据表明，在所有教育资源中，教师的专业发展水平是促进儿童学习与发展的关键因素。幼儿教师不仅要为儿童提供有意义的信息，也要有效地促进不同的儿童群体对复杂的知识、认知技能的学习及其情绪与社会性的发展，尤其需要为广大低收入家庭中的儿童或处境不利儿童提供有质量的教学与情感支持，以阻断贫困的代际传递。

　　幼儿教师的专业发展反映在教师的专业知识、专业技能与素养、专业态度与动机等方面，是教师在专业知识、能力与素养等方面持续发展和提升的过程。从教师专业知识与技能的角度看，幼儿教师专业发展包括知识、识别、实践、反思4项基本内容；此外，幼儿教师的情绪（性格）特质、专业态度与动机也是其专业发展中不可或缺的内容。当前，一些国家或组织制定的托幼机构评估标准对幼儿教师专业发展及提升工作提出了详细的要求；此外，很多科学的量表可被用于教师专业发展水平及其影响因素的测量。

　　有效的教师教育项目（课程）是提升教师专业发展水平的关键，包括职前教育项目和职后教师培训与进修项目。从项目内容、组织形式（如个别指导／集体教学）、实施方式（如线上／线下）上看，不同国家和地区或组织开展的项目有较大的差异。对这些项目有效性的检验是指导项目改革、改善项目实施效果的关键。

　　本章介绍幼儿教师专业发展的定义与理论框架、教师专业发展项目（课程）的关键要素及其有效性评估。此外，本章还介绍一系列关于中国幼儿教师专业发展水平的研究。

....

第一节　教师专业发展的内容

一、教师专业发展的基本内容

　　教师的专业发展主要指教师作为教学专业人员，在教育观念、专业知识与能力、专业态度与动机等方面持续发展与提升的过程，是从新手教师到专家型教师转变的过程。教师专业发展将教师视为专业人员，强调教师是潜力无穷、持续发展的个体；要求教师成为学习者、研究者和合作者，并关注教师发展的自主性（张建平，2006）。

教师的专业发展水平能够反映在其意向性教学水平上。意向性教学主要指教师在对教学目标进行分析、理解、内化后，通过精心的教学设计和有效的教学策略完成教学目标的教学实践。教育学家爱泼斯坦（Epstein，2014）认为，掌握意向性教学法的教师能够有效地利用已有知识，并根据合理的教学目的去展开教学，从而让儿童在教学过程中习得促使其学业成功、身心健康发展的知识与技能。在意向性教学过程中，教师往往通过深思熟虑的计划来有目的地开展教学与互动。掌握这种教学方法的教师通常能够利用已有的知识、经验来帮助儿童构建学习经验；当意料之外的教学情况发生（这种情况在教学过程中也是常有的），教师能够发现该情况中蕴含的可促进教与学的契机，并能很好地把握这种契机，进而推进教学实践。因此，从教师专业知识与能力的角度看，教师专业发展包括4项基本内容：知识、识别、实践、反思。

教师的情绪特质、专业态度与动机也是教师专业发展不可或缺的部分。教师的情绪特质（如情绪控制能力）是支持其完成有效教学与师幼互动的基础。美国专业教学标准委员会（National Board for Professional Teaching Standards，NBPTS）制定的《优秀幼儿教师专业标准》（"Early Childhood Generalist Standard"）明确指出，幼儿教师应具备专业责任与道德，能够以诚实、正直和公平的方式高效地完成工作，并具有为学前教育事业奉献的精神。我国《幼儿园教师专业标准（试行）》也明确提出幼儿教师应"热爱学前教育事业，具有职业理想，践行社会主义核心价值体系，履行教师职业道德规范，依法执教。关爱幼儿，尊重幼儿人格，富有爱心、责任心、耐心和细心"等。总之，教师专业发展包括与教学实践直接相关的知识、识别、实践、反思及支持有效教学的教师情绪特质、专业态度与动机。

（一）知识

教师知识的含义有3层：知道是什么，知道为什么，知道怎么做。这3层含义分别强调教师在教学实践中掌握知识、理解知识背后的教学意义及在具体的教学实践中运用知识。从内容上看，教师知识包括以下几个类型：内容知识（即儿童学习内容的相关知识）、理论知识、教学知识、关于学习者的知识、学校背景知识、教学中的社会文化知识（见表4-1）。其中，教师的教学知识对教师积极与儿童互动并向其提供有效的学习机会来说尤为重要,它包括 3 个部分:①提供情感支持的环境与互动;②管理儿童的时间和行为;③支持儿童语言和认知发展的策略。此外,与教学知识相关的儿童观念也是一项重要内容。儿童观念可分为两类:一类是以教师为中心的教学观念,其支持者相信,将有用的知识直接传授给儿童的教学效果最好,并强调教师是直接向儿童提供知识的传播者;另一类是以儿童为中心的教学观念,该观念倾向于向儿童提供更加符合发展适应性的教学实践,并强调教师是协助儿童积极构建其知识的辅导者。

表 4-1　教师知识的类型

教师知识	案例
内容知识	数学、语文、科学等专业领域的基础学科知识。
理论知识	教育学、心理学等方面的理论知识。
教学知识	与儿童互动的技巧,传授知识与概念的技能。
关于学习者的知识	儿童的发展阶段、学习需求、最近发展区。
学校背景知识	所在幼儿园及地区的教育政策、发展规划、评估方式、管理模式、报告要求等。
教学中的社会文化知识	在教学中渗透的与本民族和国家文化相关的知识。

不同的学者从不同的角度构建了有关教师知识的概念。有研究者在其研究中定义了教师知识的两个方面:①命题性知识(propositional knowledge),指教师知道为什么采用某种教学实践;②程序性知识(procedural knowledge),指教师知道如何落实某种教学实践(Heilbronn & Yandell, 2010)。同样,有研究者指出,教师应在两个层面上使用教学知识:为实践而寻求知识(知道是什么),在实践中运用知识(知道怎么做)(Cochran-Smith & Lytle, 1999)。

著名学者舒尔曼于 1987 年提出了教学内容知识(pedagogical content knowledge, PCK)的概念,PCK 指教师对于某学科领域教学策略的掌握程度(Shulman, 1987)。例如,数学教师不能只熟知与数学有关的教学内容,亦应掌握针对不同教学内容的教学方法。舒尔曼同时指出,教师应掌握具有广泛内涵的教学知识,包括教学的内容知识、一般性教法知识及关于教育情境和目的的知识。有效的教学需要教师具备多个维度的知识。除 PCK 外,教师还需要掌握有关儿童发展的知识和有关儿童学习的知识,这些知识是建造有效师幼互动这座高楼的基础。比如,教师需要掌握儿童游戏发展的阶段及各阶段特征的相关知识,只有了解了每个儿童所处的游戏水平,教师才能知道如何为其提供概念学习的支架，如何对其进行正确的提问，如何提供额外的信息来扩充其游戏内容。此外，要对教师知识进行清晰的定义，就需要掌握教师专业发展的需求，并开发具有针对性的培训课程。

关于教师知识的研究很少。有限的研究探索了教师关于儿童发展知识的掌握程度对其教学实践的影响。有研究发现，幼儿教师普遍缺乏提升儿童早期语言读写能力的基本知识；同时，这些教师过高地估计了自己的水平，这导致他们缺乏继续进修和提升的动力（Cunningham et al., 2009）。也有研究指出了教师掌握关于儿童早期语言发展的知识的重要性。在《教师专业发展及训练对早期语言教学实践的影响》（"The Impact of Professional Development and Coaching on Early Language and Literacy Instructional Practices"）一文中，研究者们探讨了教师专业发展对其知识水平和实践质量的影响（Neuman & Cunningham, 2009）。此研究的样本教师来自 4 个城市的中心式和家庭式托幼机构。研究者将教师样本划分为 3 个组：第一组教师参加当地社区学院提供的早期语言课程，第二组教师除参加课程外还参加职业发展辅导，第三组教师是控制组。该研究评估了教师在语言教育方面的教学知识和教学实践。结果显示，在教师知识方面，两个干预组的得分均没有显著高于控制组，且两个干预组之间没有显著差异，这说明增加专业课程和实践辅导不会对教师相关知识的增长产生贡献。在教师的教学实践方面，同时接受专业课程与实践辅导的教师比只接受专业课程的教师在实践方面表现出更高的水平，增加专业实践辅导有利于家庭式机构中的教师提高自身教育实践水平。总之，专业知识课程配合专业实践辅导的培训模式对教师教学实践能力的提升来说更有效。

（二）识别

教师需具备识别有效教学（或无效教学）的能力。教师需要对儿童的身心发展及需求保持敏感性。事实上，这种识别有效教学的能力是一种非常具体的教学技能，幼儿教师可以通过观察大量的班级师幼互动（或录像）习得该技能。

关于教师识别有效教学能力的观点源于班杜拉的社会学习理论（Bandura, 1986），以及信息加工与动态记忆理论（Schank, 1982）。社会学习理论指出，个体通过观察他人的行为来进行替代性学习（Bandura, 1986）。该理论强调，个体对他人特定的行为过程及结果的观察，可以改变其对某种情况的思考与解释，或学会某种复杂行为。信息加工与动态记忆理论在社会学习理论的基础上对其进行了延伸。该理论认为，新手教师可以通过观察专家型教师在班级内的师幼互动，来发展自身教学的认知图式或认知网络，并为有效的教学实践制订教学计划（script）。在此基础上，当新手教师遇到类似的教学情境，可以迅速提取之前观察到的、可以有效运用的教学行为，并对其进行实践。录像观察可以为新手教师提供反复的观察机会、丰富的教学内容及与之相匹配的情境，从而促进新手教师在教学技能与策略方面的信息加工。总之，上述理论认为，观察能力的培养对于教师教学技能的发展来说是至关重要的。

大量的研究证明，对录像案例的观察是提升教师教学技能的一种有效方法（Hatch & Grossman, 2009）。已有研究发现，幼儿教师识别有效教学的能力是其在班级中实践这些能力的重要前提（Moreno & Valdez, 2007）。录像可以为教师提供有目的性的观察机会，以此支持他们习得有效的教学技能。早在1971年，凯伦及其同事进行了一项非常有趣的实验（Karen et al., 1971）。他们探索了教师通过录像观察习得教学能力的有效性（同时也证明了社会学习理论在教学中应用的有效性）。他们将121名教师随机分成3组：第一组观看示范某一具体教学技能的录像（如使用分析性提问策略），第二组仅观看录像的文本，第三组为控制组。每组教师在获得关于该教学技能的书面材料后，分别给高中生上了一堂微课（micro-lesson）。结果显示，两个干预小组授课的前测与后测有明显差异，干预组教师显示出更多高质量的分析性提问教学策略的使用。此外，通过录像学习的教师比仅使用书面材料的教师更频繁地使用高质量的分析性提问策略。以上结论证明了录像教学在教师教学技能提升方面的有效性。

识别有效教学的训练在师资培训领域并非新的概念。在近几十年来，美国教师普遍在职前和职后培训中正式或非正式地观察专家型教师的教学。但研究者尚不能对教师识别有效教学的能力进行清晰、有目的性的定义、操作与评估。事实上，此项能力是幼儿教师的一项核心能力。对这种技能进行有效测量，能够指导幼儿教师的资格认证及培训工作的开展。基于对以上问题的思考，弗吉尼亚大学的研究者们研发了一种关于教师识别有效教学技能的评估技术——教学学习的视频评估（video assessment of interaction and learning, VAIL）。本章后面的内容会详细介绍VAIL的实施。

（三）实践

对任何技能的学习来说，实践是学习过程中非常重要的一个环节。能力在很大程度上是通过"做"来习得的。体验式学习理论认为，学习可以通过获取抽象知识、观察及经验本身来实现（Kolb et al., 2000）。该理论强调实践（体验）在人类个体学习过程中的重要作用。此外，有研究者（Ericsson & Charness, 1994）指出，意向性行为的意义通常比人们所认为的更为深远，行为主体可以在不受工作记忆容量和认知加工限制的情况下习得技能；意向性练习能够促成学习者在生理和心理上的变化，这些变化体现了人类在同化与顺应过程中的最佳认知与学习模式。在教育研究与实践领域中，意向性练习可被视为教师的教学实践。

事实上，教学与学习教学均涉及复杂的动态人际关系，实践对于学习教学来说是不可缺少的。然而，传统的职前教师人才培养对教学实践的重视程度不够，很少有实证研究检验教学实践的质量和数量与职前教师的教学表现之间的关系。

在《成为现实：基于实践的学前教师教育》（"Making It Real: A Practice-Based Early Childhood Teacher Education Program"）一文中，研究者们从理论和研究两个方面阐述了实践型教师教育的理论基础及相关的教育建议和挑战（Vartuli et al., 2016）。研究者们指出，实践型教师教育需要关注学习与发展的社会文化背景，并强调建构主义教学的运用。例如，尊重职前教师已有的知识和经验，促进其对话与分享观点，培养职前教师对自我认知和学习过程的元认知的发展。在文中，研究者们提出了实践型幼儿教师教育的过程性模型。第一，教师教育课程应重点强调对问题的探究与反思，课程的关注点应从儿童的学习表现和教师的教学表现转到教学对儿童学习的影响上。第二，在每门课程的实践中使用的专业教学标准需要详细说明岗位职责，如"帮助每个儿童学习遵守时间"。第三，在每门课程中使用教学案例、情境学习和文献记录来激发职前教师的提问，并进一步对问题进行验证。相应的讨论材料可被用于教师提问，亦可被用于对教学实践的讨论。第四，最后一个步骤是评估，包括自我评估、同伴评估及指导教师的评估，这些评估有助于职前教师对教学进行反思。

教师教育需要为职前教师提供实践师生互动的机会，幼儿教师的教育应以实践为抓手，培养具备专业胜任力的合格教师。这里倡导并鼓励在职前教师教育中实施以实践为导向的专业发展模式。大量实证研究发现，实践型培训（如同行指导、专家培训）的效果大大好于传统的研讨会形式的培训。其主要原因是，实践型培训以具体知识的应用和技能的实践为导向，并非常强调一对一的指导（Zaslow et al., 2010）。然而，这种培训模式的成本很高，富有经验的培训人员往往不够充足，导致此类培训的受众人群较少。鉴于以上情况，一些学者基于实践型培训，提出了实践聚焦课程（practice-focused course）的培训形式。实践聚焦课程培训的时间跨度、形式和要求均与美国大学课程相似，即以集体或小组教学的形式完成以实践为导向的教师教育课程。该培训继承了实践型培训的优势，即教师所学习的知识和技能与实践所需的知识和技能高度匹配，从而为其日后实际运用这些知识与技能做好准备。同时，实践聚焦课程克服了实践型培训的一些缺陷（一对一高强度辅导和反馈的模式令其不能得到大面积推广），使更多职前或职后教师受益。实践聚焦课程加上一对一辅导可以说是提升教师有效教学能力的最佳培训模式。

（四）反思

教学反思对教师专业发展与成长来说至关重要。幼儿教师在其教学准备与实施过程中，必须了解儿童发展的理论和教育学相关知识，同时需要将他们学到的知识应用到班级互动中。在这个过程中，教师应不断地对其教学过程及其有效性进行反思。反思包含教师对教学实践及其相关影响因素的积极思考，也可将之视为教师对自己的教学知识和教学实践的元认知。教师需要基于提高教学水平或改进教学质量的目的进行反思。有学者指出，反思是以制订、改进未来行动方式或行动本身的计划为目的的、周期性的、对自己的行为与意图之间的关系进行关注的行为（Kottkamp, 1990）。

反思包含几个重要特征。第一，教学反思并非阶段性出现的行为，而是通过反复循环的过程来改变教学实践。第二，反思需要教师对自己的教学行为进行意向性关注，这意味着教师要花时间来观察自己的教学，例如，对自己的教学录像进行观察和分析。第三，反思的目的是提升教学实践，对幼儿教师而言，反思活动是为提升每日师幼互动质量而进行的思考与尝试。第四，对反思的定义也提到了循环式反思，即周期性地对自己的行为与意图之间的关系进行关注（Kottkamp, 1990）。循环式反思不仅可以提升教师对教学进行计划的能力，还能够帮助教师在教学过程中根据具体情况合理地选择有效的教学策略。

以班级互动观察为基础的反思是有效的学习方式。职前教师教育应努力提高未来教师对其教学实践进行观察的能力，并结合指导教师的反馈及指导工具来启发其对自身教学实践进行反思。文章《发展教师的班级互动：学前教育专业学生的视频回顾技术》（"Developing Teachers' Classroom Interactions: A Description of a Video Review Process for Early Childhood Education Students"）

中的研究展示了学生通过自身教学实践的视频进行分析反思的过程（LaParo et al., 2012）。学前教育专业的学生录制自己的教学视频，然后与小组课程导师一起使用 CLASS 来回顾教学过程，同时由受过训练的 CLASS 观察员对视频进行编码。结果表明，学前教育专业的学生在 CLASS 情感支持和班级管理领域的得分均高于教学支持领域的得分。学前教育专业学生通过评判自己的实践视频、指导教师的观察指导及指导教师具有针对性和专业性的反馈，有效发展了自身教学的重要技能。

此外，巴亚特指出了创造性反思和非创造性反思之间的区别（Bayat, 2010）。其中，创造性反思指学生将自己的知识与实践相联系，并确定新的学习方式，这是一种形成性的学习方法；而在非创造性反思中，学生往往缺乏对新知识的总结性表征。在教师教育课程中，指导教师需要向学生介绍课程内容，并指导学生在各种为儿童提供服务的环境中应用自己在课程中学到的知识与技能。在该过程中，反思的重要性在于学生能够借此提高对自己的实践的认识，批判性地思考自己的教学实践，重新思考自己最初的教学设计，找出自己在课堂上的行为与有效教学技能之间的差距，并将自己的教学实践与观察到的其他人的实践进行比较。此外，未来的研究应进一步探索各类反思形式的有效性，例如，行动研究项目、录像带、教学日记、访谈及讨论等形式是否能更好地促进职前或职后教师在不同阶段、不同教学环境中的反思。

（五）情绪特质、专业态度与动机

教师的情绪特质、专业态度与动机是教师专业发展及其评价的重要组成部分，同时也是研究者关注的热点。

教师的情绪特质（如情绪控制能力）与专业态度（如职业承诺）是支持其完成有效教学与师幼互动的基础。1999 年，ACEI 与 OMEP 提出了学前教育的 5 大质量领域：环境与空间、课程内容与教育方法、幼儿教师与保育人员、家庭—机构—社区的伙伴关系、关注特殊儿童。其中，幼儿教师与保育人员质量领域明确提出了教师与保育人员应具有有效开展保教活动的专业知识、技能，适宜的人格特质（如关怀、接纳、积极乐观、理解与移情等），以及专业品格（如在儿童有困难时能及时给予安慰和帮助、尊重儿童等）。此外，也有学者提出，幼儿教师专业胜任力应包括知识、观念、动机与情绪、自我控制 4 个方面；幼儿教师的专业动机、情绪特质与行为控制能力是其专业胜任力的重要基础（Anders et al., 2013）。下面从两个方面探讨教师这个领域的专业发展。

1. 职业认同与职业承诺

职业认同与职业承诺可被视为幼儿教师专业成长的起点。幼儿教师职业认同指幼儿教师对其从事的职业的社会价值等所持有的看法与社会对该职业的评价、期望的一致性。它包括：个体对幼儿教师职业的特点、社会职能和社会地位等的认识和看法；对从事幼儿教师职业应具备的素质的认识；个体乐于从教的意愿及从教时积极愉悦的情感体验，如自我实现与满足的心理表征等。教师的职业承诺指教师对自己所从事职业的认同和投入程度。职前及职后幼儿教师对幼儿教师职业的认同是教师情感最持久的原动力，是从事幼儿教师职业的基本心理准备。

2. 情绪智力与情绪工作

情绪智力指个体识别和理解自己与他人的情绪状态，并利用这些信息来解决问题和进行自我调节的能力。它包括 4 个维度的能力：自我情绪觉察、他人情绪觉察、情绪管理与情绪运用（Law & Wong, 2000）。情绪智力反映出幼儿教师在情绪控制、意志和耐挫性等方面的品质，而这些品质正是幼儿教师专业素养的重要内容，并对其班级互动与教学、班级管理等方面的工作胜任力有显著影响。

情绪工作的概念最早由霍赫希尔德（Hochschild, 1983）提出，指员工为了表达组织期望的情绪而进行必要的心理调节。组织期望员工表达的情绪被称为"规则"（display rule），指组织对员工在情绪展示的类型、多样性、频率、持续事件等方面的要求。员工进行情绪工作的心理调节时主要使用自然行为、表层表演和深层表演 3 种策略。表层表演指当员工的内在情绪与组织要求不一致，员工伪装并表达符合组织要求的情绪（没有改变其内在感受）；深层表演指员工调整与组织不符的内在感受，而表达组织所需要的情绪；自然行为指员工感受的情绪与工作要求的情绪相一致。王双等人（2015）通过对以往情绪工作定义的分析将幼儿教师的情绪工作界定为：在教育教学情境中，幼儿教师为完成幼儿园交给的保教任务，对自己情绪进行必要的心理调节，以表达出适合教育教学活动的情绪的过程。大量的研究显示，幼儿教师的情绪工作与其情绪耗竭、工作耗竭、工作满意度及工作胜任力有密切的关系（刘衍玲，2007；孙阳，2013）。

教师专业发展及其影响因素的测量问卷

这里列举了几种与教师专业发展水平相关的问卷，这些问卷的内容涉及教师的教学知识、儿童观念、性格及依恋特征、情绪与行为管理、自我效能感、职业承诺、文化胜任力与社会支持等，具体见表4-2。

表 4-2　教师专业发展及其影响因素的测量问卷

量表名称	测量内容	量表作者（年份）
NEO 大五人格量表 （NEO Five-Factor Personality Assessment）	人格	Costa & McCrae（1992）
成人依恋问卷（Adult Attachment Scale）	成人依恋	Collins & Read（1990）
抑郁焦虑压力量表 （Depression Anxiety Stress Scale）	情绪与压力	Lovibond & Lovibond（1995）
简明坚持性评量表（Short Grit Scale，Grit-S）	坚毅力	Duckworth & Quinn（2009）
学习自我效能感量表 （Academic Sense of Efficacy Scale）	自我效能感	梁宇颂（2000）
应对方式问卷（Coping Style Scale）	应对方式	肖计划、许秀峰（1996）
自评情绪智力量表 （Self-rated Emotional Intelligence Scale）	情绪智力	Brackett et al.（2006）
教学选择影响因素问卷 （Factors Influencing Teaching Choice Scale）	职业选择影响因素	Watt & Richardson（2007）
教师职业承诺问卷 （Teacher Occupational Commitment Scale）	职业承诺	李霞（2001）
教师教学效能感问卷 （Teacher Sense of Efficacy Scale）	教学效能感	Tschannen-Moran & Woolfolk Hoy（2001）
儿童观念问卷（Ideas about Children）	儿童观念	Hamre, Pianta, Downer, & Mashburn（2008）
意向性教学观念问卷 （Beliefs about Intentional Teaching）	教学观念	Hamre & Downer（2007）
有效师幼互动知识问卷（Knowledge of Effective Teacher-child Interactions）	教学知识	Hamre & Pianta（2007）； Pianta, LaParo & Hamre（2007）

二、幼儿教师专业发展标准

（一）美国幼儿教师专业标准

2009 年，NAEYC 在其制定的《幼儿教师职业准备标准》（"Standards for Early Childhood Professional Preparation Programs"）中对幼儿教师应该具备的基本专业知识和能力做了明确规定，具体见表 4-3。该标准涵盖教师知识、识别有效教学能力、教学实践与反思、专业理念、专业态度与动机、教师情绪特质等一系列幼儿教师专业发展内容。此外，NBPTS 也在《优秀幼儿教师专业标准》中规定，幼儿教师不仅要了解儿童的发展与学习，与家庭和社区建立合作关系，建构并管理环境，实施教学，还要评估儿童的发展与学习，做到平等、公平和赏识的多样性，反思教学，体现专业精神，促进专业发展。可以说，NBPTS 的标准从知识和实践能力两个方面对幼儿教师专业标准进行了界定和要求，强调教师要合理利用有效的教学知识与儿童发展知识开展教学实践，识别儿童发展水平并给予有效支持，积极开展教学反思，并尊重儿童的多元文化和家庭成长背景，具体见表 4-4。综上所述，这两个标准均强调了教师对儿童发展的理解与识别的能力，基于有效的理解与识别来建构课程的能力，以及通过有效的互动与教学来促进儿童发展的能力。

表 4-3　NAEYC《幼儿教师职业准备标准》

一级指标	二级指标
儿童的发展与学习	·知道儿童的发展特点和需求。 ·知道影响儿童发展和学习的多重因素。 ·能够利用儿童发展的知识为儿童创设健康、尊重、支持性和具有挑战性的学习环境。
与家庭和社区建立合作关系	·知道不同家庭和社区的特点。 ·能够通过建立相互尊重的关系，为家庭与社区提供支持。 ·能够促使家庭与社区参与儿童的发展与学习。
观察、归类与评估	·知道评估的目标、好处和使用方法。 ·知道评估需要与家庭和同事进行合作。 ·知道并会使用观察、归类和其他适宜的评价工具和方法。 ·能够进行负责任的评估，促进每个儿童的积极发展。
与家庭和儿童建立联系	·知道积极的关系与支持性的互动是幼儿教师与儿童一起工作的基础。 ·知道高效教学的策略与工具。 ·能够使用多种具有发展适宜性的教学方法与学习方法。 ·能够反思自己的教学实践，促进每一个儿童良好的发展。

一级指标	二级指标
建构课程	·知道学科领域的知识与资源。 ·知道并会使用核心概念、探究工具及知识结构。 ·能够利用知识、学习标准和其他资源，为每一个儿童设计、实施并评估有意义的、具有挑战性的课程。
成为专业人士	·能够意识到自己是学前教育领域中的一员。 ·知道并遵守道德标准和职业准则。 ·能够不断地参与合作学习。 ·能够整合学前教育领域中知识性、反思性和批判性的观点。

注：资料来源为 NAEYC 网站。

表 4-4　NBPTS《优秀幼儿教师专业标准》

一级指标	二级指标	三级指标（示例）
儿童的发展与学习	能够促进儿童的身体发展	·能够运用儿童身体发展的知识来建构学习经验和环境。
	能够促进儿童的认知发展	·能够运用儿童个体学习方式的知识，为每个儿童设计适合其自身的学习经历。
	能够促进儿童的语言发展	·能够识别课堂中儿童不同的语言熟练水平，并能运用不同的教法来满足儿童的需求。
	促进儿童的社会性发展	·帮助儿童发展同伴关系及与成人的互动。
	促进儿童的情绪发展	·知道儿童的情绪发展阶段、典型与非典型的情绪发展模式。
	促进儿童的道德和伦理发展	·知道儿童在不同的发展阶段理解道德问题和处理道德困境的能力是不同的。
与家庭和社区建立合作关系	能够与家庭建立合作关系	·知道家庭与学校的关系是持续的、相互的、发展的和基础的。
	能够理解家庭和社区	·尊重家庭的多种类型与结构。
	能够与家庭和社区进行交流	·与家长定期交流儿童的进步情况。 ·知道与社区交流学前教育的重要性。
	能够帮助家庭获取支持和服务	·能够判断家庭和儿童的需求。 ·熟悉可利用的服务性组织或机构资源。
平等、公平和赏识多样性	确保平等	·在特殊儿童方面，能够与地方和中央的政策保持一致。
	展示公平	·能够在安全和友爱的环境中示范什么是公平。
	赏识多样性	·能够把儿童的多样性作为丰富学习环境的一个方面。

续表

一级指标	二级指标	三级指标（示例）
教学的科目内容	知道科目的内容	·知道并掌握科目领域内容，主要包括语言艺术、数学、科学、社会研究、健康教育、体育和技术。
	能够整合科目内容	·能够有意识地把儿童各发展领域整合到教学和科目学习中。
评估儿童的发展与学习	能够通过评估，支持和指导儿童的发展与学习	·能够设立清晰的评估目标；能够系统高效地使用多种发展适宜性评估工具。
建构并管理环境	能够设计物理环境	·保证学习环境的温度、设施摆放、噪声、视觉展品对所有儿童的学习和发展是有利的，空间的安排便于儿童安全地活动。
	能够提供适宜的学习材料和资源	·知道儿童的理解力是从具体到抽象、从简单到复杂发展的，据此提供排过顺序材料。
	能够管理学习环境中的游戏	·在选择游戏材料和器具时，能够考虑到儿童的年龄、能力和文化背景。
	能够管理学习环境	·能够管理学习环境的空间安排，使其既有利于独立活动，又有利于小组活动。
制订计划	能够设立清晰的目标	·能够根据儿童的先前知识、课程内容、教学内容与社会环境，制定目标的顺序。
	能够设计并选择活动与资源	·能够设计并选择发展适宜性的活动与资源。 ·保证学习活动是前后连贯和相互联系的。
实施教学	能够技巧性地运用教学策略与资源	·能够使儿童参与学习。 ·能够利用游戏的策略。
	能够通过多种策略促进儿童的学习和发展	·直接与间接的、正式与非正式的、归纳与演绎的、教师引导与儿童选择的策略。
反思教学	无	·能够定期反思，重新思考先前的知识和经验，提高未来的实践质量。
体现专业精神，促进专业发展	无	·具备专业责任与道德，能够以诚实、正直和公平的方式高效地完成工作任务。 ·能够与其他专业人士合作，发展合作的品质。 ·具有奉献于学前教育事业的精神。

注：资料来源为美国图书馆协会网站。

（二）中国《幼儿园教师专业标准（试行）》

为促进中国幼儿园教师专业发展，建设高素质幼儿园教师队伍，中华人民共和国教育部于 2012 年颁布了《幼儿园教师专业标准（试行）》（简称《专业标准》）。《专业标准》指出，幼儿园教师是履行幼儿园教育工作职责的专业人员，需要经过严格的培养与培训，具有良好的职业道德，掌握系统的专业知识和专业技能。《专业标准》反映了我国政府对合格幼儿教师专业素质的基本要求，既是幼儿教师开展保教活动的基本规范，也是引领幼儿教师专业发展的基本准则。

贯穿《专业标准》的基本理念是：师德为先，幼儿为本，能力为重，终身学习。这些基本理念重点关注教师的师德师风，并强调教育应以儿童为本，教师应建立以儿童为中心的教育观念和教育实践，同时突出教师的专业实践与反思能力的培养。这些专业发展标准与之前所讲到的学前教育教师专业发展的基本内容（知识、识别、实践、反思）是一致的，也体现出了我国幼儿教师人才培养与专业发展的特色。

「拓 展 阅 读」

《专业标准》的基本理念

《专业标准》的基本理念是：师德为先，幼儿为本，能力为重，终身学习。这4个基本理念的具体内容如下。

师德为先。热爱学前教育事业，具有职业理想，践行社会主义核心价值体系，履行教师职业道德规范，依法执教。关爱幼儿，尊重幼儿人格，富有爱心、责任心、耐心和细心；为人师表，教书育人，自尊自律，做幼儿健康成长的启蒙者和引路人。

幼儿为本。尊重幼儿权益，以幼儿为主体，充分调动和发挥幼儿的主动性；遵循幼儿身心发展特点和保教活动规律，提供适合的教育，保障幼儿快乐健康成长。

能力为重。把学前教育理论与保教实践相结合，突出保教实践能力；研究幼儿，遵循幼儿成长规律，提升保教工作专业化水平；坚持实践、反思、再实践、再反思，不断提高专业能力。

终身学习。学习先进学前教育理论，了解国内外学前教育改革与发展的经验和做法；优化知识结构，提高文化素养；具有终身学习与持续发展的意识和能力，做终身学习的典范。

第二节　教师专业发展的策略

托幼机构是在职幼儿教师专业发展的主要环境。在托幼机构中构建支持教师成长的专业文化，能够有效地促进教师的专业发展并提升机构质量。此外，对在职幼儿教师而言，职业生涯中的培训与指导对其专业发展水平具有直接的促进作用。对职前教师教育而言，专业课程应具备连贯性和整体性，不断强化教育实践，使理论知识与教学实践相结合。

一、在托幼机构中构建支持教师专业发展的专业文化

幼儿教师在托幼机构中进行教学实践，并在托幼机构中通过持续的学习提升专业水平。托幼机构能够通过构建积极的教师成长环境来促进教师的专业发展。美国学前教育专家康纳斯于 2016 年提出了托幼机构教育质量提升的理论模型（Connors，2016），可以通过该模型审视教师专业发展在托幼机构质量提升及促进儿童发展中的重要作用（见图 4-1）。该模型是基于实证研究结论构建的，关注支持教师发展的学习环境，强调教师专业发展水平的提升是托幼机构质量提升的关键途径。

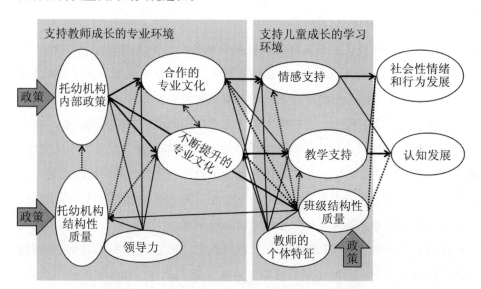

图 4-1 托幼机构教育质量提升模型——基于支持教师成长的专业环境（Connors, 2016）

该模型将质量划分为两个环境——支持儿童成长的学习环境和支持教师成长的专业环境。就支持儿童成长的学习环境而言，该模型强调结构性质量影响过程性质量，过程性质量继而直接促进儿童各领域的发展。政策工具能够通过调节托幼机构的结构性质量来调节班级的过程性质量。该部分内容在前文已详细讲解，在此不再赘述。就支持教师成长的专业环境而言，托幼机构可以在教师发展环境中塑造良好的专业文化，包括合作的专业文化（culture of collaboration）和不断提升的专业文化，从而影响教师的教学实践，教师的教学实践进一步影响儿童的发展。

（一）基于内部政策和结构性质量构建专业文化

由图 4-1 可知，支持教师成长的专业环境由两部分组成，一是托幼机构内部政策，二是托幼机构结构性质量。托幼机构结构性质量包括托幼机构的地点、机构性质、收费标准、教师的薪资和福利、师幼比、园长的教育水平和教龄、托幼机构的空间设施和发展规划等质量要素。这些结构性质量要素可以通过政策工具进行调节，但其与过程性质量的关系是微弱的、不稳定的。托幼机构内部政策指的是指导托幼机构教育实践（实践的内容、频率和强度）的措施，如教师集体备课、相互评估课堂教学并给出建设性反馈等措施。这样的措施会促进教师和管理者之间的良性互动，并在托幼机构中形成可持续的学习文化。康纳斯强调，托幼机构内部政策应支持教师的专业发展。这些促进教师专业发展的内部政策包括定期举行教师研讨会、培训及一对一辅导，或为教师提供带薪的备课时间，等等。然而，托幼机构内部政策的实施必须由结构性质量要素进行保障。比如，教师讨论会等互动过程需要托幼机构提供时间和空间上的条件保障。

那么，教师成长的专业环境如何影响教师的教学实践呢？康纳斯认为，支持教师成长的专业环境能够通过创造专业文化来影响教师的教育实践。这里的专业文化包括合作的专业文化和不断提升的专业文化，它们能够直接影响教师的教学实践能力。合作的专业文化对教师的成长来说尤为重要。在支持教师成长的专业环境中，合作的专业文化应具备温情、尊重、团队合作、支持性的伙伴关系等积极要素。例如，学员教师与指导教师之间的支持和信任关系是教师专业能力成长的基础。不断提升的专业文化指为教师提供其所需要的教学指导。该文化反映了教师团队的学习风气与教育理念。当教师团队具备良好的学习风气和教育理念，教师就会反思自身的教学实践，并积极参与持续的学习，不断尝试新的教学策略，努力追求更高水平的教学质量。这种学习风气对教师的学习来说尤为重要，它能够直接促进教师的专业发展。在这样的成长环境里，教师会通过频繁地运用所学知识和自我反思来改进教学工作，不断提升教学水平。此外，不断提升的专业文化并不包含具体的学习内容（如课程内容、教学实践等），它更多地反映托幼机构的教育理念及其对教师的期望，并会在托幼机构内部政策中有所体现。

（二）基于管理者特征与教师特征构建专业文化

管理者与教师的特征（如园长学历、教师工作经验等）与支持教师成长的专业环境和支持儿童成长的学习环境中的结构性质量要素和过程性质量要素有关。例如,园长的领导风格、教师的职业承诺能够影响班级师幼互动质量,而师幼互动质量能够直接影响儿童的发展。

由图4-1可知,管理者的领导力是一个能够影响托幼机构质量的外生变量。管理者与教师个体的特征对支持教师成长的专业环境和支持儿童成长的学习环境中的结构性和过程性质量要素有显著影响。有研究者提出,托幼机构管理者的个体特征与环境相互作用,使领导力成为儿童发展近端质量(即班级教学/师幼互动质量)的活跃塑造者(Bronfenbrenner & Morris, 2006)。例如,管理者的领导风格能够影响教师在班级中的师幼互动质量,而师幼互动质量(近端质量)能够直接影响儿童的发展。因此,康纳斯的模型包含了两条质量提升路径:一是从管理者个体特征,到托幼机构内部政策和托幼机构结构性质量,再到构建合作的专业文化与不断提升的专业文化的路径;二是从教师个体特征,到合作的专业文化和不断提升的专业文化,再到班级结构性质量和师幼互动质量(情感支持、教学支持)的路径。

大量证据表明,强有力的领导力可以引导托幼机构提升其教育质量(Dunlop, 2008; Rodd, 2012)。管理者领导力能够从两个方面对班级质量产生积极影响。一方面,管理者领导力影响托幼机构层面的结构性质量和内部政策,影响班级结构性质量要素,进而影响班级的过程性质量;另一方面,管理者领导力也会影响教师专业发展支持中的合作的专业文化和不断提升的专业文化,从而影响教师的教学支持水平。此外,教师个体特征(如教龄、学历、职业承诺等)能够直接影响托幼机构的合作的专业文化。

二、训练与指导——以美国TA项目为例

(一)什么是训练与指导

训练是支持个人职业发展的重要学习形式。它主要指发生在指导者与学员之间,聚焦于学员学习与发展,并支持其行为及思维方式发生实质性变化的互动过程(van Nieuwerburgh, 2014)。训练强调指导者与学员之间的支持性伙伴关系,其目的在于促进学员的自主性学习,提升其行为表现,并促进个人发展。

指导是一种与训练相似的学习形式。相较于指导,训练是一种更为正式的学习形式,而指导通常描述的是指导者与学员之间的非正式互动。此外,相较于指导,训练通常采用短期的学习形式,通常以促进学员掌握目标知识与技能为目的,而指导则关注学员的整个职业生涯的成长与发展。在指导中,指导者可以是一位咨询者、领路人或导师;而在训练中,指导者的作用是激发学员的自主性思考与实践,共同分析、解决问题(Bresser & Wilson, 2010)。

事实上，训练在很多情况下等同于指导，两者的目标是一致的——支持学员达成其专业发展目标和职业成就。从发展学员的知识、技能与实践能力的角度来看，训练与指导这两种学习活动在本质上是一样的（Garvey et al., 2009）。

（二）美国幼儿教师专业发展策略——TA 训练与 TA 指导

美国各州开展的技术协助（Technical Assistance, TA）是一个促进美国幼儿教师专业发展的项目，其主要的实施策略就是训练与指导。TA 通过专业指导者（有经验的同行或专家）对学员个体或团体进行训练或指导，来提升学员教师运用教学知识、提供教学服务的能力。

TA 训练是具备成熟的成人学习知识与技能的专家对学员教师进行的训练。专家往往在教育领域中很有经验，并担任过很多专业角色。训练一般通过现场互动的方式进行。专家和学员教师共同商议并制定训练的目标和次数。在具体目标实现后，训练则终止。TA 训练强调 6 个工作要素：①专家应尽可能在学员教师的工作场所与其会面，并向学员教师示范教学活动；②专家应向学员教师提供具体有效的支持，而非灌输专业发展要求；③专家应观察并支持学员教师进行发展适宜性教学实践，而非直接告诉学员教师应该怎样做；④专家应与学员教师建立友好、信任与尊重的关系；⑤专家应通过对教学活动的观察，向学员教师提供描述性而非评价性的反馈；⑥专家应帮助学员教师确定优先完成的学习内容，并制订行动计划（Neuman & Cunningham, 2009）。

TA 指导是实践经验丰富且具有成人学习知识的同行（指导者）对缺乏经验的学员教师进行的持续指导。指导者和学员教师的关系并不是强制性的，而是通过协商建立的（学员教师可以自主地选择指导者）。此外，TA 指导是一种持续、循环的过程，指导者与学员教师可以通过协商选择继续指导或终止指导。这里需要强调的是，无论是 TA 训练还是 TA 指导，都建立在指导者或专家与学员之间的积极关系的基础之上，即通过建立积极、相互信任和尊重的关系来帮助学员教师提升其专业发展水平。

近年来，TA 训练与 TA 指导已成为美国提高幼儿教师专业发展水平的最佳策略。首先，TA 为新入职教师提供的理解、鼓励与指导能够帮助他们成功面对工作中的孤独、困难与挑战，顺利走过职业生涯中的困难阶段，增强其自信心（Katherine & Sharon, 2001; Louisa et al., 2003），从而降低美国幼儿教师的流失率（Katherine & Sharon, 2001）。其次，有研究显示，TA 能够改善托幼机构的学习环境并促进儿童的发展。例如，美国贫困儿童中心（National Center for Children in Poverty, NCCP）2010 年的调查发现，多数指导者或专家能够帮助学员教师促进儿童社会性情感和阅读能力的发展。最后，指导者或专家能够在与学员共享知识的过程中受益，这种合作关系能够促进双方提升自身的教学实践能力，减少职业倦怠，增强职业信心（Hargreaves & Fullan, 2000）。以上这些证据显示训练与指导这两种学习形式对学前教育教师专业发展的支持作用。

「拓 展 阅 读」 ···

训练中的关键技术

训练可被理解为（专家与学员之间的）一种互动过程，其有效性建立在专家与学员之间良好的伙伴关系的基础上。训练通常包括 5 项关键技术：有效倾听，澄清，积极的预设，提出有力的问题，提供反思性的反馈（Kohler-Evans, 2017）。

·有效倾听

在训练中，专家应作为一位倾听者而非讲授者。斯帕克斯认为，有效倾听能够改善双方的关系并促进学员的深度学习（Sparks, 2006）。一个有效的倾听者应掌握以下技术：将注意力放在对话上，客观地做出判断，允许学员在讲述之前进行思考，把握学员发出的语言与非语言信息，识别学员个人经验的差异（同一词汇对不同讲述者的意义不同），在对话中发现不同学员的人生故事，尊重学员的观点，能共情，有同理心。

·澄清

澄清是专家使用不同的词汇去阐释学员表达的内容及意义的技术，尤其是对关键词汇进行进一步澄清。有效沟通的关键并非使用很多复杂的词汇，而是对使用的词汇进行清晰的阐释。有经验的专家能够倾听、观察、总结其所观察到和未观察到的各种有意义的信息。有质量的澄清包括：排除沟通中的各种干扰与阻碍，在倾听中（辅以捕捉语音语调、手势等非语言线索）有意识地理解、捕捉信息的本质含义，并在此之后向对象提出问题。

·积极的预设

积极的预设是专家理解学员讲述内容的观念与思想，并对其进行积极的预设的技术。人们会在日常生活中对各种事件进行价值判断并赋予其意义。有经验的专家能够意识到他们自身的价值判断，并对他们向学员传递的信息有效察觉。积极的预设技术通常有 3 个关键特征：一是专家预设学员所有的行为都是积极的；二是专家预设学员能够积极思考、讲述或将专家的要求付诸实践；三是专家能够向学员表达其积极的预设，从而传达对学员的积极思考和行动的肯定。

·提出有力的问题

提出有力的问题指专家提出能够引起新发现、深入思考及有效实践的问题（Kee et al., 2010）。向学员提出有力的问题是一项关键的训练技术。在训练中，专家提出的问题应具备以下特征：指向关键议题与行为的问题，准确且清晰的问题，具体且切题的问题，有价值且能够将过去、现在和未来相联系的问题（Bearwald, 2011）。通常情况下，高质量的问题是开放式问题。开放式问题及其回答能够引导专家和学员对话的走向，当问题要求学员自己寻找答案，专家应避免对学员的反问进行反馈（Barkley, 2005）。

·提供反思性的反馈

提供反思性的反馈是训练的另一项关键技术。在训练中，专家使用反馈技术的目的是引发学员的深入思考与实践——反思性反馈。通常情况下，反馈技术能够体现在专家的评判、观察、推断或提问上。研究者指出了有效反馈的关键特征：反馈需要具体、真诚、平等与尊重（如在反馈之前询问对方是否需要帮助），以激发学员自主学习为目标，避免负向反馈（Kee et al., 2010）。

三、教师教育项目的关键要素

有效的教师教育项目（职前教师的教育课程）能够使新任职教师胜任教学工作，并具备持续的专业发展与学习能力。然而，培养出知识渊博、经验丰富的教师是一项相当困难的任务，相关的教师教育课程经常因低效的人才培养模式而为人诟病。

当前，教师教育研究者认识到新任职教师难以胜任一线教学工作的原因往往在于教师教育中理论与实践的脱节。美国著名教育学家、教师教育研究专家达林-哈蒙德（Darling-Hammond, 2006）将教师教育中理论知识与实践经验的脱节描述为"致命的弱点"（Achille's heel）。她认为，教师教育应走出大学，走向基础教育的实践场所，从而强化教育实践。教育实践是有目的、有计划地培养合格教师的强有力手段，也是培养教师教学能力的重要途径。教育实践作为理论知识与教学实践之间的桥梁，在培养和提高教师专业理念、知识与技能，掌握和运用科学的教育教学方法，适应教师职业等方面均发挥着极为重要的作用（桑国元，2011）。

基于此，达林-哈蒙德强调，有效的教师教育项目应关注课程的连贯性和整体性，以及课程理论知识与教学实践工作之间的衔接性。她认为教师教育项目应具备7个要素：①具有覆盖所有课程与教学实践的、清晰且高质量的教学，并为职前教师创设一套连贯的学习经历；②达到专业实践的最佳标准，且对课程和实践工作进行引导与评估；③根植于儿童学习与发展知识，且在实践情景中教授/训练专业核心课程，该课程包括社会与文化情境、课程、评估、教学法等内容；④完整的教师教育课程需要包括有指导的一线教学实践及顶岗教学机会，从而扩大职前教师的教学实践经历；⑤鼓励职前教师在利用理论知识解决实践问题时，广泛应用个案法、行动研究及档案评估等方法进行教学研究；⑥帮助职前教师审视自己根深蒂固的观念和教育策略，培养职前教师掌握儿童个人经验的能力；⑦指导教师与职前教师之间有良好的师生关系，师生共同参与教学与生活（Darling-Hammond, 2006）。

「拓 展 阅 读」

新任职教师在教学实践中应注意什么

尽管很多教师教育课程会向教师传授大量的教学知识，但让教师在教育实践中消化并使用这些知识更为重要。新任职教师不仅需要思考教什么，还需要思考怎么教，从而使教学知识真正融入教学实践，使自己成为能够通过持续学习不断进步的专家型教师。

因此，新任职教师在教学实践中应关注以下3点。第一，新任职教师必须理解教与学是完全不同的，只有在此基础上，教师才能学会如何教。第二，新任职教师不仅需要像教师一样思考，也需要像教师一样行动，教师需要理解并实践各种教学知识与反思。第三，新任职教师需要对班级互动给予理解和回应，在实时与一日的时间尺度中判断儿童的学业和社会性的多层次发展目标；在此过程中，教师需要面对并处理高强度的、持续性的教与学过程中的复杂问题。

第三节　中国幼儿教师专业发展研究

中国对学前教育事业的重视程度和投入不断增加，各地针对幼儿园基础设施建设和教师队伍建设的学前教育3年行动计划也如火如荼地开展起来。当前，各地已基本形成包括国培、省培、市培、县培、园培的自上而下的幼儿教师培训体系和常态化培训格局。在这一背景下，了解政府的投入在提升幼儿教师专业发展方面的有效性，明确在新时代背景下幼儿教师专业发展的瓶颈和困惑，并为提升教师专业发展水平、改善学前教育质量提供对策和建议，是当前中国幼儿教师专业发展相关研究关注的重点。近几年来，胡碧颖研究团队开展了一系列关于中国幼儿教师专业发展及其影响因素的研究。这些研究既涉及中国幼儿教师师幼互动能力的调查，也涉及教师个体特征（如知识、观念、人格、情绪智力、自我效能感、培训、学历、所学专业、资格证等）与其教学实践（师幼互动）的关系。本节对其中一些典型研究的研究内容、设计与方法进行深入的讲解。

一、不同学习情景与活动中的教师师幼互动能力

2016 年，胡碧颖等人在《教学与教师教育》(*Teaching and Teacher Education*) 期刊上发表了一篇关于学习情景和学习活动中的中国幼儿园班级师幼互动质量的文章，名为《中国幼儿园班级中不同学习活动与情景中的班级互动质量——对教师教学准备的启示》("The Quality of Classroom Experiences in Chinese Kindergarten Classrooms across Settings and Learning Activities——Implications for Teacher Preparation")。

（一）研究内容与方法

此项研究使用 CLASS 对 180 位中国幼儿教师的课堂教学进行了观察与编码，探索了中国幼儿教师在不同教学情景（集体教学、自由游戏、日常护理和户外游戏）和不同教学活动（语言、数学与科学、艺术等）中师幼互动质量的差异。研究人员观察并评估了 347 个集体教学情景、149 个自由游戏情景、198 个日常护理情景和 203 个户外游戏情景的师幼互动质量。一般来说，幼儿园的日常活动包括结构化活动和非结构化活动两类。结构化活动主要为集体教学，非结构化活动有自由游戏、小组游戏和用餐等。该研究采用方差分析检验了不同教学情景和不同教学活动中的师幼互动质量的差异；采用分层回归分析检验了教师个体特征对班级互动质量的影响。

（二）研究结论

描述性统计结果显示，中国幼儿教师在 CLASS 情感支持和班级管理方面的表现比教学支持方面的表现好，教学支持方面的质量低于国际平均质量水平。教师的 CLASS 得分因班级所在地的经济发展水平的不同而不同，高经济发展水平地区的教师可以通过以儿童为中心的丰富课程和有趣游戏材料提高儿童的活动参与度，而低经济发展水平地区的教师为儿童提供的游戏材料较为有限。

由表 4-5 可知，中国幼儿教师在结构化的集体教学中表现得最好，集体教学过程中教师始终保持与儿童的密切互动，显示出更高的教学支持水平，并有积极、良好的互动氛围，但教学缺乏灵活性。此外，在教学支持领域中，教师在语言示范和认知发展维度的质量水平相对较低，说明教师培训应将鼓

励儿童主动深入思考、拓展儿童的学习参与度、促进儿童语言发展作为教师专业发展水平的提升重点。日常护理在 CLASS 的大部分维度中的得分偏低；在日常护理中，很多教师喜欢播放视频，并要求儿童静坐观看。教师在自由游戏中的教学表现了较大的灵活性，更加支持儿童的主动性，并鼓励儿童表达。教师在集体教学或自由游戏情景中能够更为有效地进行教学。综上所述，师幼互动质量在结构化活动、非结构化活动中表现出不同的互动质量水平，说明教师在不同的教学情景中稳定、有意地运用有效互动策略的能力和敏感性均较低。

表 4-5　不同教学情景中师幼互动质量的差异

CLASS 领域	CLASS 维度	集体教学	自由游戏	户外活动	日常护理	F	偏 Eta 方
情感支持	积极氛围	5.66	5.38	5.53	5.10	9.35***	0.03
	消极氛围（反向计分）	6.76	6.73	6.67	6.70	1.35	0.01
	教师敏感性	4.26	4.44	4.19	4.12	2.02	0.01
	关注儿童的观点	3.71	4.36	3.54	3.30	22.60***	0.07
班级管理	行为管理	5.39	5.39	5.29	5.34	0.39	0.00
	活动安排效率	5.21	5.07	4.89	4.28	23.61***	0.07
	教学指导方式	4.63	4.28	4.14	3.12	71.30***	0.19
教学支持	认知发展	2.30	1.79	1.36	1.24	84.13***	0.22
	反馈质量	2.84	2.40	1.86	1.71	69.51***	0.19
	语言示范	2.88	2.32	1.87	1.66	88.38***	0.23

注：*** 表示 $p < 0.001$。

　　由表 4-6 可知，在集体教学情景下，在语言活动中，CLASS 活动安排效率、反馈质量和语言示范得分最高，因为这些活动的性质便于教师在集体教学中使用有效教学策略，且互动有良好的情绪氛围。在艺术活动中，教师在 CLASS 积极氛围、教师敏感性和行为管理方面表现较好，因为教师在班级中走动时经常帮助那些在使用剪刀、胶水或其他手工材料时有困难的儿童，但教学支持领域和关注儿童的观点维度的得分较低，因为教师在班级中走动时很少为儿童提供概念学习的脚手架，并要求儿童在绘画过程中保持安静；此外，教师经常要求儿童在绘画中模仿其提供的特定实物，如要求儿童模仿一张图片。相较于其他集体教学活动，艺术活动中教师的 CLASS 消极氛围、关注儿童的观点、认知发展维度的质量水平偏低。

表 4-6　集体教学情景下 4 种教学活动中的师幼互动质量的差异

CLASS 领域	CLASS 维度	语言 活动	数学与 科学活动	艺术 活动	其他 活动	F	偏 Eta 方
情感 支持	积极氛围	5.60	5.61	5.74	5.39	0.66	0.01
	消极氛围（反向计分）	6.73	6.74	6.74	6.81	0.18	0.00
	教师敏感性	4.28	4.08	4.36	4.00	1.21	0.01
	关注儿童的观点	3.74	3.61	3.42	3.87	1.41	0.01
班级 管理	行为管理	5.34	5.23	5.53	5.29	0.87	0.01
	活动安排效率	5.21	5.02	5.05	5.10	0.53	0.01
	教学指导方式	4.43	4.44	4.28	4.45	0.36	0.00
教学 支持	认知发展	2.08	2.17	1.72	2.26	3.50[*]	0.03
	反馈质量	2.66	2.62	2.33	2.61	1.76	0.02
	语言示范	2.84	2.60	2.20	2.71	5.74[**]	0.05

注：[*] 表示 $p<0.05$；[**] 表示 $p<0.01$。

「拓 展 阅 读」

方差分析中的效应量

效应量能够用来衡量自变量和因变量之间的关联强度。与显著性检验不同，这些指标不受样本容量的影响。效应量若较小，自变量就是不重要的。据不完全统计，针对不同的统计方法所建立的效应量超过 60 种。随着效应量报道在各学科期刊的推广（当前许多知名期刊要求投稿论文提供效应量报道），如何合理选择和计算效应量成为广大科研工作者面临的问题。

偏 Eta 方是方差分析中最常用的效应量之一。偏 Eta 方是控制其他自变量后因变量被某一自变量解释的方差比例。基于广泛的教育研究与实践（Cohen，1988；Fan，2001），有学者建议偏 Eta 方的评价标准为：小效应为大于等于 0.01 且小于 0.06；中等效应为大于等于 0.06 且小于 0.14；大效应为大于等于 0.14。但目前对此尚无统一的评价标准。

研究还考察了幼儿教师个体特征与教师的师幼互动质量之间的关系。由表 4-7 可知，教师的教龄是其 CLASS 教学支持得分的最显著的预测因素，有 10 年及以上教学经验的教师在互动中明显有更好的表现，这些有经验的教师能够更加清晰地把握通过提问促进儿童积极思考的时机，并善于追问儿童事件发生的原因以启发儿童思考（如"你是怎么知道的？"）。然而，教师的第一学历、第一学历所学专业、最高学历所学专业均与班级互动质量无关，这表明职前教师教育专业发展课程并没有关注与教学实践有关的关键能力（如师幼互动）的提升。

表 4-7 教师个体特征预测班级师幼互动质量的分层回归分析

模型		β	T	R^2	ΔR^2
模型 1	教师是否接受职后培训	−0.04	−0.49	0.01	0.01
	每年接受培训的频率	−0.03	−0.36		
	一年中培训的总天数	0.08	0.95		
模型 2	教师是否接受职后培训	−0.05	−0.59	0.02	0.01
	每年接受培训的频率	−0.02	−0.25		
	一年中培训的总天数	0.07	0.81		
	第一学历	−0.01	−0.08		
	第一学历所学专业	−0.08	−0.86		
	最高学历所学专业	0.07	0.77		
模型 3	教师是否接受职后培训	−0.06	−0.67	0.05	0.04
	每年接受培训的频率	−0.03	−0.31		
	一年中培训的总天数	0.09	1.05		
	第一学历	−0.02	−0.26		
	第一学历所学专业	−0.07	−0.76		
	最高学历所学专业	0.03	0.31		
	教龄	0.20	2.29[*]		

注：[*] 表示 $p<0.05$。

二、幼儿教师在语言课程中的教学支持表现

学者们逐渐认识到 CLASS 教学支持质量对儿童学业和语言发展的积极与长期影响（Burchinal et al., 2008），且通过研究发现教师在这一师幼互动领域的得分普遍处于较低水平（Hu et al., 2016; Leyv et al., 2015; Pakarinen et al., 2010; von Suchodoletz et al., 2014）。另外，在中国进行的一项研究表明，与数学、科学和艺术活动相比，教师在集体教学情景下的语言课程中向儿童提供了丰富的知识与信息，但 CLASS 教学支持得分仍然处于中低质量水平（Hu et al., 2016）。胡碧颖等人在 2018 年进行的一项质性研究具体探索了中国幼儿教师在语言课程（集体教学）中教学支持策略的使用情况。在文章《中国幼儿教师在基于集体教学的语言课程中的教学支持策略的使用》（"Chinese Kindergarten Teachers' Use of Instructional Support Strategies during Whole-Group

Language Lessons"）中，胡碧颖等人调查了中国幼儿教师在 CLASS 教学支持领域中的具体得分情况，进而在具体的 CLASS 维度上深入探索教师在与儿童认知发展有关的教学中的表现。教学支持领域由 3 个维度组成：认知发展、反馈质量和语言示范。通过对以上 CLASS 维度的质性分析，该研究探讨了幼儿教师在语言课程中使用以上教学策略的具体情况，以及这些教学策略的使用对儿童高级认知发展的影响。

（一）研究方法

此项研究的参与者是来自广东省 3 个地区的 30 位幼儿教师，这 3 个地区的经济发展分别处于高、中、低水平。研究人员拍摄了这 30 位教师基于集体教学情景的语言课程的教学录像。之后，研究人员截取了录像中的 1 个长 20 分钟的片段，根据 CLASS 使用手册中教学支持领域的维度及相应部分指标的行为描述，对录像中有关教学支持的内容进行了转录和编码（共 12 项指标，见表 4-8）。此外，根据布鲁姆认知领域目标分类法，研究人员将儿童在互动中的反应分为 4 类：微认知水平回答，低认知水平回答，高认知水平回答，非语言回答（见表 4-9）。

表 4-8　CLASS 教学支持领域部分维度的行为指标及其定义

维度	指标	定义	例子
认知发展	分析和推理	教师通过提出"如何"和"为什么"的问题，帮助儿童严谨地思考，并教会儿童进行预测，以及对问题解决策略进行评估。	教师：它（螃蟹）为什么能经营一家肥皂店？
	创造力的挖掘	通过计划或头脑风暴，教师支持儿童积极主动地产生新的想法。	教师：乌龟适合开一家什么类型的商店？
	融会贯通	通过将新知识与已有知识/经验相联系，教师能够帮助儿童更为深入地理解新知识/新概念。	教师：你记得我们上学期是怎么做的吗？
	与现实生活相联系	教师将儿童学习的知识与其生活经验相联系，不仅让儿童在学习中体会到乐趣，还让儿童在现实生活中应用所学的知识/概念。	教师：我家在 101，你家也在 101，那我们不是在一个家里住了吗？

续表

维度	指标	定义	例子
反馈质量	支架	教师能够识别儿童的最近发展区，通过提供线索或协助，教师帮助儿童完成任务或解决问题。	教师：你能告诉我乌龟身上有什么东西吗？ 儿童：壳。 教师：那么乌龟的壳能用来做什么呢？ 儿童：放东西。 教师：哦，那乌龟能开什么商店呢？ 儿童：烤肉店。
	反馈回路	教师通过与儿童开展回应性对话，对其思考进行反馈，帮助他们理解抽象的概念或深入掌握一个新概念。	儿童：他是美发师。 教师：美发师是做什么的？ 儿童：剪头发。 教师：你觉得螃蟹能成为一位好的美发师吗？ 儿童：不，螃蟹只会吐泡泡，不会剪头发。
	促进思考	通过让儿童对其思考过程进行解释，或向儿童询问其行为反应，来促进儿童的理解与思考。	儿童：山洞是熊熊最喜欢的地方。 教师：为什么呢？
	提供信息	通过澄清或提供背景信息来强化儿童对概念的理解，继而拓展儿童的答案。	儿童：他们一起工作。 教师：是啊，他们一起工作，一些人在收集信息，一些人在准备材料，一些人在执行项目。
	鼓励和肯定	教师通过反馈鼓励儿童继续努力。	教师：做得好，你想到了很多。
语言示范	重复和延伸	教师重复儿童的答案，继而拓展儿童的答案，向儿童示范一种更为细致完整的表达方式。	儿童：因为天鹅有翅膀。 教师：因为天鹅有翅膀，所以它可以带着乌龟飞行。
	自我和平行对话	教师使用语言来示范自己的行为和他人行为。	在一位儿童画关于他庆祝儿童节的一幅画时，教师描述了他的画。 教师：他在地上画了绿草，他的儿童节好像充满了阳光……
	高级词汇	教师使用大量儿童未曾使用过的名词、动词、形容词和其他词性的词汇来促进儿童使用这些词汇，并使其加深对这些词汇的理解。	教师：狮子并不喜欢自己待着，那么狮子喜欢什么呢？ 儿童：兴奋。

表 4-9　儿童的认知水平

儿童的认知水平	编码	具体内容
微认知水平回答	A	微认知回答包括儿童没有回答和机械性回答两种情况。 没有回答指儿童沉默或说不知道。 机械性回答一般情况下指儿童对组织管理型问题的回答。例如，在讲故事前，教师说："今天我给你们带来了一个故事，你们想不想听？"儿童此时异口同声地回答："想。"
低认知水平回答	B	低认知水平回答指感知记忆性回答。 感知记忆性回答一般情况下指儿童对感知记忆性问题的回答。例如，教师提问："小朋友们还记不记得狗熊把眼镜放在了哪里？"儿童回答道："放在了头顶。"
高认知水平回答	C	高认知回答包括理解性回答、应用性回答、创造性回答和评价性回答。 理解性回答一般情况下指儿童对理解性问题的回答。例如，教师问："这个故事告诉了我们一件什么事？"儿童答："小猪骗狐狸成功得救的故事。" 应用性回答一般情况下指儿童对应用性问题的回答。例如，教师介绍完各种形状后，让儿童说出图画中的房子是由什么形状组成的，儿童说出房子中的各种形状。 创造性回答一般情况下指儿童对创造性问题的回答。例如，教师在给出一个例句后让儿童用"要是……就……"造句，儿童根据教师的要求造出句子：要是我也有那么漂亮的头发就好了。 评价性回答一般情况下指儿童对评价性问题的回答。例如，教师让儿童评价在采访活动中他们有哪些行为是值得表扬的，哪些行为是需要改正的。儿童根据教师的问题说："我在采访过程中帮助了其他小朋友，安慰他们。"
非语言回答	D	非语言回答一般指儿童通过身体或其他非语言方式回答教师的提问或回应教师的指令。

　　教学支持策略的编码单元从教师提问开始，至儿童给予答案时结束。研究人员最后统计出每个教学支持策略（即行为指标）使用的频率，并对结果进行整理与分析。同时，研究人员采用个案研究法，对这些幼儿教师的实际教学实践进行更为细致的阐释。

（二）研究结论

　　由表 4-10 可知，中国幼儿教师最常用的两种策略是分析和推理（22.73%）及重复和延伸（32.12%）。偶尔能够观察到他们使用创造力的挖掘（11.68%）及鼓励和肯定（11.26%）的策略。他们不经常使用以下策略：融会贯通、与现实生活相联系、支架、反馈回路、促进思考、提供信息、自我和平行对话、高级词汇。表4-10后的"拓展阅读"栏目对此项研究中样本教师的教学策略使用特点进行了详细描述。

表4-10 中国幼儿教师教学支持策略的使用

教学支持策略（行为指标）	平均数（标准差）	最小值	最大值	总分（比例）
分析和推理	7.27（5.90）	0	21	218（22.73%）
创造力的挖掘	3.57（3.77）	0	14	112（11.68%）
融会贯通	0.17（0.46）	0	2	5（0.52%）
与现实生活相联系	0.73（1.36）	0	6	22（2.29%）
支架	1.43（1.38）	0	6	43（4.48%）
反馈回路	2.43（2.16）	2	8	73（7.61%）
促进思考	1.23（2.53）	0	13	37（3.86%）
提供信息	0.70（1.72）	0	9	21（2.19%）
鼓励和肯定	3.60（2.99）	0	10	108（11.26%）
重复和延伸	10.27（5.29）	2	20	308（32.12%）
自我和平行对话	0.17（0.53）	0	2	5（0.52%）
高级词汇	0.23（0.57）	0	2	7（0.73%）

「拓 展 阅 读」···

中国幼儿教师对 CLASS 教学支持中部分教学策略的使用

胡碧颖等人对中国30位幼儿教师的班级教学进行了质性分析，描述了中国教师对 CLASS 教学支持领域教学策略的使用情况。

· **重复和延伸策略**

重复和延伸是中国幼儿教师最常用的语言示范策略。比如，在"小伟向前跑"一课中，教师有效地利用重复和延伸策略来模拟逻辑关系的使用。

教师：你为什么认为小伟是个好孩子？

儿童一：因为他会游泳。

教师：小伟是个很好的孩子，因为他会游泳。还有人能分享为什么小伟是个很棒的孩子吗？

儿童二：他不是个好孩子。

教师：你认为他不是个好孩子，为什么？

儿童三：因为他数学不好。

教师：所以你不同意，你认为他不是个好孩子，因为他不擅长数学。还有人要分享吗？

儿童三：我认为他很棒。

教师：你为什么认为他很棒？

儿童三：因为他上课很专心。

教师：因为他上课很专心，所以他很棒。

在以上案例中，教师重复每一个儿童的回答并进行延伸，引导儿童思考并梳理他们的逻辑，使儿童能积极主动地思考，并就一个问题给出不同答案。

·分析和推理策略

分析和推理策略的使用频率仅次于重复和延伸策略。教师以两种方式使用这种认知发展策略，即向儿童提出"为什么"及"如何"的问题，以推动儿童的高级思维，并根据记忆、视觉、听觉、触觉或其他感知经验完善他们的答案；或者要求儿童预测故事接下来会发生什么。这里以大班语言教学活动"黛西与亚瑟"中的一个片段为例进行说明。

教师：我们来观察一下黛西（一只衰老的狗），黛西呢？黛西在干什么？

儿童（集体）：它站着。

教师：它为什么站着不动呢？

儿童（集体）：它不敢动，它太老了。

教师：谁来说？（点一名儿童）

儿童一：因为它太老了。

教师：还有没有其他原因？

儿童二：因为它没有亚瑟那么好的力气。

教师：所以呢？所以黛西它不愿意怎么样呀？

儿童（集体）：不愿意跑步。

在以上案例中，儿童针对教师的第一个问题"黛西在干什么？"，仅需要观察图片就可以回答出"它站着"。在儿童回答了第一个问题后，教师使用了分析和推理策略，追问"它为什么站着不动？"。教师的第二个问题更具有挑战性，它要求儿童在观察的基础上进一步合理地分析黛西站着不动的原因。

·创造力的挖掘策略

教师偶尔使用创造力的挖掘策略，试图在特定情况下为儿童集思广益和解决问题提供便利。例如，在"为蜗牛寻找新房子"活动中，教师在讨论如何帮助蜗牛后，又提出了一个关于如何帮助鸟儿的新话题。在这个例子中，教师创造了一个特殊的环境，让儿童集思广益，解决相关问题；在考虑儿童生活经验的同时，让儿童用创造性的头脑风暴来解决问题。

教师：如果一只鸟从树上掉下来，弄伤了它的翅膀，怎么办？你对如何帮助它有什么好主意吗？

儿童一：治愈它以后，把它送回树上。

教师：你想出了一个好主意。我把那只鸟拿回来后，该怎么做？

儿童一：康复。

教师：包扎伤口，伤口愈合了。

儿童一：然后把它送回去。

教师：那就把它送回树上。好的，还有别的吗？

儿童二：把它送到宠物医院。

教师：把它送到宠物医院。这是一个不同的答案。我们不是医生，所以我们可以把它送到宠物医院。那之后呢？

儿童二：等它好了，再送回家。

教师：嗯，然后把它送回家，你们想出了很多好主意来拯救动物。

·鼓励和肯定策略

几乎所有的教师都使用过鼓励和肯定策略，然而，只有一小部分教师能够真正使用此策略来促进儿童更多地参与和坚持某项任务。一些教师在实施管理时缺乏针对性，不能有效地运用这一策略。当教师试图肯定儿童的积极行为、答案或努力，就会使用该策略。例如，在"预测月亮"中，教师与儿童进行了如下交流。

教师：谁能告诉我，小动物是怎么让狮子如此快乐的？

儿童一：青蛙对狮子唱歌，鸟儿向狮子跳舞。

教师：非常好。你记得很清楚。青蛙对狮子唱歌，鸟儿向狮子跳舞。让我们为她鼓掌。

儿童二：我也知道。

教师：好的，请分享你的想法。

儿童三：我可以给狮子买药。

教师：谢谢，很好。你最近取得了很好的进步。非常感谢你的回答。

然而，教师使用鼓励和肯定策略的无效例子也普遍存在，原因是教师以更普遍（没有针对性、不够具体）的方式提供反馈。例如，"彩虹之歌"课程中有以下互动。

教师：孩子们，什么东西是蓝色的？

儿童：大海是蓝色的。

教师：表扬你们。

· **融会贯通策略**

有 4 名教师在课堂上使用了融会贯通策略，但他们使用这种策略的质量水平很低，因为他们没有有意向性地将儿童以前学到的知识与儿童目前的理解水平联系起来。

教师：在天气广播中，预报员先谈论当地天气，再谈论邻近地区的天气。然后，他们谈论珠江三角洲的天气，如广州。

儿童：还有北京。

教师：北京不在珠江三角洲。北京在中国的哪里？还记得我们说过公鸡的心脏的事吗？

儿童：在中间。

教师：不，我们的公鸡的心脏，在哪里？

儿童：在公鸡的心脏上。

教师：对，在心脏。我给你们一些任务，我希望你们能仔细地完成这些任务。

在上面的例子中，当儿童错误地认定北京是珠江三角洲的一个城市，教师为他们纠正了错误，提醒儿童以前学过的地图知识（中国地图的形状看上去像一只公鸡，北京的位置正好在公鸡的心脏上）。然而，这位教师显然没有利用这个契机重新教授（或澄清）与中国地图有关的关键概念，她仅简单地纠正了儿童，指出了北京在中国地图上的位置。

· **与现实生活相联系策略**

在 30 名教师中，有 5 名教师使用了与现实生活相联系策略。在使用这种策略时，他们每个人都帮助儿童识别其在现实生活中所经历的事物／对象。在下面的例子中，教师则错失了一次促进儿童对某一概念进行深入讨论的教学机会。

教师：好的，让我们继续。这是什么地方？举手。我喜欢举手的孩子。

儿童：购物中心。

教师：商场。你是怎么知道这是个商场的？

儿童：因为有车停在那里。

教师：我们镇上有类似的地方吗？

没有儿童回答。

教师：你们去过购物广场吗？它看上去像我们东镇的购物广场吗？

儿童：是的。

· 支架策略

教师使用支架策略的情况差异较大，教师掌握这个策略的水平呈现两极分化，有的教师使用得得心应手，而有的教师较少使用。3 种常用的支架策略是：提出行动要求，问题分解，创建环境。例如，教师通过提出行动要求，让儿童计算故事里太阳的数量，为后来射太阳的情节提供了支架。

教师：那很奇怪，后羿为什么要射太阳？

儿童：因为很久以前有 10 个太阳。

教师：你在哪里看到有 10 个太阳？

儿童：9 个太阳！

教师：好的，让我们看看是 10 个还是 9 个太阳。

儿童开始计算。

教师：好的，有多少？

儿童：总共 10 个太阳。

在"找工作的小乌龟"的课程中，教师将一个高级思维问题分解为几个简单问题，以便儿童可以根据先前的知识和经验做出回应（即使用问题分解策略）。

教师：乌龟能经营什么样的商店？

儿童一：面包店。

教师：你也认为这是一家面包店。有什么不同的想法吗？谁能描述一个其他动物没有而乌龟有的特征呢？

儿童二：壳。

教师：是的，乌龟有壳，对吗？

儿童（集体）：是的。

教师：我们能怎样利用龟壳？

儿童（集体）：摆上东西。

教师：我们把东西摆在了壳上。那么，乌龟可以经营什么样的商店呢？

儿童三：烧烤店。

教师：你可以把食物放在乌龟壳上做烧烤。

在下面的"黛西与亚瑟"课程例子中，教师创造了与儿童生活密切相关的情境，试图支持他们的思想和表达（即使用创建环境策略）。

教师：你认为，黛西的主人亚瑟会有什么感受？

儿童一：我不知道。

教师：试着想象一下，如果你是亚瑟，你的狗已经死了，你会有什么感受？

儿童一：悲伤，不快乐。

教师：那你觉得亚瑟会怎么样？

儿童（集体）：伤心。

然而，在课程"谁吃了小猪的饼干"中存在更常见的情况。

教师：小猪很伤心，不是吗？它太饿了，它咬了一口饼干。吃饭时它在想什么？

儿童：……

教师："谁在吃我的饼干？"你认为这是它的想法吗？

儿童：是的。

与上述案例"谁吃了小猪的饼干"中的教师类似，大多数教师在可以使用支架策略时直接回答了儿童需要回答的问题，或提问另一名儿童，直到教师得到正确的答案。

· 反馈回路策略

在使用反馈回路这种策略时，一些教师能够与儿童在一个主题的基础上进行持续的互动讨论，而另一些教师则没有这样做，因此错过了帮助儿童加深对概念的理解或扩展知识的机会。在下面这个例子中，这位教师提出了一些后续问题，帮助儿童更好地理解知识，为之后的课程做准备。

教师：现在你们看到了 10 个太阳。它们住在哪里？

儿童：它们住在树上。

教师：在树上。树在哪里？

儿童：天上的树。

教师：好的，孩子们，看看这张照片，它们是在天上的树上吗？

儿童：不。

教师：它们要去哪里？

儿童：它们要去给人们带来光明和温暖。

·提供信息策略

仅有一位教师在整个语言课堂上运用了提供信息策略，她的教学主题是介绍不同房子的功能。而其他教师未能有效地使用提供信息策略，忽视了儿童对后续信息的需求。例如，在课堂上，教师没有对儿童关于神话故事和幻想故事之间的区别的困惑进行澄清。

教师：好的，我们学了两个神话故事——《后羿射日》和《女娲补天》。谁还知道别的？

儿童一：《葫芦兄弟》。

教师：《葫芦兄弟》是神话故事吗？

儿童二：不。

教师：你怎么看？

儿童三：《西游记》。

教师：《西游记》是神话故事吗？

儿童没有回答。

·自我和平行对话

自我和平行对话这一策略指教师使用语言来描述或指导他们自己或儿童的行为。只有3名教师（10%）将这一策略应用于他们的课堂中。一个例子发生在"儿童节"课堂上，教师用自我和平行对话策略来描述儿童的行为，并将之作为儿童示范语言。

教师：接下来，我不画。我会邀请一个小朋友。请画出你是如何度过儿童节的。

儿童开始绘画。

教师：她在草地上画草，原来她记忆里的儿童节阳光明媚。（描述儿童的画）

然而，其他教师不能经常使用自我对话的教学策略。在"课堂谜语"中，教师可以通过说"现在，我拿出铅笔盒、橡皮擦、铅笔和书"来描述自己从包里拿出文具的行为，这是一种连接事物/事件与语言描述的自然方式，从而促进儿童语言的发展。

·高级词汇策略

在30名教师中，有5名教师在课堂上使用了高级词汇策略。例如，一位教师在语言课上意识到，"孤身一人"这个词汇对儿童来说是比较新的，因此，她强调并澄清了"孤身一人"这个词汇的一个负面含义。

教师：狮子躺在床上。有什么词语可以形容它？

儿童：孤身一人。

教师：孤自一人。一起说吧。

儿童：孤身一人。

教师：狮子喜欢独处吗？

儿童：不。

事实上，大多数教师会错过高级词汇教学的机会。例如，在"找工作的小乌龟"一课中有如下互动。

教师：大象能经营什么样的商店？

儿童一：水上游戏商店。

教师：水上游戏商店。还有别的吗？

儿童二：气球。

教师：什么是气球？

儿童二：气球商店。

教师：好，一家气球商店。

这位教师只重复了儿童的话，他本可以引入两个高级词汇——人们在水中玩耍的地方可以被称为"游泳池"，卖气球的商店可以被称为"杂货店"。

....

该研究表明，教师若通过有效的教学支持策略将新知识与儿童已有的知识/经验联系起来，并引发儿童的学习兴趣，儿童则更有可能在语言课中表现出高水平的认知反应；教师若只是简单地提供答案，省略后续讨论，或生硬地将问题转交给另一个儿童，那么儿童的反应水平是比较低的。因此，我国幼儿教师专业发展应关注教师以儿童为中心的教育观念与教育实践。有效的教师专业发展能够使教师形成高质量的教学行为模式，有助于提高教师以儿童为中心的教学实践质量并促进儿童语言发展。

此外，该研究还发现，即使教师使用认知发展策略，一般情况下他们也只能引起儿童低认知水平的反应，或根本无法引起反应。只有分析和推理策略和创造力的挖掘策略会引起儿童的高认知水平回答。在分析和推理策略的使用中，74% 的儿童的反应为高认知水平回答，这一结果与祖克等人（Zucker et al., 2010）的研究发现一致。然而，不是每一次分析和推理策略的使用都会引起儿童的高认知水平回答，教师预设好答案的分析与推理提问就无法引起儿童的高认知水平回答，因为儿童失去了主动思考问题的机会。

本书前面的内容曾提到，意向性教学要求教师将专业知识／教育理论与自身实践经验相结合。该研究显示，即使在我国幼儿教师最擅长的语言课教学中，我国幼儿教师对 CLASS 教学支持策略的运用也不尽如人意。我国教师可以通过观看及分析示范性录像课程（CLASS 视频教学）来学习如何识别与运用这些教学策略。参与学习的教师可以对他们的语言课程及班级中儿童对这些策略的认知反应进行编码、分析，并以此来促进自我教学反思。

三、幼儿教师个体特征与师幼互动质量

教师自身的个体特征是否影响其教学质量呢？教师个体的心理特质、教育观念与班级师幼互动质量之间有怎样的关系？胡碧颖等人（2017）在文章《幼儿园班级师幼互动质量的剖面与教师专业能力特征》（"Profiles of Teacher–child Interaction Quality in Preschool Classrooms and Teachers' Professional Competence Features"）中对该问题进行了探讨。

（一）研究内容与方法

该研究探索了幼儿教师自我评定及专家观察评定的师幼互动质量与教师个体特征的关系。研究采用 CLASS 专家观察评定与教师自我评定来评估班级师幼互动，教师的个体特征变量包括教师的知识、个性、自我效能感和情绪智力。其中，教师的自我效能感指教师在其教学与班级管理能力方面表现出的自信程度；具有高自我效能感的教师更有可能激励儿童参与互动，并有意向性地选择促进儿童学习的策略。教师的情绪智力指教师感受、理解和管理自我与他人的情绪的能力。

该研究样本中的 164 名教师来自广东省的 3 个地区，分别代表了该省的低、中、高 3 个社会经济发展水平。研究采用 CLASS（包括情感支持、班级管理和教学支持 3 个领域）来观察评估班级师幼互动质量。研究者首先以幼儿教师的自我评定与专家观察评定的 CLASS 各领域得分为观测变量，采用 LPA 方法探索了 CLASS 各领域专家评定与自我评定结果的潜在剖面。之后，研究采用卡方检验和多元方差分析探索了不同剖面教师个体特征之间的差异。在进行多元方差分析前，需要检验各因变量（教师个体特征变量）的分布情况。如果因变量符合正态分布且满足方差齐性，则可以进一步进行方差分析。

「拓展阅读」..

卡方检验与多元方差分析

卡方检验是用途非常广的一种假设检验方法。事实上，卡方检验就是统计样本的实际观测值与理论推断值之间的偏离程度，实际观测值与理论推断值之间的偏离程度决定卡方值的大小。卡方值越大，两者偏差程度越大；反之，两者偏差程度越小；若两个值完全相等，卡方值就为 0，表明实践观测值与理论推断值完全符合。需要注意的是，卡方检验针对的是分类变量。

方差分析是费舍尔发明的，用于两个及两个以上样本平均数差别的显著性检验。多元方差分析表示多元数据的方差分析。作为一个多变量过程，多元方差分析在有两个或更多因变量时使用，并且通常紧跟分别涉及各个因变量的显著性检验。需要注意的是，方差分析中的因变量是连续变量。

在该研究中，采用卡方检验考察不同剖面中教师所学专业（学前教育专业／其他专业）和受教育水平（大专及以下／大专以上）的差异；对教师的儿童观念、自我效能感、个性与情绪智力在不同剖面中的差异，则采用多元方差分析进行检验。

....

（二）研究结果

描述性统计显示，在 CLASS 情感支持方面，专家评定与自我评价之间的相关性较低，专家评定和自我评价的师幼互动质量与教师所学专业显著相关，自我评价的师幼互动质量与教师自我效能感、个性和情绪智力显著相关。

表 4–11 显示了 LPA 的模型拟合情况，研究进行了 2 剖面、3 剖面、4 剖面、5 剖面剖面模型的分析。综合考虑表 4–11 中的拟合信息，4 剖面和 5 剖面模型是较好的模型，但考虑到 5 剖面模型中有一个潜在剖面的样本所占比例很小、意义不大，而 4 剖面模型更为简洁，研究最终选定 4 剖面模型为最终 LPA 模型。

表 4–11　LPA 的模型拟合

模型	BIC	Entropy	LMR–LRT	p（LMR–LRT）
2 剖面	2766	0.801	113.418	0.007
3 剖面	2707	0.788	92.707	>0.05
4 剖面	2677	0.826	63.555	>0.05
5 剖面	2649	0.845	158.757	>0.05

在 4 剖面模型中，剖面 1 教师的自我评价得分和专家评定得分均较低，这部分教师的占比为 5.5% ；剖面 2 教师的专家评定得分较低，但自我评估得分较高，该部分教师的占比为 36.0% ；剖面 3 教师的专家评定得分较高，但自我评价得分较低，该部分教师的占比为 46.3% ；剖面 4 教师的专家评定得分较高，同时自我评价得分也较高，该部分教师的占比为 12.2%。以上结果显示，CLASS 专家评定得分与教师自我评价得分往往不一致，表明中国幼儿教师往往会错估自己的教学能力。

不同剖面教师的个体特征有显著差异。首先，不同剖面教师的情绪智力差异显著。剖面 3 教师和剖面 4 教师更有可能感知和理解儿童的情绪，该类教师在师幼互动中更有可能对儿童做出更高敏感度的回应。这说明，教师应提高其情绪的自我调节能力，继而在互动中对儿童的情绪和行为反应产生积极的影响（Eisenberg et al., 2000）。

其次，不同剖面教师的自我效能感也有显著差异。对自我高估（剖面 2）的教师来说，他们需要获得对质量的进一步认识。他们不仅需要观察自己和他人的有效教学，还要识别自己在教学中的问题，反思需要在哪些方面做出改变，以及如何在班级中制定有效策略以改进教学。对于自我低估（剖面 3）的教师，可以制订干预计划，以帮助他们获得自我效能感。自我低估和自我高估的教师都可以从观察自己的班级教学并反思、接受来自优秀教师的持续指导和反馈中获益；这些教师获得的有效教学知识和技能越多，其对班级师幼互动的信心就越大。

再次，研究还表明，拥有更多教学知识（意向性教学的相关知识）的教师能够提供更高质量的 CLASS 教学支持，教师能够通过教学及情绪与社会性互动为儿童提供更多的学习机会；教师对如何与儿童进行有效互动了解得越多，其教学质量就越高。具有较高受教育水平的教师更有可能开展以儿童为中心的教学实践。

最后，不同剖面教师的个性特征也有显著差异。能够提供高质量教学的教师，其个性更加乐观、外向、自信，且富有想象力和敏感性。其中，外向型教师擅长社交，精力充沛且自信，该特质与师生互动质量显著相关。然而，仍需要更多的研究来进一步诠释教师的个性与师幼互动质量的深入关系（尤其是不同的社会文化背景下的关系）。

四、幼儿教师的师幼互动知识与实践——教师儿童观念的中介作用

高质量学前教育的一个关键组成部分是符合发展适宜性实践的课程与教学，以此最大限度地促进儿童发展（Zaslow et al., 2010）。大量的研究表明，尽管中国教师对以儿童为中心的教育理念与实践有所了解，但经常采用以教师为中心的教学方式。要了解中国教师的教育知识、儿童观念与其教学实践（即师幼互动）间的关系，进一步在中国探索将以儿童为中心的教学信念与实践作为核心内容的教师培训项目，则要进行深入研究。

教师的知识、儿童观念与其教学实践之间的关系可以给提高师幼互动和教学活动质量重要的启示。胡碧颖等人（2016 年）发表在《教学与教师教育》期刊上的文章《中国幼儿园教师的师幼互动知识与实践：教师儿童观念的中介作用》（"Chinese Preschool Teachers' Knowledge and Practice of Teacher-child Interactions: The Mediating Role of Teachers' Beliefs about Children"）对此进行了深入探讨。

（一）研究设计与方法

研究首先提出了 3 个问题：①中国幼儿园教师关于师幼互动质量的知识、儿童观念与其教育实践（师幼互动）之间有怎样的关系？②教师以儿童为中心的观念是否在教师的师幼互动知识与观察到的师幼互动质量的关系中发挥中介作用？③如果这种中介作用存在，那么在中国幼儿园中，什么类型的教师倾向于持有以儿童为中心的教育观念？研究假设的中介模型见图 4-2。

图 4-2 教师的师幼互动知识、儿童观念与师幼互动质量之间的关系（中介模型）

教师的师幼互动知识可以分为几种类型：内容知识、教学知识、学习者知识、教育背景 / 目的知识。教师的教学知识对教师积极与儿童互动并提供有效的学习机会来说尤为重要，该知识包括 3 个部分：提供情感支持的环境与互动，管理儿童的时间和行为，通过解释来支持儿童的语言和认知发展。该研究没有发现教师的师幼互动知识与其实践之间存在显著的关联。儿童观念则可分为两大类：一类是以教师为中心的教学观念，其支持者相信，将有用的知识直接传授给儿童所实现的学习效果最好，并强调教师是直接向儿童提

供知识的传播者；另一类是以儿童为中心的教学观念，该观念倾向于向儿童提供更加符合发展适宜性实践的教学，并强调教师是协助儿童积极构建知识的辅导者。

（二）研究结果

研究通过问卷调查和班级互动的观察评估，收集了 164 名中国幼儿园教师及其班级师幼互动质量的数据。中介模型研究得到的结果可分为 5 个方面。①直接效应：教师的师幼互动知识对 CLASS 各领域的直接效应不显著。②间接效应一：教师掌握的师幼互动知识显著预测其儿童观念。③间接效应二：教师的儿童观念显著预测 CLASS 班级管理和教学支持的得分。④中介效应：教师以儿童为中心的教育观念是教师师幼互动知识与其师幼互动质量（班级管理和教学支持）关系的中介变量（见表 4-12）；这表明，教师只有师幼互动的知识是不够的，也需要有以儿童为中心的教育观念，这样才能使其能够在班级互动的实践中运用知识。⑤多元线性回归结果表明，只有教师的学历和教龄能显著预测他们的儿童观念；具体来说，在幼儿园工作较长、拥有学士及以上学历的教师较多持有以儿童为中心的教学观念；教师所学专业和资格认证均不能预测他们的儿童观念（见表 4-13）。

表 4-12　教师师幼互动知识与其师幼互动质量的关系：儿童观念的中介及调节效应

领域	总效应	直接效应	间接效应		中介效应
	知识—互动	知识—互动	知识—观念	观念—互动	知识—观念—互动
情感支持	0.176^*	0.119	-0.340^{**}	-0.169	0.057
班级管理	0.152^*	0.089	-0.340^{**}	-0.186^*	0.063^*
教学支持	0.191^*	0.135	-0.340^{**}	-0.164^*	0.056^*

注：所有的系数为标准化系数；儿童观念问卷得分越高，表明教师持有以教师为中心的教学观念的程度越高；儿童观念问卷得分越低，表明教师持有以儿童为中心的教学观念的程度越高；* 表示 $p<0.05$，** 表示 $p<0.01$。

表 4-13　教师儿童观念的影响因素

预测变量	β	标准差	T	β 的 95% 置信区间
教龄	-0.181^*	0.076	-2.382	（-0.324，-0.028）
专业	-0.106	0.075	-1.411	（-0.262，0.042）
学历	-0.187^*	0.075	-2.509	（-0.328，-0.045）
资格证	-0.172	0.094	-1.819	（-0.352，0.019）

注：儿童观念问卷得分越高，表明教师持有以教师为中心的教学观念的程度越高；儿童观念问卷得分越低，表明教师持有以儿童为中心的教学观念的程度越高；* 表示 $p<0.05$。

「拓 展 阅 读」··

中介效应与调节效应

中介效应和调节效应并非分析方法，而是一种对关系的描述，研究人员需要结合不同的数据分析方法对这两种关系进行分析。

·中介效应

分析中介效应，就是在研究 x 对 y 的影响时，分析 x 是否先影响中介变量 m 再影响 y，即是否有 $x \rightarrow m \rightarrow y$ 这样的关系，如果存在此种关系，则说明具有中介效应。比如，工作满意度（x）会先影响创新氛围（m），再影响最终工作绩效（y），此时创新氛围就成为这一因果链中的中介变量（见图4-3）。

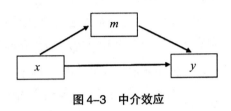

图4-3 中介效应

中介效应分为3个模型。针对图4-3，需要做如下说明。

模型1：自变量（x）和因变量（y）的回归分析。

模型2：自变量（x）、中介变量（m）和因变量（y）的回归分析。

模型3：自变量（x）和中介变量（m）的回归分析。

·调节效应

分析调节效应，就是在研究 x 对 y 的影响时，分析这一影响过程是否会受到调节变量 z 的干扰。比如，开车速度（x）会对车祸可能性（y）产生影响，这种影响关系受到是否喝酒（z）的干扰，即喝酒时的影响幅度与不喝酒时的影响幅度有着明显的不同（见图4-4）。

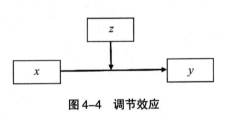

图4-4 调节效应

这里需要注意以下4种情况：第一，如果 x 和 z 均为分类变量，则采用多因素方差分析，检验方差分析的交互项是否显著；第二，如果 x 和 z 均为连续变量，则在直接得到交互项后进行回归分析；第三，如果 x 为分类变量，z 为连续变量，则对 x 进行虚拟变量处理后得到交互项，再进行回归分析；第四，如果 z 为分类变量，x 为连续变量，则对 z 进行虚拟变量处理后得到交互项，再进行回归分析。

中介效应与调节效应的研究设计能够较好地探索教育现象/行为的复杂关系和内在机制，同时是教育研究中常用的研究设计与方法。

··

第四节 CLASS 师幼互动培训项目及其有效性研究

在美国，有大量的研究者和政策制定者关注学前教师师资培训的有效性。其中关于幼儿教师的专业核心能力——师幼互动能力的培养，是大多数教师专业发展培训项目关注的重点。师幼互动质量与儿童发展水平有直接且密切的关系。通过有效的师资培训来提升幼儿教师的师幼互动能力，已成为当前国际研究热点和人才培养工作重心。

通过提升教师的师幼互动能力来促进儿童（尤其是处境不利儿童）的发展，是当今国际学前教育界的一个共识。一方面，大量的学前教育质量和儿童发展的追踪研究与干预研究得出了一致的结论——师幼互动质量是影响儿童发展的最有力的因素（Curby et al., 2009; Burchinal et al., 2008）；另一方面，一些研究发现，大部分儿童接受的学前教育质量是中等偏低的，尤其是来自低社会经济地位家庭的儿童，其所经历的教育的质量普遍偏低。除美国外，其他国家同样面临诸如此类的严峻问题（Hu et al., 2016）。

基于该共识，美国基于州的 QRIS 质量评估指标普遍纳入了师幼互动这一标准；同时，美国的早期干预项目——开端计划——也将 CLASS 作为其 3 年一度的监测师幼互动质量的评估工具，并指导教师在情感支持、班级管理和教学支持方面能力的提升。由此可见，美国的幼儿教师师资培训对提升幼儿教师师幼互动能力的关注不仅有理论和实证研究的基础，而且有政策和制度的保障。在我国，相关研究显示，职前和职后幼儿教师迫切需要提升自己的师幼互动能力水平，尤其是教学支持方面的能力。因此，与提升教师专业发展水平有关的职前或职后教师教育项目（课程）需要关注教师的专业核心能力——师幼互动——的相关知识与技能。

美国弗吉尼亚大学的高等教学中心（Center for Advanced Study of Teaching and Learning, CASTL）与美国幼儿教育研究中心（National Center for Research on Early Childhood Education, NCRECE）研发了两套基于 CLASS 的师资培训课程："我的教学伙伴"（My Teaching Partner, MTP）课程和"充分利用班级互动"（Making the Most of Classroom Interactions, MMCI）课程。这两套课程都是基于 CLASS 的教师培训课程，均被证明在教师师幼互动能力提升方面具有有效性。此外，CASTL 的团队还基于视频技术研发了一种测量教师识别有效教学技能的评估技术——VAIL。研究显示，VAIL 在提升幼儿教师师幼互动能力方面非常有效。NCRECE 制订了一项关于学前教育工作者专业发展的培训与研究计划，旨在提升美国幼儿教师的师幼互动能力。该计划包括一套完整的 MMCI 课程应用。下面对关于这些课程与评估技术及其有效性的研究进行具体介绍。

一、MTP 课程及其有效性

（一）MTP 课程

MTP 是一种基于视频技术的师幼互动培训课程，该课程通过观摩有效教学的样本视频、开展网络咨询来支持教师习得有效的师幼互动。MTP 采用一对一辅导的培训模式，是一套持续性和系统化的、以网络为主要平台的、注重提升教学实践活动中师幼互动质量的教师培训课程。培训师通过对参训教师的课堂师幼互动录像进行分析，提出个别化的具体建议，来帮助参训教师提升师幼互动质量。培训周期为 10 个月。

MTP 课程及其培训模式的提出源自美国多年以来教师培训的无效性和碎片化（不成体系）的历史问题。长期以来，美国教师常在假期参加教学研讨会，听取他人随意的建议（这些建议并不是基于科学的观察给出的），并参加强制性的培训，或从自己的日常教学中吸取经验（而不会反思这些教学经验如何影响自己的教学质量）。在这种传统的培训模式里，教师往往是消极被动的学习者，所学习的内容与自己的教学情景往往是脱节的，而且所参加的培训很少有后续跟进。

基于以上传统培训存在的种种问题，MTP 提出，有效的幼儿教师师资培训需要大量的实践和练习机会。这些实践和练习机会一方面是观看并分析视频示例，观察教师和儿童之间有效的教学、语言和社会互动；另一方面是针对教师与儿童的互动，提供个性化反馈和重复的实践机会。该模式的核心内容是对班级内的师幼互动进行观察，且在观察的基础上给予教师反馈与支持，这些均基于业内公认的、具有理论和实证基础的、标准化的框架——CLASS。

（二）MTP 课程的有效性

MTP 的创新培训模式能够为参训教师创造一种合作协商的学习氛围与班级文化，教师在其中能够成为积极的学习者，并积极将自己的知识与教学实践紧密结合（Darling-Hammond & McLaughlin, 1995）。总体而言，这种辅导与训练模式能够为教师提升具体教学行为提供持续的反馈与支持，该模式被认为是有效地、直接地促进高质量教学的途径。

皮亚塔等人（Pianta et al., 2008）验证了 MTP 师资培训课程及其模式的有效性。研究者对比了两种培训的模式：在第一种模式中，教师按照要求观看了网络上的关于高质量互动的录像；在第二种模式中，教师除了观看网络录像，还接受了网络咨询，并获得针对性反馈，即接受 MTP 师资培训。共有 113 位教师参与了研究，教师所教班级中的儿童也参与了此项研究。研究采用语音意识和识字能力量表学前教育版（Prek Version of the Phonological Awareness Literacy Screening）（Invernizzi et al., 2004）对班级中所有儿童进行了关于语言和文字知识发展水平的测试。在这些儿童中，有一部分是处境不利儿童，这些儿童普遍家庭经济困难，部分儿童父母离异，也有部分儿童经历过家庭暴力。结果显示，接受 MTP 课程的教师与那些只进行网路录像学习的教师相比，在师幼互动能力方面获得了提升。如果教师接受特定教学领域（如语言）的高质量教学实践指导，并定期收到关于其班级互动对儿童领域学习的促进程度的反馈，那么教师的具体教学行为就得到改善。此外，在拥有更高比例的处境不利儿童的班级中，接受了 MTP 培训的教师的师幼互动对儿童语言领域发展的促进作用更为明显。该结果证实了研究人员所推广的 MTP 课程及其培训模式的有效性，同时也说明了该课程模式的优势，即课程聚焦于具体的师幼互动内容，用标准化的师幼互动框架——CLASS——来评估班级师幼互动过程，并且专家对教师班级互动进行评议的过程也是标准化的。

二、MMCI 课程及其有效性

（一）MMCI 课程

MMCI 课程采用的是一种面对面的幼师专业发展培训模式。MMCI 是由为期 14 周的高校课程改编而来的，该课程在学生掌握高质量师生互动的知识及 CLASS 情感支持和教学支持领域能力的提升方面是有效的（Hamre et al., 2012）。

MMCI 采用面对面的培训模式，由一名富有经验的指导教师和一组参训教师组成学习工作坊。通过学习工作坊，参训教师定期与训练有素且富有经验的指导教师会面（共 10 次会面），学习如何识别和分析班级有效互动，并讨论如何通过意向性互动与教学来提高儿童的发展水平。

在学习工作坊中，首先，参训教师了解师幼互动对儿童的学习和发展所产生的影响；然后，在指导教师的指导和帮助下，参训教师学习如何分析和鉴别班级活动中符合 CLASS 评价标准的高质量师幼互动，并与指导教师一起基于 CLASS 视角讨论如何在实际的教学过程中通过使用这些有效的师幼互动策略来促进儿童的学习和发展；最后，教师需要完成一项作业，包括观看特定的互动视频，在课堂上练习互动，并访问一个展示教师与儿童互动的最佳实践的在线视频库。

（二）MMCI 课程的有效性

同为 CASTL 和 NCRECE 的团队开发的教师培训课程，MMCI 与 MTP 各自的侧重点与它们之间的差异一直受到研究者的关注。美国的佐治亚州从 2011 年起在托幼机构班级中开展了一项为期 3 年的教师培训实验研究，研究随机抽取了 486 名主班幼儿教师，将他们随机分成 3 组，每组同时接受不同方式的教师培训，其中 151 名教师接受了 MTP 课程，175 名教师接受了 MMCI 课程，其余 160 名教师为对照组。研究结果表明，MMCI 课程比 MTP 课程更能帮助教师获得关于有效师幼互动的知识，同时能帮助教师有效提升师幼互动的实践能力；与没有参加相关师资培训课程的教师相比，参加 MMCI 课程的教师能够在 CLASS 情感支持和教学支持这两个领域中实现明显的质量提升，而 MTP 课程仅能够帮助教师提升情感支持这一个 CLASS 领域的师幼互动质量。

将这两种培训模式进行比较，可发现 MMCI 课程之所以能够更加有效地提升教师的师幼互动知识及在情感支持和教学支持领域的质量水平，是因为该课程在内容上具有更强的针对性和一贯性，课程关注师幼互动的具体实践，并且课程中关于有效互动的描述适用于幼儿园一日的所有活动。因此，为了使培训项目更加具有针对性，有效的培训设计应将培训的内容、时间和组织形式结合起来，进行协调考虑。

三、VAIL 评估技术及其有效性

对有效教学（师幼互动）进行识别的训练是师资培训的一项重要内容。CASTL 的研究团队基于视频技术开发了一种测量教师识别有效教学技能的评估技术——VAIL。

（一）VAIL 评估技术

VAIL 评估技术是一种基于视频案例的测评与指导教师对 CLASS 教学支持领域的教学策略进行识别与评价的方法。该方法主要评估与训练教师对有效教学策略进行观察与辨识的能力，并要求教师描述与有效教学策略相匹配的实例。在《评估教师对有效师幼互动进行辨识的技能》（"Assessing Teachers' Skills in Detecting and Identifying Effective Interactions in the Classroom"）一文中，研究者将教学策略定义为 CLASS 教学支持领域中的一系列行为指标，这些指标主要包括：分析和推理、创造力的挖掘、融会贯通、与现实生活相联系、支架、反馈回路、促进思考、提供信息、鼓励和肯定、频繁的交流、开放性的问题、重复和延伸、自我和平行谈话、高级词汇等。在 VAIL 中，一系列视频案例呈现教师使用教学策略的具体状况。

「拓 展 阅 读」⋯⋯⋯⋯⋯⋯⋯⋯⋯⋯⋯⋯⋯⋯⋯⋯⋯⋯⋯⋯⋯⋯⋯⋯⋯⋯⋯⋯⋯⋯⋯⋯⋯⋯

VAIL 评估的实施步骤

VIAL 评估的实施主要包括以下 3 个步骤。

步骤一：要求教师观看一段源自真实课堂情景的视频，视频约 20 分钟，例如，观看教学视频"跳芭蕾舞的牛"。

步骤二：要求教师辨识视频中的 5 种教学策略及与每种教学策略相匹配的实例。

步骤三：要求教师列举出在视频中的 5 种教学策略及与每种教学策略相匹配的实例。

⋯⋯

（二）VAIL 评估技术的有效性

VAIL 作为测评与指导教师识别有效师幼互动的工具获得了大量研究者的关注。有研究者（Jamil et al., 2015）对 270 位幼儿教师的 VAIL 使用情况进行了调查，并检验了该工具的结构效度和信度。此外，研究还检验了教师的 VAIL 得分与教师个体特征变量（教龄、受教育水平、课程数量及是否持有教师资格证）的关系，以及 VAIL 得分对教师师幼互动质量（用 CLASS 进行测量）的预测能力。

首先，因素分析结果显示，VAIL 表现出单因素结构，这意味着 VAIL 测量了一种单一教学技能。其次，VAIL 能够有效地评估幼儿教师识别有效师幼互动的能力。再次，教师的受教育水平与其有效识别互动的能力有显著关联。然而，研究者发现教师的教龄与 VAIL 分数之间没有显著关联，其原因可能有两个方面：一方面，教师对有效师幼互动进行识别的能力可能在其任职的头几年里有很大的进步，随后，该能力会保持稳定的水平；另一方面，VAIL 对有效互动的定义是基于 CLASS 的理论及实践框架的，教龄较长的教师在之前受训时所学的有效教学的相关知识与技能可能与该框架有所不同，因而在 VAIL 得分方面没有显示出教龄优势。此外，研究者还发现，教师识别有效互动的能力能够预测其师幼互动中的教学支持水平（事实上，VAIL 评估的教学策略行为指标来自教学支持领域中各个维度的具体指标）。

有研究者将 VAIL 应用于职前教师的师幼互动识别能力测试与教学（Wiens et al., 2013）。研究者在美国某高校选取了 3 组不同年级的学前教育专业学生，并对他们进行 VAIL 评估。该研究得出了 3 点结论。第一，大面积、标准化的 VAIL 评估在学前教育教师人才培养方面是可行的，VAIL 能够有效评估职前教师的学习水平。事实上，美国学前教育教师专业认证是基于多种测评的，而 VAIL 在各种测评工具中是一个非常好的选择。第二，VAIL 在评估职前教师识别师幼互动能力的差异方面具有较强的敏感性，这种敏感性在一定程度上与职前教师所接受的课程学习有关。第三，相比于 CLASS 情感支持与教学支持领域，职前教师对班级管理领域的相关理论更为了解，但一些教师无法具体识别代表这些教学技能与策略的实例；还有一些职前教师能够辨别录像实例中的教学行为是否有效，但却无法指出与这些行为相对应的有效教学策略。

四、NCRECE 教师发展计划及其有效性

（一）NCRECE 教师发展计划的内容

NCRECE 制订了一项关于学前教育工作者职业发展的培训与研究计划，即 NCREC 教师发展计划，旨在提升美国幼儿教师的师幼互动能力。该计划包含两种教师培训模式：一种是一个学期的教师课程，其课程内容侧重于高质量师幼互动；另一种是学员教师接受指导教师定期、有针对性的反馈与支持，学员教师在指导教师的指导下观察并分析自己的教学实践，从而提升学员教师的师幼互动能力。这两种干预性培训模式均侧重于提升学员教师的师幼互动能力，进而促进儿童的语言和早期读写能力的发展。

该课程包括 14 个时长为 3 小时的授课单元。前 3 个单元讲解早期幼儿园经历对儿童长期发展的影响，师幼互动对儿童发展的重要性，以及 CLASS 的理论框架和基本架构。第 4～8 单元是一套完整的 MMCI 课程，其中第 4、第 5 单元讲解并实践 CLASS 情感支持领域的互动，第 6 单元讲解并实践 CLASS 班级管理领域的互动，第 7、第 8 单元讲解并实践 CLASS 教学支持领域的互动。在进行第 4～8 单元讲解的时候，学员教师一边学习不同类型师幼互动的知识，一边观看大量的录像，并学习如何对录像进行分析（如分析不同类型互动的质量水平），每个单元的家庭作业主要包含阅读及对教学录像的分析。第 9～11 单元主要讲解儿童的语言发展及教学，学员教师学习儿童语言发展的知识（词汇、语用学、社会语言和叙事）并观看大量的关于有效语言教学的录像。第 12、第 13 单元主要介绍早期儿童读写能力的发展（概念、字母知识和语音意识）及教学。在第 14 单元，学员教师彼此分享自己的一段语言课教学录像，并从头至尾地分析自己在教学中的有效或无效师幼互动案例。

（二）NCRECE 教师发展计划的有效性

NCRECE 对这两种培训模式的有效性进行了研究，报告了培训课程对幼儿教师师幼互动能力的影响（Hamre et al., 2012）。该研究将 440 名教师随机分为 4 组：无课程无咨询组，无课程有咨询组，有课程无咨询组，有课程有咨询组。此项研究的目的是促进教师在师幼互动方面的知识学习与技能习得，提升教师在儿童语言和早期读写技能发展方面的观察与互动能力。结果显示，与未接受培训课程的教师相比，接受该课程的教师表现出更多意向性教学的观念，并且展现出更加丰富的有效互动方面的教学知识和技能，更频繁地开展以儿童为中心的支持自主性的互动，以及更有效的教学支持互动。此外，该课程对低学历教师及高学历教师同样有效。

除对培训设计进行研究外，该研究也发现了一些影响培训实施效果的关键性因素，即教师在培训过程中的参与度和回应度。参与度主要指教师在培训过程中的积极及主动性程度，回应度主要指教师对培训中的任务、讨论或指导教师的反馈做出语言或行为上的回应及相应调整。有研究者检验了教师在网络培训中的参与度，发现能够影响教师参与度的因素主要有两个方面：一是课程本身的设计；二是教师个体是否倾向于使用信息技术并借此完成课程（LoCasale-Crouch，2007）。研究结果显示，教师更倾向于和经验丰富的指导者进行频繁的交流，而较少完成相关的作业或参与在线学习。因此，在设计教师培训课程的过程中，设计者需要考虑为学员教师提供有针对性的帮助策略，从而使学员教师在参与的过程中感到舒适，或体验到来自同伴的支持。也有研究者设计了一个基于网络的教师讨论社区，教师可以和同伴以网络学习社区为平台，共同探讨自己在参与培训时遇到的困难，该过程有助于促进教师在其教学过程中有效地实践所学习的理论。此外，开端计划也将同伴指导作为教师培训的一种主要形式，因为同伴之间更容易建立平等、合作的关系，这种关系能够促进教师的学习。上述促进教师参与度和回应度的研究表明，学员教师在培训过程中的主体地位需要受到重视，培训的教学设计应该以学员教师为中心。

事实上，学者对 NCRECE 所提出的师幼互动培训的探索远不止于此。文章《有效的学前教育教师专业发展课程核心成分中的教师参与与教师的师幼互动能力变化的关系》（"Teacher Engagement in Core Components of an Effective, Early Childhood Professional Development Course, Links to Changes in Teacher-child Interactions"）探索了教师培训课程中哪些重要组成部分（如考试、家庭作业、网络使用和上课）与教师师幼互动能力的提升有显著关联，哪些教师个体特征能够影响教师在这些重要组成部分中的参与。 该研究的主要研究目的是发现有效培训课程的核心要素，并在今后的培训中加以推广。

与之前的研究相同的是，此项研究也涉及 NCRECE 关于提升师幼互动质量的培训课程。150 名学前教育教师参与了研究，所进行的培训包括两个阶段：第一个阶段是长达 14 周的 NCRECE 培训课程，第二个阶段是长达 1 年的 MTP 辅导，即个别化的网络辅导。网络系统记录了教师的出勤、网络使用时间、家庭作业分数及考试分数。课程的作业包括期中考试、期末考试、18 次录像观察家庭作业（由研究助理对教师的观察结果进行打分，用于检验教师的观察技能）、6 次阅读笔记（要求教师记录所选择的阅读信息）及两篇反思（要求教师对社会情绪策略、语言及文学活动策略进行反思）。研究者还测量了教师的儿童观念与工作压力。

结果显示，教师在课程中的参与度普遍较高。教师在课程中的参与（出勤率、网络使用时间）和教师的课程知识（通过期中和期末考试成绩衡量），与教师的师幼互动质量的提升均无关联。唯一可预测教师师幼互动质量提升的变量是"解释具体的师幼互动行为能力"这部分家庭作业。教师在"准确和具体地解释其他教师有效师幼互动情况"方面的表现与其师幼互动的提升有关。学前教育专业毕业的教师和持有以儿童为中心观念的教师，在评价其他教师师幼互动质量方面的表现更好。为探索哪些教师特征能够预测教师对课程的参与程度，研究者选择了一系列教师变量（包括学历、专业、教龄、儿童观念和工作压力）进行检验。结果发现，教师的学历、教龄均与课程的参与度无关。

如前所述，NCRECA 课程的目标是提升教师的有效教学知识（Shulman，1986）。这些教学知识的使用具体体现在教师识别和解释高质量课堂互动的能力上（Van Es & Sherin, 2002）。此项研究说明，教师识别高质量教学实践的能力能够预测其班级师幼互动能力的提升。这也进一步证明培养教师在班级师幼互动中的观察能力是教师专业发展培训工作的重点。

第五章　托幼机构管理者领导力

Chapter Five

◆ 本章导读 ◆

很多国家都关注学前教育管理者（如托幼机构中心主任、幼儿园园长等）的专业化发展问题。早在 1996 年，美国教育管理政策委员会（NPBEA）就颁布了《教育领导者专业标准》（"Professional Standards for Educational Leaders"），明确了学前教育领导者的专业性及专业成长路径（Rodd, 1994），并于 2008 年和 2015 年分别对该标准进行了修订。澳大利亚国家儿童保育认证委员会也规定了托幼机构管理者的准入标准。此外，新加坡教育部制定的《新加坡幼儿园认证框架》（"Singapore Preschool Accreditation Framework"）也包含关于机构管理者的认证标准，包括 3 个维度：领导力、计划与管理、员工管理。近几年，我国在基础教育领导力专业化方面也迈出了重要步伐，建立了包括《义务教育学校校长专业标准》《普通高中校长专业标准》《中等职业学校校长专业标准》《幼儿园园长专业标准》的专业标准体系，这些专业标准的制定是指导我国各类教育机构管理者专业化发展的重要举措。当前，一些国家（如美国、澳大利亚等）的学前教育研究者与决策者开始重视学前教育领导力的研究与培养工作，基本形成了包含学前教育领导力知识准备、实践锻炼与理论提升的培养体系。

在学前教育质量评估领域中，托幼机构管理者领导力及组织氛围是一项重要的评估内容。管理者领导力作为托幼机构层面的一项重要结构性质量要素，对班级师幼互动、机构组织氛围、家园合作与社区合作、机构内部政策、空间设施与材料、课程方案、教师专业发展等一系列结构性和过程性质量产生不同程度的影响。经济合作与发展组织（The Organization for Economic Cooperation and Development, OECD）定义的学前教育质量框架包括：健康、安全的保教环境、较高的师幼比，具有适宜性的课程设计与实施、保教者较高的专业素质和专业经验水平、高质量的师幼互动、较高的员工工作投入与满意度等（OECD, 2001），达到这些高质量的关键条件与托幼机构管理者领导力及机构的组织氛围密切相关。可以说，高水平的管理者领导力和有效的机构管理是营造良好工作氛围、促进教师专业发展、提升教育教学质量，进而促进儿童发展的关键保障和改革动力。

本章讲解国内外托幼机构管理者领导力的理论框架及对管理者领导力与组织环境的评估，并介绍国内外关于托幼机构管理者领导力及其提升的几项实证研究。

第一节　托幼机构管理者领导力的理论框架

一、国外托幼机构管理者领导力的定义

（一）五大领导力理论框架

卡根和鲍曼在他们的经典著作《学前保育与教育中的领导力》（*Leadership in Early Care and Education*）中非常细致地描述了不同类型的学前教育领导力：教学领导力（pedagogical leadership）、行政领导力（administrative leadership）、倡导领导力（advocacy leadership）、社区领导力（community leadership）和概念领导力（conceptual leadership）（Kagan & Bowman, 1997）。五大领导力框架在学前教育管理者领导力研究领域的影响十分深远。

1. 教学领导力

教学领导力是关于教学指导及支持教师实施班级教学活动的领导力。从另一个角度看，教学领导力是管理者对儿童学习的内容、儿童何时及以何种方式学习知识和技能的指导。此外，有效的教学领导力可促进教师与家庭的伙伴关系，这对儿童的学习和成长至关重要。

教学领导力水平较高的管理者知道怎样做才能够有效地帮助一线教师将其理论知识转化为实践；同时，这类托幼机构管理者往往在一些重要的、参与教育决策的利益相关者（如家长、教师、校董会及社区）就某种教学理念达成一致的过程中展现出较强的责任感和说服力。

2. 行政领导力

行政领导力是关于设定目标，协调工作，动员组织中一切人、事、物以实现托幼机构发展目标的能力。行政领导力体现在管理者的行政管理工作方面，在托幼机构中，管理者的行政管理工作主要包括托幼机构的人事、预算、课程教学、教职工教育与成长、家园关系、托幼机构与社区之间的合作等方面。管理者在管理工作实践中需要具备全局意识，将价值观、领导任务与托幼机构发展统一起来。此外，托幼机构管理者的行政管理能力与托幼机构组织文化创建紧密相关。

行政领导力至少涵盖两个方面的重要领导力：运营领导力和战略领导力。高效的行政管理者能够制订可持续的发展计划并高效地运作实施，以满足儿

童、家庭和工作人员的需求。要具有高效的行政领导力，管理者需要具备以下 7 种素质：①能够发展和维持有效的组织；②能够建立实现托幼机构发展短期目标及长远目标的行政管理系统；③能够进行有效的人事管理，并为员工制订合理的发展计划；④能够发展良好的社区合作关系，并能够对儿童保教政策的制定产生一定的影响；⑤能够维护和升级托幼机构的设施；⑥拥有有效管理所需要的法律知识；⑦具备财务管理技能。

3. 倡导领导力

倡导领导力指的是管理者在制定托幼机构长远发展目标过程中所体现的领导力。拥有这种领导力的管理者往往对学前教育领域的理论知识有比较深刻的理解。同时，能够发挥好倡导领导力的管理者在托幼机构管理工作中往往表现出良好的社交能力，能够不断地与各利益相关者展开对话交流，以满足家庭与儿童发展的需求。此外，拥有高水平倡导领导力的托幼机构管理者能够展现出一系列关于实现机构有效领导的个人特质。拥有高水平倡导领导力的托幼机构管理者能够自如地运用领导技巧影响所在地区乃至整个国家的早期保教政策的制定及相关资金的投入和使用。当托幼机构管理者需要做出妥协或艰难的决定，他们则以未来托幼机构的长远发展目标为主要依据。

此外，管理者应在更广泛的战略层面与托幼机构教育质量相关的社区单位分享经验、交流愿景。具有高水平倡导领导力的托幼机构管理者是一位全能型人才，他们能够与托幼机构范围之外的人员、组织进行合作交流。例如，在 1989 年美国的一项关于更好的托幼机构的法案的设立过程中，不仅该项法案的创始成员发挥了重要作用，托幼机构、工会及幼儿教育保育社区的代表也发挥了十分重要的作用。与之类似，美国的著名学前教育干预项目开端计划的成功推行和持续实施也离不开在社区工作中做出突出贡献的托幼机构管理者的支持。

拥有高水平倡导领导力的托幼机构管理者是有远见和胆识的，并能够时常跳出托幼机构日常工作的窠臼。他们往往能够比普通的管理者更易与机构以外的人或组织达成合作；同时还能够注意并抓住周围环境中的战略性时机，不断推动托幼机构关键性事务的顺利开展；并从长远的角度，巧妙运用数据和专家支持来促进机构发展。在与大众或政策制定者合作时，他们能够采用创新性的手段和方法，冒着可能得罪他人的风险，做出一些比较艰难的决定，并坚持到底、不屈不挠，持续将重要的事情不断地有效推进。此外，倡导领导力高的管理者能够从战略性的角度思考问题，知道什么时候妥协、该怎样妥协；同时，这样的管理者知道如何鼓舞和支持其他同事的工作，并广泛开展合作。

4.社区领导力

社区领导力指的是管理者能够在管理工作中通过与家庭、社区服务资源及公私立机构主体之间建立联系的方式，将托幼机构和社区服务紧密结合在一起。

具有高水平社区领导力的托幼机构管理者能够通过多种方式和途径来帮助社区大众从认知层面理解为什么早期保教对于儿童及家庭的健康和福祉来说非常重要；此外，拥有有效变革能力的管理者往往能够抓住与社区大众共同完成社区事务这一契机来推进托幼机构战略性目标的实现；在这些过程中，沟通成为提升早期保教质量的一个非常重要的途径。拥有较高水平社区领导力的托幼机构管理者通常会采取两方面的策略来开展托幼机构的领导和管理工作。

一方面，具有高水平社区领导力的托幼机构管理者对于社区事务不会抱有"事不关己，高高挂起"的态度，他们会广泛地参与一系列社会及公民事务。拥有高水平社区领导力的托幼机构管理者能够尽自己所能与投资者及社区中其他重要公务人员建立联系；他们往往了解机构所在社区中政治层面的权力分配情况（如果托幼机构管理者能够获得机会与社区公务人员或政治上的负责人进行沟通，并说明自己所在的托幼机构的情况，那么该托幼机构管理者则能够获得更多的教育资源）。此外，托幼机构的管理者在向社区中的其他重要人物讲授早期保育教育的相关事宜时，需要向他们阐明早期保育教育的重要意义。同时，这样的托幼机构管理者还需要在教育工作的实践过程中尽可能倾听社区中其他人的观点或建议。对于机构管理者来说，要实现有意义的工作，最理想的方式就是不断思考如何远见卓识地、更好地为社区内其他人的利益服务并付诸实践，从而为社区中的每位儿童构建一个安全、健康、温馨的成长环境。

另一方面，拥有较高水平社区领导力的托幼机构管理者为了更好地发挥机构中私有制成分的作用，会尽可能多地向社区中的投资者展示自己所在的托幼机构的财政运营及管理机制。为此，他们需要具备以下几项能力：①清楚地了解自己所提供的教育服务的受众群体（家长和儿童）；②明确家长和儿童的各类需求；③能够清楚地制定所在机构满足家长和儿童各类需求的措施；④在财政预决算工作中，能够翔实、准确地考虑并分析各种资金需求，做好托幼机构运营及建设所需的资金分配计划。

5. 概念领导力

概念领导力指的是托幼机构的管理者能够很好地把握托幼机构中的领导力概念，并将其融入更广泛的社会、经济与文化变迁。

概念领导力主要衡量托幼机构管理者能否不断提出新的、适宜的发展概念。为提升托幼机构质量，管理者个人应能对各种有利于机构质量提升和长远发展的想法和概念抱以开放的态度，并进行周全的思考，时刻做好长远规划的准备。

首先，在学前教育领域，拥有高水平概念领导力的管理者能够摆脱自己所在的托幼机构的局限，将整个学前教育领域看成一个需要发展的整体。其次，拥有较高水平概念领导力的托幼机构管理者面对问题时往往进行全面的思考，融合来自各利益相关者的不同观点和经验。最后，拥有高水平概念领导力的托幼机构管理者能够从长远的角度思考托幼机构的全面发展。托幼机构管理者的思考和规划体现在以下几个方面：①以全局的方法考虑问题；②从长远的角度思考问题；③突破思维定式；④积极思考学前教育领域发展的各种可能性；⑤在创新层面和战略层面思考问题，将提升社会公益影响作为长远目标之一。

（二）整体领导力理论框架

2016 年，3 位美国学者提出了托幼机构的整体领导力（whole leadership）理论框架（Abel, Talan & Masterson, 2016）。这一框架认为托幼机构管理者领导力包括 3 项内容：管理者的个人特质，行政领导力，教学领导力。在这一框架中，管理者领导力的各项内容之间是紧密相关的，共同构成托幼机构管理者领导力的有机整体，即整体领导力。该理论框架具有良好的社会文化适宜性。

1. 管理者的个人特质

管理者的个人特质是指管理者自身领导能力形成所依赖的一些个人特质与知识，包括建立行政和教学领导力的个人特征、知识和技能，是管理者成功的基石。富有魅力的管理者可以通过自身的个体特质、有效激励及积极实践来激发员工完成组织目标；其中，个体特质包含管理者的高水平自我效能感、同理心、创造力、真诚、谦卑、磊落、适应性及学习心态等特质。事实上，领导是一项共同的责任，依赖于信任和沟通背景下的主体间的相互参与和承诺。富有魅力的管理者能够为组织创造健康的工作环境，从而为包括管理者在内的所有人带来更大程度的协作、效能、创造力和道德承诺。在这一背景下，行政领导力与教学领导力的效益都得以最大化。

2. 行政领导力

行政领导力指的是管理者制定发展目标、组织工作、动员教职工、推进托幼机构正常运转的能力。行政领导力水平较高的管理者能够有效地在托幼机构管理实践中满足儿童、家庭及教职工多方的需求。行政领导力可以进一步细分为两个方面：操作性领导力和战略性领导力。其中，操作性领导力体现在一系列与托幼机构工作密切相关的工作安排的效率上，包括：人事工作（招聘、评估、为教职工提供支援等），财政类工作（根据托幼机构的工作目标及需求制定预算等），以及组织类工作（构建并维护积极的组织文化和氛围等）。战略性领导力指的是管理者能够从长远的角度出发，规划托幼机构未来的发展方向。战略性领导力水平比较高的托幼机构管理者能够明确整个托幼机构的目标和价值观，激励教职工追求共同的目标，并且确保托幼机构目标的实现。

3. 教学领导力

教学领导力指的是托幼机构管理者能够确保课程在理论层面和实践层面的有效性，能够依靠数据有效评估儿童和机构的发展，并通过实践积极优化儿童的学习环境。从广义的角度看，托幼机构管理者的教学领导力体现在班级保教活动的质量上。

托幼机构管理者的个人魅力、知识和能力在托幼机构经营过程中较为重要，所有托幼机构管理者都应具备管理者的基本素养、课程和行政管理方面的基本知识与技能。但是，就整个托幼机构组织而言，领导权力应分配给不同的个体，从而达到权力制衡和利益最大化的目的。领导权力的下放能够使机构管理者与机构中的其他人分享手中的权力。这种分权意味着托幼机构管理者需要有效地调动机构中的重要他人（包括行政人员、各类办事员、教学主任、家长、机构所有者、董事会成员及社区的其他高管）的参与，通过这种方法将托幼机构中集体领导力的收益最大化。这种高水平集体领导力能够提高托幼机构中集体领导模式下每位管理者的自我效能感和责任心，这对于提升班级教学和营造良好的托幼机构工作环境氛围来说是大有裨益的。

从美国学者关于学前教育领导力的观点来看，整体领导力理论框架能够指导学前教育系统中的各种重要工作人员（如管理者、学前中心主任、教研主任、教师培训和技术支持人员、政策制定者等）提升自身的工作能力。这一框架还会为 0 ～ 3 岁托育机构的工作人员提供特殊组织环境下的能力提升指导。

（三）芬兰、日本及新加坡的学前教育领导力定义：跨文化比较

2016 年，一项面向芬兰、日本、新加坡 3 国学前教育的研究对学前教育领导力的定义及学前教育机构管理者的工作重点展开了跨文化比较（Hujala et al., 2016），可参见《芬兰、日本及新加坡早期儿童教育中的领导工作》（"Leadership Tasks in Early Childhood Education in Finland, Japan, and Singapore"）。

研究人员对比了芬兰、日本和新加坡学前教育中的领导工作，探讨了如何从领导工作的角度界定不同国家的托幼机构管理人员的领导力。研究人员分别在这 3 个国家选取了 100 名托幼机构管理者作为被试，并要求每位被试填写问卷，来评估他们主要承担的领导任务类型和每日工作职责。结果显示，3 个国家托幼机构管理者的主要领导任务具有很大的相似性：他们都认为托幼机构领导工作中最重要的任务包括教学领导、服务管理、人力资源管理和日常事务管理。但是，各国管理者在完成托幼机构领导任务中的侧重点和职责分配有所不同：芬兰的托幼机构管理者将大部分时间用于人力资源管理和教学领导；日本的托幼机构管理者会把更多工作时间用于服务管理，其次是人力资源管理和日常事务管理；新加坡的托幼机构管理者将大部分工作时间用于教学领导，其次是服务管理，再次是日常事务管理。

从托幼机构不同方面的管理工作及时间分配的角度看，3 个国家的托幼机构管理者都认为在其主持托幼机构工作的过程中有两个方面的工作——教学领导和人力资源管理——是比较重要的。然而，只有芬兰的托幼机构管理者可以做到知行合———在这两种管理任务中分配最多的工作时间。日本的托幼机构管理者在托幼机构服务管理和安全问题方面会花费更多时间，这与日本是一个自然灾害多发的国家有关；相对而言，日本的托幼机构管理者在教学领导方面所花费的时间比较少。新加坡的托幼机构管理者则较忽视人力资源管理。

3 个国家的托幼机构管理者在主持托幼机构工作时也会遭遇不同的问题。芬兰的领导工作比新加坡和日本的更为分散，零碎的工作分配给管理者带来压力。日本的托幼机构管理者的压力则主要来自家长沟通、员工合作、指导实践等方面。新加坡的管理者所面对的问题是员工流动性大、人员短缺。在谈及成功的托幼机构管理者应当具备的素养时，芬兰和新加坡的管理者都认为个人素质、工作能力和工作技巧是最重要的。而日本的管理者认为，培训经历及能力，能够实现与家长、其他教职工和同事之间的有效沟通，以及丰富的工作经验是成功托幼机构管理者应当具备的重要素养。此外，在支持来源方面，每个国家的托幼机构管理者都提到关于专业发展的培训是一种现有的支持形式。芬兰的管理者主要依靠中心的其他负责人及上级提供的支持。

在新加坡，管理者认为上级的支持对于他们的领导工作来说是最重要的。在日本的管理者看来，信息、方针及领导战略能为他们的工作带来最有力的支持。然而，芬兰和日本的许多管理者表示，他们的领导工作得不到足够的支持。

上述结果表明，各国托幼机构管理者的核心任务和目标有很大的相似性，但受到各国文化背景的影响，各国的管理者在主持各自的托幼机构工作时表现出一定的文化差异。在整体领导力的3项内容中，3个国家的托幼机构管理者最重视教学领导力，其次是行政领导力，最后才是管理者的个人特质。在对管理者的个人特质的认知方面，3个国家的管理者也有明显差异，芬兰和新加坡的管理者更看重个人素养、工作能力与技巧，日本的管理者更看重沟通能力与工作经验。这说明，一个国家托幼机构管理者的领导力认知的建构与其社会文化背景紧密相关，社会文化背景对管理者的期待建构了管理者对自身能力提升的追求。

二、国内托幼机构管理者领导力的定义

（一）国内研究者提出的托幼机构管理者领导力的定义

中国科学院"科学领导力研究"课题组认为，领导力是从管理者的角度诠释领导学的理论框架，是管理者在特定的情境中影响被管理者与利益相关者并持续实现群体或组织目标的能力。在托幼机构管理者领导力方面，中国教育科学研究院易凌云在《幼儿园园长专业标准的构建原则与基本内容》一文中提出，我国幼儿园园长的角色有：幼儿发展的"专业教育者"，教师发展的"专业引领者"，托幼机构发展的"专家型管理者"。也就是说，其职业角色是教育者、管理者和领导者的综合。在其调查中，园长在所扮演的角色中承担的主要工作内容有16项，园长所具备的专业素质有9项，具体可见表5-1。

表5-1　中国幼儿园园长的角色、工作内容及具体专业素质

主要角色	主要工作内容	具体专业素质
教育者	指导幼儿园课程建设	·领导管理能力。 ·专业业务能力。 ·爱心，耐心，亲和力，宽容，公正。 ·高尚品德和人格魅力，能够以身作则。
	指导教师教学和保教活动管理	
	促进幼儿的发展	
	指导教师进行教育科研	
	实际参与保教互动，进行教学	
领导者	幼儿园战略规划	
	幼儿园文化建设	

续表

主要角色	主要工作内容	具体专业素质
管理者	教职工管理	·与人沟通交流的能力，公共关系的处理能力，洞察力和理解力。
	幼儿园财务资源	
	执行上级政策法规	·组织协调能力，凝聚力。
	开展家长工作	·创新，智慧，有胆量和责任心。
	维持与上级机关的良好关系	·引导和调动教师全身心投入工作的能力，提高教师专业素养的能力。
	维持和社区、企业等其他机构的合作伙伴关系	
	与其他幼儿园交流并建立合作伙伴关系	·较强的理论素养，先进的教育理念，深厚的文化底蕴。
	处理幼儿园法律问题	
	学习进修提高自己的专业水平和能力	

中国学者苏婧主编的"幼儿园园长专业能力提升丛书"为中国幼儿园园长领导能力的提升提供了很好的自我评估框架和具体操作指导。在该丛书中，学者提出了12项幼儿园园长应该具备的能力，包括：政策把握与执行能力，幼儿园规划、计划能力，托幼机构文化建设能力，保教工作指导能力，卫生保健工作指导能力，课程领导力，科研管理，队伍建设能力，指导家长工作能力，公共关系协调能力，安全管理能力，后勤管理能力。

针对这12项幼儿园园长应该具备的能力，苏婧等学者又逐一细化，并提出基本指标及培养策略与途径，具有自我评估的价值。比如，课程领导力下共有6项指标，最后一项是"组织和开展托幼机构课程评价"，相应的培养策略与途径包括：第一，深刻认识托幼机构课程评价的重要性；第二，了解和掌握托幼机构课程评价的功能、对象与类型；第三，遵循托幼机构课程评价的原则（功能多样性、评价主体多样性、诊断和改进性）；第四，掌握托幼机构课程评价的组织方法与策略。

（二）《幼儿园园长专业标准》

为建设高素质幼儿园园长队伍，促进幼儿园园长专业发展，提高其管理水平，深入推进学前教育改革与发展，教育部于2015年颁布《幼儿园园长专业标准》。《幼儿园园长专业标准》是对幼儿园合格园长专业素质的基本要求，是引领幼儿园园长专业发展的基本准则，也是制定幼儿园园长任职资格标准、培训课程标准、考核评价标准的重要依据。

《幼儿园园长专业标准》强调园长是履行幼儿园领导与管理工作职责的专业人员，对其在办学理念和专业要求两个方面进行了规定。其中，办学理念方面要求：①以德为先；②幼儿为本；③引领发展；④能力为重；⑤终身学习。办学理念方面强调一名合格的幼儿园园长应尊重幼儿教育规律，防止和克服幼儿园教育"小学化"的倾向。在专业要求方面，《幼儿园园长专业标准》强调园长的管理工作有 5 个方面的职责：①规划幼儿园发展；②营造育人文化；③领导保育教育；④引领教师成长；⑤优化内部管理；⑥调适外部环境。针对以上各方面职责，《幼儿园园长专业标准》在专业理解与认识、专业知识与方法、专业能力与行为 3 个维度上提出了共 60 条要求。

从我国学前教育行业的内在专业性上说，《幼儿园园长专业标准》的颁布是促使学前教育领导力专业化的重要举措。每个行业都需要领导力，而领导力源自专业性的内在规定。一方面，《幼儿园园长专业标准》的建立强化了从业人员对领导力专业性、复杂性的认识，而对学前教育领导力专业性、复杂性的认识是推进专业化的前提；另一方面，《幼儿园园长专业标准》能够对行业进行规范和引领。一个行业需要强有力的专业认同和规范，更需要专业的期待和标杆。成熟规范的专业标准彰显了管理者的发展雄心，同时是其行动的方向和准则。综上所述，《幼儿园园长专业标准》从办学理念和专业要求两个方面对我国幼儿园园长领导力进行了定义，也是我国幼儿园园长专业化发展的标杆。

（三）我国幼儿园管理者领导力的相关研究

目前，我国关于学前教育领导力的研究甚少。2018 年，张运超和袁娇对我国幼儿园管理者的课程领导力展开了调查，以来自浙江和福建的 470 名幼儿园管理者为样本，结合开放式调查问卷和访谈两种方法，最终确定了幼儿园管理者课程领导力的 4 个维度，包括愿景激励、领导魅力、智力激发和个性化关怀。这一幼儿园管理者领导力结构在中国文化背景下的信度和效度均达到较令人满意的测量学标准。这一研究标志着国内学者开始从量化及实证的角度研究幼儿园管理者领导力的测量学结构，探讨我国社会文化背景下的管理者领导力的定义。

此外，陶露（2018）曾以某位幼儿园管理者的成长过程为研究素材，归纳出管理者领导和管理能力的 3 个方面：①管理者的职业理想和育人文化建设；②保教领导和引领教师专业化成长；③平衡幼儿园发展的内外部环境。影响园长这 3 个方面领导管理能力发展的因素分别属于 3 个层面：①管理者自身的内部原因，包括坚定的职业信念、较强的学习能力、专业背景及良好的人际沟通能力；②中观层面的原因，包括工作环境中出现的关键人物和事件；

③宏观层面上的教育集团化趋势。

管理者领导力作为组织中抽象却又十分重要的因素，影响学前教育机构的组织氛围、教师课堂活动实践、家园合作等各个方面的发展，最终影响儿童的发展。就已有相关研究而言，少有研究从实证的角度出发，关注幼儿园负责人的领导力对教师的班级教学质量及儿童发展的影响，这一实证研究领域的空缺也有待日后研究者去充实和完善。

三、国内外托幼机构管理者领导力定义的比较

托幼机构管理者领导力的定义及构成要素在国内外研究中既存在相似的方面，又存在不同的方面。国内外探索学前教育领导力的研究者均将管理者在管理工作中需要起到的教育教学作用和行政管理作用视为领导力的两个较为重要的方面。一方面，国内外研究者均认为托幼机构管理者不仅应具备一定的保教专业知识，而且应将这些专业知识应用于教育管理实践，从而引领托幼机构的教科研事务顺利进行；另一方面，管理者还应当是出色的行政管理人员，统筹托幼机构的大小事务，有效地监管和利用托幼机构内的各种财政、物力及人力资源，与政府有关部门、儿童家长及所在社区建立起良好的纽带关系。

由于各国间存在社会文化差异，国内外研究者对托幼机构中管理者的角色及职责的定义又存在一定的差异。受到儒家传统文化及集体主义价值观的影响，我国许多幼儿园采取的是一种自上而下的管理模式；在托幼机构中，管理者的管控与决策角色往往被放大，成为整个托幼机构组织最重要的决策者。反观其他国家，在它们的托幼机构中，管理者往往承担的是服务性角色，其工作往往以服务儿童、家长、教职工及社区为重点。此外，从教育教学方面的领导力来看，我国托幼机构管理者在工作中更加重视从战略的角度进行整体统筹规划，并组织教科研活动；然而，其他国家的托幼机构管理者在教育教学方面的领导工作中更注重借助实证数据对托幼机构教育教学的实际情况及儿童的发展情况进行评估，并结合评估结果为托幼机构的未来发展制定切实可行的方案。

第二节　对托幼机构管理者领导力与组织环境的评估

托幼机构管理者领导力是影响机构组织环境、教师专业发展与合作文化

的重要因素。本节主要介绍几个使用较为广泛的领导力评量表和评价标准，并介绍基于这些评量表和评价标准开展的关于领导力与组织环境的几项研究。

一、托幼机构工作环境调查量表及相关研究

（一）托幼机构工作环境调查量表简介

麦考密克学前教育领导力研发中心的布鲁姆等人研发了托幼机构工作环境调查量表（The Early Childhood Work Environment Survey, ECWES），用以评估托幼机构组织环境（即教师工作环境）。该量表在评估完毕后会反馈一份针对被评估机构的工作环境报告，总结工作人员对组织机构的态度。这一工具的测评结果，结合机构中的教职员工对组织机构工作环境的自我报告，可以为管理者更有针对性地推动机构的进一步变革和发展提供指导。ECWES 包括 10 个子量表，分别测量了组织氛围的 10 个维度：合作、专业成长机会、主管支持、清晰度、奖励制度、决策影响、目标一致、任务导向、物理环境、创新。每个子量表都采取 0（对环境的低评价）至 10（对环境的高评价）的计分方式。

（二）工作环境中各要素重要性的研究——基于 ECWES

文章《对儿童未来的调查——基于宾夕法尼亚州儿童保育 / 学前儿童发展培训系统的通往高质量保教的路径》（"Investing in Our Children's Future—The Path to Quality Child Care through the Pennsylvania Child Care/Early Childhood Development Training System"）明确了宾夕法尼亚州儿童保教人员的培训需求，指导了宾夕法尼亚州保育员培训系统的发展，并对培训、班级质量和教师专业发展进行了动态评估，同时研究了教职工个体特征对儿童保教质量的影响。该研究采用 ECWES 对托幼机构的工作环境进行了评价，并考察了员工对组织氛围的 10 个维度的重视程度（即员工价值观）、员工对组织的总体认同感、当前的工作环境与员工理想的工作环境的一致性与差异、不同的教育目标及其重要性、教职工对组织氛围的 10 个维度的影响程度等方面的情况。

此研究对来自宾夕法尼亚州不同地区的家庭式儿童照料中心、集体之家和托幼中心的 60 名中心主任、30 名教学组组长、561 名中心教师进行了多项调查。研究人员在托幼机构中随机选取观察场所（环境），对场所中的工作人员进行实地考察，并进行 ECWES 评估。另外，研究人员向儿童保教工作人员发放调查问卷，用于获取样本工作人员的背景、培训和场所特征等基本信息。

总体来说，研究发现，托幼机构工作人员认为其在工作过程中并没有获得很多专业发展和成长的机会，他们觉得工资和福利分配存在不公平的情况，

机构组织中的有关政策和程序是不明确的。教师的平均年龄与其对组织氛围各维度的评分呈显著正相关，教师教龄较长的机构一般有更积极的工作环境。与此相对应的是，管理者与教师担任现职位的平均年数及其跳槽率也与组织氛围密切相关。此外，董事经验丰富、教职工教龄较长的机构的组织氛围更为积极。教龄较长、更稳定的劳动者与积极的组织氛围密切相关。同时，在机构的组织管理工作中存在一种互惠效应，即积极的组织氛围对建立稳定的员工队伍有积极的促进作用。超过60%的托幼机构的工作人员认为他们工作中最重要的几个方面分别是合作、奖励制度（即工资和福利方面的公平）、主管支持、专业成长机会。最不受教职工重视的是目标一致（13.5%）、清晰度（15.2%）、创新（20.5%）。

将托幼机构在组织氛围各维度上的得分与教师对各维度重要性的评价进行对比，可以指明机构工作环境改进的重点：改善奖励制度可能带来最持久的改进效果，因为机构在这一维度的得分很低，而教师认为其重要性很高；专业成长机会也是机构应重点关注的维度，因为机构在这一维度的得分最低，但其在教师评价的重要性方面排名第四；此外，合作对于员工来说也是非常重要的。调查结果还显示了不同培训模式在不同程度上的有效性：现场培训和讲习班对教师的保教能力的提升最有帮助，而视频和在线培训的效果最差。保教人员的培训需求主要集中在教学指导、儿童发展内生动力的培养、处理儿童冲突和儿童发展适宜性实践等方面。

（三）工作环境与教师职业倦怠研究——基于 ECWES

在加拿大，儿童保教质量是一个基本的社会问题。对于这一问题，不仅需要关注儿童如何获得保教服务，而且需要关注提供服务的教育工作者能够在多大程度上感受到组织的支持、鼓励和培养。《加拿大保教人员对工作环境与职业倦怠的感知》（"Perceptions of the Work Environment and Burnout in Canadian Child Care Providers"）一文得出的结论是：与其他职业群体相比，儿童保教人员的职业倦怠程度较高。

该文介绍了加拿大托幼机构工作人员对工作环境的看法和职业倦怠。调查对象是加拿大曼尼托巴省的137名女性儿童保教人员。调查对象完成了职业倦怠量表（Maslach Burnout Inventory, MBI）的评估。研究者采用 ECWES 对机构的组织氛围进行了评估。在研究中，研究者对 ECWES 10 个维度的分数是分别处理的（并不相加得到组织氛围总分），以避免遮盖组织内部在不同环境要素上的巨大差异。结果发现，职业倦怠与组织氛围的 10 个维度之间存在较低的相关关系；年龄、ECWES 的决策影响维度与目标一致维度是保教人员职业倦怠的重要预测因素，可以预测职业倦怠中的情绪枯竭、去人格化、个人成就感。研究结果还表明，为儿童保教人员提供决策机会和支持能够提升其工作满意度。可以说，进一步研究工作环境及其对教育工作者工作满意度的影响是一项具有潜在成效的工作。儿童保教人员的工作满意度是一个重要的研究主题，此类研究的结果可以为改善儿童保教人员的工作环境提供依据。

（四）领导力发展模型及领导力培训研究——基于 ECWES

麦考密克学前教育领导力研发中心开发了"负责改变"（Take Charge of Charge, TCC）托幼机构管理者领导力培训，包括正式的培训报告会、教师的团体讨论会，小组讨论及角色扮演等领导力培训项目。TCC 培训模式为托幼机构管理者提供了一种进行集中性的关于领导与管理的学习社区。在这一学习社区中，托幼机构的管理者能够通过思辨性探究学习，与同行一起分享成功经验，相互辩论，共同建构相关知识与创新性概念，同时反思自己在工作中的一些思维定式和作为托幼机构行政管理人员的基本思想信念。一篇名为《构建学前教育管理者的领导力：对领导力发展模型的评估》（"Building the Leadership Capacity of Early Childhood Directors: An Evaluation of a Leadership Development Model"）（Talan，Bloom & Kelton, 2014）的文章描述了 TCC 托幼机构管理者领导力培训的实践。此篇文章中的研究主要致力于 3 个方面的探讨：①探究 TCC 培训项目对被试的行政管理能力及其所在组织机构环境的影响；②研究被试在培训项目结束后的工作状态和职业选择；③探索现行的学前教育领导力培训课程的改进及其指导一线教师提升教学的潜在影响。在该研究中，研究者对组织机构环境的评估采用的是 ECWES。

研究者在一次为期 6 天的社区托幼机构会议中实施了关于托幼机构领导力的培训计划。参加培训的研究被试（即托幼机构管理者）在当年秋季参加了一次为期 3 天的沟通会；翌年暮春，被试又参加了一个为期 1 天的讨论会，讨论会的议题是托幼机构管理者的领导力及与领导力相关的各种因素。在长达 10 个月的培训过程中，所有被试都接受了大约 80 个学时的小组辅导或集体辅导，每位被试还接受了 20 个学时的反馈（包含他们与培训导师和督导一起开会的时间）。在完成所有的培训任务及田野实践任务后，被试可获得 6 个学期的大学学分。从该研究过程上看，在召开见面会时，所有的培训导师都与被试进行了配对。为了促进被试所在的托幼机构的质量提升，培训导师对被试的工作进行现场观摩，举行区域性的集体会议，或通过电话和邮件给予被试技术层面上的指导，并对被试的书面反思进行反馈。①

在此次领导力培训过程中，被试还学习了两套信度和效度良好、用于评估托幼机构发展的工具。其中，ECWES 用来评估托幼机构的日常工作生活质量与组织氛围。不同机构的工作人员会接受这份量表的评估。另一个工具名为托幼机构行政管理工作测评量表，这一量表主要用来评估托幼机构管理者的领导力和工作质量。培训项目结束后，研究者用这两套工具测评样本托幼机构的发展与质量变化情况。最终，研究发现，该项培训促成了被试个体、所在托幼机构环境和学前教育行业的一系列显著变化。

被试个体的变化主要体现在三个方面。第一，在接受了该项培训后，有来自 18 个地区的托幼机构管理者的相关知识和能力有显著提升，并掌握了一系列专业评估工具，这些工具能够帮助托幼机构管理者以一种更加系统化的、更具目的性的方式去管理和推进机构的变革；同时，被试还逐渐学会以一种更加开放、民主的方式与机构中的教职工进行互动。第二，除了具体的知识技术方面的提升，被试还感受到在专业能力的自我效能感和自信心方面上有显著提升。第三，在该项培训结束时，认为自己已熟练掌握托幼机构领导技能的被试的比例比培训前提升了 56%。

托幼机构环境的变化体现在五个方面。第一，培训结束时，很多被试报告所在托幼机构的整体工作环境发生了显著的变化，这些变化体现在新员工的培训过程上，教职工专业发展培训计划的制订和实施过程上，以及员工奖励机制变更上。第二，相较于培训开始前，完成培训的被试在教职工培训、监管、绩效奖励制度、专业发展、机构组织内部沟通、家园联系方面的行政管理能力有显著提升。第三，更多的被试所在的机构获得了相关的资质认证。第四，被试所在托幼机构的教职工离职率有了显著的下降。第五，被试所在机构在决策影响、目标一致性及创新等维度的组织氛围有了显著的提升。

学前教育行业的变化体现在三个方面。第一，培训结束后，更多的托幼机构管理者（被试）开始接受专业发展方面的再教育。第二，更多被试对学前教育领域工作的归属感和使命感变强。第三，有部分被试开始参与指导其他同行的工作。综上所述，该培训项目的实施与托幼机构组织中个人层面和组织层面的积极正向变化有密切的联系。这也说明，有效的学前教育领导力培训应该是系统化的、强调实践的。此外，培训应保持一定的培训强度。

---

① 该培训所包含的学习活动、资源及技术支持主要由伊利诺伊州人力资源服务部资助，所有被试只需要支付一笔小额的注册费。

二、项目管理量表及其相关研究

项目管理量表（Program Administration Scale, PAS）与 ECWES 同为麦考密克学前教育领导力研发中心研究设计的量表，该量表可用于评估与提升托幼机构的管理实践质量。PAS 包括 10 个子量表，共 25 个题项。10 子量表分别为：人力资源开发、人事费用及分配、机构运营、儿童评估、财务管理、家园合作、项目规划与评估、市场与公共关系、技术、员工资格。各题项采取 1（不足）至 7（极好）的计分方法。

有学者综合使用 PAS 和 ECWES 来探讨托幼机构质量的影响因素。在《儿童保育工作环境：与学习环境的关系》（"Child Care Work Environments: The Relationship with Learning Environment"）（Lower & Cassidy, 2009）一文中，研究者探讨了儿童保育计划管理、组织氛围和托幼机构整体质量之间的关系。研究者采用 ECERS-R 评估托幼机构的整体质量，使用 ECWES 评估托幼机构的组织氛围，使用 PAS 评估托幼机构的行政管理质量。

此项研究选取了来自美国北卡罗来纳州的 26 个儿童保育中心的 225 位儿童保育主任和一线教师为研究对象。结果发现，托幼机构的行政管理质量和组织氛围与托幼机构的整体质量呈正相关；ECWES 测定的组织氛围与 ECERS-R 中的语言—推理子量表之间有显著关联。管理者的受教育水平与高质量的机构管理之间显著相关，非营利组织比营利组织在 PAS 上的得分更高。此外，PAS 的评估结果与 ECERS-R 中的家长和教师子量表的得分呈中度相关；PAS 的得分与 ECWES 中的专业成长机会维度的得分也呈正相关。

综上所述，托幼机构行政管理质量与组织氛围是影响托幼机构整体质量的关键因素，这也说明对托幼机构质量的评价应将对机构的行政管理工作及组织氛围的评价纳入考虑范围。结合以上研究不难发现，PAS 与 ECWES 在评估机构行政管理效率与组织氛围方面相辅相成，是评估托幼机构工作环境和教师专业发展支持的有效工具。

三、托幼机构五大要素质量评价框架

有研究人员认为，尽管学前教育领域获得了来自政府与民间资本的大量投资，但许多托幼机构的教学质量仍然很低。目前，改善学前教育质量的工作主要聚焦于改善课程质量这一层面。研究人员建议将改进工作的重点扩大到班级以外，并考虑支持或阻碍教师工作的组织条件、工作人员及与儿童和家庭之间的关系。研究人员认为，教学与师幼互动过程并不是孤立的，而是镶嵌于组织发展过程中的。高质量的教学与儿童在课堂内的积极参与能否实现，在很大程度上受管理者与教师能否持续参与支持和发展的托幼机构组织文化的影响。2016 年，芝加哥大学学校研究联合会（UChicago）撰写了《五大要素——学前教育质量调查》（"Five Essentials—Early Education Surveys"）一文，该文章认为，改善学校教育质量需要在五大组织层面采取协调一致的行动：有效的管理者（effective leaders）、合作的教师（collaborative teachers）、参与的家庭（involved families）、支持性的环境（supportive environment）、积极的教学（ambitious instruction）。事实上，当前大部分学前教育质量评估工作尚未将这些组织层面的质量标准纳入质量定义的框架，也没有考虑对这些层面的质量提供支持。

教育的最终目的是促进儿童发展，而学校的教学质量（如师幼互动质量）是直接促进儿童发展的关键要素。UChicago（2016）对五大要素质量评价框架的内容进行了检验，并对各大要素的质量进行了定义，这五大要素质量及其对教学质量的促进作用具体如下。

（一）有效的管理者

托幼机构管理者制定发展战略的重点应放在儿童的发展、早期学业及社会性成就上；托幼机构工作人员方面的工作重点在于培养工作人员和家庭之间的信任、双方对保教质量达成的共识及追求卓越的责任。该要素的定义包含 6 个方面。①教学领导：管理者是一位积极且熟练的教学领导，能够为教学和儿童学习设定较高且适宜的标准。②管理者与家长的关系：管理者积极主动地与家长沟通，并对家长的建议或意见进行反馈。③方案的一致性：托幼机构的发展方案与儿童学习目标协调一致。④机构发展目标制定：管理者将自身视作帮助儿童为未来发展做好准备的学前教育工作者与责任人，并以此角色为托幼机构发展制定目标，处理具体的教育实践工作。⑤教师影响：教师在托幼机构的内部政策与发展决策的制定与形成过程中发挥作用。⑥教师与管理者之间的信任：教师和管理者之间有强烈的相互信任和相互尊重。

（二）合作的教师

教师致力于在托幼机构中与同事建立牢固的关系，不断通过合作性学习来改进自身教学质量。该要素的定义包含 9 个方面。①集体责任：教师对儿童的发展与学习、托幼机构发展和自身专业成长有强烈的责任感。②集体使用评估数据：教师与托幼机构的其他工作人员一起审查儿童评估数据。③创新方向：教师不断地学习和寻求创新的想法，产生一种"我能做"的态度，并被鼓励在教学实践中尝试新的想法。④高质量的专业发展：专业发展是严格的、可持续的，并关注儿童学习的最近发展区。⑤反思性对话：教师通过反思改进与儿童的交流。⑥机构承诺：教师坚定地致力于托幼机构中的反思性沟通与对话。⑦新教师的社会化：新教师被纳入托幼机构的组织集体，新教师对组织产生认同感和归属感，并在教学实践方面获得有益的反馈。⑧教师之间的相互信任：教师之间相互支持、尊重，无论是针对个人的态度，还是针对彼此的专业。⑨教师协作：教师相互观察教学实践，共同审查教学评估数据，共同制定教学策略。

（三）参与的家庭

托幼机构工作人员与家庭建立牢固的关系，并支持家庭积极参与儿童的学习与发展。该要素的定义包含 7 个方面。①使家长成为组织机构的合作伙伴：托幼机构的工作人员尊重家长的伙伴地位，并支持家长在儿童学习和发展方面的投入和关切。②家长对托幼机构发展的影响：托幼托幼机构请不同背景的家长参与机构重要决策的制定。③家长对课程的影响：机构积极地将不同背景的家长纳入课程改进工作的过程。④家长的参与：家长成为儿童在托幼机构中体验与成长的积极参与者。⑤教师与家长的沟通：教师向家长提供关于儿童学习和发展的具体反馈。⑥教师与家长的合作：教师根据家长的意见确定教学方法，并向家长提供关于如何支持儿童在家进行学习的信息。⑦教师与家长之间的信任：教师与儿童、家长相互尊重、相互信任。

（四）支持性的环境

托幼机构能够为儿童的发展营造安全舒适且具有吸引力的物质环境与社会情绪性环境。托幼机构工作人员对儿童的社会情绪性和学业成就抱有较高且适宜的期望，并对儿童的发展给予个性化支持。该要素的定义包含 8 个方面。①出勤率：教师审查出勤率数据，并利用数据向家庭提供支持。②儿童之间的互动：儿童以积极的方式相互交流沟通。③积极的学习氛围：儿童在班级中表现出适宜的行为反应和较强的学习热情。④家长的社会资本建设：托幼机构工作人员通过与家长资源建立联系，帮助家庭积极投入社会服务。⑤托幼机构工作人员以个人身份帮扶家长：托幼机构工作人员将帮扶家长作为个人的工作职责。⑥支持托幼机构转变：托幼机构工作人员通过家长的影响来促进托幼机构质量的改进。⑦教师对儿童的尊重与关心：教师在班级中表达对儿童的关心和尊重。⑧教师安全：根据教师的自我报告，托幼机构的公共区域很少或根本不出现秩序混乱，托幼机构中很少出现财产的破坏、抢劫、盗窃，以及威胁教师或对教师使用暴力等极端问题行为。

（五）积极的教学

托幼机构教师和其他工作人员提供积极、有效、严谨和适合发展的课程和教学。该要素的定义包含 5 个方面。①早期认知发展教学：教师为儿童提供学习、实践和应用早期认知发展技能的机会，如对事物的发展方式进行预测、比较和解释。②早期识字和语言教学：教师为儿童提供学习、实践和应用关键的早期识字和语言技能的机会。③早期数学教学：教师为儿童提供学习、实践和应用关键的早期数学概念和技能的机会。④早期社会情感教学：教师为儿童提供学习、实践和应用早期社会情感技能的机会。⑤互动的质量：儿童互动的方式支持彼此的学业和情感与社会性发展。

第三节　关于托幼机构管理者领导力的研究

一、托幼机构管理者领导力与教师、班级和儿童发展的关系研究

（一）管理者领导力与幼儿教师专业发展

管理者领导力是塑造健康的教师专业发展环境的重要因素，而教师的专业发展环境又会影响儿童发展环境的质量，进而影响儿童认知、学业及社会性方面的发展。因此，管理者领导力是班级质量的重要组成部分，托幼机构的质量评价对此应给予重视。但在现有的质量评价体系中，少有专业工具对教师的专业发展环境给予评估。以学前教育领域较常用的 ECERS-R 为例，此量表的子量表家长和教师包含的评估项目有：家长支援、教师个人需要支援、教师专业需要支援、教师的互动与合作、教师督导与评价、专业发展机会。这些项目很好地体现了教师成长环境的专业合作文化和专业持续提升文化。有证据表明，教师的专业发展环境与班级质量有关（Bloom & Sheerer, 1992; Mill & Romano-White, 1999）。虽然有些学者在其研究中使用了 ECERS-R 的家长和教师子量表，但大多数使用 ECERS-R 的质量研究和大部分质量评估与提升系统（如美国的 QRIS）并不关注该子量表的评价内容（de Kruif et al., 2000）。有些学者甚至直接把该子量表的质量评估内容排除在整体质量的概念

之外，不将该子量表的得分计入最终计算的质量分数（即托幼机构 ECERS-R 测量的总分）。例如，斯卡尔等人（Scarr et al., 1993）认为，ECERS-R 的评估主要关注适当的护理、师幼互动、健康与安全、物质环境的质量、游戏材料的适当性和日常活动，而忽略了教师的专业发展环境。

第四章中的图 4-1 显示，从管理者领导力到托幼机构内部政策和托幼机构结构性质量，再到合作和不断提升的专业文化，是质量提升的一条重要路径。在教师的专业发展环境中，合作及不断提升的专业文化均受到管理者领导力的影响。领导力对托幼机构发展的促进作用是举足轻重的，尤其体现在对教师个性化发展的支持、增强教师学习与专业发展的动机、提供高质量的教学指导等方面。有国外学者提出，提升教师专业化发展水平是教育机构管理者实践领导力、提升机构整体水平的重要途径（Hallinger & Heck, 2009）。然而，中外托幼机构管理者在借助领导力实践来实现教师专业化发展方面存在较大差异，这种差异源于中外不同的社会文化背景。我国的研究者发现，集体主义价值观与权威型领导模式使托幼机构的组织管理及教师专业发展环境呈现出一种比较明显的层级化态势（Chan & Mak, 2014）。

托幼机构管理者可以通过领导力的实践为机构制定清晰的发展规划和目标，促进教师之间的合作，优化机构管理层和教师之间的沟通交流，在组织中建立良好的学习氛围，进而提升教师的专业化发展水平（Robinson & Timperley, 2007）。有研究者发现，校长在学校工作中的高参与度能够提升教师在专业发展提升活动中的参与度（Matsumura et al., 2009）。2017 年在我国香港特别行政区开展的一项质性研究对一所托幼机构的主任、副主任、课程主任、后勤物资主管（大部分受访者属于管理层）进行了半结构性访谈。通过对访谈资料的编码和整理，研究者提炼出以下几点：首先，管理者认为支持教师的专业化成长与发展能够有效促进教师提升其教学质量；其次，在与教师的定期沟通中，管理者能够明确掌握教师的学习环境和专业化成长需求；最后，教职工之间及管理者与教职工之间的平等交流、互相合作能够有效地促进教师的专业化成长与发展（Ho & Ng, 2017）。胡碧颖、李元华等人（2019）检验了中国幼儿园工作氛围（包括园长领导力和专业发展支持这两个维度）与教师压力的关系。研究结果显示，园长领导力能够通过教师自我效能感的部分中介作用负向预测教师压力。教师的自我效能感在专业发展支持与教师压力的负向关系中也起中介作用。以上结果显示，园长领导力能够对教师的工作压力和自我效能感产生影响。

（二）管理者领导力与班级整体质量的提升

目前，虽然关于管理者领导力与班级整体质量之间关系的实证研究并不多见，但也有少数学者的研究证实管理者领导力对班级质量有重要影响。例如，发表于 2013 年的一篇论文中的研究得出结论：与托幼机构组织氛围密切相关的管理者领导力能够显著正向预测班级整体质量水平（通过 ECERS–R 测量）（Dennis & O'Connor, 2013）。根据该研究中两位典型教师（一位教师所带的班级整体质量优良，另一位教师所带的班级整体质量处于中下等水平）的质量报告及其对比可以看出：班级整体质量水平较高的教师认为托幼机构管理者在做重要决策时能够细心听取教职工的意见或建议，管理者和教职工之间以一种平等的模式相处，同事之间的相处氛围是和谐、互助的；而班级整体质量较差的典型教师报告，其所在机构的管理者和教职工之间的关系存在极大的不平等，管理者较为独断，教职工之间的相处极不融洽。这一研究说明，托幼机构管理者的行政管理及托幼机构组织中的同事关系能够影响班级的整体质量。再如，有研究者发现，班级整体质量与其组织氛围之间有显著的正向相关关系；该研究还发现，管理者从事托幼机构领导工作的时间越长、经验越丰富，教师对托幼机构组织氛围的评价就越高（Lower & Cassidy, 2007）。

2014 年，两位研究者在研究中发现，幼儿教师在活动中为儿童提供的情感支持的质量水平会受到教师所在托幼机构的组织氛围的影响（Zinsser & Curby, 2014）。这两位研究者使用 2009 年美国开端计划中的"家庭及幼儿经验调查"项目的数据，分析了开端计划托幼机构的 370 名教师的相关数据。同时，结合管理者填写的工作满意度问卷，以及对管理者进行访谈的内容，研究者对样本教师和管理者的一些个人特质和经历、托幼机构组织氛围等因素与教师的 CLASS 情感支持领域质量之间的关系进行了多层线性回归分析，即分析了班级层面的变量（师幼比、CLASS 情感支持领域）与托幼机构层面的变量（管理者学历水平、管理者薪资水平、过去 1 年托幼机构的教师离职率、行政部门处理离职的程序、管理者的工作满意度、托幼机构管理工作中的挑战）之间的关系。在这项研究中，研究者有了一个新奇的发现：托幼机构中的教师离职率可正向预测 CLASS 情感支持领域中的积极氛围和教师敏感性两个维度。虽然教师离职有消极影响，但也有其积极的一面，因为表现不佳的教师的离职和新教师的加入可以给托幼机构的儿童带来更高水平的情感支持。此外，管理者的工作满意度可显著正向预测教师在班级教学活动中的关注儿童的观点这一情感支持领域的维度。在这样的研究结论基础上可以合理推测：

对工作具有较高信仰和满意度的托幼机构管理者能够促进班级活动中以儿童为中心的教学实践。

这项研究还发现，管理者的工作满意度与教师为儿童提供的情感支持之间存在关联。事实上，如果管理者可以做到享受工作，相信自己有所作为，并对学前教育职业有较高水平的职业承诺，那么他们的工作满意度就会比较高。以上研究结果从侧面说明，管理者领导力和托幼机构组织氛围对教师的师幼互动质量能够产生一定的影响。

（三）管理者领导力与儿童发展

在学前教育领域，很少有实证研究直接探索管理者领导力与儿童发展之间的关系。但是，已有研究结果表明，教育机构管理者的领导力与受教育者的学业成就之间具有一定的关联。2016 年，英国的研究者戴等人（Day et al., 2016）在一项全英范围的研究中得出结论：学校校长的领导能力会通过影响教师发展、提升教师的班级教学质量和营造良好的学校组织文化来影响学生的学业成就。在此项研究中，研究者还发现校长的领导力会对一些教师层面和学生层面上的结果变量（如教师的离职意向或出勤记录，学生的出勤率、积极行为、自主性及对学习活动的参与程度）产生显著的影响。该研究结果表明，学校校长的领导工作在教师专业化发展及学生学业水平的提升方面具有不可忽视的作用。

由此可见，虽然管理者领导力是托幼机构环境质量及教师专业化发展的重要影响因素，但其在学前教育领域的实证研究还鲜有人涉及。不过，前期的一些基础性研究已证明，管理者领导力及托幼机构组织氛围对幼儿教师专业发展及班级整体质量有显著影响。后期研究如果能深入探讨管理者领导力、托幼机构组织氛围与班级教学和儿童发展之间的复杂关系，就能推进学前教育质量评价的相关研究向更加丰富、更加完善的方向发展。

二、托幼机构管理者的受教育水平与培训状况研究

（一）外国托幼机构管理者受教育水平及培训状况

美国的一项全国范围的研究表明，托幼机构管理者的受教育水平持续下降（Herzenberg et al., 2005）。伊利诺伊州的一项研究结果支持这一发现，该研究结果显示，2001 年伊利诺伊州 72% 的幼教中心主任拥有大学本科或更高学历；截至 2008 年，只有 66% 的主任拥有大学本科或更高学历（Fowler et al., 2008）。

越来越多的研究表明，托幼机构管理者的受教育水平是托幼机构质量的重要预测变量（Ackerman & Sansanelli, 2010; Bloom & Marilyn, 1992; Ryan et al., 2011）。也有研究表明，托幼机构管理者的学历水平对该机构各方面的质量要素产生重要影响；接受过更高水平教育和专业管理培训的托幼机构管理者更有可能支持教职工的专业发展，保证和维持托幼机构资金运转，并且帮助托幼机构获得相应的资质认证（Ackerman, 2008; Bloom, 1996; Rous et al., 2008）。托幼机构管理者参加有关行政工作方面的培训，同时参与同伴支持的辅导，这可以为托幼机构的组织工作发展带来明显的变革（Doherty, 2011）。有一项研究发现，接受行政工作方面培训较多的管理者，其自我认知的领导行为与真实领导行为之间存在的差异往往比较大；然而，他们与参加培训较少的管理者相比往往更能胜任专业的托幼机构管理工作（Bloom & Bella, 2013）。由此可见，托幼机构管理者对其行政方面工作的认知水平并不能对其管理工作产生积极正向的影响；管理者作为托幼机构的核心人物，对其领导力的评估不能把其对自身行政工作的认知作为评估重点。

（二）我国幼儿园园长领导力、受教育水平及培训状况

我国《幼儿园园长专业标准》并未明确规定托幼机构管理者的学历标准，但规定管理者上岗前必须获得幼儿园园长资格证。在我国，幼儿园园长资格证是管理者上岗唯一有效的证书，申请园长资格认定的个人至少具备幼儿师范学校（含职业学校的幼教专业）毕业及以上学历或高中毕业并获得幼儿园教师专业考试合格证书，有一定幼儿教育工作经历，并具有小学、幼儿园一级教师职务。由此可见，个人要担任托幼机构管理者，其学历必须在高中学历及以上，而现实情况如何呢？从历年的《中国教育统计年鉴》对我国幼儿园园长学历情况的统计中可找到答案。

2017年，我国幼儿园园长共计2712065人，其中，7235人最高学历为研究生毕业，占比0.27%；最高学历为本科毕业的人数为607705人，占比22.41%；专科毕业人数达1553973人，占到总人数的57.30%；学历为高中阶段毕业的人数为497624人，占比18.35%；学历为高中阶段以下毕业的人数为45510人，占比1.68%。

图5-1反映了2010—2017年我国幼儿园园长学历水平的变化情况。在这几年中，专科院校毕业的幼儿园园长构成了我国幼儿园园长队伍的中坚力量，2017年我国专科毕业的园长占园长总人数的50%以上；最高学历为本科毕业的园长所占比例连年增长，高中毕业及以下学历的园长的比例逐年缩减。

2013 年起，本科毕业的园长所占比例超过了高中及以下学历的园长，但与专科毕业的园长的比例还有一定差距。

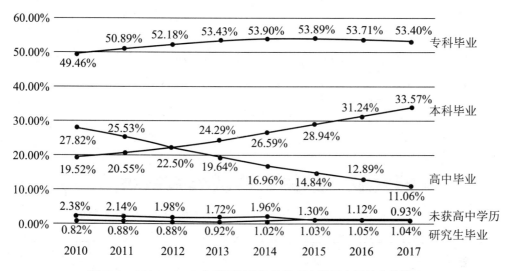

图 5-1　2010—2017 年我国托幼机构管理者学历水平的变化情况

　　除了《中国教育统计年鉴》中的数据，也有学者在不同地区就园长的资历展开实证调查。梁慧娟（2016）汇总了关于天津市各区各类幼儿园共 162 位园长专业素质的调查结果。从总体情况来看，被调查的园长队伍专业素质较高，其中 90% 以上的园长得分较高。园长的专业素质评分会因园长的性别、任职年限、学历水平的不同而存在显著差异。从性别来看，男园长的专业素质总体水平高于女园长。从任职年限看，园长的专业素质水平与其任职经历之间没有明显的相关关系。从学历（第一学历）看，大专学历园长的专业素质水平最高，其次是本科、高中及以下。从幼儿园性质看，公办园园长的总体专业素质水平高于民办园园长，但这种差异并不显著。从幼儿园级别来看，幼儿园级别越高，园长的专业素质水平也越高，但这种因幼儿园级别不同而引发的园长素质水平的差异并不显著。从地区差异看，园长专业素质水平从城市到农村呈下降趋势，由高到低依次为城市、县镇、农村，其中农村园长的专业素质水平远低于总体平均水平。此外，洪秀敏等人（2018）《新时代幼儿园园长专业素养的调查与思考》一文中的研究证明，农村园长对其专业素养的自我评价普遍低于城市园长。还有研究结果显示，城乡幼儿园园长之间不仅存在自有专业素质水平上的差异，他们所接受的在职培训的质量也存在非常明显的差异。总之，相比于城镇园长，中国农村幼儿园园长的专业素质状况更值得政府、学界与实践者的关注。

第六章　政策工具及其有效性

Chapter Six

⌒ 本章导读 ⌒

当前，很多国家的政府已经意识到，仅依靠市场机制的调节作用是无法整体性、系统性地提升托幼机构质量的。因此，很多国家持续加强政府对托幼机构质量的认证、问责、干预与督导工作。

近几十年来，各国政府持续制定并实施各种类型的政策工具，用以评估、引导、支持本国托幼机构质量的提升。从内容上看，这些政策工具通常包括质量评估和质量提升两个方面，并包含一系列涉及质量标准、质量测量、质量提升、有效性检验等方面的内容。从功能上看，这些政策工具有两个目标：一是为托幼机构的开设提供最基本的准入标准，在全国范围内保障托幼机构的最低质量；二是通过政策工具引导和支持质量提升的教育实践，并通过开展关于学前教育质量监测与提升的研究，有针对性地改善学前教育质量。

关于质量评估的政策工具，虽然各国出台的质量标准有所不同，但都包含结构性质量标准和过程性质量标准两项内容，有些国家和组织（如英国、OECD）对托幼机构进行测评时还会纳入结果性质量标准，即对儿童身心发展水平进行测评，并将此作为评估托幼机构质量的参考。但国际上也有很多学者对把结果性质量纳入托幼机构质量评估标准的做法提出质疑。多数学者认为，从评估内容与方法、评估有效性等方面看，将结果性质量评估纳入学前教育质量评估系统时应持有慎重的态度。

关于质量提升的政策工具，政府往往通过政策工具对结构性质量进行调节，进而提高过程性质量，并最终促进儿童发展，即政策工具—结构性质量—过程性质量—结果性质量模型。例如，政府通过教师培训计划（政策）促进教师的专业发展，继而提高班级教学质量，并最终促进儿童发展；再如，政府通过专项资金改善幼儿园环境设施与材料，进而提高师幼互动质量，最终促进儿童发展。

此外，很多国家建立了以政府为实施主体的学前教育质量监管系统（综合性政策工具）。这些监管系统能够监测本国托幼机构的质量，在全国范围内规范托幼机构的经营行为，确保适龄儿童接受有质量的学前教育，减少不同托幼机构之间的质量差距，满足教育公平诉求。同时，监管系统还能为家长提供选择托幼机构时所需要的有效信息，以增强市场调节机制，进而促进儿童发展。其中，美国的QRIS是国际上发展最为成熟的学前教育综合性政策工具之一。QRIS涵盖了托幼机构的质量评估、教师专业发展支持、机构质量提升计划、财政激励与奖金、测量与数据管理、家长教育与公共宣传等一系列内容。该系统在运行的20余年中，系统性、整体性地提升了美国各州的学前教育质量。此外，英国、澳大利亚等国也在国家层面上建立了学前教育质量监管系统，并成立专门的机构实施全国范围内的质量监测。可以说，各国建立的学前教育质量监管系统具备托幼机构质量评估与质量提升的双重功能。

近几年，中国的一些地区在幼儿园管理方面也开始建立质量评定与提升系统，从中央层面到地方层面推行了一系列政策工具。这些政策工具的实施对于提升中国各地区幼儿园的质量有重要意义，但其有效性也面临一些挑战。本章详细介绍美国的 QRIS，以及澳大利亚、英国、德国、挪威等国和 OECD 针对其成员制定的学前教育质量监管系统。通过本章的介绍，各国政府在学前教育质量评估与提升方面制定的政策工具以及这些政策工具的实施目的、内容、方法和有效性得以清晰展现。

第一节　评估与提升学前教育质量的政策工具

近几十年来，各国政府为了系统性地提升托幼机构质量，持续出台了大量政策。这些政策涉及托幼机构的质量标准、行业标准、制度法规、质量提升计划、教育发展规划等。这些学前教育政策的制定与实施可被视为调节学前教育质量的政策工具。这些政策工具往往聚焦于质量评估和质量提升两个方面。此外，很多国家形成了综合性政策工具——学前教育质量监管系统（如美国的 QRIS）。这些监管系统具有质量评估和质量提升的双重功能。本节从质量评估、质量提升、综合性政策工具这 3 个角度来阐述学前教育质量的政策工具。

一、质量评估的政策工具

各国政府通常制定有关学前教育质量评估的政策工具，如托幼机构的质量标准、行业准入性文件、行业标准与制度法规等。政府制定质量评估的政策工具有两个方面的诉求：一方面，政府期望通过政策性文件使学前教育行业有法可依、有章可循，保障基本质量，从而使学前儿童享受有质量的教育服务；另一方面，政府期望通过质量评估来指引并促进学前教育质量的提升，即以质量评价来指导并引领质量提升工作，这主要通过 3 条途径实现：①质量标准体系为托幼机构质量自评提供方向与框架；②托幼机构的质量评级工作能够有针对性地指导托幼机构的质量提升工作；③地区的评级工作能够从宏观上理解、把握和指导质量提升的政策工具的制定与实施。

美国 QRIS 中的质量标准、澳大利亚国家层面的《国家质量框架》、英国教育部出台的《早期基础阶段法定框架》，都属于托幼机构质量评估的政策工具。近十几年来，中国政府也接连出台了大量规范行业标准的政策工具（见表 6-1），如教育部 2012 年出台的《幼儿园教师专业标准（试行）》。此外，中国各省（自治区、直辖市）、地级市等也拥有自己的幼儿园质量评估标准。

表 6-1 2008—2015 年中国出台的可用于质量评估的部分政策文件

名称	发布机构	发布时间
《托儿所幼儿园卫生保健管理办法》	卫生部、教育部	2010 年
《幼儿园教师专业标准（试行）》	教育部	2012 年
《幼儿园教职工配备标准（暂行）》	教育部	2013 年
《幼儿园园长专业标准》	教育部	2015 年
《浙江省幼儿园等级评定标准》	浙江省教育厅	2014 年

「拓 展 阅 读」

《学前教育质量监管及提升的框架与工具指南》中的质量框架

政府对托幼机构开展测评是一项非常复杂的工作。由于各个国家和地区的文化、经济发展水平及学前教育发展水平存在差异，各个国家和地区出台的质量标准往往有所不同。尽管如此，随着近几十年学前教育质量的相关理论逐渐成熟，国际上学前教育专家对学前教育质量概念的内涵达成了一定的共识。其中，联合国儿童基金会于 2012 年发布的《学前教育质量监管及提升的框架与工具指南》（"A Framework and Tool Box for Monitoring and Improving Quality"）很好地总结了托幼机构质量评估的一般框架。该框架中的内容在大多数国家和地区制定的学前教育质量评估政策工具（文件或标准）中都有所体现。

《学前教育质量监管及提升的框架与工具指南》指出，托幼机构的质量评价应包括 7 个领域：物质环境，教师素质，课程，领导力，家长和社区参与，教学过程，入学准备。这 7 个质量领域为托幼机构质量的评估提供了基本的框架（具体内容见表 6-2），基于这 7 个质量领域，各国家和地区建构的质量标准体系中的质量指标应是具体、可操作的（王小英、陈晨，2017）。

构性质量的政策调节工具，即儿童学习环境中结构性质量要素的调节；二是过程性质量的政策调节工具，即健康与安全、教师工作状态、师幼互动、教师行为和实践经验、课程内容、家长及社区参与等过程性质量要素的调节。

（二）中国学前教育质量提升的政策工具

1. 国家层面的政策工具

国家层面的政策工具一般以政策文件的形式下发，其内容涉及质量提升计划、政策法规、规则制度等。这些政策文件从宏观层面上规范学前教育行业的发展，并能够整体性地分配学前教育资源，系统地指导、促进学前教育有序发展。各地方政府负责宣传文件精神并执行文件内容。

近几年，我国发布了一系列旨在促进学前教育发展的政策文件。这些政策文件在扩大学前教育的供给规模、改善学前教育供给结构、优化学前教育师资队伍、推进学前教育的普惠化发展方面展现出了一定的政策效果。这些政策工具包括一些法规或规章，还包括大量的"通知"和"意见"形式的文件。这意味着近几年我国的学前教育政策大多是针对某一问题或某类问题的暂行解决方案。表 6-3 展示了 2010—2015 年我国关于提升学前教育质量的政策文件中的一部分。

表 6-3　2010—2015 年我国部分关于提升学前教育质量的政策文件

名称	发布机构	发布时间
《国务院关于当前发展学前教育的若干意见》	国务院	2010 年
《财政部、教育部关于建立学前教育资助制度的意见》	财政部、教育部	2011 年
《关于加大财政投入支持学前教育发展的通知》	教育部、财政部	2011 年
《财政部、教育部关于实施幼儿教师国家级培训计划的通知》	教育部、财政部	2011 年
《教育部关于规范幼儿园保育教育工作 防止和纠正"小学化"现象的通知》	教育部	2011 年
《学前教育督导评估暂行办法》	教育部	2012 年
《教育部、中央编办、财政部、人力资源社会保障部关于加强幼儿园教师队伍建设的意见》	教育部、中央编办、财政部、人力资源社会保障部	2012 年
《国家贫困地区儿童发展规划（2014—2020 年）》	国务院	2014 年

2. 地方层面的政策工具

我国地方政府除具体执行国家层面的政策文件外，也会根据当地经济发展水平、学前教育发展状况出台针对本地区学前教育质量提升的政策性文件。其内容可以总结为三类。

一是评估与督导，指以政府为主体，由同行、专家及政府共同对地区内托幼机构进行评估与质量提升指导。例如，四川省成都市某区每年9月开展幼儿园视导工作，并将"期满复评"纳入常规工作。此外，该区开展"区—镇（街）—园"三级教研网络工程，提升学前教育师资队伍业务水平：由学前教育专职教研员牵头，成立了区学前教育教研联组，并依托镇（街）公办中心园成立了镇（街）学前教育指导小组，以幼儿园为载体建立健全幼儿园教研联组，建立覆盖城乡的三级教研网络，每月开展一次教研活动。再如，我国西南地区某县级市实施同行评估督导工作，每年由政府工作人员、省一级园园长、学前教育专家三方组成的督导小组对各乡镇幼儿园开展系统性评估督导工作，考察幼儿园质量提升的需要，并为幼儿园质量提升提出建议与规划。

二是规范与整治，指通过政策文件规范学前教育行业与市场的行为，或者专项整治（或清理）不符合规范的低质量托幼机构。例如，海南省要求农村小学附设学前班的园舍场地、师资队伍、保教工作、作息用餐、经费收支管理"五独立"，同时要求将严禁"小学化"相关规定的落实纳入办园基本条件，严格执行审批和年检制度，定期清理整顿未注册的民办幼儿园。又如，江西省建立问题清单销号制度，制作"小学化"治理自查表和汇总表，要求幼儿园、小学、校外培训机构摸底自查，把存在的问题逐一登记，列出整改清单，实行挂账销号管理。再如，陕西省某市教育局、市政府教育督导室于2018年组成了4个督查组，对全市各区县民办教育机构的专项整治工作进行了专项督查，共取缔无证幼儿园92所。

三是财政投入与发展计划。指地方政府通过财政支持与发展规划，系统地、整体地提升本地学前教育质量。例如，云南省要求2020年前利用国家和省级财政安排的学前教育专项资金，优先将有条件的农村小学附设学前班改建为独立设置、有相对固定办园场所的幼儿园。又如，河北省财政厅、教育厅于2018年规定，公办幼儿园生均拨款标准为400元。再如，四川省教育厅、财政厅、人力资源和社会保障厅共同提出了20项建设改革举措，确保中小学教师平均工资水平不低于当地公务员平均工资水平，绩效工资分配向班主任和特殊教育教师倾斜，按照不低于当地中小学教师平均绩效工资的15%的幅度提高特殊教育教师绩效工资水平。

三、综合性政策工具

（一）综合性政策工具——质量监管系统

当前，很多国家建立了适应本国学前教育发展的综合性政策工具——质量监管系统，以此来系统地、持续地引导并支持托幼机构质量的提升。这些综合性政策工具通常包括关于质量标准、质量测评、质量提升、家庭教育与参与等内容的一系列文件、机制与措施，具备质量评估与质量提升的双重功能。当前国际上具有较大影响力的学前教育质量监管系统是美国的QRIS。此外，英国政府基于该国《早期基础阶段法定框架》中的质量标准和评估方法建立了质量保障系统，定期对全国范围的托幼机构进行质量监测与督导。澳大利亚政府出台了《国家质量框架》，在国家层面建立了统一的评估标准，对全国所有托幼机构进行质量监测与管理，并将此作为政府财政投入的依据。

各国通过质量监管系统这一综合性政策工具来提升学前教育质量的做法，往往出于对以下学前教育发展状况的考虑：①不同地区与不同性质的托幼机构质量参差不齐（或普遍较差），亟须系统、整体地提升学前教育质量；②为贫困地区儿童（或处境不利儿童）提供的学前教育服务质量存在不公平性，即有教育公平的诉求；③家长对学前教育的认识不足，对如何选择高质量的托幼机构感到困惑；④须建立有效政府监管体系和良性学前教育市场环境，以确保儿童身心健康的良好发展；⑤一些质量提升措施（政策工具）往往缺乏针对性或无效。

（二）中国幼儿园质量监管系统及面临的挑战与困境

近几年，我国一些地区在幼儿园管理上开始建立质量监管系统。例如，广东省 2001 年制定并实施了《广东省幼儿园等级评估方案》，上海市在 2003 年出台了《上海市托幼园所办学等级标准（试行）》，江苏省分别于 2004 年和 2007 年制定了《江苏省幼儿园设置基本条件》和《江苏省优质幼儿园评估标准》。借鉴国内外相关经验，浙江省在 2014 年出台了《浙江省幼儿园等级评定实施办法》和《浙江省幼儿园等级评定标准》，浙江省幼儿园等级评定制度从试行阶段进入正式实行阶段。目前，全国大部分地区都拥有了自己的幼儿园质量监管系统（李克建，2010）。然而，当前中国各地所建立的幼儿园质量监管系统仍然面临一些挑战与实施困境。这里从系统的重视程度、实施过程、评价内容与方法 3 个方面，对这些挑战与困境进行讨论。

一是重视程度不足。我国大多数地区强化幼儿园常规检查，对幼儿园评级工作的重视程度不够，部分地区的省级示范幼儿园每 3～5 年复评一次，部分民办幼儿园只在需要评级晋升时才主动要求进行评级。当幼儿园评级与收费标准不挂钩，幼儿园就不会主动开展评级工作，使评级工作局限于政府的监管作用，没有起到引导学前教育服务领域的市场选择的作用。近几年，各地政府开始重视对幼儿园保教质量的监督与管理，并陆续出台了一系列幼儿园质量评估与提升的政策工具，然而，这些评级工作普遍缺乏有效性（实证）研究的指导，且往往缺乏后续的幼儿园质量提升方案与系统指导，难以系统地提升幼儿园教育质量。

二是实施过程的困境。我国幼儿园的质量评估易受多方因素（如利益相关者的干扰）的影响，评估过程不够系统规范。我国的学前教育质量评级由政府主导，各种类型幼儿园可能接受来自当地民政部门、卫生部门、教育部门和安全部门的检查或评级，这使幼儿园疲于应付各种接待与检查，出现"为评价而教""为检查而做"的局面，给本就任务繁重的幼儿教师增加了很多额外的工作。检查或评级带来名目繁多且规定详细的教育改革，不断加大教师的工作强度，使幼儿园在资源有限的情况下面对多种变革带来的巨大挑战。另外，我国的学前教育评级制度较少关注幼儿园质量提升。对于评级较高的幼儿园，政府往往允许其提高收费标准，或提高对其拨款的额度，学前教育质量评级工作对农村及落后地区幼儿园的支持与引导明显不足。

三是评价内容与方法的挑战。我国教育质量评级工作一般由政府及相关单位人员带队实施，评价方法多为经验性观察及资料审查，手段较为单一，在具体实施过程中往往过度依赖评级人员的经验，缺少量化的、有测量学意义的评估。此外，园舍、设备、教师学历等结构性质量在评价中所占的比重过大，过程性质量的受重视程度不足。课程设置和实施、师幼关系等过程性质量是推动儿童持续发展的重要因素，未来亟须将过程性质量因素整合进评级工作，增强质量评级工作的科学性。

第二节　美国学前教育综合性政策工具：QRIS

美国的 QRIS 是各州以州政府为主体实施的一项评估、提升托幼机构质量水平的学前教育综合性政策工具。各州 QRIS 使用一系列质量标准对托幼机构进行质量测量与评级，并向家长发布评级信息。托幼机构可同时获得技术支持和财政补贴等方面的收益（如质量提升方案、教师培训、分级补贴、特殊儿童补贴等），从而促进托幼机构质量向更高水平发展，并进一步促进儿童的身心发展。该系统的建立是美国在州层面的系统化学前教育质量的政策调节与制度建设，也是美国学前教育质量提升过程中的一项具有里程碑意义的工作。

一、QRIS 建立的背景

（一）根植于美国学前教育发展的困境与诉求

美国有很多的处境不利儿童在质量不合格的托幼机构中接受教育；由种族与社会经济地位差距引起的儿童入学准备的差距巨大（Sabol & Pianta, 2015）。为了缩小儿童发展成就的差距，美国在近 50 年里制定了多项教育政策工具，特别是为处境不利儿童提供高质量教育项目，如佩里计划、开端计划和 QRIS 等。其中，QRIS 在整体提升地区学前教育质量、支持处境不利儿童发展方面展示出了较好的效果。

除缩小由种族和社会经济地位造成的儿童发展成就差异外，QRIS 的建立根植于美国多方面的学前教育发展困境与诉求：不同类型托育机构的质量参差不齐，有分权化管理的诉求，需要有效地分配和使用教育财政投入和儿童补助资金，以及原有的机构认证模式（如州准入式经营许可）无法起到持续提升托幼机构质量的作用。可以说，原有质量评估机制的缺陷、学前教育质量整体水平长期较低及对教育公平的诉求，促使美国各州陆续建立并实施 QRIS（刘昆、郭力平、钟晨焰，2016），并通过系统性的质量评估与提升工作来促进学前教育质量朝更高水平发展。

（二）满足美国政府对保教服务有效监管的诉求

美国联邦政府在教育领域的行政管理作用较小，除开端计划早期教育项目（服务于低收入家庭儿童或处境不利儿童）外，联邦政府通过向各州政府提供专项资金来影响各地的学前教育，并要求各州只有达到相应的要求才能有资格获得专项资助。在州政府层面，尽管所有州都对托幼机构有认证要求（对文件记录、物理环境的安全性、员工的教育程度和培训的要求，通常不涉及对课程与互动的评估），但州政府对学前教育的监管、干预和支持面临一定的困境：保教服务在费用、可获得性、质量上的差异很大；各州虽对公立托幼机构的质量有一定干预，但对私立机构、家庭式机构的影响很小；考虑到资助、法律及保教机构类型等多方面因素，家长很难做出最优选择。

这些原因促使美国各州政府逐步建立并实施 QRIS，从而系统地、整体地监管、干预、提升学前教育质量，并有效引导联邦政府的专项资金及州政府财政的投入与发放。自 1998 年俄克拉何马州创建了美国第一个 QRIS，QRIS在美国各州逐步普及，其性质从财政补贴政策逐步转变为提升学前教育质量的系统性政策工具。当前，QRIS 对美国各州及各地区庞大的、分散的学前儿童保育和教育系统的运行发挥着巨大的支持作用。

二、QRIS 的基本内容

（一）QRIS 的运行

美国各州 QRIS 使用一系列学前教育质量标准对参与 QRIS 的托幼机构进行质量测量与评级，在此过程中引导参评机构根据 QRIS 质量标准来改善自身教育质量。同时，QRIS 会向家长提供参评机构质量评定的信息，并确保州学前教育政策和财政支出合理有效。QRIS 给参评机构带来生源及政策、财政支持等方面的收益（例如，获得特殊儿童补贴、资格认证、专项奖励和抵税等优惠政策，等级越高的机构可获得的财政补贴越高），并促使低质量的托幼机构逐渐减少或退出教育市场，最终使儿童在认知、情绪与社会性等方面得到更好的发展。QRIS 为政府和家长的行为给予引导，间接提升机构的教育质量，从而使 QRIS 对政府、机构和家长发挥多重作用（王双，2017；刘昊、王芳、冯晓霞，2010）。

图 6-1 展示了 QRIS 的实施内容。参与 QRIS 的托幼机构首先接受 QRIS的评级，评级结果会向大众公布（通过网络），家长可以通过这些评级信息选择保教机构。为了得到更多家庭的选择，托幼机构会努力提升其保教质量。

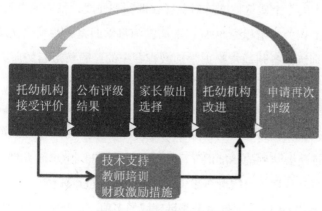

图 6-1　QRIS 的实施内容

此外，在评级结束后，托幼机构也可以得到 QRIS 制订的有针对性的质量提升计划、教师培训与辅导及政府财政补助或奖励，之后为得到更好的评级结果可申请再一次评级。

（二）QRIS 的基本内容

尽管各州 QRIS 的实施情况有所不同，但根据美国儿童教养信息与技术支持中心（NCCIC）出台的标准，各州的 QRIS 通常包含 5 项基本内容：质量标准，测量与评级（包括质量测量、评级与检验），技术支持（包括托幼机构质量提升方案与教师专业支持等），资金激励（包括教师奖学金、财政津贴、分层补贴等），家长宣传与教育（王双，2017）。

1. 质量标准

通常情况下，各州 QRIS 包括质量成分、质量标准和指标这 3 个质量的基本概念。质量成分是 QRIS 使用较为宽泛的质量范畴，如资格认证、家园合作和班级环境等。一项对 26 个州学前教育质量成分的研究发现，大部分州QRIS 评价体系拥有 6 项质量成分，它们是：经营许可（26 个州）、教师资格认证（26 个州）、学习环境（24 个州）、家园合作（24 个州）、行政管理（23个州）和资格认证（21 个州）。另有 3 个质量成分得到较为广泛的运用，它们是：课程（14 个州）、师生比与班级规模（13 个州）、儿童发展评估（11 个州）（Zellman & Fiene，2012）。例如，弗吉尼亚州的 QRIS 有 4 个质量成分：教师的教育、资格与培训，师幼互动，结构性质量，环境与引导。其中，师幼互动是通过 CLASS 测量的，占整个质量体系的 35%。

每个质量成分由一系列质量标准构成，质量标准是对质量进行定义的具体项目，如课程建设、教师资格培训等。每个质量标准由一个或多个指标来解释，指标是指每项质量标准的测量度量。例如，田纳西州 QRIS 教职工资格质量成分中的一个质量标准为对教师在课程和儿童评估方面进行专项训练，与该质量标准相关的指标为 50% 以上的教师每学期完成两项州立课程的学习和儿童评估训练。各州通常根据学前教育专家的经验及最新的研究文献来考察、评判质量的基本概念，并指导 QRIS 的改进。

大部分州 QRIS 的质量标准是从对获得机构经营许可证的要求开始的。绝大多数的托幼机构都被要求有州颁发的经营许可证。QRIS 设计的质量标准基于获得许可证所要达到的标准但又高于这个标准。许多 QRIS 允许获得许可证的托幼机构自动从第一个质量等级（如 1 级）开始进行评估。

大多数州的 QRIS 会评价多个质量领域的多项质量指标：教师质量（如受

教育水平、资格证书）；学习环境（如 ECERS-R 评估、CLASS 评估）；机构管理（如园长资格、机构制度、福利、教师参加专业发展培训的时间、教师工作时间）；健康和安全（如体育活动、营养、免疫接种）；课程与评价（如是否使用符合国家早期学习标准的课程，是否通过评估儿童来监督其成长）；师幼比和班额（如要优于州政府设定的最低标准）；质量的持续提升（如托幼机构是否拥有持续质量提升的机制）。

当前，过程性质量在各州 QRIS 中所占的比例逐渐加大，美国儿童保健信息中心的调查显示，大多州的 QRIS 质量标准包含师幼关系与课程教学的相关内容。弗吉尼亚州直接将师幼互动作为一个独立的质量评价模块，占整个质量体系的 35%。

2. 测量与评级

对于结构性质量的评定，各州 QRIS 通常要求参评机构按照制度据实上报相关材料，QRIS 的工作人员也会进行现场考察与核实。在过程性质量评估方面，绝大多数州的 QRIS 通过现场观察测量来对过程性质量进行评估。大多数州将两种及以上的测量工具合并在一起来进行现场观察测量，这些测量工具主要有：CLASS、ITERS-R、ECERS-R、ECERS-E、家庭式儿童保育环境评量表（FCCERS-R）、CIS、学龄期的教养环境评价量表（SCAERS）、PAS 等。虽然各州采用的测量工具有所不同，但各州 QRIS 均通过清晰的质量指标定义、定期的信度复查、评定者间信度检验来保证评级过程的测量信度。

各州 QRIS 对托幼机构进行质量评级时通常采用 3 种评级计算方式来确定参评机构的等级：一是等级制，即托幼机构在达到某一级别所有标准后晋升下一级；二是总分制，即先根据质量标准进行评分，之后根据各质量标准的权重得出总分；三是混合制，即在低层次质量标准中使用等级制，在高层次质量标准中使用总分制。

3. 技术支持

技术支持是 QRIS 为帮助参与质量评级的托幼机构不断提升质量所提供的各种类型的服务。针对不同质量的托幼机构及发展需求，各州 QRIS 通常提供3 种的技术支持形式。一是咨询，指 QRIS 工作人员辅助托幼机构解决评级过程中遇到的具体问题，如在申请 QRIS 评级时需要准备的材料等。二是同伴指导。同伴指导是学前教育行业内同事之间的一种关系，通常指导者通过一段时间的共同工作，支持被指导者在经验、技术上得到专业性发展。三是专家指导。专家指导是具备专业知识与技能的专家与学员的一种关系，专家在具体的保教活动的实践方面对学员进行示范与指导，如课程的实施、支持性师幼互动、环境布置等。这 3 种形式的技术支持都建立在关系的基础上，指导者需要与托幼机构负责人、教师建立关系，并在现场观察的基础上提供咨询与指导，共同制定质量提升和问题解决的方案（吴丽萍、陈时见，2013）。

当前，QRIS 倾向于与托幼机构进行持续性的技术支持合作，通常情况下，各州 QRIS 的技术支持贯穿 QRIS 的评级全程。此外，这些技术支持在关注托幼机构质量提升变化的同时，重点关注教师实践的变化及其对儿童发展的促进作用。

4. 资金激励

资金激励指各州 QRIS 对参评机构给予不同形式的资金激励，用于教师薪酬补贴、家长补贴、物质环境改善等，从而支持各个机构不断提升质量。此外，奖金可以帮助更多家庭接受更高质量的托幼机构的服务。所有州的 QRIS 均提供不同类型的资金激励，一些州的 QRIS 会给予达到高质量级别的托幼机构一定资金奖励，一些州会提供不同形式的资助以帮助托幼机构达到更高级别，这些不同的资助形式包括：奖学金、奖金、奖励与津贴、分层补贴、工资奖励、税收抵免。

QRIS 通过资金激励来鼓励托幼机构参与 QRIS 并不断提升质量。主要包括两种形式：①质量奖金、奖励与津贴，即参评机构在 QRIS 评级过程中达到某个预定目标后所获得的奖金与补贴，如果参评机构的等级获得提升，QRIS 则向其发放质量成就奖（或提升奖）；②分层补贴，即 QRIS 对不同等级的托幼机构发放金额不等的资金补贴，等级越高的机构获得的资金补贴越多。例如，佛蒙特州的 QRIS 对 2 级至 5 级的托幼机构依次增加相当于补贴总额 10% 的资金补贴。

此外，各州 QRIS 非常重视针对教师的资金激励政策，最主要的奖励形式是奖学金与工资补贴。一方面，各州 QRIS 会提供针对教师专业发展的奖学金，帮助教师支付高等教育课程费用；另一方面，QRIS 的质量标准包含教职工的资历、教龄、专业发展等方面的要求，QRIS 会根据教师的具体情况为其发放工资奖励。

5. 家长宣传与教育

家长是教育市场的主要消费者，也是 QRIS 的利益相关者。QRIS 旨在以学前教育市场为基础，解决美国复杂的学前教育问题。家长群体参与 QRIS，可以有效地通过市场选择与竞争，淘汰质量较差的托幼机构，并促进参与

QRIS 的托幼机构持续提升质量。这种基于市场的解决方案能够通过评定并公布托幼机构的质量等级来引导家长进行有效选择，从而让托幼机构感受到来自市场 / 家长的压力。

前期的一些有关调查显示，美国的家长非常关注托幼机构的质量，他们通常从朋友或邻居那里了解托幼机构的情况，而不是货比三家式的亲自走访和比较。此外，低收入家庭的家长在为儿童选择幼儿园时主要考虑安全、就近和低收费 3 个因素。事实上，美国家长并不擅长判断高质量的保育与教育，父母对托幼机构保教质量的评价与专业机构对托幼机构的评价几乎完全不一致。美国家长普遍对"什么是高质量的保育与教育？"这一问题认识不足，但他们均希望得到这方面的信息（刘昆、郭力平、钟晨焰，2016）。

基于此，各州 QRIS 每年对质量标准与机构等级的相关信息进行宣传，并通过多种形式（如海报、横幅、网络等媒体）向大众公示 QRIS 评级结果，QRIS 也要求参评机构向家长发放 QRIS 质量评定的小册子（包含详细的质量信息）。这些信息能够帮助家长了解高质量托幼机构的质量标准，让家长提高对托幼机构质量的辨别能力。家长了解 QRIS 的评级结果及相关详细信息，从而能够更明智地在可负担范围内为孩子选择更加合适的高质量托幼机构。

「拓 展 阅 读」 ....

北卡罗来纳州 QRIS 和弗吉尼亚州 QRIS 的运作

·北卡罗来纳州的 QRIS

北卡罗来纳州要求所有具有营业许可的托幼机构加入 QRIS，委托第三方评定人员对参评机构的教育质量进行系统性测量，并根据测量得分给出 1 级到 5 级的评定结果。测量得分来自 3 个质量维度：机构标准，最高为 7 分；员工受教育水平，最高为 7 分；还有 1 分的额外质量得分，如员工是否获得教师资格证、学前教育专业大专以上学历教师的比例、班级规模、是否采用州政府建议使用的课程等。总分取 3 个维度得分的和。该州的 QRIS 依据总分决定机构等级：1～3 分为 1 级机构；4～6 分为 2 级机构；7～9 分为 3 级机构；10～12 分为 4 级机构；13～15 分为 5 级机构。随后评定人员会进一步收集信息，给出机构评定报告。技术顾问根据评定结果有针对性地为机构制定提升方案。家长会获得关于机构质量等级的信息，相关财政补贴也会跟进（例如，儿童教养补贴返还比例由机构等级决定，等级越高的机构获得的财政补贴越高）。

· 弗吉尼亚州的 QRIS

弗吉尼亚州的 QRIS 名为"弗吉尼亚质量"（Virginia Quality）。该州的 QRIS 将托幼机构分为 5 个等级（即 1 级至 5 级），托幼机构可自愿参与 QRIS。在弗吉尼亚州，中心式托幼机构的评价标准与家庭式机构的标准是不同的。对中心式机构来说，弗吉尼亚州的 QRIS 从 4 个质量领域对托幼机构进行质量评价：教师的教育、资格与培训，结构性质量，环境与引导，师幼互动。

与北卡罗来纳州的 QRIS 不同的是，弗吉尼亚州要求参评的托幼机构只有在满足某个质量等级中所有的质量标准后才能申请参评下一个质量等级。1 星是准入级别，托幼机构需要满足最基本的、关于健康和安全的质量标准；2 星的托幼机构需要满足教师的教育、资格与培训中的所有标准；3 星的托幼机构需要满足结构性质量中的所有标准；4 星和 5 星的托幼机构需要满足环境与引导及师幼互动中的所有标准。其中，对 4 星和 5 星的托幼机构的质量要求不同。第三方评估机构会对托幼机构质量进行现场观察评估。4 星的托幼机构的 ECERS 平均得分要大于 4，CLASS 平均得分要大于 5；而 5 星的托幼机构的 ECERS 平均得分要大于 5，CLASS 平均得分要大于 6。

（三）各州 QRIS 内容的差异

各州有不同的经济发展水平、地域文化和学前教育发展状况，因而其 QRIS 内容也有所差异。这些差异更多地反映为不同的质量标准、测量方式、评分方法、技术支持形式等。

一方面，各州制定的 QRIS 在质量标准与指标、评价工具与测量方式、评级的记分方法方面均有所差异。例如，路易斯安那州对 3 岁、4 岁、5 岁班级生师比的规定分别为 13∶1、15∶1 和 19∶1，而华盛顿州的规定为 10∶1、12∶1 和 15∶1（王声平、杨晓萍，2017）。印第安纳州和缅因州的 QRIS 质量评级有部分相似之处，但两个州 QRIS 的质量标准及确定方式有所差异（见表 6-4）。另一方面，各州的 QRIS 会根据本州学前教育的实际情况采取不同的形式，为机构质量的提升提供支持。例如，佛罗里达州棕榈滩郡的 QRIS 在对参评机构的质量进行初步评估后，会对其进行为期 1 年的具体指导，之后再对其进行等级评定。艾奥瓦州的 QRIS 则向参评机构提供 8 小时的 QRIS 内容培训，在评级完成后，工作人员会向机构提供详细的质量反馈并解释各个质量成分的评测及结果，为机构提供专业建议和初步的质量提升方案。

表 6-4 印第安纳州、缅因州 QRIS 的质量标准及确定方式比较

项目	印第安纳州	缅因州
参与质量测量的学前机构	获得经营许可及未获得经营许可的各类型学前教育机构,学前教育机构自愿参与。	获得经营许可的各类型学前教育机构,机构需要参与联邦儿童发展与教育基金。
QRIS 质量标准(示例)	1 级:获得经营许可或完成州资格认证等。 2 级:学习环境质量成分和机构的硬件水平达标;开展日常机构活动;25% 的教职工获得儿童发展师执照(CDA)认证;有 15 小时以上的在职培训;等等。 3 级:为特殊儿童提供支持;50% 的教职工完成 CDA 认证;有 20 小时以上的在职培训;等等。 4 级:获得国家级资格认定;向本州其他学前教育机构提供指导;等等。	1 级:符合所有缅因州 QRIS 管理标准;有 1 年以上的营业时间;所有教职工均在缅因州学前教育质量认证处(MRTQ)登记;等等。 2 级:学习环境质量成分达标;机构有质量提升计划;50% 的教职工获得 MRTQ"职业网格"5 级水平;等等。 3 级:教职工参加关于学前儿童教育的培训与理论学习;每年对机构儿童发展水平进行至少 3 次测量;等等。 4 级:获得国家级资格认定;有书面的家长参与计划;等等。
确定质量标准的方式	与国家级资格认定相匹配; 在参与"社区试点工程"的学前教育机构中率先使用,后逐步扩张; 州儿童教育委员会(ECEC)对质量标准进行修订; 由第三方(独立研究机构)进行评估,方式为现场观察与测量。	与国家级资格认定相匹配; 通过合理的经验性证据确定质量标准; 组织 MRTQ 专家、机构人员和家长等相关人员进行讨论与验证,机构进行在线自我评估;方式为现场观察与测量。

三、QRIS 的最终目标与发展趋势

(一)QRIS 的最终目标

QRIS 最初的设计基于学前教育质量深刻影响儿童发展水平这一理念,并强调最高质量标准对托幼机构质量提升的引导作用。QRIS 管理者假设高等级托幼机构相较于低等级托幼机构能够提供更高质量的教育服务,利益相关者(如家长)也期望高等级机构的儿童实现更大的成长与进步。然而,研究发现,即便是最高等级的托幼机构也不能完全确保儿童积极正向的发展。因此,QRIS 实施的第一波浪潮过后,很多州不再将最高质量标准作为促进所有儿童积极发展的唯一要素,而强调循序渐进、系统地促进每个质量等级的托幼机构达到更高的质量水平,继而促进儿童发展。作为一个有多重目标并体现政策性发展的复杂系统,QRIS 的最终目标是:通过持续提升学前教育质量来促

进儿童发展，尤其是处境不利儿童的发展。基于此最终目标，QRIS 的运作目标与收益可归纳为图 6-2。

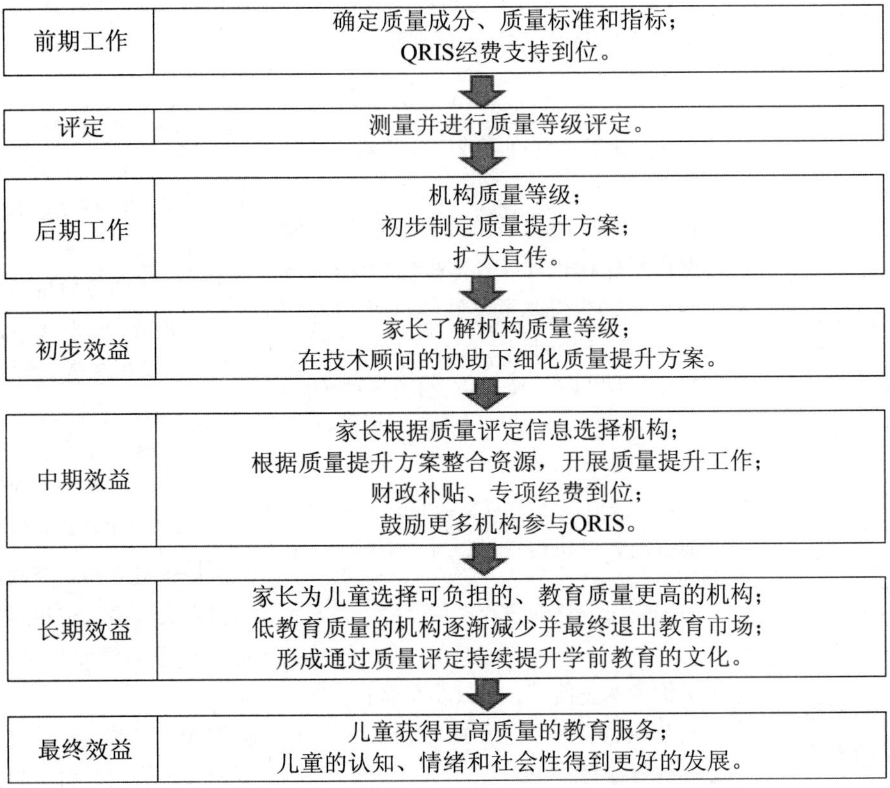

前期工作	确定质量成分、质量标准和指标； QRIS经费支持到位。
评定	测量并进行质量等级评定。
后期工作	机构质量等级； 初步制定质量提升方案； 扩大宣传。
初步效益	家长了解机构质量等级； 在技术顾问的协助下细化质量提升方案。
中期效益	家长根据质量评定信息选择机构； 根据质量提升方案整合资源，开展质量提升工作； 财政补贴、专项经费到位； 鼓励更多机构参与QRIS。
长期效益	家长为儿童选择可负担的、教育质量更高的机构； 低教育质量的机构逐渐减少并最终退出教育市场； 形成通过质量评定持续提升学前教育的文化。
最终效益	儿童获得更高质量的教育服务； 儿童的认知、情绪和社会性得到更好的发展。

图 6-2　QRIS 的运作目标与收益（王双，2017）

（二）QRIS 的发展趋势

作为一项美国州政府的学前教育政策工具，各州的 QRIS 开始运行以来，其功能、规模和实施主体都产生了一定程度上的发展与转变。

第一，目前各州的 QRIS 积极与政府其他学前教育政策工具进一步整合，如早期教育数据系统、教育财政补贴系统、幼儿教师专业发展系统及州立托幼机构认证管理系统等，形成数据共享的"大系统"，以帮助政策制定者进行决策，提高政府在学前教育发展中的治理职能。第二，从各州 QRIS 的服务对象上看，QRIS 最初仅关注受政府资助的托幼机构，当前 QRIS 的服务对象包括不同类型的早期教育机构，如公立托幼中心、私立幼儿园、早期开端计划项目、家庭式托儿所等。第三，从实施主体上看，当前各州的 QRIS 已由最初的州政府发起转变为州政府主导与联邦政府大力支持相结合的双主体管理模式（刘昆、郭力平、钟晨焰，2016）。

四、QRIS 的实践——以佐治亚州为例

虽然各州的 QRIS 设计与实施情况不同，但均包括质量标准、技术支持等 5 项基本实施内容。下面以佐治亚州的 QRIS 为例，详细具体地阐述 QRIS 的实践过程。

佐治亚州的 QRIS 名为"质量认定"（Quality Rated），该系统的管理与运营工作由佐治亚州早期保育与教育部（Georgia Department of Early Care and Learning）下设的专门机构负责。2012 年，佐治亚州开始在全州范围内实施 QRIS，2013 年向公众公布评级结果，并参照评级结果对参评机构给予技术支持与资金激励。质量评级以 3 年为 1 周期，但每年参评机构都需在网上接受审查。想要参加 QRIS 的托幼机构首先要达到注册标准，即托幼机构获准运营的最低标准（市场准入标准），之后才有资格申请 QRIS 评级（李政云，2016）。

佐治亚专业标准委员会于 2004 年出台的《0～5 岁学前教育教师资格标准》将学前教育从业人员的资质分为 12 个等级（每个等级均有具体的资质要求）；2013 年研制的《早期学习与发展标准》对每个年龄段的学前儿童的具体发展指标进行了描述。州质量体系指标委员会参考以上内容，发布了《佐治亚州学前教育质量标准及指标体系》，建立了该州 QRIS 的质量评级标准。该 QRIS 主要包括结构性质量评估和过程性质量评估两个质量内容，结构性质量评估主要涉及师资、环境设施、家园联系、课程与师生比等质量成分；过程性质量评估采用科学的量表进行现场观察性测评。下面对佐治亚州 QRIS 质量评定的过程进行介绍。

（一）申请评定

托幼机构负责人需要在佐治亚州早期保育与教育部的 QRIS 网站上进行注册、提交参评申请，并在参评申请获得审核批准后提供相关信息的文档材料。申请参评的托幼机构可以自行准备参评材料，也可以申请州 QRIS 的技术援助。参评机构在委派人员参加 QRIS 组织的免费培训，了解评级的实施过程及相关评价指标后，可以预先进行自评并预制质量提升计划。

（二）结构性质量评估

QRIS 首先对参评托幼机构进行结构性质量评估。托幼机构需要在网上提交 5 个方面的材料。一是教职工受教育水平与专业发展，机构需要提供所有教职工的相关资质材料及专业发展记录。二是健康、营养与体能活动，机构

需要提供关于儿童健康、营养与体能活动工作开展情况的材料。三是推动家庭参与，参评机构需要提供关于推动家庭参与儿童成长的表现的材料。四是教学实践，参评机构需要提供依据州《早期学习与发展标准》选择适合课程、进行教学设计及教学评价的相关材料。五是师生比，QRIS 依据班级年龄段制定了不同师生比的得分，共有 3 个得分水平。

（三）过程性质量评估

州 QRIS 在接收材料后，委派第三方评估人员对托幼机构的过程性质量进行现场观察性测评（不预先告知参评机构）。所评估的过程性质量包括师幼互动、幼幼互动及教师与家长的互动，此外，评估人员也会观察参评机构为儿童提供的场地、材料及活动安排等情况。

现场评估因参评机构办学规模的不同而持续不同的天数，一般会在参评机构中随机选取各年龄段班级的 1/3 进行评估。评估人员依据参评机构类型采用不同的评估工具，有针对性地对机构进行质量评估：0～3 岁婴幼儿保教班级的质量评估采用 ITERS-R；3～6 岁的幼教中心或日托中心的评估采用 ECERS；家庭式托幼机构的评估采用 FCCERS-R。对绝大多数参评机构采用的是 ITERS-R 或 ECERS 来进行班级过程性质量评估。[①] 最后，现场观察性测评的结果以报告的形式呈现给参评机构。此外，QRIS 还会对获得某些全国性质量认证的参评机构奖励额外的分，如拥有 NAEYC 认证的参评机构可获得额外奖励分。

参评机构的最终得分是结构性质量得分、过程性质量得分和认证奖励分之和，QRIS 根据分数段对参评机构进行等级认证。州 QRIS 管理人员向参评机构提供详细的得分情况信息及相关建议。参评机构亦可根据自己所获的等级申请相应奖励。1 级、2 级机构可获"家具包""材料包"等，3 级机构可获得资金奖励，教师也可获得奖金（李政云，2016）。此外，评级结果的详细信息会通过多种渠道向社区、公众（尤其是家长）进行宣传，以指导家长为孩子选择合适的托幼机构。佐治亚州的 QRIS 会通过各种形式的宣传鼓励更多托幼机构参与 QRIS，从而在全州范围内达成通过质量评级来持续提升学前教育质量的共识。

---

① ITERS-R 或 ECERS 可以对班级整体质量进行评估，同时，该量表也被认为是评估过程性质量的工具。事实上，大多数州的 QRIS 会合并使用多个评估工具，如专门评估师幼互动质量的 CLASS，来对过程性质量进行评估。

第三节　其他国家的学前教育政策工具

———————— ∾ ————————

当前，除美国外的很多国家也出台了诸多学前教育政策工具，并建立了适合本国的托幼机构质量监管系统。这些监管系统从托幼机构质量评估和质量提升两个方面入手，往往采用统一的质量评估标准和测评工具，进行标准化测评。但这些系统在实施主体、质量标准与实施方式上有所不同。

在质量标准方面，当前很多国都出台了适合本国国情的托幼机构质量评估标准。例如，挪威、韩国等国以国家法律法规的形式规定了全国学前教育课程与学习标准，为不同类型托幼机构的课程实施建立了国家统一标准。澳大利亚出台的全国性学前教育质量国家标准《国家质量框架》在世界范围内有较大的影响力，英国的《早期基础阶段法定框架》也对英国托幼机构的质量进行了界定，并指导托幼机构的质量评估与质量提升工作。

在评估方式方面，大多数国家的学前教育质量监管系统都包含内部评估和外部评估两种评估形式。例如，英国的托幼机构质量督导采用机构自我评估结合专家外部督导的方式开展。新西兰教育监察办公室于 21 世纪初将学前教育质量监测纳入其职能范畴，该国的质量保障和学校管理系统规定学校须将外部评价与自我评价相结合。澳大利亚的质量管理机构根据托幼机构提交的自评报告，确认评估人员的调查报告和抽查材料，结合影响托幼机构质量的多方面因素来评定其教育质量。

值得注意的是，大多数国家的质量监管系统会将托幼机构的质量评定与相应的财政支持或补贴、技术支持和培训等政策工具结合起来，引导、支持托幼机构的质量持续提升。此外，也有很多国家的政府或相关科研机构会对本国学前教育质量监管系统进行有效性研究。例如，澳大利亚的"学前教育有效性研究"项目（E4Kids）通过对儿童的认知和社会性等领域的发展进行追踪研究，来评估托幼机构教学质量情况，并检验政策工具的有效性。总之，尽管各国政府的学前教育质量监管系统在内容、标准、评估方法与支持手段上存在一定差异，但其目的是一致的——通过持续提升学前教育质量来促进儿童持续健康的发展。本节对澳大利亚、英国、德国、挪威制定的用以提升学前教育质量的政策工具进行讲解，也介绍 OECD 对其成员开展的"强壮开端"（又译"强势开端"）研究项目。

一、澳大利亚的学前教育质量监管系统

（一）澳大利亚学前教育质量监管系统建立的背景

最初，澳大利亚政府对本国托幼机构的质量监管主要由联邦层面的资格认定和地方层面的运营许可两部分组成，该监管方式存在两个问题：一是联邦和各州政府的管理职责划分不清，且各自采用不同的质量评估标准，导致管理混乱及重复评估等；二是各类型托幼机构的质量评估标准和评估程序各不相同，难以进行统一管理。

2007 年，澳大利亚政府理事会进行了学前教育质量监控改革，设计并试行了新的澳大利亚学前教育质量监管系统（Quality Monitoring Framework for Early Childhood Education），并于 2012 年正式实施。该质量监管系统由联邦政府儿童教育与保育质量保障局（ACECQA）面向全国进行统一管理，建立了全国统一的质量评估标准，于 2009 年正式颁布了《国家质量框架》，并将机构资格认定（机构运营资格）和机构评级结合起来。ACECQA 作为全国性托幼机构质量监管机构，负责依据《国家质量框架》中的质量标准及其相关的评估程序对所有托幼机构实施统一管理。全国的托幼机构每 3 年参加 1 次评级，获得运营资格判定，并依据评定的等级获取相应的政府支持。该系统的建立也顺应了澳大利亚近年来逐步推进的"保教一体化"国家学前教育发展战略（王芳，2015）。

（二）澳大利亚学前教育质量监管系统的特点

1. 实施主体

同美国的 QRIS 相似，澳大利亚学前教育质量监管系统也是由政府主导的。ACECQA 这一独立的国家教育机构专门负责学前教育质量监管系统的运行。该机构拥有全国范围内质量监控工作相关事务的所有权力，因此，澳大利亚学前教育质量的监控主要由联邦政府负责。这也说明澳大利亚学前教育质量监控从地方性教育事业上升为国家战略，学前教育从社会福利性事业转变为促进公民发展的国家工程。澳大利亚对学前教育质量的监控从国家层面进行了统一，国家建立了统一的质量评价标准与综合性质量监控与提升系统。

2. 质量标准

澳大利亚 2009 年颁布的《国家质量框架》对早期教育的教育原则、教育实践方式和儿童学习目标进行了详细的阐释。教育原则指出了在早期教育中建立安全、尊重与互惠的关系，家园合作，建立高期望与平等的观念，尊重

差异，教师进行持续的专业发展与反思性实践这一教育原则。教育实践方式阐明了教学内容、教学方式与评价、游戏等多个方面的教学实践指导。儿童学习目标构建了 5 个领域的 19 项儿童发展目标及对应的教育建议。该质量标准体现了班级师幼互动与教学对儿童发展与学习的促进作用，并关注班级过程性质量（即师幼互动与教学质量）的评估。

澳大利亚学前教育质量监管系统以《国家质量框架》为基础，构建了监管系统的质量标准，并基于该框架的指导进行质量测评实践。该质量标准包括 7 个方面的内容：①教育计划与实践；②儿童健康与安全；③空间设施；④教职工配备（教职工与儿童的比例、教师资格）；⑤师幼关系与同伴关系；⑥与家庭及社区的合作；⑦领导与管理。这 7 项内容包括 18 条标准，涵盖了结构性质量和过程性质量两个方面；每条标准包含若干项目，共 58 个项目。另外，值得注意的是，该质量标准对教职工配备进行了全国统一的详细规定（之前由各州或地区自行规定）。例如，招收 3 ～ 6 岁儿童的全日制托幼机构中的教职工与儿童之比不能低于 1 ∶ 11；全日制托幼机构须有一半以上的教师拥有早期教育或保育专业学士及以上学位，其余员工须有该专业 3 级资格证书。

与美国 QRIS 不同的是，澳大利亚学前教育质量监管系统包括对儿童发展水平的评估。澳大利亚学前教育质量监管系统以《国家质量框架》为指导，确保儿童获得 6 个方面的发展：①有较强的自我认同感；②与所处的世界建立联系并参与其中；③有较强的幸福感；④是自信的、积极的学习者；⑤是有效的沟通者；⑥有适当的学业知识。在机构评估的过程中，评估人员会对儿童各方面发展的表现进行观察性评价。

此外，QRIS 对不同类型的托幼机构（如中心式、家庭式）的评估标准不同，而澳大利亚学前教育质量监管系统采用统一的质量标准对不同类型的托幼机构进行评估，该评估具有强制性，不参加评级的托幼机构不得继续运营。值得注意的是，在澳大利亚质量监管系统的主导下，各州均采用统一的评估标准，但鉴于澳大利亚各州的发展水平不同且各种文化之间存在差异，统一的评估标准的文化与地区适用性也有待实践的进一步检验。

3.评估过程

评估过程是基于评估机构和托幼机构的双向合作完成的。ACECQA 指派具有专业资格的评估人员对托幼机构进行质量测评。评估人员通过现场观察、访谈和检查材料等方式进行机构评级。评估人员根据质量标准中的 58 个项目对托幼机构的质量进行直接评估；再根据 18 条标准的评估得分确定机构的等级，共分5个等级：①优秀，达到优秀等级的托幼机构可作为当地其他托幼机构的示范，由 ACECQA 授予等级资格，表彰其展现高水平的保教成果；②高质量，即托育机构质量超过国家质量标准；③达标，即托幼机构托育机构质量达到国家标准；④可运营，即托幼机构接近国家标准，尚未全面评估（主要针对新成立的托幼机构）；⑤未达标，即托幼机构未达到国家质量标准的基本要求，需要在质量监管系统的指导下提高自身质量，否则会被强制关闭。

此外，评估的频率会因托幼机构获得的评估等级不同而有所差异。例如，达标等级的托幼机构需要每2年接受1次评估，而被评定为高质量或优秀的机构只需每3年接受1次评估。如果托幼机构有遭遇投诉、更换负责人或出现安全问题等情况，也必须接受额外评估。

4. 多重功能

与美国的 QRIS 相似，澳大利亚学前教育质量监管系统具有涉及质量评估与质量提升的两重功能。该系统包括一系列保障与促进托幼机构质量提升的政策措施，这些政策措施贯穿机构评估的全过程。首先，在评估开始前，评估机构向托幼机构发放评估的指南性文件，这些文件对质量标准进行详细说明，并介绍评估的方法与步骤。其次，各机构需要根据评估要求先进行自我评估，并针对质量的不足之处拟订自身的质量提升计划，并交由政府机构审阅。最后，正式评估结束后，评估机构会为托幼机构提供关于质量提升的建议。公立机构还可获得州政府提供的质量提升培训。

此外，澳大利亚学前教育质量监管系统将托幼机构的资格认证与质量评估进行了整合。例如，被评为未达标等级的机构需要在质量监管系统的指导下提高自身质量，否则会被强制关闭。因此，澳大利亚学前教育质量监管系统拥有机构资格认定的功能。这一点与美国大多数州的 QRIS 的自愿参加不同——QRIS 更多依靠市场淘汰机制来建构低质量机构逐步被淘汰的解决方案，而澳大利亚学前教育质量监管系统更多地体现政府监督与管理的主体责任。

二、欧洲各国的学前教育质量监测政策工具

（一）英国学前教育质量政策工具

1. 英国学前教育质量保障系统

为确保处境不利儿童能接受有质量的学前教育，打破贫困的代际传递，英国教育部门近十几年里基于大量的实证研究，出台了一系列保障与提升托幼机构质量的政策工具，建立了英国学前教育质量保障系统。

　　该系统的实施主体为英国政府，其运作目标主要体现在两个方面：一是确保本国最低质量保障——确保英国所有托幼机构质量满足该国最低质量标准（准入资质标准）；二是推进学前教育整体性的质量提升——激发一线教育从业人员的工作积极性，促进学前教育质量持续地、整体地提升。与 QRIS 相似，英国学前教育质量保障系统的运行方式体现了基于市场淘汰机制的托幼机构质量提升理念——通过向家长公布机构的质量信息，提高家长为儿童选择托幼机构的能力。

　　英国学前教育质量保障系统的质量测评与督导采用托幼机构自我评估与专家督导相结合的方式开展。专家综合托幼机构的自我评估数据，基于质量评估的框架，通过观察性测评的方式对托幼机构进行测评，并最终对机构质量做出不合格、满意、良好、优秀 4 个水平的评定。

　　英国学前教育质量保障系统拥有完善的托幼机构评估制度。英国教育部门每年委派第三方评估机构（专业评估人员或一线教育专家），依据国家统一的课程标准，针对儿童的学习环境、课程计划等质量内容，对全国所有托幼机构进行定期的测评。第三方专业评估人员在托幼机构自我评估情况的基础上，通过观察记录师幼互动情况、教师与家长的交流、物质环境的安全性和发展适宜性、材料利用率等质量内容，对托幼机构质量进行评定并提出建议。此外，英国教育部门还出台了《早期有效学习标准》（"Early Learning Guidelines"，ELGs），要求学前教育教师依照标准对自己的工作进行反思与交流，并制定自己的质量管理方案。托幼机构可以利用 ELGs，通过定期的自我评价不断提高教学质量。

　　在质量标准与测评内容方面，对托幼机构和儿童发展两个方面的评价共同决定了托幼机构的教育质量评价结果（Early Years Foundation Stage Profile, 2013）。首先，英国政府制定的《早期基础阶段法定框架》是英国学前教育质量保障系统对其托幼机构质量进行评估的纲领性和指导性文件，该文件对英国托幼机构的课程设置进行了统一的设计与监控。该框架将 0 ～ 5 岁儿童的学习与发展划分为 7 个领域，这 7 个领域又可被归纳为一般领域和特殊领域。一般领域包括语言与交流、身体发展、情绪与社会性发展；特殊领域包括读写、数学、常识、艺术表达和设计。该框架对每个领域内儿童学习与发展的具体标准进行了详细阐述。基于此，该框架还提出了 4 项教育原则，包括：①每个儿童都是独立的个体；②积极的师幼关系促进儿童逐渐独立自主；③儿童在良好的环境中能够更好地学习和发展；④每个儿童学习和发展的速度与方式有所差别。

由此可见，英国学前教育质量保障系统将儿童学习与发展的结果作为托幼机构质量评估的标准之一，为托幼机构的教学活动提供指引；通过课程标准的设置与定期的评估督导，使儿童保教的质量得到规范和保证。此外，英国教育部门通过财政激励政策给予达到评估标准的托幼机构财政补贴，以此来对托幼机构质量进行监控，并支持其质量提升。

2. "确保开端"项目

为确保每个儿童能够享受有质量学前教育，英国还实施了一项名为"确保开端"（Sure Start）的政策工具。该政策工具是英国政府实施的一项以社区为依托、针对学前儿童及其家庭的综合保障计划。该项目通过统一标准的保教及健康支持等服务，改善0～5岁儿童家庭的经济与健康状况。该项目有4个方面的实施目标：①促进儿童学习能力的发展；②关注家长对儿童进行的亲子教育，从而促进儿童的身体发展，为特殊需要儿童提供发展鉴定与支持；③加强社区建设，鼓励儿童家庭与社区建立联系，为贫困家庭提供工作机会；④促进儿童社会性与情绪发展，鼓励儿童参加社区亲子活动，培养儿童与父母及同伴的积极关系，对儿童的情绪与行为发展困难进行鉴定并提供支持（刘珊，2016）。儿童的发展环境是一个多层次、多领域的复杂系统，这种基于改善家庭与社区环境的、系统提升儿童学习与发展环境的政策工具是非常值得借鉴的。

3. 英国幼儿教师质量保障机制

英国幼儿教师质量保障机制已成为英国较为完备的教师发展支持系统。为提高幼儿教师质量，英国政府开始实施幼儿教师专项培训，希望通过组织职后培训和提高教师学历来提升教师的教学水平。随后，英国政府出台了《学前教育教师标准》（"Teachers' Standards–Early Years"）。该文件从专业理念、专业知识和专业技能3个方面对幼儿教师资质进行了明确规定，构建了由早期教育教师身份、早期教育教师标准、早期教育初级教师培训、早期教育教师资格获取组成的质量保障体系（王声平、杨晓萍，2017）。

值得注意的是，在英国幼儿教师专业水平的监测工作中，过程性质量是质量监测的重点。专业评估人员通过观察教师与儿童在学习活动、游戏和一日常规中的表现，考察教师对儿童早期学习发展及儿童需要的理解与支持，观察教师组织的活动能否激发儿童的自主性，并重点关注教师能否通过具有挑战性的问题鼓励儿童积极思考，猜想并验证假设等（刘颖、李晓敏，2016）。

（二）德国托幼机构国家质量标准与实践

1. 德国对托幼机构的监管

在德国，托幼机构的举办主体是多元的，如政府、个人、教会、慈善组织、企业、社区等，国家层面没有统一的管理部门。最初，德国托幼机构的管理采取"谁办谁管"的原则，不同托幼机构的教育理念、经费来源与使用、课程与教学等均由主办者及家长协商确定，并没有权威部门自上而下地采用统一的评价标准进行评定。从某种意义上说，家长是托幼机构最主要的评价人。

在此社会背景下，德国学前教育界认为，短时的外部评价无法解决质量保障与提升这个长期问题，而促进从业人员在日常行动中的思考与实践是提升学前教育质量的关键。因此，德国采取"通过发起广泛的质量讨论并建立共识的过程，吸引并指导托幼机构对其质量进行反思与研究"这一质量提升策略。可以说，该策略不强制托幼机构接受统一的评估，也不对各托幼机构进行比较，而是促进各机构基于现状制订自己的提升计划。

2.《德国0～6岁儿童日托机构教育质量国家标准手册》的指导作用

为满足不同托幼机构提升质量的需求，德国学前教育专家蒂策等人于2002年研制了《德国0～6岁儿童日托机构教育质量国家标准手册》（简称《标准手册》），对公认的优秀实践标准进行了梳理（Tietze et al., 2004）。《标准手册》并不仅是一个质量测评工具，其主要目的是为托幼机构日常质量提升提供指导。不同发展阶段的托幼机构能够参考《标准手册》系统性地监测自身各项教育工作，改进教学质量。

《标准手册》基于德国社会文化与法律背景以及心理学的研究成果，以质量对儿童发展的影响为基本理念，通过对各层次一线教育工作者的广泛调查，归纳出10项判断高质量托幼机构的评价原则，包括：①儿童是积极主动的学习者；②儿童是在社会关系（与家长、教师和同伴的互动）中学习的；③儿童通过游戏活动主动地学习；④儿童的学习及自我发展基于情绪的安全感与成人的关注；⑤儿童通过分享和讨论进行学习；⑥儿童获得对其个体独特性（能力与需要）的认可；⑦教师是激发性学习环境的设计者；⑧教师是互动中的积极对话者和支持者；⑨确保所有儿童有平等的学习和发展机会（无论其出身、性别和社会地位为何）；⑩教育工作面向儿童及其家庭的实际需求，与家庭建立相互信任、开放的合作关系。

《标准手册》并非静态地描述托幼机的结构性质量，而是关注儿童在园一日生活的质量（即儿童在园体验的质量）。《标准手册》从指向性质量、结构性质量、过程性质量和结果性质量（即儿童发展结果）等方面综合评估托幼机构的学习环境质量情况，将托幼机构的空间设施、材料、人际互动、教育活动等儿童日常体验的各种要素划分为 5 个质量层次、20 个质量领域、上千条教学实践标准，为各类托幼机构教学活动提供了科学的质量标准。表 6-5 显示了《标准手册》中的 5 个质量层次和对应的 20 个质量领域。值得注意的是，德国政府积极支持建立由专业人员组成的第三方评估机构，鼓励托幼机构在第三方评估机构的指导下完成自我评估与质量提升工作。

表 6-5 《标准手册》的 5 个质量层次和 20 个质量领域（Tietze et al., 2004）

质量层次	质量领域
儿童活动创设的基本时空结构	儿童的房间
	一日生活流程安排
针对儿童一日生活常规的教育设计	餐点与营养
	健康与身体照料
	睡觉与休息
	安全
狭义的教育活动	语言与交流
	认知发展
	情感与社会性发展
	运动
	想象与角色游戏
	建构造型
	绘画、音乐和舞蹈
	自然、环境和事物的知识
	跨文化学习
	残疾儿童的随班融合
家园共育	入园、入学适应
	问候与告别
	与家庭合作
领导力	对托幼机构的质量发展负有全面责任的管理工作

（三）挪威政府对学前教育质量的管控

挪威并未制定全国性的学前教育质量评估系统，各地区政府也没有明确统一的评价托幼机构质量的评估标准。地区政府全权负责本地区托幼机构的管理，地区政府对于是否评价及如何评价有完全的决定权。

2013 年，一半以上的挪威托幼机构接受了当地政府现场或在线的质量评估。挪威教育部报告，地方政府对当地托幼机构进行质量测评的标准主要参考了 3 方面文件的内容：一是 2005 年修订的《托幼机构法案》；二是 2006 年制定的《全国性幼儿园课程框架》；三是地方政府制定的法规。前两个文件是挪威学前教育发展的纲领性文件，是挪威托幼机构必须遵守和执行的法规，其在机构准入资质、运营方法、课程计划等方面对挪威托幼机构的申办、运营与发展给出了明确且详细的规定。

此外，挪威托幼机构必须每年都进行在线自我评估，评估内容涉及托幼机构的基本信息，如师幼比、发展计划、财政状况等。评估结果首先递交给地区政府；然后由地区政府向家长和社会进行信息公开，同时将结果上传至国家公共数据库，作为国家制定法规的参考依据；最后挪威教育部组织专业人员每年对儿童家长进行托幼机构满意度调查，以收集家长需求的相关信息，并从家长视角评估托幼机构在管理、环境创设、保育教学、信息披露等方面的质量。

三、OECD 的"强壮开端"项目

（一）"强壮开端"项目的建立

为促进学前教育研究、政策改革与实践之间更好地融合，促进研究者、教育实践工作者和政府之间的对话与国际研讨，OECD 建立了教育研究与改革中心（Centre for Educational Research and Innovation, CERI）。该中心于 1998—2000 年开展了 OECD 国家学前教育质量专项研究，并形成了《强壮开端：儿童早期教育与保育》（*Starting Strong: Early Childhood Education and Care*）一书。该书综合了 OECD 12 个成员的学前教育质量调研报告的结论，提出了高质量学前教育的 8 个关键要素（OECD, 2001）。2002 年，OECD 进行了第二轮研究，调查了 OECD 部分成员的学前教育改革政策与发展经验，形成了《强壮开端 II：儿童早期教育和保育》（*Starting Strong II：Early Childhood Education and Care*）一书，"质量"与"政策"被纳入关键词。该书从 10 个方面为 OECD 成员政府制定学前教育政策提出了具体建议：①关注学前教育与保育的社会背景；②将儿童的幸福、早期发展与学习作为学前教育与保育的核心，尊重儿童的自我发展机制和学习策略；③建立专门的机构负责学前教育与保育服务系统的管理和质量保障；④为托幼机构制定基本指导方针和课程标准；⑤学前教育与保育的公共财政支出以实现高质量的教学目标为依据；⑥通过财政政策、社会与劳动政策，增加教育资源，满足不同儿童学习的需求，减少儿童贫穷和社会排斥；⑦鼓励家庭和社区参与学前教育与保育；⑧改善学前教育与保育工作者的工作环境，提高其专业水平；⑨为学前教育与托幼机构提供足够的资金，并赋予其自主管理的权力；⑩学前教育与保育系统拥有支持广泛学习、参与和民主的机制，为多元文化下的学前教育与保育提供共同的价值观（刘颖、李晓敏，2016）。

（二）《强壮开端Ⅲ：儿童早期教育与保育质量工具箱》

2012年，OECD经过调研发布了《强势开端Ⅲ：儿童早期教育与保育质量工具箱》（*Starting Strong Ⅲ : A Quality Toolbox for Early Childhood Education and Care*），简称《强壮开端Ⅲ》。《强壮开端Ⅲ》制定的质量标准对OECD成员的托幼机构进行了一系列质量规定（设置了最低质量标准），包括：师幼比、课程与教学、生均室内外活动面积、班级规模、教师资质与专业培训、教师工资与福利待遇、家园合作、师幼交流的频率等（OECD，2012）。

在学前教育质量评价的理念方面，OECD将市场经济的供需模型运用于教育实践，形成教育评价系统的CIPP模式：教育背景、教育输入、教育过程、教育输出（李敏谊、霍力岩，2009）。将CIPP模式运用于OECD学前教育质量评价的过程中，既能够分析学前教育质量的背景因素，也关注质量提升中结构性质量要素的投入，并强调过程性质量要素的重要性。《强壮开端Ⅲ》可有效促进对学前教育质量具体政策的进一步梳理，并构建出提升学前教育质量的5大政策工具。这5大政策工具是基于CIPP模式构建的，下面对这5大政策工具进行简单介绍。

1. 工具一：制定学前教育质量目标和相关法规

完善学前教育质量目标和相关法规的政策工具，通过学前教育政策工具将资源配置到需要的地方和质量领域；提升学前教育领域中的政府领导力，促进各方的协商与合作并达成共识，整合各方资源，使学前教育发展收益最大化。该政策工具包括提高教师资质、制定以儿童为中心的课程、提高师幼比和师幼互动质量等内容。

2. 工具二：设计并实施学前教育课程标准

学前教育课程与儿童学习标准是学前教育质量均衡发展的重要保证，统一的课程与学习标准能够促进托幼机构在质量标准的框架和内容下实施课程，为教师提供教学策略参考，帮助家长掌握儿童的学习与发展情况。当前各OECD成员构建了适合本国的学前教育课程标准。尽管各国在体制、教育发展水平和教育理念上有所不同，但各国的课程标准均关注学前教育教学中的游戏活动对儿童发展的促进作用。

3. 工具三：提高幼儿教师资质、培训与工作条件

教师质量是课程实施的关键要素。教师质量包括教师受教育水平、专业发展水平、职后培训、教龄等内容。教师能够通过构建高质量的教学环境来促进儿童的学习与发展。良好的工作环境能够提升教师的工作满意度，减少工作耗竭，增加教师的职业承诺，保持教师队伍的稳定性，并最终提高教师的师幼互动质量。通过政策工具提高教师的工作环境质量可以从以下几个方面入手：提高师幼比，缩小班级规模，构建竞争性的公平合理的薪酬制度，降低教师流失率，制定合适的工作量，等等。

4. 工具四：加强儿童家庭与社区的参与

家庭参与（家园合作、家庭与社区合作）是促进儿童学习与发展的一种重要工具。儿童在家庭和托幼机构中获得一致的、高质量的体验，有利于其学龄阶段的学业水平和社交能力发展，并减少其问题行为。社区可以成为家庭与托幼机构之间的桥梁，支持各层次家庭为孩子选择托幼机构和教育方案，并作为一种社会资源支持本地区学前保育与教育的实施。

5. 工具五：促进学前教育质量数据的采集、监测与研究

从国家或地区层面开展数据收集与质量监测是提高学前教育质量的一项有力的政策工具。通过质量数据的收集、监测和研究，可以掌握儿童在学前教育与保育服务中的发展性收益，支持政策制定与质量提升的实践，为家庭提供质量信息与选择指导。量化研究可与质性研究互为补充，其研究结果能够为学前教育的政策制定与实践给予关键指导，如明确教育项目的有效性、资金投入方向等。

（三）《强壮开端Ⅳ：早期教育与保育的质量监测》

2015年，OECD组织专家团队对24个成员的学前教育发展状况、政策工具、面临的挑战等情况进行全面研究，并发布《强壮开端Ⅳ：早期教育与保育的

质量监测 》（ *Starting Strong IV: Monitoring Quality in Early Childhood Education and Care*)，简称《强壮开端Ⅳ》)。《强壮开端Ⅳ》分别从托幼机构质量监测、教师质量监测、儿童发展水平监测 3 个方面对 OECD 成员的学前教育质量及相关政策工具进行了全面的监测与评估，并构建了学前教育质量评估标准（刘颖、李晓敏，2016)。

1. 托幼机构质量监测

OECD 对其成员托幼机构的质量监测一般采用外部监测和内部监测两种方式。外部监测指由第三方评估机构或政府相关人员实施的质量监测，内部监测是由托幼机构自身实施的质量评估。外部监测与内部监测二者相互补充。外部监测更具有客观性和约束性，能更好地测评托幼机构的质量情况，并能有效地促进机构持续改进。内部监测则能促使托幼机构管理者审视机构中的质量问题和发展困境，提高教师对自身教学的反思能力和专业发展水平。

《强壮开端Ⅳ》中的托幼机构质量监测标准包括 10 个质量领域：①师幼比——是否满足最低师幼比要求；②室内外活动场地——是否满足法律规定的最小面积；③健康与卫生——是否满足健康和卫生的最低标准；④安全——是否满足最低的安全标准，包括机构空间如何安排等；⑤学习与游戏材料——玩具和书籍的数量与种类是否达到要求、如何使用这些材料等；⑥教职工资质——教职工的初始教育水平和专业发展水平；⑦教育计划——托幼机构一日常规等；⑧工作环境——教师的工作负担和时间、教师的薪资与福利、教师的假期与超时工作安排等；⑨课程——托幼机构是否执行课程框架并根据自己的需要进行修正；⑩人力资源管理——雇用员工的状况，员工的培训和发展状况；⑪财务管理——经费是否得到有效使用（OECD，2015)。

2. 教师质量监测

教师对儿童发展和学习的理解，以及开展发展适宜性教学实践的能力、领导力、问题解决的能力、设计教学方案的能力、沟通能力等，对儿童学习与发展有不同程度的影响。教师质量监测能够为相关政策的制定提供指导，并提高教师的教学与互动水平。OECD 一般采用第三方督导的形式，针对教师质量的整体情况进行教师质量监测。除第三方督导外，教师质量监测还采用家长访谈和同行评议的方式。家长访谈可以调查家长对教师质量、课程情况、家园合作等过程性质量的态度。同行评议是由其他托幼机构的教育从业人员开展的评估，考察团队合作与沟通等方面的过程性质量。

《强壮开端Ⅳ》关注教师质量水平对儿童发展的影响，教师质量监测的评估标准包括：①师幼关系与互动——师幼互动及师生关系情况；②教师与家长合作——教师与家长能否就儿童发展和高质量教育实践达成共识与合作；③同事合作——教师同事之间是否有学习经验共享及关于儿童发展的信息交流；④敏感性——能否识别儿童的意图，发展儿童的能力，鼓励并关注儿童，温暖地回应儿童；⑤对儿童个体需要的回应——能否识别每个儿童的独特性，并根据儿童的需要、能力提供差别化教育；⑥适宜于儿童年龄的实践——是否掌握儿童发展的知识，能否提供适宜于儿童年龄和发展阶段的教育实践；⑦教学——是否具备科学的保教方法，知道如何组织或干预活动及一日常规等；⑧课程实施——能否有效实施国家、地区和机构的课程，包括解释课程、使课程适应儿童的需要、使用记录等。

3. 儿童发展水平监测

监测儿童发展水平对提升托幼机构保教服务质量有积极作用。很多 OECD 成员将儿童发展水平作为托幼机构质量评估的内容之一，通常由托幼机构教师实施测评，测评内容包括：①言语与读写——儿童在句法、形态、语义、语音、语用、词汇、前书写与前阅读等方面的发展水平；②早期数学——儿童在推理、数的概念、空间、形状、地点、数量与集合、顺序、时间、基本运算等方面的发展水平；③情绪与社会性——儿童在情绪表达与控制、同伴关系、自我概念、自我效能感、个性与合作等方面的发展水平；④身体动作——儿童的运动与协调能力、精细动作与大动作的发展水平；⑤健康发展——儿童的健康发展状态，包括身体状态、心理状态等；⑥实践能力——儿童的日常生活能力，如系鞋带、刷牙等；⑦自主性——儿童独立完成活动和任务、自己做决定和表达观点的能力，自信心，以及是否建立了安全感，等等；⑧创造性——儿童提出观点和表达感受的能力，想象力，用多种方式表达经验和想法的能力；⑨福利——儿童的主观幸福感，儿童是如何认识他们的生活、物质环境和社会关系的；⑩科学——儿童科学学习的兴趣、科学知识的发展水平及求知欲；⑪信息技术——儿童使用电子和科技产品进行交流及创新的能力。

这里需要注意的是，很多国家的学前教育质量评估系统不涉及对儿童发展水平的评估（即不将儿童发展水平测评数据作为评估托幼机构质量的参考）。事实上，国际上很多学者不赞成托幼机构质量评估标准与儿童发展评估标准相结合。原因有 3 点：第一，对儿童发展水平的评估耗时耗力，信度和效度难以保证；第二，对儿童发展水平的评估很难准确地反映托幼机构的质量；

第三，将儿童发展水平作为托幼机构评价标准很可能导致教育的功利化倾向（如"小学化"教育倾向），进而影响儿童的健康发展。学前教育质量的评价应根据每个托幼机构不同的质量状况、社会文化背景、托幼机构现有资源和处境，基于共识性的、科学促进儿童发展的质量评估标准，对托幼机构进行评估。

（四）鼓励家长积极参与质量评价

OECD 强调，应通过对学前教育质量测评积极宣传、增加利益相关者（如家长）的参与权与决策权、为家长提供相关资源与知识支持等方式，促进家长参与托幼机构的评价与发展。事实上，儿童的发展环境是一个复杂的、各要素相互作用的系统，家长作为儿童发展最为重要的利益相关者和支持者，其参与性和互动质量直接决定了儿童发展环境的质量。家长作为深刻影响托幼机构发展的重要人员，是学前教育市场服务的主要群体，在学前教育市场中起到决定性作用。将家长资源作为学前教育质量评价的重要资源，并将家长参与视为学前教育质量评价的重要内容，是 OECD 学前教育质量监控中的一项重要策略。

第四节　政策工具有效性的评价——以 QRIS 有效性研究为例

当前，世界各国政府及科研机构非常关注本国制定的学前教育政策工具的有效性，即关注政策工具的实施是否起到了提升托幼机构质量的作用、政策工具的实施是否促进了儿童发展等问题。本节以美国政府及学者近十几年对各州 QRIS 的有效性开展的研究为例，讲解如何通过实证研究对政策工具的有效性进行评价。

一、QRIS 有效性研究的内容与意义

美国 QRIS 实施的核心内容是托幼机构教育质量的评定，有效的质量评定对 QRIS 至关重要，此外，QRIS 的运作目的是促进托幼机构质量的提升，该系统的运作是否有效地促进质量的提升也需要实证研究的检验。因此，美国开展 QRIS 以来，各州在 QRIS 实施过程中持续地开展 QRIS 有效性研究，并总结实施效果。

（一）QRIS 有效性研究的内容

美国各州实施 QRIS 以来，政府及相关研究者持续开展了大量的 QRIS 有效性研究，这些研究内容可归纳为 4 类：①考察质量标准的有效性的研究；②考察质量测量的有效性的研究；③考察评级结果的有效性的研究；④考察质量与儿童发展水平的关系的研究（Zellman & Fiene, 2012）。这些研究可用来探索质量标准是否可靠、测量与评定工作是否按要求实施等。表 6-6 为 4 类有效性研究的概述。

（二）QRIS 有效性研究的意义

QRIS 有效性研究的目标是检验评定工作的实施情况，提升系统功能，并增加系统的可靠性。具体来讲，这些有效性研究的意义有以下 4 点。其一，QRIS 有效性研究可被用来建立 QRIS 质量标准，并验证质量标准的有效性。例如，如果某个质量标准无法得到精确测量，或者机构的得分差异不大，再或者对儿童发展没有促进作用，那么该质量标准对质量评定来说就没有意义，需被移除或修订。其二，持续的 QRIS 有效性研究工作与 QRIS 复查工作（检查 QRIS 的实施情况和评定结果）同步进行，可以提升 QRIS 测量与评定工作的有效性。其三，有效性研究可以引导政府对学前教育政策的制定，指导 QRIS 的修正或再设计，并记录 QRIS 的成果。每个州可通过 QRIS 有效性研究确保托幼机构的良性运转，并记录儿童、家庭和机构的发展。其四，有效性研究向家长、托幼机构和政府提供相关信息，使家长、机构工作人员及政府决策者的经验得以匹配，并加强互信。对于那些需要进行改进工作的机构，质量测量反馈的信息有助于其提升教育质量。

二、考察质量标准的有效性

有效性研究可以考察 QRIS 中的质量标准是否准确有效，并最终对其进行筛选与审核。

（一）对质量标准的三方建议

考察质量标准的有效性研究可通过专家、家长与托幼机构人员的三方建议来进行。一些州会首先根据专家经验对本州 QRIS 的质量标准进行验证与筛选。例如，特拉华州、罗得岛州、明尼苏达州、弗吉尼亚州、缅因州等使用系统性专家审核来确定哪一个质量成分（及构成每个质量成分的质量标准和指标）入选该州的 QRIS。然后，托幼机构人员和儿童家长也会参与对质量成分、质量标准和指标的讨论。绝大多数州会采纳专家、家长与托幼机构人员的三

表6-6 4类QRIS有效性研究概述（Zellman & Fiene, 2012）

有效性研究	研究目的	研究内容	研究数据	分析与方法
考察质量标准的有效性	· 考察QRIS的质量成分、质量标准与指标的有效性。	· 对质量成分、质量标准与指标进行验证、筛选。 · 考察支持质量标准和指标的证据或专家建议是否充足。	· 质量标准和教育目目标之间关系的数据，关于质量标准和指标的专家意见。 · 关于提升教育质量、促进儿童发展的经验性文献。	· 收集并讨论质量标准与教育目标之间的关系及文献分析。 · 集体（如焦点小组）讨论，并对质量成分进行详细说明。
考察质量测量的有效性	· 考察指标的记录与测量是否准确、可靠。 · 考察指标测量得分是否具有测量学意义。 · 考查各指标测量之间的关系来评估指标的意义。	· 考察托幼机构管理者的自评报告或相关材料未评估测量。 · 考察各指标测量之间的相关。 · 考察各指标测量的得分分布。	· QRIS托幼机构提供的数据。 · 检查托幼机构工作人员的自我报告或材料检查。 · 现场观察测量。	· 研究指标的分数分布。 · 研究各指标得分之间的相关。 · 研究指标观察测量的评定者间信度。 · 研究指标测量的复查信度。
考察评级结果的有效性	· 通过考察托幼机构评级与二次测量的关系来确认评级工作是否专业、有效。 · 调整QRIS质量标准。 · 考察每个类型托幼机构的评级分布来确定机构结论是否有效。 · 各类型评级结果的评价。 · 调整评级分数线与评级规则来区分不同质量水平。	· 考察各质量等级的托幼机构在二次测量中的数据表现，调整指标、评级分数线及评级规则来确定机构的有效分布。 · 各类型托幼机构的评级分布。 · 家长对评级结果的评价。	· QRIS托幼机构评级结果。 · 托幼机构质量测量的原始数据。 · 二次测量（用其他测量工具对托幼机构进行二次测量，并与QRIS评级结果进行比较）的原始数据。 · 家长评估的原始资料。	· 研究每个类型托幼机构的评级分布。 · 研究QRIS评级数据与二次测量数据的相关，并对二次测量的数据进行方差分析。 · 调整指标和评级分数线来改变评级分布。 · 对家长评价进行质性分析。
考察质量与儿童发展水平的关系	· 考察QRIS托幼机构评级与儿童发展水平之间的关系来确定托幼机构等级是否与儿童发展水平有关。	· QRIS测出的高质量托幼机构中的儿童在认知、情绪和社会性发展方面是否比低质量托幼机构中的儿童表现得更好。	· QRIS托幼机构的评级数据。 · 第三方评估者对样本儿童发展水平的评估，家长与教师对样本托幼机构中的儿童发展水平的评估。	· 对儿童的观察测量及访谈。 · 托幼机构评级（或教育环境质量）与儿童发展水平的相关。

方建议来建构质量标准。

对质量标准进行三方建议的一个典型研究是缅因州 QRIS 开展的"概念地图"（Concept Mapping）研究。南缅因大学与州政府相关机构等的人员通过质量的"概念地图"研究来指导质量标准的选择，并建立概念框架以指导 QRIS 的设计与改进。该研究包括以下几个方面：第一，通过对儿童家长和托幼机构人员的 8 次焦点小组研究、问卷调查及访谈出具有关质量标准报告，讨论出质量标准的初步内容与结构，参加焦点小组的人员包括州儿童教育专家、儿童家长及全州各类型的 QRIS 托幼机构的代表；第二，通过参与者和专家的专题讨论对报告进行整理及评审，至少有 24 位专家对报告进行评判；第三，一系列质量成分和质量标准建立起来，并最终通过州政府的正式评审；第四，使用计算机软件绘制由质量标准组成的"概念地图"，绘制软件会以插图的形式展示质量标准之间的相关程度，让 QRIS 托幼机构轻松地辨别专家和家长最看重哪些质量成分（Lahti et al., 2013）。

（二）通过文献对质量标准进行检验

此类有效性研究也会通过文献研究来考察某一质量成分（包括构成该质量成分的质量标准和指标）与教育目标之间关系。普渡大学通过对大量文献的研究来检验印第安纳州 QRIS 的质量标准，这些文献被称为"质量指南"（quality indicator），主要包括：理论或研究证明的儿童教育课程或实践；在国家政策或权威报告中得到认定的最佳实践项目；学前教育和儿童发展的研究文献。研究人员通过对"质量指南"文献的考察，深入分析了印第安纳州 QRIS 的 10 个质量成分，将质量标准划分为 3 类：限制性证据（有 1 ～ 2 个研究支持），稳定性证据（有 3 ～ 5 个研究支持），实质性证据（有 5 个以上研究支持）。印第安纳州 QRIS 最终保留了 75% 的拥有实质性证据和稳定性证据的质量指标，并对其进行了修改，其分析结论向州 QRIS 规划委员会报告（Elicker et al., 2013）。

三、考察质量测量的有效性

质量测量是指 QRIS 使用科学的质量测量工具（如 ECERS-R、CLASS 等）对托幼机构进行质量测量，并实施复查与检验。第二类 QRIS 有效性的研究主要考察质量测量的有效性，主要包括：指标能否反映要测量的内容，指标能否有效地区分质量水平，指标的观察测量和编码是否准确且有测量学意义（缺少测量学意义的指标会被取消或与其他指标合并）。此类研究帮助 QRIS 设计者和政府人员考察指标使用的情况，对托幼机构质量评级有至关重要的作用，其研究结论可作为托幼机构评级的重要依据。

（一）考察测量的信度

有一种有效性研究考察量表测量的复查信度。在考察测量信度的研究中，考察同一测量工具前后两次测量之间的相关程度及测量误差对评估 QRIS 质量测量的有效性来说很重要。每次测量不仅有助于整体质量评估，也能提供不同类型托幼机构的质量信息。还有一种有效性研究考察量表的评定者间信度。研究显示，有 20 个州的 QRIS 要求 ECERS-R 测量的评定者间信度系数达到 0.80 ~ 0.85，但该信度不能消除测量误差。例如，两位评定者，其中一位给一个班级打出 3.5 分，另一位给该班级打出 4.5 分，这种差异会影响托幼机构的最终等级（Lahti et al., 2014）。

（二）考察各质量标准之间的相关

有效性研究也会讨论 QRIS 质量指标之间的关系，以帮助 QRIS 设计者和政策制定者掌握指标使用的情况。只有在各指标间有适度（偏弱）相关的情况下，指标测量才能为托幼机构评级提供有效的信息；如果两个指标彼此高度相关，那么它们可能提供相似的质量信息，对评级工作来说则是多余的。表 6-7 显示了弗吉尼亚州托幼机构 QRIS 指标之间的相关：教师资格与师生比之间无相关；师幼互动与师生比之间有适度相关；教师资格与班级环境（通过 ECERS-R 测量）及师幼互动（通过 CLASS 测量）之间有显著相关；班级环境和师幼互动之间有较强的正相关，对这两个质量标准须进一步检验和筛选。

表 6-7　弗吉尼亚州托幼机构部分 QRIS 指标之间的相关（Sabol & Pianta, 2015）

指标	教师资格	师幼互动	师生比	班级环境
教师资格	—	0.24[*]	0.07	0.42[*]
师幼互动	0.24[*]	—	0.28[*]	0.61[*]
师生比	0.07	0.28[*]	—	0.10[*]
班级环境	0.42[*]	0.61[*]	0.10[*]	—

注：[*] 表示 $p<0.05$，—表示无相关数据。

（三）考察质量标准的得分分布

有效性研究还会检查一系列质量标准的得分分布及其变异。通过检验质量标准的得分分布，可以验证该质量标准能否提供较好的质量区分度。如果得分分布为偏态分布或缺少变异，那么测量则不能很好地区分质量水平，需进一步研究；但一般情况下，只有掌握 QRIS 托幼机构的特征才能更好地理解分布。明尼苏达州研究了其 QRIS 质量标准的得分分布，其中教学材料与教学策略得分类似正态分布，较为理想；家庭关系的得分分布为偏态分布，高分机构居多，需进一步检验；在儿童学业水平得分分布中，机构或倾向于得分较低，或倾向于得分较高，需进一步研究；教师培训与进修得分分布则呈现出扁平化，同样不是很理想。

四、考察评级结果的有效性

第三类有效性研究是对 QRIS 的评级结果（最终得分、等级分数线、等级分布等）进行考察，主要考察托幼机构最终得分及质量等级的分布模式与变异，从而确定评级工作是否有效。各州的 QRIS 工作人员会根据有效性研究结论来调整质量标准、测量和评级分数线，从而达到有效区分托幼机构质量水平的目的（Karoly et al., 2013）。

（一）考查 QRIS 评级结果与测量的关系

有效性研究会探索 QRIS 评级过程中的测量得分与 QRIS 参评机构最终评级结果之间的关系，从而检验 QRIS 评级能否区分托幼机构的质量水平，以验证评级结果是否合理有效。通常情况下，有效性研究会考察测量数据与评级数据的皮尔逊相关或方差分析。

在皮尔逊相关方面，印第安纳州的研究者使用 ECERS-R 和 CLASS 对托幼机构质量进行测量，并与 QRIS 评级结果进行比较。结果显示，每个质量等级的托幼机构的 ECERS-R 得分与其 QRIS 评级数据相关（$r=0.45$，$p<0.01$），而 CLASS 得分与托幼机构评级有弱相关（$r=0.24$，$p<0.01$）。明尼苏达州的研究发现，托幼机构 ECERS-R 测量的平均分和其评级数据之间的皮尔逊相关为 0.44（$p<0.01$）。

在方差分析方面，印第安纳州和明尼苏达州的 QRIS 有效性研究对每个等级水平上的 ECERS-R 平均分进行方差分析，检验不同质量等级间的托幼机构 ECERS-R 得分是否存在显著性差异。印第安纳州的研究显示，ECERS-R 平均分在不同质量等级之间有显著性差异（$F=4.96$，$p<0.01$）。事后检验显示，相比于 1 级和 2 级，4 级托幼机构 ECERS-R 的得分较高，且 1 级和 4 级的得分之间有显著差异，3 级与其他级别的托幼机构相比无显著性差异。总体来说，该结果显示印第安纳州的 QRIS 评级可以区分质量水平。同样，明尼苏达州的研究也显示 ECERS-R 平均分在不同质量等级的托幼机构之间存在显著性差异

（ $F=5.83$ ， $p<0.01$ ），说明该州 QRIS 等级可以区分 ECERS-R 定义的质量水平。

（二）考察 QRIS 评级分数线

在各州的 QRIS 中，每个质量等级都有评级分数线。通过调整评级分数线及评级规则可以使不同质量的托幼机构能够均匀地分布在不同质量水平上，因此对评级分数线的考察是设计 QRIS 等级的重要参考。

（三）考察各类型托幼机构的评级分布

一种对评级结果的考察是研究各类型托幼机构质量评级的分布。在合理的 QRIS 托幼机构质量评级分布中，每个质量等级都有一些托幼机构。在美国各州的 QRIS 评级结果中，不同类型的托幼机构往往质量差异较大（Lahti et al., 2013）。印第安纳州 QRIS 的有效性研究发现，拥有经营许可的中心式托幼机构均匀地分布在 4 个质量水平（1～4 级）中，而拥有经营许可的家庭式托幼机构往往处于 1 级水平，在 2～4 级水平上的机构数量明显下滑。没有获得经营许可的托幼机构往往在质量评级中处于较低的级别，这表明未获得经营许可的托幼机构也应积极参与 QRIS。同样的情况也出现在缅因州的 QRIS 中。缅因州大量的中心式托幼机构处于 4 级（最高质量水平），而处于 4 级的家庭式机构则很少。缅因州的家庭式机构工作人员认为，一些质量标准并不适合家庭式机构。

（四）考察 QRIS 的质量评级计算方式

评级计算方式[①]是影响 QRIS 评级分布的重要变量。有研究发现，在采用等级制计算方式的 QRIS 中，大多数托幼机构的质量评级都很低；在采用总分制或混合制计算方式的 QRIS 中，被评为高质量的托幼机构较多，可见 QRIS 的评级计算方式会对 QRIS 评级分布造成影响。当前，越来越多州的 QRIS 开始使用混合制计算方式，以兼顾不同质量等级及特点的托幼机构。

（五）考察评级结果的家长评价

一些州的 QRIS 将家长作为 QRIS 的关键参与者，通过家长评价来检验评级结果的有效性。例如，缅因州开展的一项有效性研究通过家长评价来考查 QRIS 质量评级结果是否合理。研究选择一批儿童家长，要求他们完成一项匿

---

① 各州的 QRIS 通常采用 3 种评级计算方式：等级制（托幼机构在达到某一级别的所有标准后晋升下一级）；总分制（先进行质量标准评分，之后根据各质量标准的权重得出总分）；混合制（在低层次质量标准中使用等级制，在高层次质量标准中使用总分制）。

名测验，测验内容为家长对机构服务的感受。结果显示，高质量托幼机构获得的家长评价更高。

（六）考察获得质量提升的托幼机构的数量

有效性研究还会考察质量提升的托幼机构的数量。这种研究假设，如果QRIS有效，就会有一些托幼机构获得质量水平的提升。在印第安纳州，研究显示19%的拥有经营许可的中心式托幼机构、24%的拥有经营许可的家庭式托幼机构和27%的未获得经营许可的托幼机构，在QRIS评级的6个月中能够提升质量等级。如果这种提升模式能够持续进行，最高质量水平的质量标准也会被不断修订，从而促使托幼机构质量再上一个台阶。然而，一项于2008—2011年在缅因州QRIS实施中开展的有效性研究显示，约80%的QRIS托幼机构并没有质量提升的表现，家庭式托幼机构相较于中心式托幼机构在质量水平提升方面的比例明显偏低（Zellman & Fiene, 2012）。

五、考察质量与儿童发展水平的关系

QRIS的基本逻辑模型认为，学前教育质量与儿童发展水平之间有关联。QRIS基于这一认识，致力于通过提升托幼机构质量来促进儿童的发展。要证明QRIS能有效提升托幼机构质量并促进儿童发展，就必须证明QRIS托幼机构质量及等级与儿童发展水平之间存在某种程度的相关。因此，在QRIS发展的这些年中，各州政府与研究人员在QRIS实施期间持续收集学前教育质量（托幼机构观察性质量、托幼机构QRIS等级）与儿童发展水平的关系的证据。2000年以来，各州QRIS研究人员向美国卫生与人类服务部（U.S. Department of Health and Human Services）或州政府相关部门提供的QRIS研究报告几乎均涉及学前教育质量与儿童发展的关系的研究内容。这些研究探索托幼机构QRIS等级和托幼机构观察性质量能否预测儿童的认知与社会性发展水平、哪些QRIS质量标准与儿童发展密切相关等问题，从而检验QRIS的实施是否可靠有效，亦可根据研究结论调整QRIS质量标准、测量方法与评级规则，使QRIS能够有针对性地开展托幼机构质量提升工作。尽管各州开展的研究的数据类型和研究方法有所差异，但目标是一致的：一是记录儿童、家庭和托幼机构的发展情况；二是验证QRIS在托幼机构质量及儿童发展水平提升方面的有效性；三是根据研究结论调整质量标准和测量方法，改进评级规则。

有效性研究主要考察QRIS质量评级与儿童发展水平之间的关系，以及教育质量（如班级环境）与儿童发展水平之间的关系，探索高质量托幼机构中儿童的发展水平是否比低质量托幼机构中的更高，推断 QRIS 质量成分对儿童发展影响（Elicker &Thornburg, 2011）。

（一）QRIS 评级与儿童发展水平的关系

有效性研究往往考察托幼机构等级与儿童发展水平的关系。研究通常跟踪儿童的语言 / 读写、早期数学和情绪与社会性等关键发展领域的起点与变化，并探索这些发展与 QRIS 等级之间的关系。

一些有效性研究显示，儿童发展水平与 QRIS 质量评级之间存在一定的关联。弗吉尼亚州的 QRIS 有效性研究显示，托幼机构质量等级（3 级和 4 级）与学前儿童早期读写能力的发展水平相关。另外，3 级和 4 级托幼机构中有较高比例的儿童是西班牙语或英语学习者，而 2 级机构中有更多非洲裔美国儿童。同时，托幼机构质量等级也与儿童的家庭收入和社区环境有某种程度上的关联，这说明不同等级托幼机构中儿童特征的差异可能在某种程度上解释了其早期读写能力的差异。密苏里州的有效性研究指出，高等级 QRIS 托幼机构中的儿童比低等级托幼机构中的儿童在情绪与社会性发展上的测量得分更高。另一项 QRIS 有效性研究对科罗拉多州的 1749 所 QRIS 托幼机构的教学环境和儿童情绪与社会性发展的测量发现，托幼机构等级能够区分高质量和低质量的 CLASS 教学支持，且能够预测儿童情绪与社会性发展水平（Zellman et al., 2011）。

然而，也有一些有效性研究显示 QRIS 评级与儿童发展水平没有显著关联。印第安纳州的研究者评估了 QRIS 托幼机构的 557 位儿童的发展情况，研究发现，QRIS 托幼机构的等级与儿童发展水平没有显著相关，认知、语言、情绪与社会性等方面的儿童评估与 QRIS 托幼机构等级之间只有微弱的部分关联。此外，有元分析研究指出，QRIS 托幼机构教育质量和儿童语言、学业水平和社会技能及行为问题之间存在弱相关，但这些相关的适用范围较小（Bacchanal, 2011）。另一元分析研究发现，托幼机构质量只与低认知水平儿童的社会技能水平有关联（Hyson et al., 2011; Elicker & Thornburg, 2011）。总之，已有关于 QRIS 等级与儿童发展水平的关系的研究结论往往不一致，显示两者之间可能没有明显的系统性关联。

（二）观察性质量与儿童发展水平的关系

观察性质量是采用观察性测量工具（如 ECERS–R、CLASS 等）描述的托幼机构质量。探索托幼机构的观察性质量与儿童认知、情绪及社会性等方面发展的关系也是有效性研究的重要议题。在托幼机构观察性质量的测量方面，很多有效性研究使用 ECERS-R 和 ECERS-E 来进行初步测量,之后采用多种调查工具(如 CLASS 等)进行重测以增加测量的有效性。对儿童发展水平的评估涉及儿童动作、认知及学业水平、入学准备、情绪与社会性发展等多个领域。

起初,很多 QRIS 有效性研究侧重于对儿童认知及学业水平(如读写能力、计算能力等)的评估。一些研究只将儿童社交技能和情绪能力视作为儿童学业发展服务的基本技能,因为情绪与行为的自我管理、注意力控制及亲社会行为可以帮助儿童建立同伴关系,并稳定地参与学习活动,而出现情绪或行为问题的儿童往往学业表现较差。当前,越来越多的研究直接关注儿童情绪和社会性发展水平与托幼机构的观测性质量的关系。

很多研究发现,托幼机构的观察性质量能预测儿童的发展水平。有研究者采用多层线性模型考察了北卡罗来纳州 QRIS 托幼机构的质量(ECERS-R、ECERS-E 及 CLASS 测量)与儿童情绪和社会性发展的关系(Hestenes et al.,2015)。结论显示,班级消极氛围越强,儿童的外向行为问题越多;班级 ECERS-E 得分可负向预测儿童内向行为问题;班级 CLASS 教学支持得分可显著预测儿童的社会技能,班级 ECERS-R 得分和 CLASS 教学支持得分可显著预测儿童的自我效能感。

另外,印第安纳州的有效性研究显示,高质量的师幼互动能预测婴幼儿高水平的社交技能(包括更积极的、有回应的师幼互动),并能预测高水平的认知及语言发展;ECERS-R 语言—推理子量表得分较高的班级中的儿童表现出更高水平的语言能力。明尼苏达州的 QRIS 检验了该州儿童认知发展得分与托幼机构的 ECERS-R 和 CLASS 得分之间的关系,发现这些观察性质量得分能够预测儿童数学能力的发展,但不能显著预测儿童语言 / 词汇的发展水平。

综上所述,大量的研究显示,QRIS 等级与儿童发展水平之间没有系统性关联,而诸如师幼互动等过程性质量往往能够显著预测儿童的发展水平。毋庸置疑,QRIS 系统性地推动了美国学前教育的发展。然而,以上元评价研究则说明,尽管 QRIS 的设计目的是促进儿童发展,但其涉及的工作内容非常广泛,涵盖托幼机构班级质量提升、教师发展支持、财政资金投放、贫困补助认定、学前教育与儿童发展情况记录等。因此,作为整体提升美国学前教育质量的政策工具,QRIS 本身对儿童发展的促进作用很难为实证研究所证实;当前的研究一致认为,诸如班级师幼互动等过程性质量才是直接与儿童发展密切相关的学前教育质量要素。

第七章　儿童发展

Chapter Seven

❧ **本章导读** ❧

....

　　学前儿童发展评价是对学前儿童学习与发展的评价。UNESCO 在《全民教育全球监测报告 2005》中将教育质量界定为 3 个维度：结构性质量、过程性质量、结果性质量。其中，结构性质量维度包括机构空间结构、设施和材料、教师质量、课程与活动设置、管理制度等；过程性质量维度主要包括师幼互动、教学、同伴互动等人际关系质量，同时也是促进儿童发展的核心质量；结果性质量维度就是指学前教育要能促进儿童身心和谐发展。

　　事实上，学前教育的最终目的是促进儿童发展。任何结构性质量的配置和过程性质量的实施均应以促进儿童发展为目标，以支持儿童身心健康为导向。在当前的社会背景下，尤其要关注儿童的身体发展、认知、情绪与社会性能力的发展。儿童发展水平（即儿童发展结果），可被视为政策工具—结构性质量—过程性质量—结果性质量模型中的最后一环。

　　区别于托幼机构的行业准入性评估，学前教育质量评价的目的不仅是评估机构的结构性质量与师幼互动质量，或检验政策工具的有效性，而且要通过对质量的测评来系统、整体地提升学前教育质量，并最终促进儿童的身心健康发展，尤其是促进处境不利儿童的发展。

　　当前，世界上大部分国家在国家层面出台了儿童早期发展标准，一些国家（如澳大利亚、英国）将建立的学前教育质量监管系统纳入了对儿童发展水平的评估。同时，一些发达国家的政府或科研机构也开展了大量的儿童发展测评研究，以检验相关政策工具的有效性，为教育政策的制定提供依据。其中，学前教育质量与儿童发展关系的质量门槛效应研究是当前学界的一个研究热点，该类研究对相关学前教育政策的制定具有重要意义。

　　本章介绍一些国家建立的学前儿童发展标准和系统化评估工作，讲解各国政府及研究者开展的儿童发展测评研究，包括研究的设计、测量、工具和研究伦理等。此外，本章还详细介绍国内外一系列关于质量门槛效应的研究。

....

第一节　儿童发展评价的意义、内容与实施

—— ⌘ ——

　　国际上，一些学者或组织将儿童发展水平视为学前教育质量中的结果性质量，并将其作为学前教育质量评估的重要组成部分。美国国家研究委员会（United States National Research Council, 2008）出版的《早期儿童评价：为什么

评价，评价什么和如何评价》（*Early Childhood Assessment: Why, What, and How*）一书将评价目的、评价领域与指标、评价工具、评价系统组织列为学前儿童发展评价的 4 大问题。本节对一些国家（或地区）政府及科研机构开展的学前儿童发展评价进行系统梳理，具体对评价目标、评价的系统化运作、评价领域、评价方法进行讲解。

一、为什么要在质量评价中开展儿童发展评价

学前儿童发展评价指对学前儿童学习与发展的评价。对学前儿童发展水平进行测评，能够检验学前教育系统实现其教育目标的有效性，并能够服务于国家、地区或托幼机构教育政策的制定，为教育决策提供依据，有针对性地提升教育教学质量，从而进一步促进儿童的学习与发展。

当前，学前儿童学习与发展评价的重要性已被世界各国提升到一个新的高度。在各国制定的学前教育质量标准中，基本都对本国学前教育课程（课程方案与课程实施）进行了明确规定，同时明确制定了学前儿童的发展标准，并规定课程应符合儿童身心发展的标准。此外，各国政府出台的质量评估与提升政策工具（如美国的 QRIS）也明确说明了系统运作的目的是促进儿童的发展，并以此来检验系统运作的有效性。有些国家或组织甚至将结果性质量（儿童发展水平）作为衡量学前教育质量的质量标准之一。

英国学前教育质量保障系统将儿童发展评估作为其托幼机构教育服务有效性评估的参考，并制定了《早期基础阶段法定框架》，作为儿童发展评价的标准。澳大利亚的学前教育质量监管系统、OECD 的"强壮开端"项目均将儿童发展水平作为学前教育质量中重要的结果性质量，并对其进行测评。在美国，无论是开端计划还是 QRIS，对质量监管系统或教育项目有效性的评价往往以儿童发展评价为重要依据，并将教育服务监测、教师评价与儿童发展评价三者进行整合。其中，儿童发展评价一般是由政府或科研机构通过科学的儿童发展测评研究来进行的。此外，我国教育部于 2012 年出台了学前教育领域的国家级指导性文件《3—6 岁儿童学习与发展指南》，该政策工具的出台意味着我国的学前教育质量监测工作完成了一项基础且至关重要的工作——建立早期儿童学习与发展的标准（王晓棠，2016）。

通过对这些国家（或组织）的质量监管系统功能的梳理可以看到，儿童发展测评在评价系统中往往有这些目标：①提升教育质量，促进儿童发展；②监督与问责；③作为制定政策的基础（参考）；④提升教育教学质量；⑤识别儿童的需求；⑥考察教师绩效；⑦促进教师培训改革；⑧家长教育（公布

信息）。一些国家（如英国、澳大利亚）的儿童发展评价的目标较多，涉及上述大部分目标。这些国家的学前儿童评价所得到的信息会被运用到整个质量评估系统的每一个环节，涉及政策制定者、教育服务提供者（如教师）、课程、儿童及其家长等一系列利益相关者（OECD，2001；董素芳，2013；郭良菁，2004；陈宇卿，2014；刘昊，2013）。各个国家、地区或组织出台的学前儿童发展标准及测评目标见表7-1。

表7-1　各个国家、地区或组织出台的学前儿童发展标准及测评目标

国家、地区或组织		出台时间	学前儿童发展标准	测评目标
中国	内地	2012 年	《3—6 岁儿童学习与发展指南》	·提升教育质量，促进儿童发展。 ·监督与问责。
	香港特别行政区	2001 年（学习评估），2003 年（发展评估）	学前机构儿童学习与发展评估指标体系	·提升教育质量，促进儿童发展。 ·考察教师绩效，促进教师培训改革。 ·家长教育（公布信息）。
澳大利亚		2009 年（3～5 岁版），2015 年（5～6 岁版）	儿童学习与发展课程内容框架评估	·提升教育质量，促进儿童发展。 ·监督与问责。 ·作为制定政策的基础（参考）。 ·考察教师绩效，促进教师培训改革。 ·家长教育（公布信息）。
新西兰		2004 年	0～5 岁、5～6 岁各领域儿童学习与发展评估指标	·监督与问责。 ·提升教育质量，促进儿童发展。 ·考察教师绩效，促进教师培训改革。
英国		2014 年	《早期基础阶段法定框架》0～5 岁儿童学习和发展的结果评价指标	·提升教育质量，促进儿童发展。 ·监督与问责。 ·作为制定政策的基础（参考）。 ·识别儿童的需求。 ·考察教师绩效，促进教师培训改革。 ·家长教育（公布信息）。
美国		2014 年	开端计划儿童成果表现框架	·提升教育质量，促进儿童发展。 ·识别儿童的需求。 ·作为制定政策的基础（参考）。
OECD		2015 年	《强壮开端Ⅳ》	·提升教育质量，促进儿童发展。 ·作为制定政策的基础（参考）。 ·考察教师绩效，促进教师培训改革。

总之，在质量监管系统中对儿童发展进行监测，能够指导教育服务质量的提升，为政策制定提供依据，并有效识别儿童的学习与发展需求，从而有针对性地促进其发展。

二、各国学前儿童发展评价的系统化运作

当前，世界各国在其学前教育质量监管系统中会对儿童发展水平进行监测，儿童发展水平监测作为整个质量监管系统中的一个组成部分和重要环节，积极地参与整个质量监管系统的运作。下面以美国、英国和新西兰的质量监管系统为例，讲解儿童发展评价的系统化运作。

（一）美国学前儿童发展评价的系统化运作

1. 开端计划与 QRIS 的逻辑模型

系统化是美国学前教育质量监测工作的显著特征。无论是美国联邦政府开展的开端计划，还是各州实施的 QRIS，均将促进儿童发展作为项目或系统运作的最终目标。开端计划的总体目标为：提高儿童的社会性发展和认知发展，从而帮助儿童做好入学准备。美国各州的 QRIS 中的技术支持和资金激励等措施充分体现了其有针对性地提升教育质量以促进儿童学习与发展的目标。事实上，这些项目和系统均通过大量的儿童发展评估研究来评价项目或系统实施的有效性，并基于研究结论改进系统的实施，制定相关政策，有针对性地提升教育教学质量，进而促进儿童的发展——已形成完整的系统运作逻辑模型。

2. 美国国家研究委员会学前儿童教养系统对儿童发展的评估

美国国家研究委员会指出，教育质量评价的目的应当引领评价活动中的决策。基于此，美国国家研究委员会提出了学前儿童教养系统。该模型围绕特定的学生发展目标建构，由一系列子系统组成，包括：①早期学习标准（early learning standards, ELS），描述儿童应了解及能做到的事情；②课程，描述儿童可获得的经验与能够参与的活动；③教学实践，描述儿童学习发生的条件，包括师幼互动与物理环境；④评价，指基于早期学习标准对课程及教学实践的评价。每个子系统有各自的运行目的，它们既是独立的，又与其他子系统协调配合。其中，课程、教学实践和评价的开展均以 ELS 的指导为基础。

该系统强调，儿童发展评价本身不能促进儿童的学习与发展，将儿童发展评价与教学实践结合起来才能达到此目标，质量评价工作应积极探索教学实践对儿童知识与技能发展的影响及证明儿童学习与发展已经发生的证据。

事实上，课程与教学实践质量的评价应根植于儿童发展的评价，并以学前儿童的学习与发展目标为依据（基础），评价儿童的学习内容及该内容体现出的标准所描述的儿童发展目标，从而将教与学的评价统一起来，进而使教育能够有效促进儿童发展（Snow & Hemel, 2008）。

3. 美国加利福尼亚州期望结果评估系统与期望结果发展档案

高效的儿童发展评价系统应有健全的实施保障机制，成熟的评价系统应包括早期学习标准、评价工具、报告、专业发展、公平与资金保障、有效性评价等一系列子系统。

当前，美国有 50 个州相继建立了州儿童学习与发展的标准及评估系统。其中，美国加利福尼亚州尤其重视学习标准和评价工具与课程等方面的关联性。该州建立了学前儿童学习与发展评估系统——期望结果评估系统（Desired Result Developmental System, DRDS），该系统包括对托幼机构质量的评估、对父母满意度的调查和对儿童发展的评估。其中，对儿童发展的评估采用的是儿童学习与发展评估工具——期望结果发展档案（Desired Result Developmental Profile, DRDP），该工具是整个 DRDS 实施的核心内容（方钧君，2011）。

DRDP 经过多年的理论研究和实践检验，目前已成为可用于评估 0～6 岁儿童课程、0～6 岁儿童各领域发展水平的观察性评估工具。DRDP 还能够引导教师学习观察、评价儿童的发展，并进一步了解班级的整体情况，改善教学。对于儿童及其家庭来说，DRDP 可作为一个记录儿童及家庭获得的期望收益的系统，在系统中能找到帮助提升儿童教养和发展的服务的信息。DRDP 通过评价—课程循环来促进儿童的学习与发展（见图 7-1）。

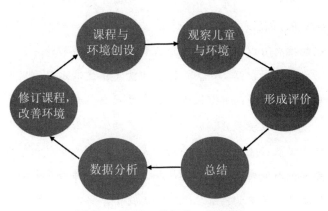

图 7-1　DRDP 的评价—课程循环

加利福尼亚州教育部门于 2015 年颁布了 DRDP 的新版本——DRDP（2015），强调在真实的学习与探索环境下对儿童的行为表现进行观察评估。

该评价的实施有 3 个步骤。

第一步：观察与归类。教师使用直接观察的方式在儿童行为发生的典型环境（如家庭或教室）中进行观察评估，记录儿童日常生活中的单词和句子，包括儿童的口头语或肢体语言。教师还可以通过对其他教师、父母或其他养育者的观察获得更为丰富的信息；也可收集儿童的作品、照片和录像带等资料，给评估以参考。

第二步：确定儿童发展水平。DRDP（2015）的各评价指标定义了儿童知识、技巧和能力的发展，每一个指标都有很多具体行为和详细表现的举例说明。这些指标描述了儿童在不同的环境和条件下可能产生的行为表现，教师可根据具体情况进行观察，并将观察到的儿童行为表现与指标对照，来判断儿童的发展水平（4 个儿童发展水平——达到水平、没有达到水平、超越水平和无法评价水平）。

第三步：完成评估。教师要确保儿童已经完成 DRDP（2015）的目标测试，并填写儿童的评估报告。DRDP（2015）能够帮助教师认识儿童不同领域的发展状况，其评价结果可为儿童各领域发展计划的制订提供依据，从而有利于开发并实施以儿童兴趣和需要为依据的课程。

「拓 展 阅 读」

DRDP（2015）儿童发展评价的 8 个领域

DRDP（2015）儿童发展评估的内容包括 8 个领域：①情绪与社会性发展，主要评价儿童理解他人并与他人互动的能力，包括自我认同、社会与情感理解、与家庭成人的关系和互动、与同伴的关系和互动、角色表演游戏等；②语言发展，主要评估儿童基本语言和读、写、识字技巧的发展，这些技巧可以以任何语言形式和交流方式展现；③英语发展，主要评估双语语境下的儿童，主要针对以非英语为母语的儿童英语交流水平的发展情况；④认知，主要聚焦于儿童对周围人和事物的观察与探索，以及对事物和概念的探究，包括空间关系、模仿、因果关系、分类、数量关系、测量、配对、物体的形状、观察中的探索、资料收集等内容；⑤身心健康发展，主要评价儿童动作发展、保育、安全和营养等方面的质量；⑥历史与社会，主要评价婴幼儿对社会环境的判断、小组合作和在生活环境中的人际关系；⑦艺术，主要评价婴幼儿在视觉艺术、音乐、戏剧和舞蹈 4 个方面的意识和参与度；⑧学习中的自我调节，包括儿童的注意力、参与度和坚持性、好奇心和动机、自我调节能力、空间和材料的分享利用等内容。

（二）英国学前儿童发展评价的推进

近 20 多年来，英国逐步增强政府对教育的监督管理职能，并积极推进系统化学前儿童发展评价，其评价内容从儿童各领域的发展扩大至儿童的学习动机与学习风格等内容，从静态的儿童学业成就转变为动态的儿童学习与互动过程，在评价目的上突出对儿童学习的促进作用，在评价性质上由结果性评价逐步转向形成性评价。学者们针对英国儿童评价状况开展研究后发现，英国存在全然不同的两种儿童发展评价：个体评价与共同体评价。其中，共同体评价的必备要素包括：全体教师对国家课程评价及教师所实施的评价的目标一致性的理解；为追求评价目标而形成的一致性过程；采用的评价工具，如分层描述、学校档案袋等；将家长和儿童纳入共同体，因为家长和儿童也需要明确评价的意义和结果（王晓棠，2016）。

（三）新西兰学前儿童发展评价模型

教育督导办公室（Education Review Office, ERO）是新西兰独立的政府公共服务部门，承担全国教育质量的监测工作。21 世纪初，ERO 颁布了 3 份指导性文件——《学前儿童教育评估框架与资源》（2002）、《学前儿童教育服务评估指标》（2004）和《ERO 如何评估学前儿童服务》（2013），为全国托幼机构提供开展学前儿童评价的框架、标准和实施方法。

在这一系列文件中，ERO 提出了评价学前教育质量的框架。该框架认为质量的 4 大要素包括：托幼机构管理，专业引领，教学质量（课程方案与师幼互动），儿童成就。这 4 大要素依次形成彼此相关的质量链。同时，该质量链中的各质量要素受到家庭与社区因素的影响。其中，前 3 个要素为过程性指标，涉及学前教育服务实践等内容；儿童成就是结果性指标，主要考察儿童的发展水平，其中儿童的积极发展成就包括高水平的参与、具体的知识和技能及学习品质。ERO 定期根据质量链标准来评价本国的托幼机构，并公布评定结果。此外，ERO 还会定期发布全国性质量评估报告，儿童发展评估报告是其中的一项重要的内容。

三、学前儿童发展评价的评价领域

事实上，不同国家对同一儿童发展领域的定义与制定的指标往往是不同的，具有一定的文化差异性。通过对英国、澳大利亚、美国、新西兰及中国制定的 2～5 岁儿童早期学习评价标准，以及 OECD "强壮开端" 项目中的学前儿童发展评价标准进行梳理可以发现，英国与美国（开端计划）制定的儿童发展评价标准侧重对儿童学习内容与技能发展的评估，而澳大利亚与新西兰制定的儿童发展评价标准偏重对儿童能力、社会性与文化适应性的评估，OECD 的儿童发展评估指标则较为全面均衡。基于以上儿童发展评价标准，这里归纳出了 7 个儿童发展评价的评价领域，分别为：①运动与健康；②语言与文化发展；③情绪与社会性发展；④科学与社会知识；⑤数学；⑥艺术；⑦学习品质。详情见表 7-2。

（一）运动与健康

运动与健康领域的评价往往包括对身体健康、行为习惯与动作发展的评估。其中，身体健康包括儿童身体健康与心理健康（情绪健康），行为习惯涉及儿童的卫生习惯和自理能力等内容，动作发展包括大肌肉动作和精细动作两个方面的评价内容。此外，该评价领域同时包含对儿童幸福感的评价。例如，在澳大利亚和新西兰的评估标准中，儿童幸福感成为学前儿童发展评价的重要领域。在澳大利亚，幸福感涉及儿童的乐观与自信、能动性、积极与有回应的他人进行互动；在新西兰，幸福（儿童的生活体验、社会关系质量等）是早期课程中儿童学习和发展的主要目标之一。

（二）语言与文化发展

语言与文化发展是在这些儿童发展评价标准中均出现的领域，有着举足轻重的地位。事实上，儿童的社会化过程离不开文化的支持，儿童在文化环境中，在成人和同伴的支持下，学习人类社会中的概念，学会使用语言与概念（文化符号）去思考、解决问题，并与他人互动。同时，学习语言的过程也是了解社会文化知识、社会规则与习俗的过程，在此过程中，儿童学会控制并塑造情绪，掌握社交技能，完成社会化。可见，儿童语言与文化的发展是其认知发展的最重要组成部分。

如表 7-2 所示，在美国开端计划的儿童评价标准中，阅读被列为独立的评价领域；在英国，读写能力被列为单独的评价领域。除评价儿童的倾听与表达、阅读与前书写能力外，一些国家的评价标准还涉及儿童的语音意识、文本意识等。

（三）情绪与社会性发展

情绪与社会性发展是学前儿童发展评价的另一个重要领域。儿童情绪发展（如情绪理解与表达、情绪控制、移情和共情等）与儿童社会性发展（如社交技能中的合作、分享、自我控制、规则意识等）是儿童社会化（在人类

表7-2　各个国家、地区或组织制定的儿童评价标准的评价领域归纳

国家、地区或组织	评价领域						
	运动与健康	语言与文化发展	情绪与社会性发展	科学与社会知识	数学	艺术	学习品质
OECD	身体运动：运动与协调能力、小肌肉和大肌肉等的发展。健康发展：健康发展状态（身体和精神）。实践能力：日常生活能力，如刷牙等。	语言与读写：句法、形态、语义、音韵、语用、词汇、前书写、前阅读。	情绪社会性：情绪表达与调控、同伴关系、自我概念、自我身份、自我效能感、个性、与他人合作。福利：儿童主观幸福感，儿童如何认识他们的生活、物质环境、社会关系及其自身。	科学：科学学习的兴趣、科学知识的发展水平，探求科学现象、了解科学和技术如何影响人类物质与文化环境的能力；使用电子能力；和科技产品进行交流和知识创造的能力。	数学：推理，数，形，空间，地点，方向，集合，数量，时间，顺序，基本运算。	创造性：提出观点和表达感受的能力，想象力，用多种方式（包括艺术形式）表达自我经验和想法的能力。	自主性：独立完成活动和任务，自己做决定，表达自己的观点和看法的能力，是否建立了安全感、是否对自己的能力有信心，等等。
中国（香港特别行政区）	体能发展：大肌肉活动协调能力；小肌肉活动。协调能力：卫生习惯与自理能力。	认知发展：倾听能力，说话能力，阅读能力，书写能力。美感与文化发展：认识并欣赏自身和其他民族的文化。	情意及群体性发展：自我形象，自我管理及表达。情感的能力：社交能力，责任感和公德心。	认识并欣赏自身和其他民族的文化。	思维能力：解答，创与数理逻辑，意念思维。	美感与文化发展：创作及欣赏事物的能力。	认知发展：解决难问题和创造性思维。学习态度。学习方式和效果：问题解决和创造性思维。

续表

国家、地区或组织	评价领域						
	运动与健康	语言与文化发展	情绪与社会性发展	科学与社会知识	数学	艺术	学习品质
澳大利亚	强烈的幸福感；对自身健康和身体需求承担越来越多的责任；在社会和情感方面体验到满足和幸福。	具有较好的交流技能：语言和非语言交流；接触并理解多种类型的文本；运用多种媒介表达想法和意义；初步理解符号与模式的内涵；使用信息和交流技术来获得信息，验证和表征自己的想法。	具有明确的身份感：感到安全和支持；独立自主、相互依赖，有坚持性和能动性；有自信与自我认同；在人际互动中表现出关爱、同情和尊重。与周围世界有紧密联系并做出贡献：有集体归属感，理解积极参与的社会的权利与责任；对多元文化的尊重，知道公平；有社会责任感。	无相关领域内容。	无相关领域内容。	无相关领域内容。	自信且积极参与的学习者：形成有利于学习的行为倾向，如好奇心、合作、自信、创造性、责任感、坚持性；形成想象和灵活性；形成一系列技能和能力，如问题解决、探究、实验、假设、调查、知识迁移；转变和适应学习不同的内容；通过与他人、环境的连接为学习寻求资源。
新西兰	幸福：培养儿童情感健康，保护儿童免受伤害。	交流：促进和保护儿童自身及其他文化中的语言、符号和文化，非语言交流，语言故事和符号；创作和表达。	归属：儿童与家庭、社区的联系，儿童知道自己在世界中拥有一席之地，儿童对规则、习俗、定期事件的舒适性的与可接受的行为知识。贡献：儿童与他人合作学习。	探索：理解自然、社会和物质世界。	无相关领域内容。	交流：创作与表达。	探索：在游戏中有意义地学习，获得信息并控制自己的身体，积极探索、思考，使用学习策略。贡献：有平等的学习机会，儿童自我肯定。

续表

国家、地区或组织	评价领域						
	运动与健康	语言与文化发展	情绪与社会性发展	科学与社会知识	数学	艺术	学习品质
英国	健康和动作:运动和精细动作,健康和自理能力。	交流和语言:倾听和注意、理解、表达。读写能力:阅读、书写。	性格、社会性与情绪发展:自信和自我意识,情绪管理、行为与情感发展、建立关系,在教育目标中强调儿童性格、社会性与情绪发展。	常识:世界,技术,人与社区。	数学:数,形状,空间和测量。	艺术表达和设计:探索与使用媒体和材料,表现出想象能力。	启发儿童的好奇心,学习热情,通过儿童成人良好的关系来促进儿童的学习能力。
美国(开端计划)	身体健康:大肌肉动作,精细动作,健康与练习。	语言发展:倾听与理解,表达与交流。阅读:语音意识,文本知识与理解,文字意识与概念,前书写,字母意识。	社会性和情绪发展:自我概念,自我控制,合作,社会关系,家庭和社区的知识。	科学:科学技能与方法,科学知识。	数学:数概念和运算,几何与空间意识,模式识与测量。	艺术:音乐、舞蹈、美术、戏剧游戏。	学习品质:主动性,参与性,好奇心和坚持性,推理与问题解决。

社会中实现适宜性成长）的重要内容之一，也是影响儿童学习与认知发展的重要能力。关于该发展领域的评价标准除同伴交往、与成人（家长和教师）的互动、社会适应性外，还强调儿童自我概念的发展（包括自我意识、自我形象和自我认同等），自我控制（情绪与行为的自我控制），身份感（责任感与公德心）等方面的评价。

（四）科学与社会知识

1. 科学

在科学领域中，各评价标准往往包括科学知识和科学技能与方法两个方面。除要求儿童掌握一些基本的科学知识与生活常识外，各评价标准还强调儿童运用科学的方法解决问题、探索世界。此外，一些国家、地区或组织将儿童运用信息技术来获取信息作为发展评价指标之一。事实上，当前很多国家开始重视儿童对信息技术的运用能力。OECD 的早期教育质量监测报告显示，有 5 个 OECD 成员将儿童的信息和通信技术能力纳入儿童发展监测的评价内容，这说明一些国家较为重视儿童对新媒体与通信技术的运用能力。可以说，这些国家的儿童发展评价标准强调教育应在保证儿童有足够户外活动的同时，采用合适的方式使儿童学会运用信息技术来解决问题。

2. 社会知识

一些儿童发展评价标准还涉及关于社会知识的评价内容。社会知识领域通常评价儿童对人如何处理与他人和周围世界关系的理解，包括地理、历史、文化等知识。例如，我国香港特别行政区的评价标准强调儿童应认识并欣赏自身和其他民族的文化，具体评价指标包括认识自己和国家的关系，认识及欣赏香港和内地的特色文化，知道一些与传统节日有关的故事和习俗，乐于参与节日庆祝活动，等等。

（五）数学

关于儿童数学领域的评价标准关注两个方面：一是关注具体的数学学习；二是关注数学学习为儿童带来的一般能力的发展。一些关注具体数学学习的标准在数学领域的评价内容通常包括数的概念与运算、模式、几何与空间、测量与比较等。关注数学学习为儿童带来的一般能力的发展的标准往往强调数学学习对儿童的思维逻辑、问题解决与创新能力的促进作用。例如，我国香港特别行政区将数学评价领域表述为解答与数理逻辑（问题解决能力）和创意思维（灵活变通的数学思维）。其中解答与数理逻辑的评价指标包括从不同角度认识事物，明白事情的因果关系，能有计划地解决问题，在日常生活中能提出处理事物的方法和解决问题的方案，能表达独特的见解和创意，等等。

（六）艺术

儿童艺术评价领域的指标包括两类：一是针对具体的艺术领域进行评价；二是评价儿童的艺术能力。一些评价标准针对具体的艺术领域进行评价，这些指标除音乐、美术、舞蹈等领域外，还会涉及戏剧（即假装游戏等）。另一些评价标准关注儿童的艺术能力，即评价儿童在艺术教学活动中持续发展的认知与社会性能力。例如，英国将儿童在艺术活动中表现出的想象力作为评价指标，同时还包括儿童积极探索材料等行为指标，展现出儿童通过探究来感受并实践艺术的理念；新西兰在艺术领域的评估中关注儿童在艺术活动中展现的创作与表达，考察儿童能否运用不同的材料与方式进行创作，利用音乐和动作交流感情，通过个人或集体合作等不同形式展现创造力等。

（七）学习品质

学习品质主要反映儿童在学习活动过程中的行为倾向、态度与习惯等特征。当前，对儿童学习品质的评价引起了各国儿童发展评价的关注，许多国家的儿童发展评价关注了儿童学习品质的发展对其他领域发展的重要影响。

在美国，学习品质最早在儿童入学准备的研究中被提出，包括主动性、坚持性与注意力、兴趣与反思、创造与发明等。美国有十几个州的 QRIS 将儿童学习品质作为独立评价领域。英国《早期基础阶段法定框架》将儿童发展领域分为情绪与社会性发展、语言与交流、身体发展、读写、数学、常识、艺术表达和设计共 7 个领域（Department for Education, 2013），其教育目标强调所有领域的学习和发展紧密联系，目标在于启发儿童的好奇心、学习热情，在与成人的关系和互动中促进儿童的学习能力，该目标与儿童学习品质紧密相关。在新西兰，探索和贡献等评价指标体现了该国对儿童学习品质发展的要求。在我国香港特别行政区的评价标准中，对儿童学习品质的评价与课程评价、教学评价、学习经验评估并列，共同进入"学习评价"这一大的评价框架。

综上所述，各评价标准对儿童发展水平的评估涉及多个儿童发展领域，通常关注儿童的动作与健康、语言与文化发展及情绪与社会性发展，同时注重评估儿童的学习品质。这里值得注意的是，多数评价标准关于儿童认知发展的评价较少涉及对儿童认知控制（执行功能）与工作记忆的评价。尽管这些认知能力对儿童发展来说非常重要，但将其与教学及教学质量相对应并对其进行有效测量是非常困难的。

四、学前儿童发展评价的评价方法

在学前儿童发展测评方面，国家内部和国家之间有很大不同，有些国家的儿童发展评价是由地区或科研机构自行实施的。从地区性的评价方法，到国家出台的评价工具与评价系统，再到科研机构研制的标准化评估工具，均在不同情境下、不同地区中依据不同的目标得到运用。

（一）评价的实施

1. 评价实施的主体

各国学前儿童评价的实施方式较为多元，往往将托幼机构自评、第三方机构评估、科研机构追踪研究结合起来。自评一般由教师和家长共同完成，第三方机构评估一般由独立于教育主管部门的评价机构或部门负责。因此，评估儿童发展水平的测评员往往是一线教育工作者（如教师），也可能是第三方评估人员（如政府委派的专业评估者、科研机构的评估人员、儿童家长等）。例如，新西兰ERO作为一个独立的评估机构，负责新西兰全国学前教育质量评估与学前儿童发展评估工作。ERO的工作人员并不直接对儿童发展进行测评，而是在托幼机构中观察教师的评估过程，并基于评价指标来指导教师的现场评估。ERO工作人员还会与教师进行讨论，尝试理解教师对儿童学习与发展表现的解释，以及教师提高教育教学质量、促进儿童学习与发展的改进措施。教师则通过观察儿童完成学习任务、与儿童谈话、使用标准化工具等方法对儿童发展进行评估。此外，我国香港的儿童学习与发展评估工作是由教师、家长与儿童共同完成的（其中的儿童自我评价指儿童在教师的协助下对自己的能力水平进行评价）。

总之，多种评价方式能够提升各利益相关者（如家长、教师、托幼机构、政府部门）对儿童学习与发展评价的参与度，使各利益相关者就儿童学习与发展的相关问题展开对话，通过讨论提出相关建议或达成共识，进而促进儿童发展。

2. 评价实施的频率

一些发达国家开展儿童发展评价的频率为每年至少1次，体现了政府对儿童学习与发展的持续关注与长效监测以及形成性评价的要求（王晓棠，

2016）。例如，英国的早期基础阶段能力评价（EYFSP）每年进行 1 次，在春季学期完成，并将评价数据提交至网络数据库，评价机构之后对全国数据进行分析整理并公布评估结果。新西兰托幼机构每 3 年接受 1 次评估，其中 5 ～ 6 岁的儿童成就评价每年至少进行 2 次，并将结果公之于众。美国开端计划要求托幼机构每年至少进行 1 次自评，并综合其他质量测评结果促进儿童的入学准备。

（二）评价方法与工具

霍力岩（2014）认为儿童评价方法包括观察法、谈话法、问卷法、测验、个案研究法与投射法。OECD 的"强壮开端"项目归纳了 3 种儿童发展评价方法：观察性评估、叙事性评价（如观察记录、档案袋）和直接评价。该项目对各国的儿童评价方法与工具进行了分析，认为评量表与叙事评价工具在各国儿童发展评价工作中使用得较为广泛，各国对直接评价使用得较少。下面从两个角度对儿童发展评价方法进行讨论。

1. 质性评价与量化测评

从数据采集方式上看，学前儿童发展评价可以分为质性评价与量化测评两大类。叙事性评价就是典型的质性评价方法。叙事性评价指用叙述、描述儿童学习的方法评价儿童。叙事性评价要求观察儿童在真实情景中的行为，关注孩子如何在关系中学习（周欣等，2012）。叙事性评价通常包括观察记录、儿童档案袋等。其中，观察记录指观察儿童学习过程的记录，即回忆、再建、解释及再解读儿童的学习过程（以此作为决策依据）。例如，在新西兰托幼机构中广泛使用的"学习故事"就是典型的观察记录（周欣等，2012）。儿童档案袋是记录儿童学习、发现儿童成长或其在某方面成就的档案。美国、澳大利亚与新加坡的儿童发展评价系统均包括此类评价方法。就量化测评方法而言，测评通常会通过严谨的研究设计，基于标准化的儿童发展评量表（观察性量表或测试）来进行评价，本章第二节会详细对儿童发展评量表进行介绍，在此不再赘述。

2. 真实性评价、表现性评价与发展性评价

从评价目的与形式上看，学前儿童发展评价可分为真实性评价（authentic assessment）、表现性评价（performance assessment）与发展性评价（development assessment）。

真实性评价是相对于传统教育测验和测评（即标准化纸笔测验）提出来的（潘月娟，2013），它指的是在真实的生活与学习环境中评价儿童的表现，

即在各种现实生活或类似现实生活的真实情景中为儿童呈现真实任务以考察其真实表现的评价方法。该方法强调让儿童在模拟现实生活的情景中真实展现自己完成任务、解决问题或表达知识的能力，包括儿童档案袋、观察记录、日记、短文写作、演示、实验、简答（short-answer question）、同伴评价 / 访谈（peer critiques/interviews）、集体讨论等。

表现性评价主要回答"我们如何知道儿童掌握了什么？"这一问题，表现性评价要求评估者定期观察和评价儿童的表现。儿童作品评价、儿童档案袋、教师设计的个别任务或作业等评价方法都是基于儿童发展表现（与成果）进行评估的表现性评价方法。

发展性评价是一种形成性评价[①]，倡导面向未来，面向儿童的发展，主张评估工作应聚焦于儿童在受教育过程中的成长与进步。发展性评价强调尊重儿童的人格、个体差异，在平等对话与协商的条件下通过评价促进儿童的发展（冯晓霞，2003）。

当前，我国的一些学者也注意到了儿童发展评价中的复杂性。例如，李贵希与刘花雨（2009）倡导学前儿童评价要关注评价标准的多元化、过程的动态化、目标的多维性，认为评价要注重真实性、情境性，方法以质性为主。杨晓萍与柴赛飞（2004）在苏格拉底讨论与成长记录袋两种评价法的基础上阐述了儿童发展评价的质性评价法。也有学者认为，学前儿童发展评价始于教育测量，历经描述性评价、判断性评价及建构性评价阶段，在新时期呈现出融合、多样化的发展趋势（李琳，2012）。

事实上，自然观察法、标准化的儿童发展评量表、任务 / 实验是儿童发展测评中普遍使用的评估方式，但大部分国家往往会合并使用多个评估工具或方法开展儿童发展评估。值得注意的是，当各个国家全面开展评估或大规模收集学前儿童发展的数据与信息，则并不是每一种方法都适合多元化评估目标的达成。在很多国家，多元化的教育质量评价目标对评价工具的研制和实施提出了一定的挑战。

---

① 形成性评价是一种教学评价方法。它指在儿童学习活动过程中为使教学效果更好而对教学进行不断调整所进行的评价。形成性评价的主要目的是明确教学运行中存在的问题和改进的方向，及时调整以达到理想的效果（亓文涛、乔爱玲，2007）。

第二节　儿童发展评价研究的设计、测量与研究伦理

一、什么是质量评价中的儿童发展评价研究

当前，很多国家政府基于学前教育质量深刻影响儿童发展水平的理论假设，通过建立学前教育质量监管系统（如美国的 QRIS）来促进托幼机构质量朝更高水平发展。要证明质量评估与质量提升的政策工具能够有效提升托幼机构质量并促进儿童发展，就必须证明托幼机构质量或等级与儿童发展水平存在某种程度上的关联。因此，很多国家持续开展儿童发展评价工作，建立评价机制，以此检验学前教育质量对儿童发展的影响。这类检验质量与儿童发展水平关联的研究就是儿童发展评价研究。

通常而言，儿童发展评价研究的实施主体以政府机构、高校或其他科研机构为主。相关研究人员依据研究计划，定期采集儿童发展与教育质量的数据，或结合政府部门的托幼机构质量评级、托幼机构特征、社区／地区特征等信息，开展大量的实证研究。这些实证研究通过随机选取各质量等级托幼机构中的儿童为样本，并对这些儿童持续进行发展水平评估，来探索"托幼机构等级、托幼机构观察性质量能否预测儿童认知与社会性发展水平？""哪些质量评估标准与儿童发展密切相关？"等问题，从而为实施质量评价的政府部门或其他相关机构出具研究报告，用以记录儿童、家庭和托幼机构的发展情况，调整托幼机构质量评价中的质量标准，改进测量方法与评级规则，提高评级测量的有效性，并引导政府学前教育政策的制定（王双，2017）。例如，在美国各州的 QRIS 实施期间，政府及研究人员持续收集托幼机构质量和儿童发展水平之间关系的证据。各州的 QRIS 研究人员从 2000 年开始向美国卫生与人类服务部或州政府相关部门提供的 QRIS 研究报告，几乎均涉及质量与儿童发展水平之间关系的研究。

二、儿童发展评价研究的研究设计

（一）研究设计的类型

儿童发展评价研究主要有 4 类：描述、横断面研究设计、纵向研究设计、实验与准实验设计。横断面研究设计是当前普遍采用的一种儿童发展评价研

究设计。例如，美国佛罗里达州的一项研究采用横断面研究设计比较了参与托幼机构质量评价的托幼机构和不参与托幼机构质量评价的托幼机构的儿童发展水平的差异；在宾夕法尼亚州开展的一项研究采用重复测量的横断面研究设计（春秋两季数据采集），比较了不同等级托幼机构中儿童学业水平的差异。纵向研究设计和实验与准实验设计能够更好地评估托幼机构质量（或学前教育质量）与儿童发展之间的因果关系。例如，在美国弗吉尼亚州、科罗拉多州和明尼苏达州开展的3项研究采用前后测比较的纵向研究设计，将家庭背景作为控制变量，评估了不同质量等级托幼机构中儿童发展水平的变化情况。4类研究的内容与设计见表7-3。

（二）样本的选取

在样本选取方面，大多数研究采用分层抽样，即从不同质量等级的托幼机构中随机选取儿童样本。然而，研究因各种原因会产生样本选择性偏误，例如，高质量托幼机构中儿童的高发展水平可能归因于家庭背景因素（父母有更多资源）和托幼机构因素的集合。因此，研究在使用观察性数据时需要解释样本的选择性偏误。研究可以通过各种研究设计来纠正选择性偏误：第一，将儿童受教育时间和家庭背景（家庭收入、父母受教育水平等）作为控制变量以纠正样本的选择性偏误；第二，纵向研究设计可以采用前后测设计，测量儿童进入托幼机构时的发展水平基础值（前测）及儿童经过一段时间学习后的数据（后测），在控制家庭背景变量的情况下，这种研究设计能够在一定程度上纠正样本的选择性偏误；第三，在地区水平上对儿童发展水平的大样本数据进行横向比较，通过各等级托幼机构的随机取样来纠正样本的选择性偏误；第四，认识到儿童发展有多重领域，并采用1种以上的测量工具来评估儿童认知、情绪与社会性、行为和身体等方面的发展。

三、儿童发展评价研究的变量与测量工具

儿童发展评价研究包括两个层面的变量：一是儿童发展水平层面的变量；二是托幼机构质量层面的变量。其中，儿童发展水平层面的变量有儿童认知发展领域的变量（包括学业水平）和儿童情绪与社会性发展领域的变量；托幼机构质量层面的变量包括托幼机构观察性质量变量和托幼机构等级变量。研究往往使用多组测量工具对各研究变量进行测量，以考察多重定义下的学前教育质量与儿童各领域发展水平的关联（变量与常用测量工具见表7-4。）

表 7-3　儿童发展测评研究的研究内容与研究设计

研究设计	研究内容	数据处理	优点	局限性
描述	· 各质量等级托幼机构中儿童的发展性特征是什么? · 托幼机构各质量评估之间（如 ECERS-R 子量表测量与 CLASS 领域测量之间）有怎样的关系? · 质量评估所得出的托幼机构质量变化的情况是怎样的?	数据记录，聚类分析或主成分分析，相关分析	· 明确不同质量等级托幼机构中儿童的特征。 · 研究成本比纵向研究设计低，能广泛地收集数据。	· 不能将儿童的发展差异归因于托幼机构质量评价的作用。 · 不能解释儿童各领域的发展变化。
横断面研究设计	· 托幼机构等级与儿童发展水平有什么样的关系? 不同质量等级托幼机构中儿童的发展水平是否有差异? · 托幼机构的结构性质量（如师幼比，教师受教育水平等）和过程性质量（如师幼互动等），以及研究的控制变量（如社区特征，家庭收入等），与儿童发展水平有怎样的关系?	方差分析，相关分析，多层线性模型	· 明确托幼机构质量等级与儿童发展水平之间的关系。 · 研究成本比纵向研究设计低，能广泛地搜集数据。	· 不能解释托幼机构质量评价对儿童发展的影响。 · 对不同地区的样本数据无法进行比较。
纵向研究设计	· 儿童进入不同质量等级的托幼机构后，儿童发展水平的变化情况是怎样的? · 托幼机构质量提升对儿童特定领域的发展产生怎样的影响?	重复测量的方差分析，时间序列分析，多层线性模型	· 解释基于质量等级的儿童发展变化率。 · 能够将儿童发展变化率与已有标准进行比较。	· 难以提供证明托幼机构质量评估影响儿童发展的稳定性的证据。 · 相比于其他研究设计成本较高。
实验设计与准实验设计	· 不同质量等级托幼机构中的儿童的发展水平或入学准备是否有所不同? · 不同质量等级托幼机构中儿童的发展水平是怎样的?	方差分析，回归分析，多层线性模型	· 可提供儿童的发展与变化能否归因于托幼机构质量评估的影响的证据。	· 研究成本较高，尤其是大范围研究。 · 研究结论的推广有局限性。

表 7-4　儿童发展评价研究的变量与常用测量工具

层面 / 领域	变量	测量工具
儿童认知发展领域（学业水平）	· 早期语言与阅读能力； · 早期数学； · 执行控制； · 问题解决与推理能力。	伍德考克 – 约翰逊学业成就测验（第三版）； 皮博迪图片词汇测验（第 4 版）； 学前儿童学习行为量表； 早期儿童观察系统； 语音意识萌发量表； 马伦早期学习量表； 幼儿园学习与行为量表； 学前儿童早期读写能力测试； 早期阅读能力测验； 早期基本读写技能动态指标（第八版）； 斯坦福成就测验； 执行功能行为评定清单（幼儿园版）； 儿童数学学业成就测验； 贝利发展心理量表简表（研究版）； 学前早期识字测试评量表； 亚太学前儿童发展量表； 中国儿童发育量表。
儿童情绪与社会性发展领域	· 社交技能； · 社会情绪性行为； · 问题行为； · 自我效能感。	儿童社会能力与行为评定简表； 社会性技能提升系统； 社会技能评定系统； 儿童行为评估系统（第二版）； 儿童自我管理评估； 学前儿童学习行为量表； 简明婴儿情绪与社会性评估； 德弗罗早期儿童评估； 亚太学前儿童发展量表； 教师—儿童评定量表； 强项与困难项问卷； 社会胜任力量表； 中国儿童发育量表。
托幼机构质量层面	·托幼机构观察性质量（结构性性质量与过程性质量）； ·托幼机构等级。	幼儿学习环境评量表（修订版）； 婴儿、学步儿学习环境评量表（修订版）； 班级互动评估系统； 儿童满意度量表（第 5 版）； 养育者互动量表； 家庭儿童保育环境评量表。

（一）儿童发展水平层面的变量及测量工具

1. 儿童认知发展领域的变量及测量工具

认知技能的发展能够帮助儿童做好入学准备。在学前教育质量和儿童认知水平关系的研究中，对儿童认知发展（学业水平）的评估涉及对儿童执行控制能力、早期语言与阅读能力和早期数学推理能力的测评。大量的测量工具聚焦于儿童接受性语言、词汇、阅读与前书写、早期算数与推理及其他认知技能的测量，研究主要采用以下几组量表对儿童认知发展进行评估。

伍德考克—约翰逊学业成就测验（第三版）（Woodcock-Johnson Ⅲ Tests of Achievement, WJ-Ⅲ）是常用的学前儿童认知发展测量工具，包含字母识别、阅读理解、问题解决及数的概念 4 个子量表。皮博迪图片词汇测验（第 4 版）（The Peabody Picture Vocabulary Test, 4rd edition, PPVT-4）是 2.5 ～ 5 岁儿童接受性语言的测量工具。测验共有 150 张黑白图片，每张图片上有 4 个图，要求儿童在 4 个图中指出 1 个代表某单词的图片，原始得分根据儿童年龄转换为标准分。儿童早期语言发展也可使用语音意识萌发量表（Phonological Awareness Literacy Screening, PALS）进行评估。该问卷涉及对儿童字母知识、会意能力等早期语言发展的测量，包括婴儿版（PALS-preK）和幼儿版（PALS-K）。其中，婴儿版包括 7 个子量表，分别为字母识别、字母语音识别、韵律意识、早期语音意识、印刷文字知识、命名、儿歌意识；幼儿版有 6 个子量表，分别为字母识别、字母语音识别、韵律意识、拼写、单词概念和单词识别。学前儿童学习行为量表是一个在评估儿童学习品质时广泛使用的量表。由教师根据该量表对于儿童的学习品质进行评定。该量表包括 3 个维度：能力动机，注意力 / 毅力，学习策略。其中，能力动机指的是儿童承担任务的意愿及成功完成任务的决心；注意力 / 毅力评估儿童注意力的稳定性，以及坚持完成困难任务的能力；学习策略评估儿童处理任务和解决问题的模式。早期基本读写技能动态指标（第八版）（Dynamic Indicators of Basic Early Literacy Skills, DIBELS-8）是一项用于学前儿童读写技能评估的数据收集系统，包括 5 个分量表：字母命名流畅性、音素区分流畅性、无意义词汇流畅性、阅读流畅性、朗读流畅性。

此外，也有研究采用马伦早期学习量表（The Mullen Scales of Early Learning）、幼儿园学习与行为量表（Preschool Learning and Behavior Scales, PLBS）、学前儿童早期读写能力测试（Test of Preschool Early Literacy, TOPEL）、斯坦福成就测验（Stanford Achievement Test, SAT）等测量工具来评估儿童的认

知发展和学业水平。

执行功能也是儿童认知发展测量的重要内容，研究通常采用测验的方式进行测量，常用的测验有斯楚普测验、数字转换测验、敲笔试验，或使用执行功能行为评定清单（幼儿园版）（BRIEF-P）进行测量。

2. 儿童情绪与社会性发展领域的变量及测量工具

情绪与社会性技能发展对儿童发展来说也很重要。最初，大部分儿童发展测评研究只将儿童的社会性和情感能力视为其学业成就服务的基本技能，因为情绪的自我管理、注意力、冲动行为的控制及亲社会行为（如合作、轮流说话等）可以促进学习活动与课堂体验。当前，越来越多的研究直接聚焦于儿童情绪和社会性发展水平与学前教育质量之间的关系，主要涉及儿童社交技能、社会情绪性行为、问题行为和自我效能感4个变量。

学前儿童的社交技能主要包括：合作（如分享玩具），交流（如倾听他人的需要和观点），坚持原则（如以礼貌的方式拒绝他人），责任心（如照顾好玩教具），移情（如理解他人的感受），参与（如定期参与游戏活动），自我控制（如自我管理行为）。学前儿童的社会情绪性行为涉及儿童情绪、注意力及行为的控制，包括积极和消极维度的情绪测量、耐挫性测量及自我管理测量。学前儿童的问题行为包括内向问题行为和外向问题行为，有内向问题行为的儿童可能表现出退缩、抑郁、焦虑等情绪，有外向问题行为的儿童可能表现出攻击、挑衅、被动等行为。自我效能感也是儿童社会性发展评估的一部分。儿童在幼儿期开始对自身的能力和价值进行评估，比如，将自己在活动中的表现描述为"我擅长跑步""我擅长识字"等。对学前儿童情绪和社会性发展水平的测量往往采用以下几种测量工具进行。

儿童社会能力与行为评定简表（Social Competence and Behavior Evaluation, SCBE-30）是广泛使用的儿童情绪与社会性发展的测量工具，该量表包括社会能力、愤怒攻击和焦虑退缩3个子量表，共30个项目，主要用于测量儿童的社交能力、适应性、情绪管理与情感表达等方面的发展。社会性技能提升系统由教师评量表和家长评量表两部分组成，共76个项目，可用于评估学前儿童的问题行为和社交能力。儿童自我效能感主要采用评估者—儿童互动的方式进行测量，例如，研究者向儿童提问"你有多聪明？""你在画画／识字／算数／阅读上有多好？"等问题，观察儿童的微笑反应并进行打分。此外，也有研究采用儿童行为评估系统（第二版）（Behavior Assessment System for Children 2ed Edition, BASC-2）与儿童自我管理评估（Preschool Self-Regulation

Assessment, PSRA）来评估学前儿童的问题行为。

值得注意的是，一些评量表评估了儿童各领域的发展，包括认知发展领域和情绪与社会性发展领域。其中，亚太学前儿童发展量表（The East Asia-Pacific Early Child Development Scales, EAP-ECDS）就是一个适合我国儿童发展评估的量表。该量表评估了 7 个儿童发展领域，包括：认知发展，情绪与社会性，运动发展，语言与早期阅读发展，健康、卫生、安全知识，文化知识和社会性参与，学习品质。

（二）托幼机构质量层面的变量及测量工具

1. 托幼机构观察性质量变量及测量工具

托幼机构的观察性质量指采用观察性测量工具描述的托幼机构质量。当前，有大量的观察性测量工具（如 ECERS-R、CLASS 等）描述托幼机构质量变量，托幼机构质量包括两个大的范畴：结构性质量和过程性质量。结构性质量是那些相对稳定并容易测量的质量元素，包括班级规模与师幼比、教师受教育水平与工作年限、空间、玩教具及各种类型的环境材料等。研究证明，只有通过结构性质量的中介作用，过程性质量的元素才能影响儿童教养质量及儿童发展（NICHD, 2002）。例如，如果班级有较高的师生比，教师就更可能花时间和每个儿童互动，对每个儿童提供社会性和认知发展的支持。很多研究关注教师质量变量（教师受教育水平和工作年限），有研究显示，教师的受教育水平是师幼互动的关键要素，总体上与儿童的发展水平呈正相关（Pianta et al., 2005; Thomason et al., 2009）。过程性质量是在班级日常人际互动及课程中体现的质量元素，如师幼互动、课程等。过程性质量体现在两个方面：一是情绪氛围，敏感、温暖且有回应的师幼互动能够塑造班级良好的情绪氛围，从而塑造儿童的亲社会行为和自我管理能力，并预防行为问题的发生；二是教学氛围，教学氛围涉及符合儿童最近发展区的教学内容，以及促进儿童思维发展和信息处理能力的教学策略。

绝大多数研究使用多组测量工具对托幼机构的结构性质量和过程性质量进行观察性测量，常见的评量表有 ECERS-R、ITERS-R、CLASS、C5[①]、FCCERS、CIS 等。

---

① C5 通过班级中儿童的积极情绪表现或消极情绪表现来评估班级环境的情绪氛围。C5 有积极量表和消极量表两个子量表，包含 10 项儿童情绪反应。

2. 托幼机构等级变量及测量

很多儿童发展评价研究聚焦于托幼机构等级与儿童发展水平的关系。各国学前教育专家和学前教育政策制定者通常假设高等级托幼机构相较于低等级托幼机构能够提供更高质量的教养服务。另外，利益相关者（如家长等）也期望高等级托幼机构中的儿童能够表现出学习和发展方面更大的成长与进步。因此，研究者会通过对每个质量等级的托幼机构的代表性样本及托幼机构中的儿童进行发展性评估，来验证高等级托幼机构中的儿童是否比低等级托幼机构中的儿童在各领域展现出更大的发展性成长。同时，学前教育政策制定者和研究者将研究结果作为改进托幼机构质量评级的参考。

此外，有些研究也将托幼机构评级中使用的质量标准作为研究变量，来检验质量标准能否预测儿童的发展水平。例如，美国洛杉矶的一项研究（Sandra et al., 2014）探索了当地 QRIS 的 5 个质量标准与儿童学业水平的关系。这 5 个质量标准的研究变量为：师幼关系、学习环境、教职工资格与工作条件、家庭及社区关系、特殊需要儿童服务。

对 QRIS 托幼机构的等级信息、各质量标准的得分情况或一些控制变量的信息，研究往往在政府部门或托幼机构中采集已有数据。例如，前文提及的洛杉矶的研究要求托幼机构提供其 QRIS 等级与各质量标准的得分信息，以及关于特殊需要儿童服务、家园合作（包括宣传页、照片、家长手册等资料）、教职工资格（学历证明等）与工作稳定性、教职工收入与专业培训等方面的资料。再如，弗吉尼亚州的一项研究（Sabol & Pianta, 2015）通过弗吉尼亚州政府社会服务部获取了控制变量（儿童家庭背景、社区特征等）的信息，以及 QRIS 托幼机构等级信息、托幼机构地址与经营许可信息、2000 年美国人口普查的统计学信息。

四、儿童发展评价研究中测量的实施

在测量的实施方面，研究一般需要独立的专业人员实施测量，同时研究者需要定期复查测量数据，并检验评定者间信度，以确保儿童评估数据采集的可靠性。然而，当前很多研究数据的采集是通过教师评估完成的。例如，在宾夕法尼亚州的一项研究中，教师对儿童发展进行全年的观察性评估，做两次教学实践报告，并将评估结果记录在州在线数据库中；佛罗里达州的一项研究的研究数据是在幼儿园实施的儿童入学评估中获得的。这些研究的数据采集依赖教师评估（非专业人员评估），因而存在一定的缺陷。也有研究通过专业评估者直接对儿童进行评估。例如，印第安纳州的一项研究通过独立评估机构采集儿童发展水平的数据，科罗拉多州和明尼苏达州的两项研究对儿童社会性行为进行评估时，由教师及家长对专家的独立评估做补充。QRIS开展的关于儿童发展水平的研究中，最大的样本为1300多名儿童（科罗拉多州），最小的样本为350多名儿童（密苏里州）（Elicker & Thornburg, 2011 ）。

总之，绝大多数的大样本研究会通过教师对学前儿童的发展水平进行测量，因为聘请专业评估人员进行测量会大大提高研究成本，实施起来投入较大。但无论是大样本研究还是小样本研究，都会对缺失数据进行严格处理。此外，对于托幼机构的等级信息及各项质量标准的得分情况，研究往往在政府部门或托幼机构中获取已有数据。

五、儿童发展评价研究的数据处理与解释

研究除采用传统的线性回归、方差分析等统计方法讨论影响儿童发展的学前教育质量外，也会使用诸如结构方程模型等方法来进行潜变量建模，或采用多水平模型（如多层线性模型）来处理儿童嵌套于班级、班级嵌套于社区的多水平的数据，从而解释社区特征（如社区居民的种族、单亲母亲比例）、儿童家庭特征（如儿童家庭的社会经济地位）等变量对儿童发展的影响。这些多元统计方法也能够很好地处理纵向研究设计的数据。此外，也有一些研究认为学前教育质量与儿童发展的关系是非线性的，这些研究通常使用GAM来描述这种非线性关系，并通过分段回归加以验证。总之，这些多元统计方法可以更好地解释多重因素对儿童发展的影响。

六、儿童发展评价研究的研究伦理

我国的儿童发展评价研究可能不太重视研究伦理的问题。事实上，所有儿童发展评价研究均需要在研究伦理学原则的指导下进行。研究所遵循的伦理学原则主要包括4点。①力图使儿童从研究中受益，不仅包括使参与某项研究的儿童受益；也包括某项研究的结果对所有儿童有益；同时，研究要最大限度地防止对儿童可能带来的伤害，不能进行对儿童身心有害的研究，尽可能消除儿童及其父母在研究过程中产生的各种误解。②在儿童参与研究之前，必须征得儿童本人、父母或其他法定监护人的同意，尊重其选择权，在研究过程中被试有权退出研究。③研究过程必须符合公正的原则，即在所有参与研究的儿童中，合理分配研究所带来的益处，在挑选被试时应特别注意，不能因方便等而过度利用任何一组特定儿童。④研究过程及使用的工具，如问卷中的题目等，必须符合社会最基本的道德规范。基于此，儿童发展评价

研究需要做到以下三个方面。

（一）征求儿童与监护人的同意，为儿童创设安全温暖的研究环境

研究者应保护儿童和监护人的知情权，征求每个儿童和其监护人的同意；在尊重儿童、捍卫儿童权益的前提下，真正走进儿童的世界。研究在开始时应做到以下几点：①向儿童监护人说明研究目的，并取得儿童监护人的同意，尽量在儿童稳定的依恋对象（监护人或熟悉的教师）在场的情况下做研究；②询问儿童是否愿意参加研究，应告知儿童相关测评的内容，同时需要给儿童必要的解释，在确信儿童愿意参加研究后再开始儿童测评工作；③允许儿童在研究过程中根据自己的意愿选择退出，例如，英国国家儿童事务处所撰写的研究指南指出，在告知儿童研究目的及可能的后果后，应确保儿童有机会选择退出研究。

以胡碧颖团队开展的儿童发展评价研究为例，一对一的施测在儿童熟悉的宽敞明亮的教室或活动室中进行，施测人员都是经过培训的具有心理学或教育学专业背景的研究生。施测前施测人员会和儿童进行简单的对话，熟悉彼此，并确保儿童能够听说、普通话。每项施测时长为 5 ～ 20 分钟，每项测试完成后儿童可以休息 5 ～ 10 分钟，儿童可以要求中断或暂停测试。每个儿童的全部测试在 1 天内结束。测试结束后，施测人员送给儿童小礼物（绘本、文具或数字油画）。在施测前，研究者告知儿童及其家长、教师详细的测试内容，并获得了每一位儿童家长签署的知情同意书。

（二）对研究结果应保密，尊重儿童隐私

儿童发展评价研究中的另一个伦理问题是研究结果的保密问题，这在一定程度上关涉儿童的隐私权。在实际研究中，研究者常遇到一些儿童不愿意配合研究的情况。究其原因，可能是儿童担心调查的内容会被反馈到父母或教师那里，并因此受到责罚。所以在研究结果公开出版之前，研究者也应向被研究的儿童承诺研究的成果会保密，施测数据只供科学研究使用。然而，在某些研究中，研究者保护儿童的道德义务和科学研究的伦理要求会有冲突。例如，在关于教师虐待儿童的研究中，一些儿童并不向研究者透露教师具体的虐待行为，这给研究者提出了一个两难的问题：一方面，研究者须向被试儿童承诺不会向其父母、教师或其他人告密；另一方面，研究者基于保护儿童的义务，应向相关机构陈述或反映这些问题。事实上，如果从儿童的最大利益原则出发，研究者应当采取后一种方式，在情况比较严峻时，应以最大限度地保护儿童利益为原则，选择适当的方式和适当的时机介入。总之，如

何在尊重并保护儿童隐私与保护儿童健康发展的义务和责任之间找到平衡，是每位研究者应慎重考量的。

（三）关注研究本身对儿童身心发展的影响

研究本身对儿童身心发展的影响也是儿童发展评价研究值得关注的一个伦理问题。在研究过程中，研究者需要密切关注儿童的参与是否妨碍儿童的日常生活，是否可能对儿童身心发展造成负面影响（甚至是伤害）。事实上，儿童并没有义务充当被研究的对象，研究者不能在违背儿童意愿的情况下，通过教师的要求、学校的统一安排等，来迫使儿童进入研究。此外，研究者不仅要关注研究对儿童个体的短期影响，也要关注研究本身对儿童在未来社会中的持续性和潜在影响。如果研究过程会对儿童的身心发展造成不良影响（或潜在不良影响），那么研究应终止或改进研究设计。

第三节　儿童发展评价研究需要注意的几个问题

一、关注儿童发展评价研究中的控制变量

在检验学前教育质量与儿童发展关系的研究（即儿童发展评价研究）中，研究者通常需要在模型中纳入一些控制变量。例如，在探索班级师幼互动质量对儿童认知与社会性发展的影响时，研究者需要考虑诸如儿童年龄、性别、生活所在地、家庭社会经济地位等控制变量对儿童发展的影响。只有对这些控制变量进行了考虑，才能真正获得质量对儿童发展影响的结果，研究也才真正具有说服力。常见的控制变量包括：儿童及其家庭特征，幼儿园与教师特征，地区或社区特征。

（一）儿童及其家庭特征

常见的儿童及其家庭特征的控制变量包括：儿童年龄，儿童性别，家庭的社会经济地位，儿童的初始发展水平，家庭是否为单亲家庭，儿童是否为独生子女，儿童种族、儿童第一语言，儿童是否为特殊需要儿童，等等。儿童的年龄、性别与家庭的社会经济地位是儿童发展评价研究中使用最广泛的控制变量。在纵向设计的研究中，儿童的初始发展水平是需要被纳入模型的控制变量。此外，在拥有多元文化背景的国家（如美国），儿童的种族和第一

语言也是重要的控制变量。

研究需要特别关注家庭的社会经济地位这一控制变量。当前，社会经济地位已经成为儿童发展评价研究普遍纳入的控制变量，它通常包括儿童父亲与母亲的收入、父亲与母亲的职业及父亲与母亲的受教育水平，共6项指标。例如，在胡碧颖等人（2017）开展的儿童发展测评研究中，父亲与母亲的收入指标被划分为9个类别（从月收入低于2000元到月收入高于10万元），变量为等级变量，按1～9对类别进行编码；父亲与母亲的受教育水平指标被划分为7个类别（从小学到博士），变量为等级变量，按1～7对类别进行编码；父亲与母亲的职业指标被划分为5个类别，分别为未就业、待业、兼职或农民、全职工作、高层次人才，变量为等级变量，按1～5对类别进行编码；6项指标的得分在标准化后相加，最终得出的总分即儿童的家庭社会经济地位得分。

（二）幼儿园与教师特征

常见的幼儿园与教师特征控制变量包括：幼儿园性质（公立/私立）、班级规模、师幼比、公共经费开支、保教费用、政府拨款与补贴、教师学历、教师教龄、教师所学专业、教师是否有资格证、教师职称、教师月收入与奖金等。通常情况下，幼儿园性质、班级规模、师幼比、教师学历、教师教龄、教师所学专业、教师是否有资格证是儿童发展测评研究中最常见的控制变量。

（三）地区或社区特征

地区或社区特征控制变量包括：儿童生活的地区或社区的性质、幼儿园所在的地区或社区的性质、儿童和幼儿园所在地区社会经济发展水平、儿童和幼儿园所在地区人口统计学信息等。通常情况下，儿童和幼儿园所在地区的性质（如农村或城市）是儿童发展评价研究中最常见的控制变量。此外，在儿童发展评价研究中，对样本应尽可能在不同社会经济发展水平的地区进行选择，从而对样本所在地区的社会经济发展水平这一控制变量进行有效解释。

二、关注儿童发展评价研究的指导作用

儿童发展评价研究被用来检验质量评估与提升系统实施的有效性，调整质量标准与质量测量，并引导学前教育政策的制定。然而，研究在评价过程中，研究设计、样本选择、测量工具和数据分析往往有一定差异，这导致得出的结论通常差异较大。因此，对于这些研究的研究结论，需要将之置于研究实施的背景中加以理解与应用，并关注研究对质量评估与提升的政策工具的指导作用。

　　这里以我国广东省和浙江省及美国的 QRIS 系统开展的几项儿童发展评价研究为例进行说明。表 7–5 呈现了在我国广东省和浙江省开展的几项儿童发展评价研究的样本、变量与测量、研究设计与方法及主要结论与应用；表 7–6 呈现了美国各州 QRIS 的儿童发展评价研究中的几项典型研究。

　　由表 7–5 可知，影响我国儿童发展的学前教育质量主要体现在班级教学质量和师幼互动质量方面。研究一致建议政府的质量评估与质量提升工作重点关注对儿童发展有直接影响的 CLASS 教学支持和班级管理质量。

　　美国 QRIS 开展的儿童发展评价研究的研究结论呈现多元化结果。由表 7–6 可知，有些州或地区的 QRIS 研究显示高质量等级的托幼机构能够更好地促进儿童的发展，如弗吉尼亚州、密苏里州和洛杉矶地区，而其他一些州则没有发现 QRIS 等级和儿童发展之间的显著关联，如明尼苏达州、印第安纳州。造成结论差异的原因可能为各州或地区 QRIS 设计与管理的差异、各研究主体的不同期望、QRIS 管理者与各利益相关者的介入与影响。因此，对于这些研究的研究结论，需要将之置于各州或地区 QRIS 实施的背景中加以理解与应用。但是，结论上的差异并不影响研究的应用，各研究针对本地区 QRIS 的实施情况进行分析并给出建议。例如，印第安纳州的研究建议强化 QRIS 质量标准中成人—儿童互动指标，明尼苏达州的研究数据可鉴定 QRIS 局部地区教师培训和技术支持的开展情况，洛杉矶地区的模拟研究则可用来指导 QRIS 的设计。

三、儿童发展评价研究的局限性与发展趋势

（一）研究的局限性

　　一些学者提出了儿童发展评价研究中存在的研究困境与局限性，这些研究困境与局限性可被概括为以下 5 点。

　　第一，研究实施起来比较困难，成本高昂。正如埃利克与索恩伯格（Elicker & Thornburg, 2011）所说，研究实施起来很有挑战性，原因在于：①儿童可能会更换托幼机构，该因素不可控；②不同等级和类型的托幼机构的儿童在年龄、能力、文化和语言背景方面有较大差异，因而测量难度较大，有特定要求的家长可能会选择特定类型的机构，这会影响儿童某方面技能的发展；③托幼机构的质量等级会有变化，该变化对研究信度会产生影响。综合这些重要的背景因素来解释托幼机构等级和儿童发展之间的关系时可能产生误导性结论。也有学者不赞成质量评估标准与儿童发展的评估标准相结合，其原

表 7-5 在中国广东省和浙江省开展的儿项儿童发展评价研究

典型研究	样本	变量与测量	研究设计与方法	主要结论与应用
胡碧颖等人（2017）	广东省 3 个地区 59 所幼儿园中的 59 个班级，及其中的 589 名中班儿童。	· 托幼机构：CLASS。 · 儿童发展测量：C-PPVT-R，儿童数学学业成就测验，EPS（测量科学知识），BRIEF-P，SSIS。	· 横断面研究设计（多层线性模型）。 · 控制变量：儿童性别，儿童家庭社会经济地位，独生子女情况。	· CLASS 班级管理可预测儿童的执行功能，教学支持可预测儿童语言、数学、科学知识的发展水平；CLASS 师幼互动质量不能预测儿童的社会技能。 · 建议关注广东省幼儿教师教学支持能力的提升。
李克建等人（2016）	浙江省 91 所幼儿园及其中的 946 名儿童。根据地区、保教费、幼儿园等级进行分层随机抽样。	· 托幼机构：CECERS。 · 儿童发展测量：中国儿童发育量表。	· 横断面研究设计（多层线性模型）。 · 控制变量：儿童年龄，儿童性别，班级规模，教师学历，师幼比，幼儿园所在地等。	· 学习环境因子与儿童发展水平无关；教学互动因子能够预测儿童的语言、数学与社会认知发展。 · 建议系统性提升浙江省幼儿教师的教学与互动能力，重视对教师教学与互动质量指标的评估。
胡碧颖等人（2019）	· 广东省 3 个地区的 59 所幼儿园，59 个班级，及其中的 589 名中班儿童，在 3 个时间点追踪测量。	· 托幼机构：CLASS。 · 儿童发展测量：C-PPVT-R，儿童数学学业成就测验，EPS（测量科学知识），BRIEF-P。	· 纵向研究设计（追踪研究中的多层模型）。 · 控制变量：儿童年龄，性别，班级规模，教师学历，师幼比，教师经验，幼儿园所在地等。	· CLASS 班级管理能够预测儿童语言、数学、执行功能，汉字识别的发展；CLASS 教学支持能预测儿童语言的发展，有效地重视班级管理质量的提升工作。 · 重视幼儿班级管理质量的提升工作，有效地通过 CLASS 来指导幼儿教师提升班级管理能力。

表 7-6　美国 QRIS 开展的几项儿童发展测评研究

典型研究	样本	变量与测量	研究设计与方法	主要结论与应用
Shen et al. (2009)	佛罗里达州 87 所 QRIS 托幼机构与 88 所非 QRIS 托幼机构及其儿童。	·托幼机构：ITERS-R，ECERS-R，FCCERS。 ·儿童：早期儿童观察系统中的 19 个项目，DIBELS-8（字母命名流畅性、发音流畅性）。	·实验研究设计。 ·比较 QRIS 托幼机构与非 QRIS 托幼机构的儿童的入学准备水平。	·QRIS 等级与儿童入学准备有显著正相关。 ·儿童家庭背景作为控制变量时，QRIS 托幼机构的儿童比非 QRIS 托幼机构的儿童的入学准备能力更强。
Thornburg et al. (2009)	密苏里州 32 所中心式及 6 所家庭式托幼机构的 66 个班级的所有儿童。	·托幼机构 QRIS 等级(1~5级)。 ·儿童：PPVT-4；早期阅读能力测验（阅读商数、字母识别测验、语义子测验、常识子测验）；WJ-Ⅲ；德弗罗早期儿童评估（主动性、依恋、自我控制、行为障碍）。	·纵向研究设计（从秋季至春季）。 ·托幼机构数据来自政府。 ·第三方独立评估。 ·控制变量：家庭背景。	·高等级机构儿童比小、低等级机构儿童的情绪与社会性发展收益更大，3 级、4 级、5 级机构中的儿童词汇发展得更好，应提升贫困儿童的社会性入学准备，能来促进其入学准备。 ·各等级机构中儿童的字母知识、大运动发展差异不显著。
Elicker et al. (2011)	印第安纳州 95 所中心式和 169 所家庭式托幼机构的 557 名儿童（249 名婴儿、308 名幼儿）。	·托幼机构：ITERS-R；ECERS-R；FCCERS-R；CIS；C5；QRIS 等级。 ·婴儿：马伦早期学习量表；简明婴幼儿社会性评估。 ·幼儿：PPVT-4；WJ-Ⅱ；SCBE-30。	·横断面研究设计。 ·第三方独立评估。 ·控制变量：家庭背景。	·4 个 QRIS 等级和儿童发展之间没有显著相关，但托幼机构观察质量与儿童认知及社会性发展有显著相关。 ·CIS 积极交互作用能预测儿童认知和语言发展水平，建议强化 QRIS 质量标准中成人—儿童互动指标。
Tout et al. (2011)	明尼苏达州 138 所中心式及家庭式托幼机构的 701 名儿童（种族等层面随机抽样）。	·托幼机构：ECERS-R；CLASS。 ·儿童：PPVT-4；TOPEL（音韵意识、文字知识）；WJ-Ⅲ（问题解决、数的概念）；SCBE-30；PLBS（坚持性）。	·纵向研究设计（秋春两季 6 次采集，多层线性模型）。 ·第三方独立评估。 ·控制变量：家庭背景。	·托幼机构质量和儿童学业水平之间没有系统性关联；各等级托幼机构中儿童接受语言发展有差异。 ·其数据可鉴定 QRIS 局部地区教师培训和技术支持的开展情况。

续表

典型研究	样本	变量与测量	研究设计与方法	主要结论与应用
Sandra et al.（2014）	洛杉矶地区 101 家 QRIS 托幼机构的 223 名儿童（白人儿童占 42%，25% 为双语儿童）。	• 托幼机构：QRIS 的 5 个质量指标得分；CLASS。 • 儿童入学准备：WJ-Ⅲ；PPTV-4；敲笔试验；绘本概念任务。	• 横断面研究设计（多水平模型）。 • 托幼机构等级信息来自政府和 QRIS（ECERS 数据库及清单检查）。	• 洛杉矶地区 QRIS（设计阶段）的 5 个质量指标得分与儿童入学准备之间正向关联，说明这些质量指标是有效的，但 QRIS 等级与儿童认知／学业水平和社会性发展之间没有关联。 • 托幼机构观察性质量与儿童入学准备有显著关联。
Sabol & Pianta（2015）	弗吉尼亚州 71 家 QRIS 托幼机构（2 级、3 级和 4 级）的 780 位儿童（白人占 69%，非洲裔占 24%）。	• 托幼机构等级信息。 • 社区特征（家庭年均收入、居民种族与学历等）；儿童特征（性别、种族等）。 • 儿童早期语言能力：PALS Pre-K 与 PALS-K。	• 纵向研究设计（春至秋再至春，多层线性模型与分段回归）。 • 托幼机构与社区信息来自州政府及美国人口普查数据库。	• 儿童特征的差异解释了早期语言发展的差异（如 2 级机构中非洲裔儿童更多）；儿童早期语言能力与托幼机构等级有关，3 级、4 级托幼机构的儿童比 2 级机构的儿童表现出更大的进步；儿童早期语言发展水平可用来区分托幼机构等级。
Le et al.，（2015）	科罗拉多州 68 家 QRIS 托幼机构 380 位 3～5 岁儿童及 94% 的儿童的家长。	• 托幼机构：ECERS-R，结构性质量信息。 • 儿童发展测量：WJ-Ⅲ（WJ-LW1，WJ-PC，WJ-AP）；PPTV；儿童行为问卷。	• 横断面研究设计（GAM，分段回归，主成分分析）。 • 控制变量：儿童特征。	• 托幼机构质量和儿童发展水平关系显著，认为基线阈值需要向上调整；"天花板"阈值与儿童发展水平的提升有关联。 • GAM 可用于确定 QRIS 各个质量成分的等级分数线。

因在于：对儿童发展水平的评估耗时耗力，信度和效度难以保证，对儿童发展水平的评估很难准确地反映托幼机构质量，且以儿童发展水平为托幼机构评价标准可能导致教育的功利化倾向。

第二，当前绝大部分研究描述的是变量之间的线性关系，非线性关系方面的研究比较匮乏。学前教育质量对儿童发展的影响往往是非线性的，且非线性关系方面的研究能够为多方面（托幼机构、政府、家长、儿童等）的综合发展和完善质量评估工作提供指导。

第三，观察性测量的实施可能对研究结果产生影响，实施过程也会给托幼机构带来一定的负担，甚至造成"为评价而教"的现象。例如，观察班级的数量、观察时长、观察发生的时间段都可能影响研究的有效性。

第四，研究大部分是非实验研究设计，并存在一定的局限性。事实上，实验研究设计对于建立学前教育质量和儿童发展水平的因果关系来说更有说服力。

第五，研究发现针对教育环境特定质量的高强度干预更可能获得儿童发展性收益，但是，特定质量的提升与儿童特定领域的发展往往无法匹配，且对这些质量提升通过什么方式影响儿童特定领域的发展这一问题也难以解释。因此，有研究者认为，质量评估与提升系统的作用是内隐的，或是无法充分反映在对儿童发展的促进作用中的。

（二）研究的未来发展趋势

当前，儿童发展评估研究在研究主体、内容和方法上出现新的趋势。在研究主体上，国家、地方、高校的研究机构、其他研究机构、托幼机构等多方参与成为发展趋势，这样的同盟有利于在研究过程中形成共识，推进研究结论的应用并实现有效的教育服务。在研究内容上，最初对儿童发展水平的研究只将儿童的情感与社交能力作为服务于学业水平的基本技能，当前，越来越多的研究关注儿童情绪与社会性发展，对儿童的执行功能、焦虑、社会情绪性行为等方面进行测量，形成对学业水平群组变量的补充。在研究设计方面，越来越多的研究采用纵向研究设计和实验与准实验设计，探索托幼机构质量与儿童发展的因果关系，其中，很多研究采用多层线性模型处理纵向数据。

「拓 展 阅 读」...

儿童发展评价研究的纵向研究设计及反思

·儿童发展测评研究：纵向研究设计

近年来，研究者通过纵向研究考察学前教育质量对儿童认知与社会性发展的持续影响，且研究结果呈现出多样化的趋势。

有研究发现，学前教育质量对儿童学龄前阶段，甚至小学低年级阶段的学业成绩的发展具有积极的、直接的影响。研究者发现，儿童在学龄前接受的高质量保教服务能显著预测儿童在幼儿园大班阶段接受性语言的发展（Peisner-Feinberg et al., 2001）。贝尔斯基等人（Belsky et al., 2007）同样发现，人生前54个月接受的高质量保教服务能预测儿童五年级时的词汇发展成绩。席尔瓦等人（Sylva et al., 2011）发现幼儿园整体质量（ECERS-R得分）对英国儿童11岁时的认知与行为发展结果有显著影响，课程质量（ECERS-E得分）对儿童11岁时的英文学科成绩和数学学科成绩有显著的影响，没有进入幼儿园学习的儿童与在低质量幼儿园中的儿童在11岁时的认知发展水平显著低于中高质量水平幼儿园中的儿童。美国儿童健康与人类发展研究所（NICHD, 2005）的研究发现，在4、5岁以前接受高质量保育服务的儿童，从4、5岁到小学三年级，在数学、词汇和记忆方面的发展相较于接受低质量保育服务的同龄儿童更有优势。安德斯等人（Anders et al., 2012）发现，ECERS-E总分能够显著地预测儿童从幼儿园阶段的第一年（3岁）到第三年（5岁）的早期算术能力的增长。也有研究发现，幼儿园整体质量能够显著预测德国儿童从小学一年级到三年级的数学成绩的发展（Lehrl, Kluczniok & Rossbach, 2016）。

还有一些研究者发现，高质量的学前教育对儿童发展没有直接的影响，但它是处境不利儿童或技能发展初始水平较低儿童发展的"保护性因素"。察等人（Choi et al., 2016）发现，进入开端计划时接受性词汇发展水平较低的儿童，在进入开端计划后的2.5年内，其接受性词汇的发展相较于未进入开端计划的儿童更快，这支持了关于初始发展水平较低的儿童在高质量学前教育中获益更大的假设。也有研究发现，高质量学前教育对儿童数学技能发展有直接影响，但对于母亲学历更低的儿童来说，高质量的学前教育与儿童数学技能的发展有更为强烈的关系（Peisner-Feinberg et al., 2001）。有研究者（Curby et al., 2009）考察了师幼互动质量对美国农村儿童从幼儿园大班到小学一年级的2年里的词汇阅读成绩、语音意识和数学成绩增长的影响。结果发现，一年级的CLASS情感支持与教学支持能够显著调节幼儿园大班阶段词汇阅读成绩的初始成绩与成绩增长之间的关系：初始阅读成绩较低的儿童在有高质量的教学支持和低质量的情感支持的班级中成绩增长得更快。班级管理能够调节幼儿园阶段儿童数学成绩的初始水平与成绩增长的关系：在高质量班级管理的班级中，数学成绩初始水平低的儿童的数学成绩增长得更快；在低质量班级管理的班级中，数学成绩初始水平高的儿童成绩增长得更快。研究者认为，所有儿童都能从高质量的师幼互动中获益，并且初始学业水平低的儿童能获益更多。以上这些研究发现支持了高质量学前教育可以作为处境不利或初始学业水平较低儿童学业发展的"保护性因素"的观点。

· 对纵向研究的反思

与横断面研究相比（例如 Love et al., 2003），关于学前教育质量和儿童发展之间关系的纵向研究所得的结果在可信度方面是有所欠缺的。

首先，所得的研究结论会因为研究者设计的采样时间点不同而大相径庭，例如，在幼儿园大班阶段师幼互动质量对儿童发展所产生的影响，与幼儿园第一年的师幼互动质量对儿童发展所产生的影响是截然不同的。因为儿童在不同发展阶段对教师提供的 CLASS 不同领域的互动（情感支持、班级管理、教学支持）的需求是不同的，所以儿童可能在幼儿园第一年时在教师较高质量的班级管理互动中获益比较多，大班阶段则在高质量教学支持中获益较多。其次，到目前为止，已有的纵向研究结果还不足以说明不同方面的师幼互动质量对学前期和入小学后的儿童学业水平发展均能产生显著影响。最后，到目前为止，检验师幼互动质量影响儿童学业发展内在机制的研究很少，仅有的研究表明，儿童的学业技能水平能够对教师教学与儿童发展之间的关系产生显著的调节作用。

尽管如此，在学前教育领域，开展关于广泛文化背景的实证性的纵向研究是很有必要的。从研究方法的角度来看，纵向的、优化的理论模型能够为深入理解学前教育质量与儿童发展之间的关系提供优质的框架。例如，伴随儿童的发展，儿童自身在社会性和学业成绩发展方面会面临诸多挑战，这一点可能会造成师幼互动质量和儿童发展结果之间关系的不同模式。因此，对于纵向线性关系模式的探究是很有必要的。

第四节　学前教育质量与儿童发展关系的门槛效应研究

一些研究发现，学前教育质量（如班级整体质量、师幼互动质量等）与儿童各领域发展的关系往往是非线性的（Auger et al., 2014; Burchinal et al., 2011）。因此，在学前教育质量与儿童发展水平的关系中，可能存在质量的门槛效应。在世界各国开展的儿童发展评价研究中，质量的门槛效应研究是当前的一项研究热点。本节对已有的质量门槛效应研究进行梳理，并对此类研究的分析方法及对政策制定的启示进行讲解。

一、质量门槛效应的内涵及研究意义

（一）质量门槛效应的内涵

长期以来，关于学前教育质量与儿童发展关系的研究普遍发现，当儿童接受了高质量的早期教育，他们则具有更好的学业成绩与社交表现（Hestenes et al., 2015）。对于处境不利儿童，高质量学前教育为其发展带来的收益更加突出（Yoshikawa et al., 2013）。

尽管这些关于学前教育质量与儿童发展关系的研究结果达到了统计学显著水平，但其关系的效应量较小（Burchinal et al., 2011; NICHD ECCRN, 2000），这促使学者开始反思质量研究的统计模型是否准确、其理论模型是否存在不足之处。

在寻求这些问题的答案的过程中，有学者提出了一个大胆的设想：在学前教育质量影响儿童发展水平的模型中，教育质量是否存在一个必须跨越的门槛值，当质量低于该门槛值时，教育质量可能对儿童发展没有帮助，甚至产生不良影响；当高于这个门槛值时，教育质量则有益于儿童的发展（Howes et al., 1992）。这类探索学前教育质量与儿童发展的非线性关系的研究就是质量的门槛效应研究，其中，最大限度地促进儿童发展水平的质量阈值被称为"天花板"阈值，与儿童发展最低水平相对应的阈值被称为"地板"阈值。

此外，门槛效应还可能存在于结构性质量与过程性质量的关系中。这里的门槛值是结构性质量对过程性质量产生影响的"天花板"阈值或"地板"阈值。以"天花板"阈值为例，当结构性质量水平低于门槛值水平时，结构性质量对过程性质量没有影响；当结构性质量高于门槛值水平时，结构性质量能促进过程性质量的提升。

（二）质量门槛效应研究的意义

有关门槛效应问题的探索对学前教育政策制定与学前教育发展改革来说具有很重要的启示意义。如果过程性质量和儿童发展的关系中存在门槛效应，政府可以考虑设置质量的最低标准，这就回答了"什么是基本有质量的学前教育？"这一问题。如果实证研究结果支持结构性质量对过程性质量的影响有门槛效应，那么政府可以通过政策调节结构性质量，从而最大化地支持过程性质量的提升；通过设定质量的最低标准，基于门槛效应来调整财政投入、制定学前教育政策，从而最大化地提升儿童发展收益。后面的内容会对目前国际上已经发表的一些关于学前教育质量门槛效应的研究论文进行述评，以期更加深刻地理解门槛效应研究对质量提升的意义及需要把握的原则。

二、质量门槛效应研究的分析方法

门槛效应这一研究主题的提出使质量与儿童发展的关系的研究分析更加切合教育实际，因为质量与儿童的关系本身具有一定的复杂性，在不同的质量得分范围内采用不同的关系函数，能够更加敏感地、准确地反映变量之间的关系，对问题的探索更加符合实际。关于门槛效应的研究方法，研究通常采用 3 种统计模型：样条回归（spline regression）、惩罚 B 样条回归（penalized b-spline regression）和 GAM。

（一）样条回归和惩罚 B 样条回归

当前，样条回归是最常用的门槛效应分析方法。一系列研究均采用这一方法分析了质量与儿童发展关系中的门槛效应（Burchinal et al., 2014; Weitland et al., 2013; Leyva et al., 2015）。此外，惩罚 B 样条回归也是较为常用的非线性关系的分析方法。一些质量门槛效应研究采用的统计模型就是惩罚 B 样条回归（Burchinal et al., 2014; Hatfield et al., 2016）。惩罚 B 样条回归模型可以被视为样条回归模型的扩展，可以通过设置 3 个关系函数来估计 3 个质量区间中的质量与儿童发展的回归关系。

（二）GAM

除了样条回归模型，质量的门槛效应研究还可以使用 GAM 进行分析。一些研究者在质量门槛效应研究中采用了 GAM 进行分析（李克建等，2018；胡碧颖等，2017；Setodji et al., 2013; Le et al., 2015）。

GAM 提供了一种非线性的分析方法来确定质量的门槛值。GAM 在考察质量与儿童发展水平之间的关系时，无须对该关系的性质（线性关系、二次项关系或其他多项式关系）进行任何假设，无须通过经验人为地设定质量高低分数段的分界点。GAM 可以直接根据样本数据来确定质量与儿童发展水平之间的关系模式，从而识别较差质量和较好质量的分界点，即通过直接估计质量与儿童发展水平的非线性关系来识别阈值。GAM 能够估计出质量在什么数值附近会产生门槛值，即提供一个门槛值的估计范围。但需要注意的是，对 GAM 的研究结果通常需要通过样条回归或线性回归来进行验证，因为 GAM 对质量与儿童发展关系的估计是不受假设限定的。

此外，GAM 可以借助图形对质量门槛值做出判断，GAM 显示的图形可以比较直观地提示两个变量的关系——除存在一个基线门槛水平（"地板"阈值）

外，还可能存在一个最高门槛水平（"天花板"阈值）。目前也有研究发现了学前教育质量与儿童发展的关系的"天花板"阈值（Setodji et al., 2013）。

「拓 展 阅 读」 ⋯⋯⋯⋯⋯⋯⋯⋯⋯⋯⋯⋯⋯⋯⋯⋯⋯⋯⋯⋯⋯⋯⋯⋯⋯⋯

样条回归、惩罚 B 样条回归与 GAM 在门槛效应研究中的应用

门槛效应分析常用到的一种分析方法为样条回归。样条回归也被称为分段回归模型，该模型可以估计同一个测量工具在不同数据范围内的回归方程。惩罚 B 样条回归可以被视为样条回归模型的扩展，惩罚 B 样条回归模型在门槛值的估计上更加灵活，可以设置 3 个关系函数，估计多个分界点两侧的回归拟合关系。

在质量与儿童发展关系的门槛效应研究中，惩罚 B 样条回归模型估计了低质量分数段和高质量分数段两个不同的样条/线性回归，从而估计用于描述高质量范围的质量与结果之间关联的一个斜率，以及低质量范围的质量与结果的另一个斜率。此外，在使用惩罚 B 样条回归时，研究可以首先在没有纳入协变量的情况下，探索质量与儿童发展变量之间是否存在非线性关系，然后再加入协变量，再次运用惩罚 B 样条回归来考察质量与儿童发展变量之间的关系。

GAM 提供了一种估计门槛值的非线性方法，它通过估计自变量（即质量变量，如班级规模）和因变量（即儿童发展水平）之间的关系来识别可能的阈值。该方法不预先对两者的关系（线性关系、二次项关系或多项式关系等）进行任何假设，也不预先设定门槛值。GAM 完全通过对样本数据的建模获得对自变量与因变量关系的拟合图形，并通过图形来识别两个变量关系中可能出现的阈值，这个阈值可能是一个基线值（"地板"阈值），也可能是一个上限阈值（"天花板"阈值）。

⋯⋯⋯⋯⋯⋯⋯⋯⋯⋯⋯⋯⋯⋯⋯⋯⋯⋯⋯⋯⋯⋯⋯⋯⋯⋯⋯⋯⋯⋯⋯⋯

三、质量门槛效应的研究

当前，国际学者针对质量与儿童发展关系的门槛效应开展了一系列研究，在这些研究中，有些研究探索了 CLASS 师幼互动质量与儿童发展的关系，有些研究探索了班级整体质量（ITERS-R/ECERS-R）与儿童发展的关系。在结果变量方面，研究往往选取儿童的接受性或表达性语言、早期数学、执行功能（认知控制）、情绪与社交技能、问题行为、入学准备等变量。在儿童样本的选取方面，有些研究关注城市儿童的发展水平，有些研究聚焦于农村儿童的发展水平。下面对国外研究者及我国研究者开展的学前教育质量门槛效应研究进行梳理。

（一）师幼互动质量与儿童发展水平关系的门槛效应

伯奇纳尔等人（Burchinal et al., 2010）认为，已有的对学前教育质量与儿童发展关系的研究存在一些问题：这些研究不能系统性地考察质量对儿童发展影响的门槛效应；另外，研究的分析方法不能针对不同的质量分数范围给出不同的质量与儿童发展水平关系的假设。针对这些问题，他们在发表于2010年的《托幼机构保教质量与低收入家庭儿童发展结果关系的门槛效应》（"Threshold Analysis of Association between Child Care Quality and Child Outcomes for Low Income Children in Pre-kindergarten Program"）一文中分析了班级师幼互动质量与低收入家庭儿童发展水平关系的门槛效应。

1. 研究方法

该研究的样本为来自美国11个州的671个托幼机构班级中的低收入家庭儿童，共1129人。研究采用样条回归方法，分别研究了CLASS师幼互动质量对儿童的5个发展领域（社交能力、问题行为、表达性语言、阅读水平、早期数学）的预测作用。其中，研究的预测变量为班级师幼互动质量，具体为CLASS情感支持和教学支持质量。儿童的社交能力由教师测评，测量工具为教师—儿童评定量表中的社交能力子量表（Hightower et al., 1986）。儿童的问题行为也由教师进行评定，测量工具为教师—儿童评定量表中的问题行为子量表。儿童的表达性语言采用皮博迪图片词汇测验（第3版）（PPVT-3）进行测评。儿童的阅读水平采用字母—词汇辨认（Letter-Word Identification，LWID）进行测量。早期数学采用WJ-Ⅲ进行测量。

在研究建立的回归模型中，某个质量分界点的两侧分别代表高质量与低质量范围中的回归分析，从而分别估计出低质量得分区间和高质量得分区间内质量预测儿童发展水平的斜率。在分段线性回归中，分界点的选取通常是在已有研究基础上，研究者结合自己的经验及当前样本的质量得分分布情况来进行的。

研究者选取得分为5作为CLASS情感支持维度的门槛值（分界点），因为CLASS研发者定义5以上为高水平。但研究者选择3.25～7来定义良好的教学支持质量，之所以选择3.25为分界点，是因为需要保证在当前样本中高于3.25的班级数量能够满足统计分析的要求，从而更加可靠地估计更高质量范围内质量预测儿童发展关系的斜率。

2. 研究结果

研究发现，相较于处于CLASS情感支持得分为低水平的班级，处于高水平的班级中的情感支持能更强地正向预测儿童的社交能力，即情感支持的得分越高，儿童的社交能力得分越高。此外，在情感支持处于高水平的班级中，情感支持得分对儿童的问题行为有更强的负向预测作用，即情感支持的得分越高，儿童表现出的问题行为就越少。对于 CLASS 教学支持来说，教学支持处于高水平的班级中，教学支持对儿童的表达性语言和早期数学成绩的正向预测作用比在中低教学支持质量的班级中要强。

（二）师幼互动质量与城市儿童词汇发展和认知控制关系的门槛效应

韦兰等人（Weitland et al., 2013）在《城市公立幼儿园班级质量与儿童的词汇和执行功能发展的关系》（"Associations between Classroom Quality and Children's Vocabulary and Executive Function Skills in an Urban Public Prekindergarten Program"）一文中，以 414 名波士顿公立幼儿园的儿童为被试，考察了这些学前儿童接受的教育质量（师幼互动质量）与其发展水平之间是否存在线性或非线性的关系。

1. 研究方法

该研究的师幼互动质量包括 CLASS 情感支持、班级管理和教学支持 3 个领域。儿童词汇发展通过 PPVT-3 进行测量，儿童认知控制能力（即执行功能）通过敲笔试验进行测量（Diamond & Taylor, 1996）。研究者分别采用线性回归模型和样条回归模型考察班级师幼互动质量与儿童发展的关系。门槛值的选取如下：教学支持为 3.90，情感支持为 5.13，班级管理为 4.29。

2. 研究结果

研究结果发现，在线性回归模型中，班级质量与儿童接受性词汇发展水平的线性关系不显著。在样条回归模型中，与伯奇纳尔（Burchinal, 2010）的研究不同，该研究发现在低质量班级中，情感支持水平与儿童接受性词汇发展水平的关系是负向的，即当情感支持质量的分数低于门槛值时，质量得分越高，儿童的接受性词汇得分越低。此外，研究结果还显示，情感支持、班级管理和教学支持 3 个领域与儿童的认知控制能力的关系是非线性的。

CLASS 情感支持、班级管理与教学支持只能在高质量（高水平）的班级中显著正向地预测儿童的认知控制水平；在低质量（低水平）的班级中，情感支持和班级管理与儿童的认知控制水平没有显著的关系；此外，当教学支持得分低于门槛值时，教学支持能负向预测儿童的认知控制能力，即教学支持得分越高，儿童的认知控制能力得分就越低。

（三）师幼互动质量与农村儿童发展水平关系的门槛效应

伯奇纳尔等人（Burchinal et al., 2014）在《农村学前教育质量与儿童发展水平关系的门槛效应》（"Thresholds in the Association between Child Care Quality and Child Outcomes in Rural Preschool Children"）一文中的研究探索了"当教学质量达到什么阈值时，质量才能显著预测儿童的学业、行为和工作记忆的发展？"这一问题。

1. 研究方法

研究选取了农村低收入家庭儿童（849 名）及其所在的托幼机构班级为研究对象。其中，班级师幼互动质量采用 CLASS 进行评定；儿童早期数学成绩采用 WJ-Ⅲ测试；接受性语言和阅读水平采用 PPVT-3 进行测量；语音意识采用 TOPEL 进行测量；问题行为与行为胜任力（情绪管理与前社会行为）采用强项与困难项问卷和社会胜任力量表进行测量。

2. 研究结果

研究选取的门槛值如下：班级管理为 5，情感支持为 5，教学支持为 3。门槛效应分析模型的建立采用惩罚 B 样条回归。结果发现，在模型没有加入协变量时，CLASS 3 个质量领域与儿童发展变量之间均存在非线性关系；但在加入协变量后，班级管理对儿童行为胜任力有非线性影响；情感支持对儿童阅读水平和早期数学成绩的影响存在门槛效应。在高质量（高水平）的班级中，班级管理能正向预测儿童的行为胜任力，负向预测儿童的问题行为；而在低质量（低水平）的班级中，这种关系没有达到显著水平。此外，研究结果还显示，当情感支持得分超过 6 时，情感支持对阅读水平与早期数学成绩有显著的负向影响。

（四）师幼互动质量与儿童入学准备关系的门槛效应

哈特菲尔德等人（Hatfield et al., 2016）发表的文章《师幼互动质量与学前儿童入学准备技能关系的门槛效应》（"Threshold in the Association between Quality of Teacher-child Interactions and Preschool Children's School Readiness Skills"）考察了班级质量预测儿童入学准备技能的门槛效应。

研究选取的样本包括 875 名儿童。研究采用 CLASS 测量班级质量，采用惩罚 B 样条回归模型进行门槛效应分析。CLASS 情感支持的门槛值为 6，班级管理为 6，教学支持为 3。结果发现，在情感支持质量更高的班级中（高水平），情感支持与执行功能（敲笔试验测量）和语音意识（TOPEL 测量）的关系更强；在班级管理质量得分更高的班级中，班级管理与识字技能（TOPEL 测量）的关系更强。

此外，在质量的高水平范围内，质量与儿童发展关系的效应量处于中高水平。这说明，在高质量的班级中，CLASS 班级管理和情感支持与儿童执行功能的关系更强。这些研究结果说明，在师幼互动质量处于较高水平的时候，师幼互动质量对儿童入学准备技能的预测能力更强。

（五）师幼互动质量预测儿童发展水平的门槛效应

2015 年，莱瓦及其研究团队（Leyva et al., 2015）在一项探索师幼互动质量与儿童发展关系的研究中，采用样条回归来考察师幼互动质量预测儿童发展水平的门槛效应，可参见论文《智利的师幼互动及与儿童发展的关系》（"Teacher-child Interactions in Chile and Their Associations with Prekindergarten Outcomes"）。

1. 研究方法

在此研究中，研究者对 64 所幼儿园的 91 个班级进行了 CLASS 师幼互动质量评价，同时对这些班级中的 1868 名 4 岁儿童（随机抽样）的发展进行了测评。这些儿童普遍来自智利圣地亚哥地区的低收入家庭。该研究选取的高质量分界点与先前的研究类似（Burchinal et al., 2010）：CLASS 情感支持和班级管理的门槛值为 5，教学支持的门槛值为 2。这里值得注意的是，该研究将得分为 2 作为教学支持的门槛值（分界点），略低于其他研究中运用的 3（Burchinal et al., 2014）和 3.25（Burchinal et al., 2010）；其原因在于，该研究中只有 15% 的班级教学支持得分超过了 2.75，显示教学支持质量总体偏低，选择得分为 2 作为理论上可能产生质量门槛效应的分界点符合样本的数据分布特征。

2. 研究结果

样条回归分析结果表明，在班级管理方面，高质量（高水平）的 CLASS 班级管理与儿童的语言技能发展水平、早期写作和早期数学有显著的正向关联。在情感支持方面，高水平得分的 CLASS 情感支持可正向预测儿童的早期写作水平；在低质量范围内，CLASS 情感支持负向预测儿童执行功能的水平。在教学支持方面，CLASS 教学支持与儿童各领域发展水平之间没有任何关联。

（六）0～3 岁保教质量与婴幼儿发展关系的门槛效应

面对当前全球范围内 0～3 岁托育服务需求日益增加的趋势，学前教育政策制定者开始关注一些重要的问题：对于婴儿、学步儿发展来说，托育服务质量是否存在门槛效应（即质量的最低要求）？如果存在门槛效应，政策制定者该如何制定托育服务质量的基线？假如质量基线存在，各国 0 ～ 3 岁早期教育质量监测工作可以参考该质量基线来划定托育机构准入条件。例如，强制要求没达到基线水平的托育机构在一定时间内接受专业指导，将质量提升到基线水平，否则就撤销其经营权。一项研究考察了婴幼儿保教质量与婴幼儿发展关系中的门槛效应（Setodji et al., 2013）。

1. 研究内容与方法

在变量测量方面，该研究采用 ITERS 测量婴幼儿保教质量，采用贝利发展心理量表简表（研究版）（BMDSF–R）测量婴幼儿的语言和认知发展。在分析方法方面，研究者认为线性回归模型不能正确地描述 ITERS 分数与 BMDSF–R 分数之间的关系，通过 GAM 确定质量门槛效应能够更好地描述质量与婴幼儿 BMDSF–R 测试表现的关系。

2. 研究结论

研究结果表明，要想明显提升婴幼儿语言和认知发展，ITERS–R 得分须超过 3.8——ITERS–R 的最低门槛值。此外，GAM 的结果提示，ITERS–R 存在一个"天花板"阈值（4.6），超过了这个"天花板"阈值，婴幼儿在 BMDSF–R 上的分数就没有显示出显著的提升，仅有微小的上升。

就 ITERS–R 分数而言，提高班级质量是实现婴幼儿发展获得最大收益的重要途径。在 ITERS–R 分数为 1 ～ 3.7 的班级中，班级质量与婴幼儿语言和认知发展之间的关系相对较弱，研究建议班级 ITERS–R 得分最好能达到 3.8。然而，在得分为 4.6 ～ 7 的班级中，进一步提升其质量（ITERS–R 测量）可能无法显著地促进婴幼儿语言和认知的发展。基于此，研究者认为，政府除了要帮助低于基线水平的托育机构提升其质量，也要将一部分财力和资源投入 ITERS–R 得分为 3.8 ～ 4.6 的机构，因为处于该分数段的班级的质量提升能最大限度地让该地区婴幼儿的语言和认知发展受益。

那么，为什么质量分数超过 4.6 后，即使质量分数进一步提升，婴幼儿的语言和认知水平也不会继续提高了呢？其原因可能与 ITERS–R 测量的质量内容有关。ITERS–R 最大的优点是其涵盖的内容非常全面，被称为托育机构班级整体质量的评估工具。该量表的不足之处是：对于托育机构班级中的过程性质量，尤其是师幼互动和教师回应性的评估显得过于简单粗糙。事实上，大量实证研究发现，师幼互动质量是 0 ～ 3 岁学前教育质量的核心要素，而如材料和设施、卫生与安全等班级结构性质量要素被视为影响儿童发展的间接因素。而 ITERS–R 测量托育机构班级整体质量时，其测量的质量内容既包含结构性质量，又包含过程性质量。因此，从这个角度，研究者推测在 ITERS–R 测量的整体质量得分超过 4.6 后，整体质量对婴幼儿发展的影响较微弱。研究者同时提出，不能因为当前研究发现了 ITERS–R 的 4.6 的"天花板"阈值就停止提升托幼机构质量的努力——研究得到的门槛值不应作为不再需要提升质量的定义性标准。研究者应反思，门槛效应研究的结果是否与质量测量工具、结果变量、儿童的年龄与家庭社会经济地位等因素有关，并需要注意不同被试群体中的质量门槛效应可能不同。

（七）班级整体质量与儿童发展关系的门槛效应

有研究采用美国科罗拉多州的 QRIS 的数据考察了托幼机构班级整体质量与儿童发展的关系，可参见论文《早期学习质量评定与提升系统中的"地板"与"天花板"门槛的识别》（"Identifying Baseline and Ceiling Thresholds within the Qualistar Early Learning Quality Rating and Improvement System"）（Le et al., 2015）。

1. 研究内容与方法

研究采用 GAM 来分析托幼机构班级质量对儿童认知能力产生影响的门槛效应。研究样本包括 380 名 3 ～ 5 岁儿童，班级整体质量测量工具选用的是 ECERS–R，儿童认知发展的测量工具采用的是 WJ– Ⅲ 的字母识别、阅读理解和问题解决 3 个子量表。儿童的接受性语言水平采用 PPVT–3 测量。

2. 研究结论

研究结果发现，ECERS–R 存在两个门槛值，一个是基线（"地板"）阈值（3.4），另一个是"天花板"阈值（5.4）。之后，研究进一步采用分段回归检验了 ECERS–R 得分为 1.0 ～ 3.4、3.4 ～ 5.4、5.4 ～ 7.0 时质量与儿童认知发展的关系。结果发现，当 ECERS–R 得分为 3.4 ～ 5.4 时，质量与儿童的认知发展总分、接受性语言得分、问题解决子量表得分、字母识别子量表得分均存在显著的正向关联。当 ECERS–R 得分在 3.4 以下及 5.4 以上时，质量与儿童的认知发展变量之间没有显著关联。

（八）学前教育质量与儿童发展水平线性与非线性关系的元分析

伯奇纳尔等人（Burchinal et al., 2011）对 2011 年之前的 20 项学前教育质量与儿童发展水平关系的研究进行了元分析，总结了学前教育质量与婴幼儿发展水平的线性与非线性关系，可参见文章《我们测量的质量对儿童成就的预测如何？对大样本托幼机构研究数据的元分析和协调分析》（"How Well Do Our Measures of Quality Predict Child Outcomes? A Meta-analysis and Coordinated Analysis of Data from Large-scale Studies of Early Childhood Settings"）。

1. 质量与儿童发展水平线性关系研究的元分析

从这 20 项研究中，伯奇纳尔等人共得到了 97 个质量与儿童发展水平关系的效应量。总体来看，这些学前教育质量与儿童发展水平在统计上存在显著相关，但其相关程度偏弱：偏相关系数在 0.05 与 0.17 之间（$0.05 < r < 0.17$，$r = 0.1$ 为弱，$r = 0.3$ 为中等，$r = 0.5$ 为强）（Cohen，1987）。在较小儿童（3 岁组）被试组中，质量与儿童发展的关系的强度比与较大儿童组（4 岁组）的关系更大。此外，在儿童学业、语言方面，质量与儿童发展关系的效应量大于与社交技能关系的效应量。之后，元分析研究聚焦于学前教育质量对低收入家庭儿童发展水平的影响（共 5 项研究）。结果同样发现，质量与儿童发展水平关系的偏相关系数范围为 $0 \sim 0.23$，显示大部分偏相关系数较小。

2. 质量与儿童发展水平非线性关系研究的元分析

基于上述研究结果，伯奇纳尔等人开始思考：为什么前期研究得出的质量与儿童发展的关系往往是中低程度的相关？如果质量与儿童发展之间的关系是非线性的，有没有可能在某个分数段的时候班级质量与儿童发展水平之间存在较强的关系？

基于以上问题，该研究又进行了一系列分析与讨论。该研究采用回归分析（包括线性与非线性）来检验以上假设，将幼儿园所在地、母亲受教育水平、儿童种族和性别作为协变量（控制变量）。结果显示，当质量分数处于较高水平时，质量与儿童发展的关系可能有更强的相关。例如，在一些研究中，当 ECERS 质量处于良好至高水平，ECERS 分数与儿童语言和数学成绩的关系更强，质量与儿童问题行为的负相关性更强；当 ORCE 质量得分处于中到高水平，质量与儿童数学技能的关系更强；当 CLASS 质量处于中到高水平，质量与儿童阅读技能的关系更为密切。也有研究发现，当质量处于低至平均水平，质量与儿童阅读技能的关系更为密切；当 ECERS 质量得分处于高水平，质量与儿童问题行为的负性关系更强。

总之，以上元分析研究充分说明了学前教育质量与儿童发展关系之间存在质量门槛效应——学前教育质量与儿童发展的关系往往是非线性的。

（九）中国学前教育质量的门槛效应研究

李克建等人于 2018 年发表在《幼儿研究季刊》上的一篇实证研究论文《中国学前教育质量对儿童发展影响的门槛效应检验》（"Testing the 'Thresholds' of Preschool Education Quality on Child Outcomes in China"）探索了中国学前教育质量的门槛效应。

1. 研究方法

2110 个 3～6 岁儿童研究样本来自中国的 8 个省份，分布于 193 所幼儿园的 428 个班级。儿童发展水平的测量工具是中国儿童发育量表，测量了儿童在语言、数学和社会技能方面的发展水平。对托幼机构质量的测量采用的是 CECERS。研究采用样条回归模型探索了学前教育质量预测儿童发展水平的门槛效应。

2. 研究结论

研究结果发现，总体上看，CECERS 的互动子量表与儿童发展水平的关系存在门槛效应，而空间和设备与儿童发展水平之间没有关联。

在质量与儿童语言发展水平方面，CECERS 的互动维度对儿童语言发展水平的质量门槛值是 4.64；在低质量段，回归模型的斜率是 –0.73；在高质量段，回归模型的斜率是 0.34。斜率的事后比较结果显示，在互动子量表得分较高的班级中，互动质量对儿童的语言技能有更强的预测作用；在低质量段的班级中，互动质量与儿童的语言发展水平没有显著的关联。在高质量段，二者之间的关系是显著的——当互动子量表提高 1，儿童的语言发展得分提高0.34（见图 7–2。）

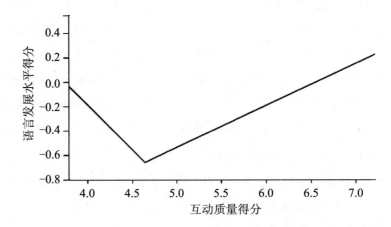

图 7–2　CECERS 互动子量表与儿童语言发展关系的门槛效应（Li et al., 2018）

在质量与儿童社会认知水平方面，互动质量的门槛值是 4.33，当互动的分数高于门槛值时，互动与儿童的社会认知水平存在显著关联；低于门槛值时，二者则没有显著的相关性。互动的得分每提高 1，儿童在社会认知上的平均得分提高 1.52。

　　在质量与儿童数学成绩方面，互动的门槛值是 4.62。当互动的分数低于门槛值时，互动质量与儿童数学成绩呈显著的负向相关，当互动的分数高于门槛值时，互动质量与儿童数学成绩呈显著的正向相关。在高质量段，互动的得分每提高 1，儿童在数学成绩上的得分提高 0.83。

　　此外，考虑到中国存在的幼儿园质量城乡差异现状，该研究还进一步考察了学前教育质量对儿童发展产生的影响是否存在城乡差异。研究在对城市和农村儿童样本进行分组分析后发现，在农村幼儿园中，质量与儿童发展的门槛效应与总样本结论一致：当互动质量高于门槛值时，互动质量得分越高，儿童的发展水平越高。而对于城市儿童，门槛效应只存在于儿童的社会认知维度（低于门槛值时，质量越低，儿童的社会认知水平越低）。

　　该研究的一系列结论在一定程度上证明了中国学前教育质量与儿童发展的关系存在门槛效应。这也给了当前学前教育研究者及政府教育部门一定的教育启示——中国学前教育需要明确界定和严格执行国家的基线质量标准，应优先提升农村儿童接受的学前教育质量，缩小农村和城市儿童在发展成就上的差距。

四、当前质量门槛效应研究的特点

当前国内外关于质量门槛效应的研究存在一些特点，对其梳理如下。

（一）结果变量的选取

　　不同的研究选取的儿童发展水平变量（结果变量）不同，通常包括儿童语言、数学、执行功能（认知控制）、入学准备、情绪与社交技能、问题行为等。当前的研究较多发现质量与儿童学业水平之间的关系有质量门槛效应，发现质量与儿童社交技能关系的门槛效应的研究较少。

（二）样本与工具的选取

　　不同质量门槛效应研究的结果往往存在一定的差异。不同的研究采用了不同的质量评价工具及不同的儿童发展测评工具，这可能导致研究结果的不同。此外，在不同文化背景下，研究被试群体的多样性也可能是导致研究结果不同的原因。有些研究是专门针对低收入家庭儿童进行的，而低收入家庭儿童的门槛效应与随机样本的门槛效应存在差异，这本身也是值得深入研究的问题。

（三）门槛值的选取

同样，不同的研究选取不同的门槛值，这也可能导致不同的研究结论。门槛值的选取对研究结果来说尤为重要。在确定门槛值的时候，一方面，研究者可以根据已有文献、经验与专家的界定来确定，然后通过样条回归分析加以验证；另一方面，门槛值可以通过 GAM 方法获得，然后通过样条回归进行验证（Le et al., 2015; Setodji et al., 2013）。

在基于经验选取门槛值时，常常需要综合多方面的因素进行考虑。例如，结合专家经验和样本得分分布来确定门槛值。伯奇纳尔等人（Burchinal et al., 2010, 2014）通过专家界定和经验取值的方法选取的 CLASS 情感支持和班级管理的门槛值为 5，教学支持为 3 或 3.25。然而，莱瓦等人（Leyva et al., 2015）在他们的研究中选用 2 作为 CLASS 教学支持的门槛值，该门槛值略低于其他研究中运用的 3（Burchinal et al., 2014）或 3.25（Burchinal et al., 2010）。他们的解释是：样本显示只有 15% 的班级的 CLASS 教学支持得分超过 2.75，其分数总体偏低；选择较低的分数 2 作为门槛值能够保证在门槛值两边都有足够的样本量。

总体来看，之前的研究证据并不能保证门槛值设定的绝对性。不同研究结果之间的差异需要进一步检验，从而确保对儿童发展产生影响的质量门槛值的准确性。

五、质量门槛效应研究对学前教育质量提升的启示

学前教育质量与儿童发展水平的门槛效应这一研究问题具有很强的应用性，这类研究能够为学前教育公共政策制定带来一定程度的启示，这也是其受到研究者关注的一个重要原因。

对于政府决策者来说，他们希望知道什么是"足够好"的学前教育质量水平，进而能够在"足够好"的标准下为那些达不到质量标准的托幼机构提供资金或技术支持。质量门槛效应分析能够为此提供一些重要建议。首先，当质量达到一定水平（也就是门槛效应中的门槛值），质量对于儿童发展的效应才更加显著；而当质量低于门槛值，质量对儿童的发展水平则不能产生显著影响。其次，质量可能存在某个"天花板"阈值，当质量接近这一"天花板"阈值，儿童的发展水平可能不再受益于质量提升。最后，质量的门槛值是否存在、该门槛值到底是多少，与研究选取的儿童发展水平变量、被试的年龄、人口分布、采用的统计方法等因素有关。

事实上，门槛效应研究的结论可以转化为学前教育政策。例如，调整财

政拨款,给予那些没能达到最低质量水平（质量阈值）的幼儿园更多资金帮扶；政府部门也可以为这些幼儿园的教师提供专业培训或制定激励政策，提升这些教师的专业发展水平。再如，一些质量门槛效应研究显示，如果政府能够通过财政投入或培训帮助教师提升其教学质量，使其提供的教学质量跨过门槛值，那么他们可能为儿童发展带来更大的收益。

此外，一些质量与儿童发展水平关系的门槛效应研究选取了农村地区的儿童作为研究样本（Burchinal et al., 2014）。之所以选择低收入家庭儿童作为研究对象，是因为在经济发展落后的偏远或农村地区，儿童接受的学前教育质量堪忧，其学业与发展的问题尤为突出。如果偏远或农村地区幼儿园的质量门槛值确实存在，且不同质量水平对儿童发展水平产生的影响有差异，那么，针对具体质量门槛值进行的质量提升工作及合理政策的制定，则能够更有效地帮助处境不利儿童，满足教育公平的诉求。

第八章　0～3岁托育服务质量

Chapter Eight

本章导读

从全球范围看，当前0～3岁托育服务的需求很大。然而，各国高质量的0～3岁托育服务的供给普遍不足，服务质量往往不理想。当前，学前教育学者与各利益相关者（如服务机构、家长、政府等）对于"什么是高质量托育服务？"这一问题尚未达成共识；家长、托育机构工作人员、教育服务供应商及一部分政府行政人员都在一定程度上对高质量托育服务存在错误的诠释与追求。此外，受社会经济文化发展情况的影响，各国之间（以及各国的不同地区之间）0～3岁托育服务的形式与内容有一定的差异，托育机构质量和师资质量也参差不齐；有些国家尚缺少成熟的0～3岁教育行业的准入、监管与评估标准，这无疑阻碍了0～3岁学前教育的发展。

与3～6岁学前教育质量相同，对于0～3岁托育服务质量（以0～3岁托育机构为载体）可以从班级整体质量和班级师幼互动质量两个角度去定义。其中，班级整体质量描述了以班级为单位的过程性质量及一系列影响过程性质量的结构性质量要素；班级师幼互动质量（即照料者与婴儿、学步儿的互动）作为过程性质量，是影响婴幼儿发展的核心质量要素。ITERS-R可用于评估班级整体质量，CLASS婴儿版和CLASS学步儿版可用于评估班级师幼互动质量。

随着全球0～3岁托育服务需求的增加，对高质量婴儿与学步儿教育的内涵做出科学的解析迫在眉睫；建立统一有效的行业准入、监管与质量评估标准，并针对不同地区有效地加大托育服务的供给也是当务之急。此外，关于0～3岁学前教育质量的研究在国际上也备受学者关注，0～3岁教育课程及实施、具有可操作性及良好信度和效度的质量评价工具的开发、0～3托育服务的有效性是当前0～3岁教育质量研究的几个热点。

本章讲解0～3岁托育服务的需求与发展现状，深入分析0～3岁托育服务的质量要素，并对实证取向的0～3岁托育机构质量评价工具与相关研究进行解析。

第一节 0～3岁托育服务质量的内涵

一、0～3岁托育服务发展现状

（一）国外现状

1. 0～3岁托育服务的需求

0～3岁学前教育服务的对象为婴儿和学步儿。当前，有关0～3岁学前教育质量的议题在国际上备受学者关注（Barro & Aguiar, 2010; Bjørnestad & Os, 2018; Tietze & Cryer, 2004）。对以0～3岁托育机构（或称托育中心）为载体的婴儿和学步儿集体托育环境的质量评估也逐渐成为学前教育研究的热点（Slot et al., 2017; Helmerhorst et al., 2015）。

放眼全球，女性在产假结束后回归工作岗位已成为一种普遍现象，当代家庭对高质量的0～3岁托育服务的需求逐渐增大（Barro & Aguiar, 2010）。比如，有报道显示，美国有一半以上的婴儿和学步儿有接受托育服务的需求（Mamedova et al., 2012）。在智利，约38%的0～3岁婴儿和学步儿需要托育服务；在荷兰，70%的女性在3个月产假结束后会将婴儿送入托儿所，并回归工作岗位（Helmerhorst et al., 2015）。此外，根据挪威的有关报道，几乎所有挪威婴儿在1周岁后都会接受托育服务，而他们的母亲则回归工作岗位（Bjørnestad & Os, 2018）。在俄罗斯，婴儿从出生后第2个月起就可以接受完全免费的国家教育，市立托儿所、幼儿园联合体是家长的首选，其中托儿所部分主要接收2个月至3岁的婴幼儿，每个育婴班级不超过10人。

2. 0～3岁托育服务的供给形式

各国0～3岁托育服务的供给形式有所不同。当前，各国均鼓励并调动社会资源建立不同形式的0～3岁托育中心，如通过公办、公建民营、民办公助、政府购买等多种模式，构建不同形式并存的托育服务系统。这些托育中心所提供的托育服务可能是全日制、半日制或日间小时托管（如家庭式婴幼儿看护点和寄养中心等）、夜间照料等形式的服务，从而满足不同类型和不同工作时间的家庭日益增长的多元化托育需求。

在美国，日托中心是最为普遍的0～3岁托育机构。日托中心一般设在社区中，主要为0～4岁儿童提供一个安全、健康的集体保育场所，其费用主要由家长承担（有时也会由家长的雇主负担一部分或全部费用）。此外，美国资助 0～3 岁教育的企业不断增加，这些企业建立专项发展基金，以支持 0～3 岁托育服务的发展。因此，美国 0～3 岁教育服务供给的形式多样，满足了不同家庭的需要。表 8-1 显示了美国不同类型的 0～3 岁托育服务机构的开设目的和服务对象。

表 8-1　美国不同类型的 0～3 岁托育服务机构的开设目的与服务对象

类型	开设目的	服务对象
日托中心	多重目的：游戏、社会化；临时保育；身体护理；促进儿童认知与社会性发展。	0～6 岁儿童
短时保育中心	提供短时保育。	从婴儿至小学生
家庭日间保育	在家庭为儿童提供护理、监护（即家庭式日托中心）。	从婴儿至小学生
雇主资助的儿童保育项目	满足不同家庭的儿童保育需求。	从婴儿至小学
私人保育服务	家庭保姆为儿童提供保育与教育。	从 6 周至小学一年级学生
保育学校（公办 / 民营）	集体托育，促进儿童身体、认知与社会性发展。	2～4 岁儿童
托儿所（公办 / 民营）	集体托育，促进儿童身体、认知与社会性发展。	2.5～5 岁儿童

除提供集体托育服务的保育中心外，芬兰还建立了提供上门短时看护服务的"保育妈妈"制度，有育儿经验的人士担任"保育妈妈"，提供居家式照料服务，以缓解家庭照料的压力；同时，芬兰的一些相关机构也通过专项培训、入户指导等多种方式帮助父母提升科学育儿的知识和能力。

3. 0～3 岁学前教育课程

在 0～3 岁学前教育的课程开设方面，不同 0～3 岁教育者从不同理论视角或教养理念出发，采取不同教育实践。例如，加拿大和德国的部分 0～3 岁托育机构被称为"森林学校"，该教育模式倡导婴幼儿定期往返于大自然，并在其中发展动作、认知和社会性，教师则作为一个观察者，参与婴幼儿在自然中的游戏，鼓励婴幼儿自主性发展。在美国，一些提供 0～3 岁保教服务的蒙台梭利学校会使用蒙台梭利教育所倡导的教育哲学、教育方法及相应的玩教具和材料来开展教学；有一些 0～3 岁托育机构强调音乐对婴幼儿的影响，在婴儿的感觉统合训练中关注音乐活动的教育价值，并注重成人与婴幼儿之间的互动关系；还有一些 0～3 岁托育机构注重提供一定的用于强化婴幼儿语音意识的早期阅读活动，该教育活动能够有效地提升入学准备水平，对处境不利婴幼儿（如贫困家庭婴幼儿）的发展具有一定的促进作用。澳大利亚的一些 0～3 岁托育机构以社区服务为支撑，关注婴幼儿的自主性发展，倡导教师应为婴幼儿的个性化活动提供支持。日本的一些 0～3 岁托育机构则主要围绕婴幼儿的具体生活活动展开，如吃饭、穿衣、如厕等。总之，以上各种托育服务现状反映了各国不同形式和不同内容的 0～3 岁托育服务供给系统。

（二）国内现状

1. 0～3 岁托育服务的需求与供给

在我国，随着家庭养育理念的改变，尤其是全面二孩政策实行后，年轻父母对 0～3 岁儿童托育服务的需求日渐增加。然而，由于当下我国关于 0～3 岁婴儿和学步儿照料的政策体系不够完善，且机构运营风险压力大，托育机构发展较为缓慢，服务供给严重不足，0～3 岁婴儿和学步儿入托存在困难。据统计，全国婴儿和学步儿在各类托育机构的入托率仅为 4.1％。"入托无门"已成为我国一部分较发达地区面临的教育问题。以上海市为例，据上海市妇联 2017 年年初的调查，88％的上海市户籍家庭需要托育服务，上海市有超过 10 万的 2 岁儿童需要托育服务，而上海市公办系统与民办系统合计招收的 2 岁儿童仅有 1.4 万名。入托难已成为当前很多地区面临的共同问题。此外，2016 年中国人口与发展研究中心开展了一项"城市家庭 3 岁以下婴儿和学步儿托育服务需求"调查项目，结果显示，城市 35.8％的婴儿和学步儿的家长存在托育需求，无祖辈参与照看的家庭的托育需求达 43.1％，即使在祖辈参与照看的家庭中，33.8％的家庭也表示有托育需求。

当前我国 0～3 岁托育服务供给明显不足，其原因来自多个方面。首先，由于我国各地学前教育资源总量不足，且政府教育部门对婴幼儿接受 0～3 岁托育服务没有严格的规定或要求，这使得多数幼儿园取消托班，只招收 3 岁以上的幼儿。其次，0～3 岁托育服务需要具备较强的专业性，托幼机构准入门槛和运营成本也较高，导致现有的民办机构生存压力较大；在当前缺少政府政策支持的情况下，社会资本投资托育服务的积极性不高。再次，我国尚未制定关于婴儿和学步儿托育服务发展的总体规划，相关法律法规和政策制度也不健全，缺乏专门的准入标准和管理规范，社会力量举办托育机构面临许多困难。最后，我国学前教育教师的职前教育往往缺少提供 0～3 岁学前教育服务所需要的相关知识与技能，这导致 0～3 岁托育服务专业人员十分缺乏。当前，我国政府鼓励有条件的幼儿园充分利用人员、场地、设施等资源，积极尝试托幼一体化，从而缓解当前我国0～3岁托育服务供给不足的状况。

2.0～3岁托育服务行业的规范性

当前，我国0～3岁学前教育行业的规范性不够，有些机构开设的学前教育课程不够科学，从业人员的水平普遍较低，机构运营往往趋于功利化、商业化，家长也不懂得如何进行家庭教育。

基于此，当前我国部分较发达地区已开始鼓励社会资本进入0～3岁托育服务领域，同时制定行业规范。例如，上海市政府对外公布了《关于促进和加强本市3岁以下幼儿托育服务工作的指导意见》《上海市3岁以下幼儿托育机构管理暂行办法》《上海市3岁以下幼儿托育机构设置标准（试行）》，对民办托育机构的申办者、申办程序、设施配备、行业人员标准、机构管理、收费等均进行了详细规定，并鼓励符合条件的企业或个人申请举办托育机构。青岛市也制定了早教机构的相关管理标准——《青岛市非全日制早期教养指导与服务机构管理办法》，对早期教养指导与服务机构的设置条件标准、收费、招生等提出了要求。以上这些管理标准明确了0～3岁学前教育机构举办者的资质、0～3岁学前教育机构的设置条件、相关从业人员的标准及机构收费等质量内容，使0～3岁学前教育机构的设立和运营都有章可循。相关标准及规范的出台能够为政府实现对0～3岁教育机构的监管与支持提供依据和保障。针对目前我国0～3岁学前教育存在的服务质量参差不齐（如教师资质不够、课程质量无保障等）及收费无标准等状况，应尽快制定出台全国性的相关的行业标准，对教师资质、基础设施和收费标准进行规范，引导0～3岁教育服务健康有序地发展。

综上所述，全球范围内的0～3岁托育服务需求日益增加，但各国提供的托育服务的形式与内容有一定的差异，很多国家的婴幼儿所享受的托幼服务质量参差不齐。此外，鉴于各国的托育服务供给与托育服务质量的差异，国际上就0～3岁托育服务质量的标准与内涵还需进一步达成共识，这对0～3岁托育服务质量的评价造成了一定的困难。

二、0～3岁托育服务的有效性

意大利教育学家蒙台梭利认为，人出生后前3年的发展在程度和重要性上超过人整个一生中任何阶段的发展。大量的发展心理学和认知神经科学研究表明，儿童生命的最初几年是一生中大脑发育最为迅速的阶段。随着社会和科学的不断发展，0～3岁早期教育的重要意义逐渐为人们所重视。自20

世纪 60 年代开始，有不少具有里程碑意义的追踪研究项目探索了早期托育服务项目对儿童发展的短期和长期影响（Reynolds et al., 2004; Schweinhart et al., 2005）。大量研究结论证明，早期教育干预能为处境不利的婴儿和学步儿的发展带来长期的积极影响。

在这些有效性研究中，最引人注目的是"ABCD 快乐育儿法"（The Abecedarian Project）有效性研究。"ABCD 快乐育儿法"主要服务于新生儿到 5 岁的婴幼儿。该研究对样本从婴儿期追踪到成年期。长达近 40 年的研究证明，接受干预的婴幼儿在阅读和数学方面表现得更好，也更有可能从高中毕业并考上四年制大学；接受"ABCD 快乐育儿法"的小组（实验组）完成四年制大学学习并毕业的人数是对照组的 4 倍（Campbell et al., 2012）。更令人惊喜的发现是，干预组成年男子表现出较低的高血压风险及适度水平的高密度脂蛋白胆固醇，同时没有表现出任何代谢异常；干预组中的成年女性同样表现出较低的高血压患病风险，较少受到肥胖症的影响（Campbell et al., 2014）。此外，近期在印度、巴基斯坦和赞比亚 3 个国家应用"ABCD 快乐育儿法"的早期干预研究发现（Bann et al., 2016），对处境不利的婴儿和学步儿进行高品质的"ABCD 快乐育儿法"项目干预，每投入 1 美元，在儿童成人后可获得高达 13 美元的回报。

与"ABCD 快乐育儿法"的小样本干预研究相比，美国儿童健康和发展研究所发起的关于婴儿和学步儿托育质量对个体发展的影响的纵向研究则是美国最有代表性的大样本追踪研究。该研究持续了 15 年，研究人员运用环境质量和师幼互动质量的评估工具评估了托育机构质量，并比较了接受低质量、中质量和高质量教育的婴儿和学步儿在学习和发展方面的表现。研究证明，高质量的早期教育对婴儿和学步儿的认知和社会性情绪发展有积极的影响。高质量的婴儿和学步儿托育服务在总体上与较高的入学准备水平有关联，并对语言和学业水平发展结果有积极影响。总之，高质量托育服务能够对个体发展产生积极影响。

著名的开端计划是美国联邦政府迄今所实施的规模最大的、针对处境不利婴儿和学步儿的免费教育干预项目。自 1965 年该项目实施以来，大量研究者对其有效性进行了研究与评估。其中一项始于 1996 年的追踪研究将来自 17 个州的 3000 多名婴儿和学步儿及其家庭随机分配到开端计划项目和普通家庭服务中，并对两组婴儿和学步儿的发展水平进行比较。结果发现，接受开端计划服务的婴儿和学步儿在认知、社交情绪和语言功能方面的发展比没有参与该项目的同龄人表现得更好。值得一提的是，连续参加开端计划（从出生到 3 岁）及之后的幼儿园服务（3～5 岁）的儿童在成长方面的收益最大（Fenichel & Mann, 2011）。

综上所述，大量的大型追踪研究表明，高质量的 0～3 岁托育服务对于儿童发展来说是极具价值的。然而，从全球范围看，仅有少数家庭可以享受高质量的 0～3 岁托育服务。

三、0～3 岁托育服务质量与评估

（一）班级整体质量

0～3 岁教育与 3～6 岁教育同属于学前教育范畴。解析 0～3 岁托育服务质量的内涵，需要对婴儿和学步儿的学前教育本质有正确的理解，并能够对 0～3 岁与 3～6 岁学前教育的异同有所辨别。

在托育服务中，班级环境是直接影响 0～3 岁婴儿和学步儿发展的近端环境，班级整体质量是 0～3 岁托育服务质量评价的一项重要内容。0～3 岁托育机构班级整体质量的内容也可分为结构性质量和过程性质量两个方面（Cryer et al., 1999）。结构性质量是那些相对稳定并容易测量的环境质量元素，包括班额与师幼比、空间与玩教具等；过程性质量是在班级日常人际互动及课程中体现出的质量元素，如师幼互动质量。从本质上看，0～3 岁和 3～6 岁学前教育均强调发展适宜性实践，即教育要符合 3 种适宜性特征：儿童发展发育适宜的特征；年龄适宜的特征；文化环境适宜的特征。

当前，国际上应用最广泛、研究基础最雄厚的托育机构班级整体质量评价工具是美国北卡罗来纳大学的团队于 20 世纪 80 年代研发、2005 年修订的 ITERS-R（Cryer et al., 2005）。该量表与本书第二章介绍的 ECERS-R 在结构上相似，其内容更侧重评估 0～3 岁托育服务质量。

（二）质量的核心要素——师幼互动

3～6 岁幼儿园教育实施的主要内容，无论是教师主导的还是儿童发起的，都基本围绕着 5 个领域开展大组 / 小组活动，从而实现各领域课程的目标。与 3～6 岁教育相比，婴儿和学步儿教育最大的不同之处在于其注重关系与过程，而非学习的具体目标和内容，婴儿和学步儿教育的本质是托育过程中师幼关系的建立和教师对儿童行为的响应性。因此，关系是 0～3 岁课程实施的基础，提供响应性及个体化的照料是课程实施的主要方式。NSCDC 根据多年的实验研究结论和教育实践经验阐释了高品质托育服务质量的核心要素，并在《渴望学习》（"Eager to Learn"）一文中进行了精辟的总结："如果要指出学前教育

中的核心质量要素，那就是教师／成人与儿童的互动和关系，以及成人是否具备回应儿童需求的能力。"事实上，托育服务质量的核心要素就是教师／照料者与婴儿和学步儿之间的互动质量，即师幼互动质量。

在 0～3 岁托育服务机构中，教师／照料者是师幼互动中的主导者、教育服务的供应者。优秀的 0～3 岁教师／照料者能够在一整天的工作中持续处于"开启"状态，并在工作中勤于观察、反思和回应，在追踪观察婴儿和学步儿的发展的同时，将学习机会与其发展阶段进行匹配。他们能够在观察和了解婴儿和学步儿的行为的同时，积极思考：为什么婴儿和学步儿会这样做？在其游戏背后的思考过程是什么样的？行动是如何开展的？从婴儿和学步儿发展的角度看，教师预测他们下一步行为发展的能力对于进一步开展师幼互动来说十分重要。这就要求教师积极提供适宜的成长环境、学习机会，并合理满足婴儿和学步儿的需要，促进婴儿和学步儿持续地朝下一个目标发展。当教师／成人非常仔细地观察婴儿和学步儿，并将观察与已知的发展理论和研究结果联系在一起，他就可以准确地判断婴儿和学步儿的发展程度，进而预测接下来能够学习的内容（最近发展区）。班级互动评估系统之婴儿版（CLASS–infant，简称 CLASS 婴儿版）和班级互动评估系统之学步儿版（CLASS–toddler，简称 CLASS 学步儿版），是当前受到学者密切关注和大力推广的托幼机构班级师幼互动质量评估量表。

如何有效评价和提升托育机构的教育质量一直是早期教育研究者所关注的问题，对托育机构质量进行理解、定义、评估及质量提升离不开科学可靠的评估工具。本章后面的内容会对 ITERS–R、CLASS 婴儿版及 CLASS 学步儿版 3 个评估工具的内容及相关国际研究进行介绍。

四、0～3 岁托育服务的质量标准——以 NAEYC 质量标准为例

近几十年，一些发达国家陆续建立了针对 0～3 岁托育服务质量的评价标准。这些质量标准规定了 0～3 岁托育机构的申办者与申办程序、设施配备、从业人员标准与机构收费等事项，为 0～3 岁托育机构的监管提供了一定的依据和保障，引导 0～3 岁托育服务行业健康有序地发展。

NAEYC 是当前美国最具权威的集教育、培训、管理、科研等为一体的综合性民间机构，也是美国最大的 0～8 岁儿童教育服务机构。为指导教育工作者对婴幼儿实施正确的学前教育，NAEYC 制定了一系列高质量婴幼儿托育机构的评价标准、教师资格标准和课程标准，下面对此进行简单介绍。

（一）NAEYC《高质量托幼机构质量认证标准》

NAEYC 制定的《高质量托幼机构质量认证标准》是一项可用于评估 0～6 岁学前教育机构质量的评估标准，该标准明确了什么样的 0～3 岁托育机构才是高质量的机构；同时，该标准还能够帮助 0～3 岁教育工作者提高教育质量。该标准认为，高质量学前教育机构（0～6 岁）应该满足所有进入机构的幼儿及成人（包括家长、教师与管理人员）的身体、认知、情绪和社会性发展的需要，使儿童成为健康、聪明和做出贡献的社会成员。

《高质量托幼机构质量认证标准》包括 10 个方面的内容：教师与儿童的互动、课程、教师和家长的交流、教师资格及其发展、管理、人员配置、物质环境、健康和安全、营养和膳食、评价。每一方面都包括目的、理论依据及具体的评价指标。在总的标准下面又分为 4 个年龄段（0 岁、1～2 岁、3～5 岁、6 岁）的具体标准。

（二）NAEYC 教师资格标准

NAEYC 也制定了一系列 0～6 岁学前教育教师资格标准。这些标准明确了高质量专业教育工作者的标准和要求，为培养高质量专业教育工作者提供了理论依据和实践依据。NAEYC 对教师资格的要求涉及学历、资格证书、职前身体和心理健康检查、职前训练等。同时，NAEYC 也规定了学前教师应掌握的知识和能力：①儿童的发展与学习；②与家庭和社区建立合作关系；③建构课程；④观察、归类与评估；⑤成为专业人士。

此外，对于职前教师的培养，NAEYC 也有明确的标准。NAEYC 制定的《幼儿教育职业准备标准》是学前教育教师职前培养的评价标准，其中的《教师准备计划》规定了两年制和四年制的学前教育教师的职前学习计划，希望从事婴儿、学步儿和 3～6 岁幼儿保教工作的教师可通过相应的学习获得学历文凭。

（三）NAEYC 倡导的发展适宜性课程

NAEYC 倡导教育工作者应为儿童提供符合适宜性发展原则的教育内容（课程）。儿童的适宜性发展包括年龄发展适宜性和个体发展适宜性。年龄发展适宜性指教育工作者应以儿童身心发展的年龄特征为依据，为儿童提供适宜的学习环境和适宜的活动；个体发展适宜性指教育要关注儿童的个体差异，包括每个儿童不同于他人的生理和心理特征、学习方式和家庭背景，师幼互动与课程都应关注儿童的个体差异。

NAEYC 认为，学前教育课程应包括 12 个方面的内容：脑与感官刺激；

身体素质与身体协调；情绪与心理健康；语言能力；个性与人格；生活习惯；社会性能力；探索与求知；知识与学习品质；审美能力；特殊才能；特殊技能的培养。当前，美国 0～3 岁早期教育课程关注培养婴儿和学步儿的问题解决能力、社会交往能力、同理心与情绪能力，使婴儿和学步儿能够适应具有挑战性的环境，心理健康，并拥有不断提升的自信及持续发展的学习能力。

综上所述，NAEYC 制定的一系列行业标准，在评估和引导 0～6 岁学前教育机构、教师和课程向更高质量方向发展方面发挥了积极的作用，同时也为 0～3 岁教育机构的监管与支持提供了一定的依据和保障。

第二节　ITERS-R 视角下 0～3 岁班级整体质量的评价与研究

一、ITERS-R 的基本内容

ITERS-R 是以 ECERS-R 为基础并根据 0～3 岁儿童身心发展的特点和需求改编的，其内容架构和评分方式与 ECERS-R 完全一致。ITERS-R 是 7 点制评分的量表，包括 7 个子量表：①空间和设施，包括 5 个项目；②个人日常照料，包括 6 个项目；③聆听与说话，包括 3 个项目；④活动，包括 10 个项目；⑤互动，包括 4 个项目；⑥课程结构，包括 4 个项目；⑦家长与教师，包括 7 个项目。在评分方面，每个项目采用 7 点制评分，其中 1 代表低劣，3 代表基本，5 代表良好，7 代表优秀。该量表充分体现了相关组织所描述的高质量集体托育环境的 8 个特点：确保安全、促进健康、提供舒适感、方便性、适合儿童、最大灵活性、鼓励运动、允许选择（WestEd，2000）。本节后面的内容会对 ITERS-R 量表的信度和效度研究及国际上使用 ITERS-R 评估 0～3 岁班级整体质量的相关研究进行介绍。

二、ITERS-R 测评的各国 0～3 岁班级整体质量

ITERS-R 研发出版后，很快就被世界各国学者视为科学的、先进的 0～3 岁教育质量评估工具，并在多个国家得到推广和应用。至今，美国、德国、希腊、英国等国开展的 0～3 岁教育质量研究报告了 ITERS-R 在质量评估与提升工作中的应用情况。一些研究发现，当前一些国家的 0～3 岁托育服务机构的班级质量呈现逐年上升的趋势，但也有个别国家的研究显示了质量逐年下降

的情况。通过对这些研究的梳理，可以从各国的教育实践和政策改革中获取一定的启示；这些研究也为我国 0～3 岁教育质量提升的研究与实践提供借鉴。

（一）美国

美国儿童健康与人类发展研究所于 2005 年使用 ITERS-R 大规模地测量了托育机构的班级整体质量，发现仅有 9% 的婴儿和学步儿接受了优秀的托育服务，有 26% 的婴儿和学步儿接受了良好的托育服务，有 53% 接受了基本的托育服务，有 8.1% 接受的是低劣的托育服务。

有研究者对美国北卡罗来纳州的 93 所托育机构的班级整体质量进行了 ITERS-R 评估（La Paro et al., 2014）。班级整体质量的总平均分为 4.37，相较于美国 1993 年的测量数据，该分数显示托育机构的班级整体质量已有大幅度的提升。具体来看，有 3 个子量表的得分接近良好水平：空间和设施、互动及活动。这表明美国的 0～3 岁照料者／教师在为婴儿和学步儿设置一个充满刺激的、丰富的学习环境这一质量方面拥有较好的意识，同时能够与婴儿和学步儿产生积极的、有效的回应性互动。另一项基于美国的 ITERS-R 研究（Bisceglia et al., 2009）同样显示，ITERS-R 在 2009 年的总平均分相较于 1993 年获得了提升，总平均分达 4.9，该分数非常接近良好水平。

综上所述，美国的 ITERS-R 测量数据的变化显示出美国托育机构的班级整体质量水平呈现上升的趋势，这可能与 ITERS-R 被运用于 QRIS 并指导托育机构提升质量的政策干预有关（当质量提升工作与政府的质量评估和奖励措施挂钩，往往可产生显著的质量提升效益）。同时，这也反映了美国政府对 0～3 岁教育的重视程度。

（二）德国

在德国，蒂策于 2004 年测量了 75 个托育机构的班级整体质量，并将测量出的数据与美国的 219 个班级的质量进行了对比（Tietze, 2004）。这里需要注意的是，美国的班级数据是在 1993 年春季测量的。结果显示，德国样本班级的总平均分为 3.21，标准差为 0.78。美国 219 个样本班级的总平均分为 3.36，标准差为 1.11。两国样本班级的总平均分没有明显差异，均显示出基本的质量水平。但是，美国班级整体质量的标准差小于德国班级，显示德国班级的 ITERS-R 得分的分布范围更广。在美国，有 8.3% 的样本班级处于优秀和良好质量水平，49.1% 处于基本质量水平，而 42.9% 处于低劣质量水平。在德国，没有处于优秀和良好质量水平的班级，但处于基本质量水平的班级占比高达

54.6%，处于低劣质量水平的班级占 45.3%。

ITERS-R 在项目层面上对两国的数据进行对比，发现两国班级 ITERS-R 各项目得分存在明显差异。例如，相比于德国，美国在与安全和健康有关的项目上得分较高，而德国班级在这些项目上的得分很低。德国在活动子量表中的项目上比美国得分更高，主要是因为德国班级在活动丰富性方面的表现较好。因此，尽管两国的 ITERS-R 总平均分相似，但从项目层面上看，两国在不同质量内容上表现出不同的质量水平，具体可见表 8-2。

表 8-2 德国和美国托育机构班级在不同 ITERS-R 项目上表现出的不同质量水平

项目	平均分	
	德国	美国
安全	1.35	3.18
文化意识	1.00	2.00
健康	1.16	2.42
积木	3.88	2.93
日常活动的监管	2.69	3.80
沙子和水	3.77	2.79
装饰／如厕	1.52	2.40
日常活动安排	2.68	3.48
音乐与运动	2.45	3.07
假装游戏	3.43	2.76
用于放松的设施	3.96	3.45
用于常规护理的设施	3.40	3.83

（三）希腊

有研究者运用 ITERS-R 对希腊的 25 个托育机构班级进行了整体质量测量（Petrogiannis, 2002）。结果发现，样本的 ITERS-R 总平均分为 3.5，显示出较低的整体质量水平。各子量表得分从最低到最高依次为：活动，家长与教师，空间和设施，课程结构，聆听与说话，个人日常照料，互动。

从评分结果看，大部分希腊托育机构班级的测量得分处于低劣和基本之间。2010 年，学者再一次测量了希腊托育机构班级的 ITERS-R 质量（Rentzou, 2010）。研究发现，与 2002 年的结果相比，此次测得的质量水平略有下降。质量下降的子量表有：空间和设施，个人日常照料，活动，互动，家长与教师；质量略有上升的子量表仅有聆听与说话；质量保持不变的子量表是课程结构。在所有子量表中，尤其值得关注的是活动子量表，其得分最低，这说明希腊的托育机构班级为婴儿和学步儿提供的游戏材料非常少，婴儿和学步儿可能缺少探索丰富的游戏材料的机会。此外，希腊托育机构为教师提供的专业成长环境也有待提升。

（四）英国

与美国的情况类似，英国托育机构的班级整体质量也逐年上升。近两次英国全国性托育机构质量调查分别于2012年和2017年完成。在这5年里，英国托育机构班级整体质量水平的提升是相当显著的，总平均分从2012年的4.0提升到2017年的5.4。具体来看，空间和设施子量表的平均分从3.9提升到了5.5，个人日常照料子量表的平均分从3.6提升到了5.3，聆听与说话子量表的平均分从4.6提升到了5.1，活动子量表的平均分从3.5提升到了4.8，互动子量表的平均分从5.1提升到了5.6，课程结构子量表的平均分从4.5提升到了5.4。研究者认为，英国0～3岁学前教育质量的总体提升可归因于英国政府的相关政策和资源投放在质量提升方面的有效性。可以说，英国这5年托育机构的质量提升非常突出，该国的托育机构质量远超其他欧洲国家（Melhuish & Gardiner, 2018）。

英国学者最初引入ITERS-R时仅将其应用于研究（Mathers et al., 2007）。此后，学者与一线教育工作者在实证研究的基础上探讨了此量表的英国本土文化适用性，并基于此对本国托育服务的核心质量概念进行了解释和修正。他们主要研究了3个问题：① ITERS-R的应用对于英国的0～3岁师资培训和机构质量提升工作来说有何优势和劣势？② ITERS-R的哪些内容适合评估英国0～3岁托育机构的质量，哪些内容不适合？③如果要在英国的0～3岁托育机构中推广使用ITERS-R，需要为机构中的教育工作者提供什么样的培训和支持？

在该研究框架的引导下，英国的学者和一线教育工作者严谨地对ITERS-R量表进行了文化适用性分析，并系统地开展了托育机构质量的评估测量与相关培训工作，形成了一个支持0～3岁托育机构应用ITERS-R进行自评和质量提升的培训模式（Melhuish & Gardiner, 2018）。从英国近几年ITERS-R质量评估分数的提升来看，他们的培训工作相当成功，其成功经验值得在其他国家推广。

（五）葡萄牙

葡萄牙有4种类型的托育机构：婴儿和学步儿托育中心；服务12～15人的微型婴儿和学步儿托育中心；家庭式托育机构；服务12～20人的家庭

式托儿所。

葡萄牙的研究者们（Barros & Aguiar，2010）对该国波尔图地区的 160 所托育机构（65 所 1 ～ 2 岁托育机构，80 所 2 ～ 3 岁托育机构，15 所 1 ～ 3 岁托育机构）的班级整体质量进行了 ITERS-R 测量评估。这些托育机构的幼师比从 2∶1 到 17∶1。与英国的研究结论相比，葡萄牙托育机构的班级整体质量得分明显较低。描述统计发现，各托育机构 ITERS-R 的得分范围为 1.62 ～ 4.09。具体来看，各子量表得分从高到低依次为：互动，聆听与说话，家长与教师，空间和设施，课程结构，活动，个人日常照料。由此可知，得分最低的子量表是个人日常照料，其分数连基本的水平都没有达到。

此外，研究显示葡萄牙波尔图地区的托育服务质量普遍较差，该质量水平难以满足婴儿和学步儿的基本健康、安全及身心发展需求。在样本班级中，60% 的托育机构班级处于基本质量水平以下（总平均分低于 3），仅 39% 的班级符合基本质量水平（总体平均分为 3 ～ 5），基本没有优秀和良好质量水平的班级（即能够持续地实施发展适宜性实践的班级，总平均分高于 5）。研究者们建议，葡萄牙政府应在 0 ～ 3 岁托育机构的质量提升方面进行明确、具体的规划，并建议通过减小班额、优化幼师比、提高照料者 / 教师的受教育水平等途径来提升托育质量。

（六）荷兰

荷兰的 0 ～ 3 岁托育服务质量水平同样令人担忧。在荷兰，70% 的婴儿和学步儿的母亲都是上班族（拥有兼职工作者居多），这些母亲一般在 3 个月产假结束后将孩子送入托育机构。荷兰学者于 1995 年开展的基于 ITERS-R 的测评显示，该国不存在低劣质量水平的托育机构。然而，到了 2001 年，有 6% 的机构处于低劣质量水平；到 2005 年，该比例竟然增长到了 36%。1995 年荷兰的托育机构 ITERS-R 质量测评的总平均分为 4.8，这在当时全球范围内是处于领先水平的（Van I Jzendoorn et al.，1998）；2001 年该分数降到了 4.3（Gevers et al.，2005）；到 2005 年，该分数下滑到了 3.2，显示出很低的质量水平（Vermeer et al.，2008）。并且这种质量下滑的趋势仍在继续。以荷兰最新一次的全国性 ITERS-R 测量为例，此次调查通过随机抽样的方式调查了 200 个学前教育机构，其中 0 ～ 3 岁托育机构有 55 家。从总平均分来看，2015 年测得的质量水平比上一次测量（即 2005 年的测量）更低，且已经低于最低质量要求（基本质量水平）。各子量表中得分低于基本质量水平的为空间和设施子量表及活动子量表，质量水平最高的互动子量表得分也只有 3.8，距离良好的质量水平还相差甚远。其中 5 个子量表得分从高到低依次为：互动，聆听与说话，课程结构，空间和设施，活动。

事实上，荷兰父母的托育需求在近 20 年中一直处于增长的状态。2008 年，有超过 3.1 万名儿童属于进入托育中心的"待定儿童"，这种供不应求的现象可能间接地造成托育机构质量下降。此外，过去十几年荷兰对学前教育工作者职前培训的改革较为滞后。1996 年以后，大部分学前教育工作者仅接受一种较为粗浅的社会性教学训练，这些工作人员在受训后直接进入托育服务机构工作（Vermeer et al., 2008），其专业技能与工作经验较差。研究者建议，政府应通过系统性的、持续的托育服务质量测评来监控托育机构质量水平的变化，同时也需要通过有效的师资培训来提升荷兰早期教育工作者的教育实践能力。

（七）挪威

挪威教育倡导"全人发展"的教育理念，其在促进儿童学习和发展方面的教育工作一直在世界享有盛誉（OECD，2015）。近几年，挪威学前教育发展得非常迅速，几乎所有的挪威儿童在出生后的第二年就进入托育机构，挪威托育机构的数量也不断增长。然而，挪威并没有对这些托育机构进行大范围的、系统性的质量监测。有研究调查了挪威托育机构的班级整体质量，该研究选取了 ITERS-R 中的 6 个子量表，得分情况见表 8-3（Bjørnestad et al., 2018）。

表 8-3　挪威托育机构班级质量 ITERS-R 中 6 个子量表的测量得分

ITERS-R 子量表	平均分（标准差）	得分范围
空间和设施	3.8（0.9）	1.80 ～ 6.4
个人日常照料	3.5（1.0）	1.17 ～ 6.5
聆听与说话	4.3（1.4）	1.00 ～ 7.0
活动	3.5（0.8）	1.78 ～ 5.4
互动	4.7（1.5）	1.00 ～ 7.0
课程结构	4.4（1.3）	1.67 ～ 7.0
总体	3.9（0.8）	1.64 ～ 5.9

总体而言，挪威托育机构的班级整体质量得分处于基本质量水平（总平均分为 3.9），这比学者的预期要低。6 个子量表的具体得分从高到低依次为：互动，课程结构，聆听与说话，空间和设施，活动，个人日常照料。这些子量表分数的分布情况与欧洲其他一些国家的情况很相似，即聆听与说话子量表、互动子量表、课程结构子量表得分较高，而个人日常照料子量表和活动

子量表得分较低。

（八）智利

在智利，有研究者发表了一篇题为《智利儿童保育质量：稳定性与国际排名》（"The Quality of Childcare in Chile: Its Stability and International Ranking"）（Caramo et al., 2014）的文章。研究者于2012年10月至2013年1月对17所托育机构的17个班级进行了ITERS-R质量观察。所有评估人员都接受了专业ITERS-R培训师的严格训练。

研究者将2012年的评分结果与2005年、2008年的评分结果做了对比，3次评分结果均显示智利托育机构班级整体质量处于基本水平，其分数范围为3.2（2005年）至3.7（2008年）。对3次评估进行差异检验可发现，2005年和2008年的得分存在显著差异（t=2.38，df=100，p=0.02），但2012年和其他两年的测评数据均无明显差异。具体对比结果见表8-4。

表8-4　智利不同年份托育机构班级整体质量测量得分情况

子量表	2005		2008		2012		显著性（p）
	平均分	标准差	平均分	标准差	平均分	标准差	
ITERS-R总体	3.2	1.07	3.7	0.96	3.5	0.35	0.02
空间和设施	3.6	1.30	3.9	1.13	3.4	0.46	>0.05
个人日常照料	3.2	1.32	3.3	1.59	2.4	0.42	0.02/0.03
聆听与说话	3.6	1.36	3.8	1.46	4.4	0.74	0.02
活动	2.7	0.80	2.5	0.74	3.1	0.56	0.04
互动	4.0	1.49	4.5	1.90	5.4	0.63	0.01
课程结构	3.4	1.48	3.4	1.65	3.2	0.96	>0.05
家长与教师	3.0	0.83	4.5	0.94	—	—	>0.05

注：—表示无相应数据。

从表8-4中的数据看，2005—2012年，智利的托育服务整体质量一直处于基本质量水平。智利托育机构班级整体质量的ITERS-R得分与一些欧洲国家相比差异不大。研究者指出，因为ITERS-R非常强调托育机构在健康和卫生方面的实践（相关的标准来自量表研发地美国），所以对于采用不同健康卫生标准的国家来说，该量表在健康与卫生方面的评估有效性可能存在问题。此外，智利政府曾颁布关于托育机构材料和设施的购置标准，该标准与ITERS-R标准的相关规定非常相似。但研究发现，智利托育机构班级中的游戏材料和室内外游戏空间非常缺乏，这一现象的原因值得政府相关部门进一步研究。值得注意的是，智利教师在聆听与说话子量表上的得分相对较高。聆听与说话子量表反映的是过程性质量，该质量对婴儿和学步儿的语言、情绪与社会性发展具有直接的促进作用。总之，研究者们建议，托育机构应按照政府颁布的材料和设施标准进行采购，提升质量水平，在婴儿和学步儿的入托需求逐渐增加的社会背景下，为提供高质量托育服务做好准备。

三、ITERS-R 的信度和效度

研究者对 ITERS-R 的结构效度进行了分析（Tietze & Cryer, 2004）。研究数据来自1993年调查的727个美国托育机构班级样本和164个德国托育机构班级样本。结果显示，ITERS-R 显示出3个因子的结构，这3个因子分别为：对设施和材料的供应、互动和基本照料。

有研究者选取并分析了美国科罗拉多州的59个早教中心的153个婴儿与学步儿班级的 ITERS-R 得分，以此来检验该量表的结构效度（Bisceglia et al., 2009）。样本托育机构中30%为私立机构，70%为非营利机构；29%来自农村，71%来自城市；大部分机构接受过基于 ITERS-R 的质量提升指导服务。

ITERS-R 测量的样本托育机构的质量总平均分为4.9，属于基本水平中的高水平，得分范围为2～7。在子量表层面上，除个人日常照料的质量水平处于低劣水平（1～2）外，其他子量表的质量均高于或处于基本水平。在项目层面上，同伴和成人—婴儿互动、语言和书籍的使用、房间规划、日常活动的监管、家具均处于良好水平（6～7）；用于放松的设施、学习自然和科学的机会、精细和大动作游戏、音乐与运动则出现了两极分化，即班级质量大量分布于低劣水平和良好水平，处于基本水平（3～4）的班级则很少。

ITERS-R 的信度检验发现，各项目之间的相关性显著，项目间相关系数的范围为0.48～0.68（平均达到0.3），显示出量表在项目层面有较好的内部一致性；子量表间的相关系数范围为0.48～0.66，显出子量表有中等程度的内部一致性。探索性因素分析显示，有3个因子的特征值大于1，所有的项目落在了第一个因子，各项目因子负荷为0.42～0.76。然而，研究者很难对第二和第三个因子进行命名，该结果说明，ITERS-R 的单因子结构是最优模型。

第三节　CLASS 视角下 0～3 岁师幼互动质量的评价与研究

一、CLASS 婴儿版和学步儿版简介

CLASS 是根据基于互动的教学的理论框架研制的师幼互动质量评估工具，其核心思想是捕捉班级师幼互动过程中的互动主体的反应性特征，即成人对儿童做出的即时、符合当时情境的恰当反应。CLASS 为 7 点制评分量表，其中 1～2 为低分段，3～5 为中分段，6～7 为高分段。

近年来，CLASS 量表及其相关理论在近 40 个国家得到推广。相关研究发现，CLASS 的幼儿园版（3～6 岁）具有良好的跨文化适用性，并且具有良好的测量学信度和效度（Cadima et al., 2010; Leyva et al., 2015; Pakarinen et al., 2010）。一系列国际研究（如美国、芬兰、智利、德国）的结果表明，该量表是一种评价学前教育质量的科学工具，且 CLASS 测量的师幼互动质量能够预测儿童的认知发展、语言发展及情绪与社会性等领域的发展（Araujo et al., 2014; Hamre et al., 2013; Pakarinen et al., 2010; Leyva et al., 2015）。此外，研究显示，CLASS 幼儿园版在中国同样具有较好的信度和效度及本土适用性（Hu et al., 2016）。针对托育机构师幼互动质量的测量，可使用 CLASS 的婴儿版和学步儿版两个版本。

（一）CLASS 婴儿版

与 CLASS 幼儿园版不同的是，CLASS 婴儿版整个量表仅有一个领域，即回应性照料。该领域指教师如何与婴儿发展温暖的、愉悦的和尊重的关系，意识到并响应婴儿的需求，帮助婴儿参与学习和探索，并促进婴儿早期语言的发展（Pianta et al., 2008）。CLASS 婴儿版具体包含以下 4 个维度。

1. 关系氛围

该维度描述了教师与婴儿之间的情感性 / 情绪性互动与关系，以及婴儿对该互动的回应。成人与婴儿建立的积极关系及积极互动（如共同注意或目光交流）奠定了婴儿社会性情绪发展的基础（Honig, 2010）；此外，婴儿与教师之间建立的积极关系可以促进婴儿自我认知和自我调节能力的发展。教师应充分认识到婴儿的发展建立在关系和互动的基础上。例如，在成人温柔的语音、积极的身体接触下，婴儿能够建立对"爱"这一概念的感知，并在此

基础上建构"爱"这一符号的意义（DeLoache，2000）。

2. 教师敏感性

教师敏感性维度反映的是教师对婴儿的语言和非语言线索的察觉和响应，包括在婴儿需要时向其提供安慰或处理其悲伤情绪的技巧，对婴儿行为进行响应的及时性，以及应急情况处理的技巧。一些发展心理学的理论（Brofenbrenner & Morris，1998）和实证研究（Clarke-Stewart et al.，2002; Goelman et al.，2006）指出，教师的回应性照料对早期儿童发展具有积极的促进作用。

事实上，在互动过程中，婴儿会不断尝试成为教师的伙伴。通过与教师在认知与社会性方面进行持续性的、模式性的信息交换（Nelson & Bosquetm，2000），婴儿尝试与教师建立信任和依赖的关系（Sandstorm et al.，2011）。为了创造这种信息交换的机会，教师应在每个时间点上关注每个婴儿的最近发展区和互动的意愿，这需要教师充分理解婴儿的情绪。

3. 促进探索

该维度主要评价教师在日常照料和游戏时与婴儿的互动，教师应通过有效的互动支持婴儿对学习活动的参与并促进其经验发展。婴儿教育实践的目标是促进婴儿利用周围环境的各种刺激进行学习，促进其与周围的世界建立联系（Copple & Bredekamp，2009）。成人与婴儿之间敏感的、丰富的互动与婴儿的发展有强烈的关联性（Klein & Feldman，2007）。成人与婴儿的积极关系同样建立在积极的、非控制性的互动基础上，而这种积极的关系能激发婴儿的好奇心及对探索和交往的渴望，同时能促进婴儿未来的行为控制、工作记忆和认知灵活性的发展。

4. 早期语言支持

该维度评价的是教师对婴儿进行语言刺激的积极性，以及促进婴儿早期语言发展所使用的技巧的有效性。教师应积极地丰富婴儿的语言经验，尽可能地让婴儿处于互动的、持续的语言信息交换中，这种体验对于婴儿的认知及语言发展来说至关重要（Berthelsen et al.，2009）。

（二）CLASS 学步儿版

CLASS 学步儿版与 CLASS 幼儿园版较为相似。它包含 2 个领域和 8 个维度。第一个领域为情感和行为支持，该领域包含 5 个维度：积极氛围、消极氛围、教师敏感性、关注儿童的观点、行为指导。第二个领域为学习参与支持，该领域包含 3 个维度：促进学习和发展、反馈质量、语言支持。因为托育机构的学步儿保育与教育更强调教师对学步儿个人的照顾与互动，所以相较于 CLASS 幼儿园版，CLASS 学步儿版少了活动安排效率和教学指导方式这两个维度。与此同时，CLASS 学步儿版相较于 CLASS 幼儿园版，更加关注 2～3 岁儿童的身心发展，并以此为依据建构师幼互动质量的测评内容。鉴于 CLASS 学步儿版中的 8 个维度的内容与 CLASS 幼儿园版相应维度的内容有一定的相似性，这里对这 8 个维度的具体内容就不再进行赘述。

二、CLASS 婴儿版和 CLASS 学步儿版的有关研究

（一）CLASS 婴儿版的有关研究

有研究者对 CLASS 婴儿版进行了信度和效度研究（Jamison et al., 2014）。该研究选取了来自 17 所托育中心的 30 个婴儿班级作为研究样本。这 30 个班级全部为中心式托育机构，且其服务的对象均为 0～1 岁的婴儿。这 30 个班级的班额从 3 位婴儿到 13 位婴儿不等，每个班级至少有 2 名教师，最多的班级有 4 名教师。所有教师均为女性，平均年龄为 36 岁，仅 11.1% 有两年制大专学历，11 位教师拥有儿童发展大专文凭。CLASS 婴儿版各个维度的得分情况见表 8-5。表 8-5 显示，早期语言支持维度的平均分最低，处于中分段。关系氛围和教师敏感性的平均分处于中分段的高水平。在相关性方面，4 个维度的相关性程度很高。总量表的内部一致性高达 0.89。

表 8-5　CLASS 婴儿版各维度的得分情况

维度	平均分	标准差	得分范围
关系氛围	5.07	0.98	2.50～6.33
教师敏感性	5.13	0.93	2.75～7.00
促进探索	4.03	1.08	2.00～6.50
早期语言支持	3.89	1.02	2.25～6.50

CLASS 婴儿版的评分规则和 CLASS 幼儿园版相似，每个维度都要重复观察 4 个周期（每个观察周期约 20 分钟），对每个周期进行评分并计算总分。该研究对这 4 个周期测量的检验显示，周期 1 和周期 2 之间、周期 2 和周期 3 之间、周期 3 和周期 4 之间显著相关。此外，数据显示，托育机构班级师幼互动质量水平在一日内随时间推移递减。此外，该研究采用 ITERS-R 对 30 个班级进行了观察性测量，以此对 CLASS 婴儿版进行校标效度分析。结果显示，CLASS 婴儿版 4 个维度均与 ITERS-R 总分显著相关。此外，研究发现，ITERS-R 中测量过程性质量的两个子量表（即互动、聆听与说话）的得分与 CLASS 婴儿版的总分高度相关。研究还将幼师比、教师教龄和教师学历分别

与 CLASS 婴儿版各维度的得分进行了相关分析。结果显示，幼师比和教师敏感性显著负相关，这说明，当教师需要照顾的婴儿数量越少，教师的敏感性越高。此外，教龄与关系氛围显著正相关。以上证据说明，CLASS 婴儿版在评估托育机构班级师幼互动质量方面具有较好的信度、校标效度、聚合效度和区分效度。

此外，有研究者使用 CLASS 婴儿版对葡萄牙 92 个托育机构的班级进行了质量观察与评估（Barros et al., 2016）。研究发现，CLASS 婴儿版的总平均分处于中分段。研究显示，教师和婴儿之间建立了积极的情感关系，但教师在教学实践中缺乏目的性，且其扩展婴儿的语言经验和沟通机会的能力也非常有限。葡萄牙托育机构教师缺乏意向性教学能力，尤其缺乏在婴儿语言经历和沟通能力方面进行意向性教学的能力，这是值得关注和进一步研究的，这同时是葡萄牙未来进行 0～3 岁保教质量干预和师资培训的重点。

（二）CLASS 学步儿版的有关研究

在美国，研究者分别使用 CLASS 学步儿版和 ITERS-R 对北卡罗来纳州的 93 所托育中心的 93 个班级的师幼互动质量和整体质量进行了测量（La Paro et al., 2014）。CLASS 学步儿版中 7 个维度的得分情况见表 8-6。总体上看，样本班级的师幼互动质量处于中等水平；学习参与支持领域的质量水平较低。

表 8-6　CLASS 学步儿版中 7 个子量表得分情况

维度	平均分（标准差）	得分范围
积极氛围	5.03（1.22）	1.75～7.00
消极氛围	2.70（0.90）	1.00～6.25
教师敏感性	4.33（1.16）	2.00～7.00
关注儿童的观点	4.36（1.05）	1.50～6.75
行为指导	4.07（1.29）	1.75～6.50
促进学习和发展	3.43（1.20）	1.00～5.75
语言支持	2.22（1.07）	1.00～5.00

研究以 ITERS-R 量表的测量数据为校标，对 CLASS 学步儿版进行了效度检验。结果显示，在"情感和行为支持"领域，17% 的班级表现出高水平互动质量，82% 的班级表现出中等水平互动质量，1% 的班级为低水平互动质量；在学习参与支持领域，没有班级为高水平互动质量，40% 的班级为中等水平互动质量，60% 的班级为低水平互动质量。在两个量表维度（子量表）间的相关性方面，CLASS 学步儿版的各个维度与 ITERS-R 的大部分子量表呈现显

著相关。相关系数从 0.27（ITERS–R 活动子量表与 CLASS 学步儿版的消极氛围维度）到 0.62（ITERS–R 聆听与说话子量表和 CLASS 学步儿版的教师敏感性维度）。然而，CLASS 消极氛围维度分别与 ITERS–R 的空间和设施、个人日常照料子量表之间的相关不显著。

以上结果在一定程度上显示出这两种质量工具分别测量了早期教育质量的类似却不同的方面。ITERS–R 子量表中的互动、聆听与说话子量表和 CLASS 学步儿版中的积极氛围和教师敏感性维度所测量的质量内容类似。ITERS–R 的其他子量表，包括空间和设施、个人日常照料和活动的评估内容更偏向于结构性质量的特征，而 CLASS 学步儿版中的语言支持、促进学习和发展、行为指导和关注儿童的观点几个维度更加关注教师教学策略的运用，因为该工具本身就是测量过程性质量（师幼互动质量）的工具。

在荷兰，有研究者检验了 CLASS 学步儿版的测量学效度（Slot et al., 2017）。研究者选取了 276 个荷兰托育机构班级及其中的 375 位教师为研究对象，对荷兰托育机构班级进行了调查。研究检验了 CLASS 学步儿版的 3 个信度和效度问题：结构效度；项目特征（项目区分度）；经典测验理论和项目反应理论框架下的校标效度。

验证性因素分析显示，CLASS 学步儿版的 3 因素模型比传统的 2 因素模型（即情感和行为支持、学习参与支持）的拟合度更好，这 3 个因素被命名为情感支持、行为支持和学习参与支持。基于项目反应理论，研究者对 CLASS 学步儿版中各维度下面的每个项目进行了分析，发现 CLASS 学步儿版的每个维度（项目）的难度和区分度较好。研究还发现，CLASS 学步儿版的测量数据与师幼比、教师工作经验、游戏条件、语言活动之间存在显著的关系，显示出该工具较好的校标效度。总之，该研究显示 CLASS 学步儿版在荷兰具备良好的测量学效度。详细信息请参阅《CLASS 学步儿版的荷兰的测量学效度》（"Measurement Properties of the CLASS Toddler in ECEC in the Netherlands"）一文。

第四节　0～3 岁托育服务质量的影响因素研究

美国儿童健康与人类发展研究所通过对 576 个托育机构质量的长期追踪研究发现，当班级教师采用较少的权威型教养方式、有更高教育水平，班级有更小的班额和更高的师幼比，班级质量就往往偏高（NICHD, 2002）。在葡萄牙，研究者发现，教师的学历及工作经验、托育机构类型、班级师幼比及托育机构的收费标准能够显著预测班级的 ITERS-R 得分，且能产生中等水平的效应量（Barro & Aguiar, 2010）。此外，葡萄牙的一项研究（Pessanha et al., 2007）显示，增加教师的薪水和培训时间以及班级人均空间面积，可以提高班级整体质量（即 ITERS-R 得分）。在挪威，研究者发现，ITERS-R 测量的班级整体质量的预测因素包括教师有资格认证、高师幼比（大于 1 ∶ 3）及小规模且稳定的保教小组；研究还发现，公立和私立托育机构的质量之间没有显著差异（Bjørnestad & Os, 2018）。此外，关于成本、质量和儿童发展的研究发现，看护者的教育水平、经验、工资、师幼比和班额是学前教育质量的重要预测因素（Peisner-Feinberg et al., 1999; Phillipsen et al., 1997）。总之，大量的研究显示托育机构的一些结构性指标是其班级质量的影响因素。对托育服务质量影响因素的研究能够为机构质量提升的政策、策略及路径提供参考。

一、多重因素对 0～3 岁托育服务质量的影响

托育服务质量作为一个复杂的系统，受多种结构性质量指标的影响。这些结构性质量指标可以被归纳为直接的和间接的影响因素两部分。直接因素（亦称近端因素）指对托育机构整体质量或师幼互动质量产生直接影响的预测变量，如师幼比等；间接因素（亦称远端因素）指那些通过影响直接因素间接地影响服务质量的预测变量，如保教费用、班级内是否有实习生等。

一项关于托育服务质量影响因素的综合分析研究被记录于《建构加拿大托育中心的质量预测模型》（"Towards a Predictive Model of Quality in Canadian Child Care Centers"）一文（Goelman et al., 2006）。此项研究探索了以下研究内容：①识别影响托育机构质量的近端因素（如师幼比、教师受教育水平等）和远端因素（如政府补贴、保教费用等）；②检验这些近端和远端预测变量（因素）之间的直接和间接的关系及路径；③与相似的美国托幼机构班级样本的质量进行对比，并为加拿大儿童保育政策的制定与实践提供信息。共有 115 个托育班级参加了此项研究，这些班级的 ITERS-R 总均分为 4.43。

研究发现，托育机构整体质量的直接影响因素包括教师的工资、教师的受教育水平、班级中教师的数量、政府补贴的房租和水电费用及托育机构是否接受实习生。有显著的直接预测效应的两个预测变量为班级中教师的数量和教师的受教育水平。尽管大量的研究发现师幼比和班额对托育机构质量具有预测作用，但这些研究均忽略了教师数量这一预测变量。该研究发现，师幼比能为教师在班级中的监督行为提供保障，而增加班级教师的数量可以提

升班级整体质量。这意味着，在师幼比均为 1 ：4 的不同班级中，相较于 1 名教师匹配 4 名儿童，2 名教师匹配 8 名儿童是更优化的一种匹配情况。2 位成人可以更好地监督班级情况，也可以彼此讨论工作中遇到的问题与挑战，这有利于提高教师的工作满意度及创设良好的工作环境条件。可以说，提高班级整体质量的水平需要在调整师幼比、教师数量和班额这几个结构性因素之间进行平衡。此外，该研究还发现，高水平的整体质量和师幼互动质量与教师的受教育水平和培训时间有显著关联。职前的专业训练和实习为教师实施高质量教学提供了相关领域的知识和技能基础。

对间接预测变量（如政府投入、保教费用等）的分析能够指出近端和远端预测变量之间的交互作用。例如，保教费用不会直接影响班级质量，但它可以预测教师受教育水平这一近端预测变量。数据显示，家长所付的保教费用能够促进托育机构雇用更高学历水平的教师，从而提高班级的质量水平。类似的远端预测变量还有托幼机构是否接受实习生。因为实习生的加入能够增加班级中教师的数量，而教师数量是班级质量的近端预测变量。此外，在有实习生的情况下，班级教师往往会对自己的教学进行更好的反思。

二、0～3 岁托育服务质量的影响因素与教育政策的制定

如前所述，ITERS-R 评估的是托育机构的班级整体质量，而 CLASS 主要评估班级师幼互动质量。一些研究会综合使用多种质量测量工具来评估托育机构质量的不同内容，并探索不同质量内容的影响因素，这类研究能够为质量的提升策略指明方向。

研究者运用多种质量工具检验了葡萄牙的托育服务质量的不同内容，并探索了托育服务质量的影响因素（Barros et al., 2016）。通过两个早晨的观察，研究者运用 3 个质量工具（ITERS-R，CLASS 婴儿版、CIS）对 92 个班级进行了质量观察与评估，并检验了教师培训与工作经验、班额、师幼比和中心所在地对机构质量不同内容的影响。

在各个测量得分的统计性描述方面，研究发现，那些 CLASS 平均分仅达到基本要求的班级在 ITERS-R 互动子量表中的得分较低。另外，值得关注的是，ITERS-R 中空间和设施子量表得分较低，说明提供给婴儿和学步儿的游戏材料和玩具非常贫乏，班级中的婴儿和学步儿可能缺乏与游戏材料互动的经验。因此，非常有必要帮助照料者／教师学习如何使用材料来促进婴儿和学步儿认知发展的教学策略。

在师幼互动质量的影响因素方面，研究有 4 个重要发现：①小班额及非

城区托育机构班级中的教师对与婴儿和学步儿的互动更具敏感性；②教师培训时间能够显著预测过程性质量（CLASS 婴儿版和 CIS 测量）；③照料者 / 教师的受教育水平能够正向预测班级师幼互动的质量水平（CLASS 婴儿版和 CIS 测量），高学历教师与婴儿和学步儿之间更容易建立积极、敏感和回应性的互动；④最初的专业训练能够显著预测班级中的师幼互动质量，职前专业训练能够帮助教师有意识地运用游戏材料，促进其与婴儿和学步儿之间的语言交流。在整体质量的影响因素方面，研究发现，ITERS–R 空间和设施子量表得分与教师的受教育背景之间有显著的正向关联，其他结构性质量指标与空间和设施子量表得分之间没有任何显著的关联。

以上研究结论对葡萄牙学前教育政策的制定有一定的导向作用。葡萄牙政府目前尚未规定婴儿和学步儿班级的主教教师必须拥有学前教育学士或硕士学位。事实上，在该研究中，几乎 60% 的样本班级中主班教师的最高教育水平为九年制基础教育毕业（相当于我国初中毕业）。该结果显示，教师低水平的教育背景与其低质量的师幼互动相关。因此，提高对早期教育教师的学历要求可能是葡萄牙政府相关部门提升托育机构过程性质量的有效途径。此外，该研究发现，婴儿和学步儿人数较多的班级里师幼互动质量偏低，且增加班级教师的数量并不能抵消大班额对于互动质量的消极影响，小班额则能够促进积极的师幼互动和亲密关系的建立。因此，缩小班额是提升师幼互动质量的关键。根据不同国家对托育机构班额的要求，一般推荐最大班额为 8 个婴儿和学步儿（NAEYC，2009）。以上研究结论建议葡萄牙政策制定者在学前教育政策制定过程中将师幼互动质量的提升作为主要议题，并积极制定关于班额最低要求的相关政策。

三、中国幼儿园托班整体质量的影响因素

当前，中国 0～3 岁教育研究者迫切需要探索一个问题：在中国社会文化和经济背景下，什么是有质量的 0～3 岁托育服务？要回答这个问题，就必须对当前我国 0～3 岁托育机构的质量进行严谨的观察和评估，从而揭示我国 0～3 岁托育机构教育的特点、存在的问题及需要改进的具体的方向。

学者胡碧颖、宋占美等人（2019）在我国山东省开展了一项关于幼儿园托班质量的研究，可参见文章《全球质量标准测量的中国幼儿园托班质量：来自山东的证据》（"Global Quality Profiles in Chinese Early Care Classrooms: Evidence from the Shandong Province"）。研究选取山东省济南市 50 所幼儿园中的 79 个全日制托班及其中的教师和婴幼儿作为研究对象。教师平均年龄为

25.3 岁；教龄普遍较短，平均教龄为 3.4 年；教师学历普遍较高，大部分教师的学历为高职高专学历（40.1%）或本科学历（38.2%）；取得相关专业资格证书（如教师资格证、育婴师职业师资证书）的教师有 101 人。教师工资待遇普遍较差，月收入平均为 2465.8 元，略高于济南市 2018 年最低月工资标准（1910 元）。所调查班级的班额较大；班级师幼比约为 1：8，与美国规定的 1.5～3 岁全日制托班师幼比 1：4 相比，该比例较小。该研究探索了 3 个关于我国幼儿园托班教育质量的问题：①幼儿园托班质量现状如何？②基于 ITERS-R 测量的托班质量的剖面有哪些？③影响托班质量的幼儿园特征因素和班级特征因素有哪些？

研究采用 ITERS-R 测量了 79 个托班的整体质量，相关性检验结果见表 8-7。ITERS-R 各子量表的得分在 2.42～4.67，量表的总平均分为 3.50，说明样本班级的质量普遍处于中等偏下水平。其中，活动子量表和课程结构子量表的得分均低于 3 分，显示出低质量水平，说明样本班级教师在安排活动、利用环境设施和玩教具促进儿童积极探索发展方面的能力非常欠缺。互动子量表和家长与教师子量表得分高于 4 分（高于其他子量表得分），显示出中等质量水平，说明样本班级教师的师幼互动能力、幼儿园对教师发展的支持及家园互动质量表现较好。各子量表的克伦巴赫 α 系数为 0.57～0.81，总量表

表 8-7　ITERS-R 量表测量的相关性

子量表	空间和设施	个人日常照料	聆听与说话	活动	互动	课程结构	家长与教师	ITERS 总平均分	克伦巴赫 α 系数
空间和设施	1	0.64**	0.42**	0.62**	0.46**	0.65**	0.39**	0.73**	0.67
个人日常照料	0.64**	1	0.69**	0.70**	0.62**	0.74**	0.52**	0.87**	0.68
聆听与说话	0.42**	0.69**	1	0.62**	0.77**	0.71**	0.34**	0.84**	0.68
活动	0.62**	0.70**	0.62**	1	0.65**	0.81**	0.32**	0.83**	0.78
互动	0.46**	0.62**	0.77**	0.65**	1	0.72**	0.33**	0.85**	0.81
课程结构	0.65**	0.74**	0.71**	0.81**	0.72**	1	0.37**	0.89**	0.57
家长与教师	0.39**	0.52**	0.34**	0.32**	0.33**	0.37**	1	0.57**	0.77
ITERS 总平均分	0.73**	0.87**	0.84**	0.83**	0.85**	0.89**	0.57**	1	0.93

注：** 表示 $p<0.01$。

克伦巴赫 α 系数为 0.93。总体上看，量表显示出较好的内部一致性。

　　研究者基于 ITERS-R 的测量数据，采用 LPA 技术探索了托班质量的潜在剖面。以 ITERS-R 的 7 个子量表为观察变量，将 ITERS-R 的潜在剖面依次分成 1 剖面、2 剖面、3 剖面、4 剖面和 5 剖面进行建模。通过对各个模型的拟合结果进行比对，最终选取 3 剖面模型为潜在剖面分析模型。3 个剖面中各子量表的得分情况见图 8-1。

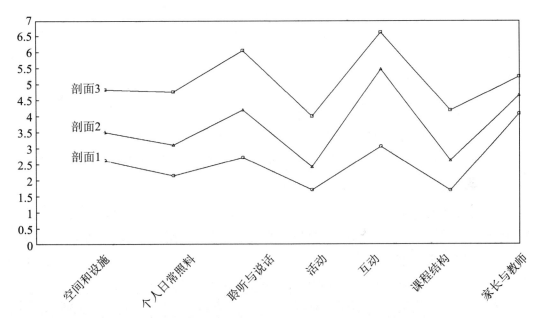

图 8-1　ITERS 的 7 个子量表在 3 个剖面中的得分情况（Hu et al., 2019）

　　确定了 3 剖面模型为最终模型后，研究者接下来对结果深入分析，以描述和命名这 3 个剖面。选取的 3 剖面模型的 ITERS-R 子量表的得分情况是进行剖面命名的重要依据。由图 8-1 可知，在剖面 3 中，ITERS-R 7 个子量表上的得分较高，这个剖面被命名为"高质量组"，该组占比为 20.3%，共有 16 个班级；在剖面 2 中，ITERS-R 7 个子量表的得分相较于第一个剖面较低，该剖面被命名为"中等质量组"，该组占比为 38.0%，共 30 个班级。在剖面 1 中，ITERS-R 各子量表的得分最低，将其命名为"低质量组"，该组占比为 41.8%，共 33 个班级。从该比例数据中可看出，大部分托班的质量处于中等水平和低水平。

　　研究还检验了托班质量剖面的影响因素。首先，研究者选取了 3 个分类变量——幼儿园性质（城市私立园、城市非私立园、乡镇园），教师资格证（无资格证、幼儿教师资格证、育婴师职业师资证书），教师学历（高中及以下、大专、本科及以上）——作为因变量，进行 3 个质量剖面的卡方检验，结果见表 8-8。然后，研究选取了连续变量——教师年龄、教师教龄、教师工资、班额、生师比和自由游戏时间比例——作为因变量，进行3个质量剖面的多元方差分析，结果见表8-9。

表8-8　托班质量剖面的影响因素的卡方检验

因素		剖面1		剖面2		剖面3		皮尔逊 χ^2	df
		数量	占比	数量	占比	数量	占比		
幼儿园性质	城市私立园	15	31.3%	22	45.8%	11	22.9%	10.29^*	4
	城市非私立园	11	73.3%	4	26.7%	0	0		
	乡镇园	7	38.9%	7	38.9%	4	22.2%		
教师资格证	无资格证	12	46.2%	11	42.3%	3	11.5%	11.80^*	4
	幼儿教师资格证	19	50.0%	14	36.8%	5	13.2%		
	育婴师职业师资证书	2	14.3%	5	35.7%	7	50.0%		
教师学历	高中及以下	12	63.2%	5	26.3%	2	10.5%	5.22	4
	大专	10	31.3%	15	46.9%	7	21.9%		
	本科及以上	11	40.7%	10	37.0%	6	22.2%		

注：城市非私立园包括城市企业办园（无事业单位编制）和城市街道办园（无事业单位编制）两类幼儿园，乡镇园包括乡镇民办园、镇政府办园（无事业单位编制）、村集体办园（无事业单位编制）3类幼儿园；* 表示 $p<0.05$。

表8-9　托班质量剖面影响因素的多元方差分析

因素	剖面1	剖面2	剖面3	F	偏 η^2
教师年龄	25.93 ± 7.39	25.52 ± 3.87	24.31 ± 2.75	0.39	0.01
教师教龄	3.38 ± 4.64	3.14 ± 2.38	2.85 ± 1.63	0.11	0.003
生师比	12.16 ± 5.53	8.27 ± 5.53	7.15 ± 3.79	5.76^{***}	0.15
班额	23.76 ± 8.08	18.79 ± 8.67	18.08 ± 9.03	3.23^*	0.09
教师工资	2198.64 ± 627.63	2694.83 ± 732.94	2700.00 ± 779.96	4.33^*	0.12
自由游戏时间比例	0.28 ± 0.05	0.25 ± 0.08	0.28 ± 0.04	2.09	0.06

注：自由游戏时间比例指自由游戏时间占所有教学时间的比例；*** 表示 $p<0.001$；* 表示 $p<0.05$。

卡方检验结果显示，城市私立园班级大部分处于剖面2（45.8%），一部分班级处于剖面3（22.9%），显示质量较好；城市非私立园班级大部分处于剖面1（73.3%），剖面3中没有任何该类别的幼儿园班级，这说明城市企业办园和街道办园的班级质量普遍较差；乡镇园中有7个班级处于剖面1（38.9%），7个班级处于剖面2（38.9%），4个班级处于剖面3（22.2%），显示部分乡镇幼儿托班质量仍然较差。在教师资格证方面，大部分没有任何资格证的教师处于剖面 1（46.2%）和剖面 2（42.3%）中，质量较好的剖面 3 中仅有 3 名教师无资格证，占比为 11.5%；持有幼儿教师资格证的教师大部分处于剖面 1（50.0%）和剖面 2（36.8%），少部分教师处于剖面 3（13.2%）；大部分持有育婴师职业师资证书的教师处于剖面 3（50.0%），其他则处于剖面 1（14.3%）和剖面 2（35.7%）中。综上所述，研究发现，持有育婴师职业师资证书的教师所在托班班级的整体质量较好。在教师学历方面，卡方检验显示不显著。

在多元方差分析中，F 检验显示主效应显著（$F=1.91$，$p<0.05$），且效应量较大（偏 $\eta^2 = 0.15$）。由表 8-9 可知，各剖面下的教师年龄、教师教龄和自由游戏时间比例的 3 个剖面的差异不显著；班额、生师比、教师工资在 3 个剖面中的差异显著；最小显著性差异法事后检验可知，班额、师生比、教师工资各剖面的两两差异均显著。该结论显示，班额越小，师生比越大，教师工资越高，则托班质量水平越高。

四、未来中国 0～3 岁托育服务质量研究的方向

（一）不同利益相关者视角下的 0～3 岁托育质量

不同利益相关者（如家长、教师、研究者和政策制定者）的教育观念或质量观念对于 0～3 岁托育服务的发展来说至关重要，因而有必要访谈 0～3 岁托育服务的不同利益相关者对 ITERS-R 及 CLASS 婴儿版和学步儿版所评价的质量内容、质量概念的看法（尤其是得分很低的项目），更有必要让不同利益相关者一起讨论这些质量概念在中国文化背景中的意义和价值。通过这样的讨论，研究者能够进一步掌握在国际上有广泛共识的集体托育环境质量框架、师幼互动质量的相关理论及相应的评价工具（如 ITERS-R、CLASS 婴儿版和学步儿版）在中国文化情境下应用的可能性及潜在的问题，从而丰富中国特色 0～3 岁教育的理论与实践。

（二）0～3 岁托育服务质量及其对婴幼儿发展影响的追踪研究

我国迫切需要开展 0～3 岁托育服务质量及其对儿童发展的短期和长期影响的追踪研究。当前，我国关于 0～3 岁教育质量对儿童发展的短期影响的研究非常匮乏，关于对儿童发展的长期影响的追踪研究在我国近乎空白。

关于早期教育质量对儿童发展的影响，世界各国的学者已达成一个共识：仅解决婴幼儿入学问题不能保证早期教育对儿童全面发展产生积极影响（Burchinal et al., 2010; Campbell et al., 2002），低质量的早期教育服务对儿童发展非但没有任何促进作用，反而会产生消极作用。因此，早期教育质量对儿

童发展的影响可能存在门槛效应。在一些发达国家（如美国）进行的多项质量与儿童发展关系的研究均证实早期教育质量存在门槛效应。研究者可以基于儿童发展数据与质量数据之间的非线性关系来确定一个质量的门槛值（即最低质量水平）：当教育质量高于这一门槛值，其对儿童的发展会产生显著的促进作用；反之，促进作用则会减弱甚至消失。

有关早期教育质量对儿童发展影响的门槛值研究对当前我国学前教育质量评价具有重要的理论与实践意义。对该问题的研究能够帮助研究者掌握对儿童发展产生影响的教育质量基线，从而为教育质量的提升标准提供一个重要的辅助性参考依据。当前我国关于门槛效应的研究缺少对国外的门槛值在我国社会文化背景中的适用性检验，因此，如何在中国学前教育的实际情况中探究和验证学前教育质量对儿童发展影响的门槛效应？如何确定中国文化背景下学前教育质量对儿童发展影响的门槛值？这些都有待探索。

参考文献

[1] Abbott-Shim M S, Sibley A M. Assessment profile for early childhood programs[M]. Atlanta, GA: Quality Assist, 1987.

[2] Abel M B, Talan T, Masterson M. Whole leadership: A framework for early childhood programs[J]. Exchange, 2017, (39): 233-237.

[3] Ackerman D J, Sansanelli, R A. The source of child care center preschool learning and program standards: implications for potential early learning challenge fund grantees[J]. Early Childhood Research and Practice, 2010, 12(1):14.

[4] Ainsworth M D S, Blehar, M C, Waters E, et al. Patterns of attachment: A psychological study of the strange situation[M]. New York: Psychology Press, 2015.

[5] Anders Y, Grosse C, Rossbach H-G, Ebert G, Weinert S. Preschool and primary school influences on the development of children's early numeracy skills between the ages of 3 and 7 years in Germany[J]. School Effectiveness and School Improvement, 2013, 24(2): 195-211.

[6] Anders Y, Rossbach H G, Weinert S, et al. Home and preschool learning environments and their relations to the development of early numeracy skills[J]. Early Childhood Research Quarterly, 2012, 27(2): 231-244.

[7] Andrew J, Mashburn, Robert C Pianta, Bridget K. Hamre, et al. Measures of classroom quality in prekindergarten and children's development of academic, language and social skills[J]. Child Development, 2008, 79(3): 732-749.

[8] Araujo M C, Carneiro P, Cruz-Aguayo Y, et al. A helping hand? Teacher quality and learning outcomes in kindergarten[J]. Inter-American Development Bank, Washington, DC. Unpublished, 2014.

[9] Auger A, Farkas G, Burchinal M R, Duncan G J, Vandell D L. Preschool center care quality effects on academic achievement: an instrumental variables analysis[J]. Developmental Psychology, 2014, 50(12): 2559-2571.

[10] Bandura A. Social foundations of thought and action: A social cognitive theory[M]. Englewood Cliffs, NJ: Prentice Hall, 1986.

[11] Bann C M, Wallander J L, Do B, Thorsten V, Pasha O, Biasini F J, Carlo W A. Home-based early intervention and the influence of family resources on cognitive development[J]. Pediatrics, 2016, 137(4): 37-66.

[12] Barkley S G. Quality teaching in a culture of coaching[M]. Lanham, MD: Rowman & Littlefield, 2005.

[13] Barnett W S. Effectiveness of early educational intervention[J]. Science, 2011, 333: 975-978.

[14] Barros S, Aguiar C. Assessing the quality of Portuguese child care programs for toddlers[J]. Early Childhood Research Quarterly, 2010, 25(4): 527-535.

[15] Barros S, Leal T B. Parents' and teachers' perceptions of quality in Portuguese childcare classrooms[J]. European Journal of Psychology of Education, 2015, 30(2): 209-226.

[16] Barros S, Cadima J, Bryant D M, Coelho V, Pinto A I, Pessanha M, Peixoto C. Infant child care

quality in Portugal: Associations with structural characteristics[J]. Early Childhood Research Quarterly, 2016, 37: 118-130.

[17] Bartko J J. The intraclass correlation coefficient as a measure of reliability[J]. Psychological Reports, 1966, 19(1): 3-11.

[18] Bayat M. Use of dialogue journals and video-recording in early childhood teacher education[J]. Journal of Early Childhood Teacher Education, 2010, 31(2): 159-172.

[19] Bearwald R R. It's about questions[J]. Educational leadership, 2011, 69(2): 74-77.

[20] Berden C, Kok L. Participatie-effect kinderopvangtoeslag[M]. Amsterdam: SEO Economisch Onderzoek, 2009.

[21] Biringen Z, Robinson J L, Emde R N. Emotional availability scales: Infancy to early childhood version[M]. Boulder, Colorado: University of Colorado, 1993.

[22] Bisceglia R, Perlman M, Schaack D, Jenkins J. Examining the psychometric properties of the Infant-Toddler Environment Rating Scale-Revised Edition in a high-stakes context[J]. Early Childhood Research Quarterly, 2009, 24(2): 121-132.

[23] Bjørnestad E, Os E. Quality in Norwegian childcare for toddlers using ITERS-R[J]. Eur–opean early childhood education research journal, 2018, 26(1): 111-127.

[24] Bloom P J, Bella J. Investment in Leadership Training—The Payoff for Early Childhood Education [J]. Young Children, 2005: 32-40.

[25] Bloom P J, Sheerer M. The effect of leadership training on child care program quality[J]. Early Childhood Research Quarterly, 1992, 7(4): 579-594.

[26] Bohn C M, Roehrig A D, Pressley M. The first days of school in the classrooms of two more effective and four less effective primary-grades teachers[J]. The Elementary School Journal, 2004, 104(4): 269-287.

[27] Boller K, Sprachman S. The Child-Caregiver Observation System instructor's manual [M]. Mathematica Policy Research, 1998.

[28] Bracken S S, Fischel J E. Assessment of preschool classroom practices: Application of Q-sort methodology[J]. Early Childhood Research Quarterly, 2006, 21(4): 417-430.

[29] Boyd B J, Schneider N I. Perceptions of the work environment and burnout in Canadian child care providers[J]. Journal of Research in Childhood Education, 1997, 11(2): 171-180.

[30] Brackett M A, Rivers S E, Shiffman S, et al. Relating emotional abilities to social functioning: a comparison of self-report and performance measures of emotional intelligence[J]. Journal of personality and social psychology, 2006, 91(4): 780.

[31] Broekhuizen M L, Mokrova I L, Burchinal M R, et al. Classroom quality at pre-kindergarten and kindergarten and children's social skills and behavior problems[J]. Early childhood research quarterly, 2016, 36: 212-222.

[32] Bronfenbrenner U, Morris P. The bioecological model of human development[M]//Handbook of Child Psychology. John Wiley & Sons, Inc., 2007.

[33] Bronfenbrenner U. The ecology of human development[M]. Cambridge, MA: Harvard University Press, 1979.

[34] Bronfenbrenner U, Morris P A. The ecology of developmental processes[J]. Handbook of Child Psychology: Theoretical Models of Human Development, Hoboken, NJ, US: John Wiley & Sons Inc., 993-1028,1998.

[35] Brunsek A, Perlman M, Falenchuk O, McMullen E, Fletcher B, Shah P S. The relationship

between the Early Childhood Environment Rating Scale and its revised form and child outcomes: A systematic review and meta-analysis[J]. PLoS ONE, 2017, 12(6).

[36] Bryant D M, Maxwell, K L, Burchinal M. Effects of a Community Initiative on the Quality of Child Care[J]. Early Childhood Research Quarterly, 1999, 14(99):449-464.

[37] Burchinal M R, Cryer D, Clifford R M, et al. Caregiver training and classroom quality in child care centers[J]. Applied Developmental Science, 2002, 6(1): 2-11.

[38] Burchinal M R, Peisner-Feinberg E, Pianta R, et al. Development of academic skills from preschool through second grade: Family and classroom predictors of developmental trajectories[J]. Journal of School Psychology, 2002, 40(5): 415-436.

[39] Burchinal M R, Roberts J E, Bryant D M. Relating quality of center care to early cognitive and language development longitudinally[J]. Child Development, 1998,21(98): 317.

[40] Burchinal M, Howes C, Pianta R, et al. Predicting child outcomes at the end of kindergarten from the quality of pre-kindergarten teacher-child interactions and instruction[J]. Applied Development Science, 2008, 12(3): 140-153.

[41] Burchinal M, Kainz K, Cai Y. How well do our measures of quality predict child outcomes? A meta-analysis and coordinated analysis of data from large-scale studies of early childhood settings[J]. Quality Measurement in Early Childhood Settings, Baltimore, MD, US: Paul H Brookes Publishing, 2011, 11-31.

[42] Burchinal M, Vandergrift N, Pianta R, Mashburn A. Threshold analysis of association between child care quality and child outcomes for low-income children in pre-kindergarten programs[J]. Early Childhood Research Quarterly, 2010, 25(2): 166-176.

[43] Burchinal M, Vernon-Feagans L, Vitiello V, et al. Thresholds in the association between child care quality and child outcomes in rural preschool children[J]. Early Childhood Research Quarterly, 2014, 29(1): 41-51.

[44] Burnham K P, Anderson D R. Multimodel inference: understanding AIC and BIC in model selection[J]. Sociological methods & research, 2004, 33(2): 261-304.

[45] Cadima J, Leal T, Burchinal M. The quality of teacher-student interactions: Associations with first graders' academic and behavioral outcomes[J]. Journal of School Psychology, 2010, 48(6): 457-482.

[46] Campbell F A, Ramey C T, Pungello E, Sparling J, Miller-Johnson S. Early childhood education: Young adult outcomes from the Abecedarian Project[J]. Applied developmental science, 2002, 6(1): 42-57.

[47] Campbell F, Conti G, Heckman J J, et al. Early childhood investments substantially boost adult health[J]. Science, 2014, 343(6178): 1478-1485.

[48] Campbell G S, Norman J M. An introduction to environmental biophysics[M]. New York: Springer Science & Business Media, 2012.

[49] Cárcamo R A, Vermeer H J, De la Harpe C, van der Veer R, van I Jzendoorn M H. The quality of childcare in Chile: Its stability and international ranking[C]. Child & Youth Care Forum, 2014, 43(6): 747-761.

[50] Carl B. Child caregiver interaction scale[D]. Indiana, Indiana Univ. of Pennsylvania, 2007.

[51] Cassidy D J, Hestenes L L, Hansen J K, Hegde A, Shim J, Hestenes S. Revisiting the two faces of child care quality: Structure and process[J]. Early Education and Development, 2005, 16(4): 505-520.

[52] Cassidy D J, Hestenes L L, Hegde A, et al. Measurement of quality in preschool child care

classrooms: An exploratory and confirmatory factor analysis of the early childhood environment rating scale-revised[J]. Early Childhood Research Quarterly, 2005, 20(3): 345-360.

[53] Chan S, Mak W. The impact of servant leadership and subordinates' organizational tenure on trust in leader and attitudes[J]. Personnel Review, 2014, 43(2): 272-287.

[54] Childs G, McKay M. Boys starting school disadvantaged: Implications from teachers' ratings of behaviour and achievement in the first two years[J]. British Journal of Educational Psychology, 2001, 71(2): 303-314.

[55] Choi J Y, Elicker J, Christ S L, et al. Predicting growth trajectories in early academic learning: Evidence from growth curve modeling with Head Start children[J]. Early Childhood Research Quarterly, 2016, 36: 244-258.

[56] Chou C P, Yang D, Pentz M A, et al. Piecewise growth curve modeling approach for longitudinal prevention study[J]. Computational Statistics and Data Analysis, 2004, 46(2): 213-225.

[57] Clarke-Stewart K A, Vandell D L, Burchinal M, O'Brien M, McCartney K. Do regulable features of child-care homes affect children's development?[J]. Early childhood research quarterly, 2002, 17(1): 52-86.

[58] Clifford R M, Russell S, Fleming J, et al. Infant/Toddler Environment Rating Scale: Reliability and Validity Studies[M]. Chapel Hill, NC: Frank Porter Graham Child Development Center, University of North Carolina, 1989.

[59] Clifford R, Reszka S, Rossbach H. Reliability and validity of the early childhood environment rating scale[M]. Chapel Hill: FPG Child Development Institute, University of North Carolina, 2010.

[60] Cochran-Smith M, Lytle S L. Chapter 8: Relationships of knowledge and practice: Teacher learning in communities[J]. Review of research in education, 1999, 24(1): 249-305.

[61] Collins N L, Read S J. Adult attachment, working models, and relationship quality in dating couples[J]. Journal of personality and social psychology, 1990, 58(4): 644.

[62] Connors C M D, Son S H, Hindman A H, et al. Teacher qualifications, classroom practices, family characteristics, and preschool experience: Complex effects on first graders' vocabulary and early reading outcomes[J]. Journal of School Psychology, 2005, 43(4): 343-375.

[63] Connors M C, Morris P A. Comparing state policy approaches to early care and education quality: A multidimensional assessment of quality rating and improvement systems and child care licensing regulations[J]. Early Childhood Research Quarterly, 2015, 30: 266-279.

[64] Connors M C. Creating cultures of learning: A theoretical model of effective early care and education policy[J]. Early Childhood Research Quarterly, 2016, 36(3): 32-45.

[65] Copple C, Bredekamp S. Developmentally appropriate practice in early childhood programs serving children from birth through age 8[M]. Washington DC: National Association for the Education of Young Children, 2009.

[66] Costa P T, McCrae R R. Normal personality assessment in clinical practice: The NEO Personality Inventory[J]. Psychological assessment, 1992, 4(1): 5.

[67] Cryer D, Burchinal M. Parents as child care consumers[J]. Early childhood research quarterly, 1997, 12(1): 35-58.

[68] Cryer D, Tietze W, Burchinal M, Leal T, Palacios J. Predicting process quality from structural quality in preschool programs: A cross-country comparison[J]. Early Childhood Research Quarterly, 1999, 14(3): 339-361.

[69] Cryer D. Defining and assessing early childhood program quality[J]. The annals of the American

academy of political and social science, 1999, 563(1): 39-55.

[70] Cunningham A E, Zibulsky J, Callahan M D. Starting small: Building preschool teacher knowledge that supports early literacy development[J]. Reading and Writing, 2009, 22(4): 487-510.

[71] Curby T W, Rimm-Kaufman S E, Ponitz C C. Teacher-child interactions and children's achievement trajectories across kindergarten and first grade[J]. Journal of Educational Psychology, 2009, 101(4): 912-925.

[72] Da Silva L, Wise S. Parent perspectives on childcare quality among a culturally diverse sample[J]. Australasian Journal of Early Childhood, 2006, 31(3): 6-14.

[73] Dahlberg G, Moss P, Pence A R. Beyond quality in early childhood education and care: Postmodern perspectives[M]. Psychology Press, 1999.

[74] Dailey D, Kohler-Evans P. Coaching Innovations: Providing Instructional Support Anywhere, Anytime[M]. New York: Rowman & Littlefield, 2017.

[75] Damon, Lerner R M. Theoretical models of human development (6th ed.)[M]// Handbook of child psychology. New York: Wiley, 2006.

[76] Darling-Hammond L, McLaughlin M W. Policies that support professional development in an era of reform[J]. Phi delta kappan, 1995, 76(8): 597-604.

[77] Darling-Hammond L, Youngs P. Defining "highly qualified teachers": What does "scientifically-based research" actually tell us? [J]. Educational Researcher, 2002, 31(9): 13-25.

[78] Darling-Hammond L. Constructing 21st-century teacher education[J]. Journal of teacher education, 2006, 57(3): 300-314.

[79] Day C, Gu Q, Sammons P. The impact of leadership on student outcomes: How successful school leaders use transformational and instructional strategies to make a difference[J]. Educational Administration Quarterly, 2016, 52(2): 221-258.

[80] DeLoache J S. A world of babies: Imagined childcare guides for seven societies[M]. Cambridge University Press, 2000.

[81] Dennis S E, O'Connor E. Reexamining Quality in Early Childhood Education: Exploring the Relationship between the Organizational Climate and the Classroom[J]. Journal of Research in Childhood Education, 2013, 27(1):74-92.

[82] Deynoot-Schaub M J G, Riksen-Walraven J M. Child care under pressure: The quality of Dutch centers in 1995 and in 2001[J]. The journal of genetic psychology, 2005, 166(3): 280-296.

[83] Diamond A, Taylor C. Development of an aspect of executive control: Development of the abilities to remember what I said and to "Do as I say, not as I do." [J]. Developmental Psychobiology, 1996, 29: 315-334.

[84] DiPerna J C, Lei P W, Reid E E. Kindergarten predictors of mathematical growth in the primary grades: An investigation using the Early Childhood Longitudinal Study—Kindergarten cohort[J]. Journal of Educational Psychology, 2007, 99(2): 369-379.

[85] Dobbs-Oates J, Kaderavek J N, Guo Y, et al. Effective behavior management in preschool classrooms and children's task orientation: Enhancing emergent literacy and language development[J]. Early Childhood Research Quarterly, 2011, 26(4): 420-429.

[86] Doherty G. The Mentoring Pairs for Child Care Project: Final outcome report. St. Catherines, Ontario: Early Childhood Community Development Centre, 2011.

[87] Domínguez X, Vitiello V E, Fuccillo J M, et al. The role of context in preschool learning: A multilevel examination of the contribution of context-specific problem behaviors and classroom

process quality to low-income children's approaches to learning[J]. Journal of School Psychology, 2011, 49(2): 175-195.

[88] Domínguez X, Vitiello V E, Maier M F, et al. A longitudinal examination of young children's learning behavior: Child-level and classroom-level predictors of change throughout the preschool year[J]. School Psychology Review, 2010, 39(1): 29-47.

[89] Downer J T, Booren L M, Lima O K, et al. The Individualized Classroom Assessment Scoring System (in CLASS): Preliminary reliability and validity of a system for observing preschoolers' competence in classroom interactions[J]. Early Childhood Research Quarterly, 2010, 25(1): 1-16.

[90] Downer J T, López M L, Grimm K J, et al. Observations of teacher-child interactions in classrooms serving Latinos and dual language learners: Applicability of the Classroom Assessment Scoring System in diverse settings[J]. Early Childhood Research Quarterly, 2012, 27(1): 21-32.

[91] Duckworth A L, Quinn P D. Development and validation of the Short Grit Scale (GRIT-S)[J]. Journal of personality assessment, 2009, 91(2): 166-174.

[92] Dunlop A W. A literature review on leadership in the early years[M]. Dundee: Learning and Teaching Scotland, 2008.

[93] Dunn J. Commentary and challenges to Grusec and Davidov's domain-Specific approach[J]. Child Development, 2010, 81(3): 710-714.

[94] Dunn L M, Dunn L M. Peabody picture vocabulary test (3rd Edition) [M]. Circle Pines, MN: American Guidance Service, 1997.

[95] Dunn L. Proximal and distal features of day care quality and children's development[J]. Early Childhood Research Quarterly, 1993, 8(2): 167-192.

[96] Dupree E, Bertram T, Pascal C. Listening to Children's Perspectives of Their Early Childhood Settings[J]. British Journal of Pharmacology, 2001,1(1-3): 217-223.

[97] Early D M, Bryant D M, Pianta R C, et al. Are teachers' education, major, and credentials related to classroom quality and children's academic gains in pre-kindergarten? [J]. Early Childhood Research Quarterly, 2006, 21(2): 174-195.

[98] Early D M, John S, Jennifer N, LaForett Doré R, Nehler C G. Factor structure and validity of the early childhood environment rating scale-third edition (ECERS-3) [J]. Early Childhood Research Quarterly, 2018,44: 242-256.

[99] Education E. Development Matters in the Early Years Foundation Stage[R]. London: Early Education, 2013.

[100] Ehrlich S B, Pacchiano D M, Stein A G, et al. Essential organizational supports for early education: The development of a new survey tool to measure organizational conditions[R]. Chicago, IL: University of Chicago Consortium on School Research and the Ounce of Prevention Fund, 2016.

[101] Eisenberg N, Fabes R A, Guthrie I K, et al. Dispositional emotionality and regulation: their role in predicting quality of social functioning[J]. Journal of personality and social psychology, 2000, 78(1): 136.

[102] Elicker J, Thornburg K. Evaluation of quality rating and improvement systems for early childhood programs and school-age care: Measuring children's development[R]. Research-to-Policy, Research-to-Practice Brief OPRE, 2011.

[103] Elicker J, Ruprecht K M, Langill C C, Lewsader J, Anderson T, et al. Indiana Paths to QUALITY™: Collaborative Evaluation of a New Child Care Quality Rating and Improvement System[J]. Early Education and Development, 2013, 24(1) : 42-62.

[104] Emmer E T, Stough L M. Classroom management: A critical part of educational psychology, with implications for teacher education[J]. Educational Psychologist, 2001, 36(2): 103-112.

[105] Epstein A S. The Intentional Teacher: Choosing the Best Strategies for Young Children's Learning[M]. Washington DC: National Association for the Education of Young Children, 2006.

[106] Ericsson K A, Charness N. Expert performance: Its structure and acquisition[J]. American psychologist, 1994, 49(8): 725.

[107] Fan X, Thompson B, Wang L. Effects of sample size, estimation methods, and model specification on structural equation modeling fit indexes[J]. Structural Equation Modeling: A Multidisciplinary Journal, 1999, 6(1): 56-83.

[108] Fan X. Statistical significance and effect size in education research: Two sides of a coin[J]. The Journal of Educational Research, 2001, 94(5): 275-282.

[109] Fang Z. A review of research on teacher beliefs and practices[J]. Educational research, 1996, 38(1): 47-65.

[110] Fantuzzo J, Perry M A, McDermott P. Preschool approaches to learning and their relationship to other relevant classroom competencies for low-income children[J]. School Psychology Quarterly, 2004, 19(3): 212-230.

[111] Fenichel E, Mann T L. Early Head Start for Low-Income Families with Infants and Toddlers [J]. The Future of Children, 2001, 11.

[112] Fiene R. Caregiver Observation Form and Scale[M]. Washington, DC: Children's Services Monitoring Transfer Consortium, 1984.

[113] Fowler S, Bloom P J, Talan T N, et al. Who's caring for the kids? The status of the early childhood workforce in Illinois [M]. Wheeling, IL: McCormick Tribune Center for Early Childhood Leadership, National-Louis University, 2008.

[114] Fuhs M W, Farran D C, Nesbitt K T. Preschool classroom processes as predictors of children's cognitive self-regulation skills development[J]. School Psychology Quarterly, 2013, 28(4): 347-359.

[115] García J L, Heckman J J, Leaf D E, et al. The life-cycle benefits of an influential early childhood program[R]. MA: National Bureau of Economic Research, 2016.

[116] Gevers Deynoot-Schaub, M J J M, Riksen-Walraven, J M. Child care under pressure: the quality of Dutch centers in 1995 and in 2001[J]. The Journal of Genetic Psychology, 2005, 166(3): 280-296.

[117] Goelman H, Forer B, Kershaw P, Doherty G, Lero D, LaGrange A. Towards a predictive model of quality in Canadian child care centers[J]. Early Childhood Research Quarterly, 2006, 21(3): 280-295.

[118] Good T L, Lavigne A L. Looking in classrooms[M]. New York: Routledge, 2017.

[119] Gordon R A, Fujimoto K, Kaestner R, Korenman S, Abner K. An assessment of the validity of the ECERS-R with implications for measures of child care quality and relations to child development[J]. Developmental Psychology, 2013, 49(1): 146-160.

[120] Grisay A, Mählck L O. The quality of education in developing countries: A review of some research studies and policy documents[M]. International Institute for Educational Planning, 1991.

[121] Grusec J E, Davidov M. Integrating different perspectives on socialization theory and research: A domain-specific approach[J]. Child development, 2010, 81(3): 687-709.

[122] Hahn K R, Schaefer B A, Merino C, et al. The factor structure of Preschool Learning Behaviors Scale scores in Peruvian children[J]. Canadian Journal of School Psychology, 2009, 24(4): 318-331.

[123] Hallinger P, Heck R H. Distributed leadership in schools: Does system policy make a

difference?[J]//Distributed Leadership. Dordrecht: Springer, 2009: 101-117.

[124] Hamre B K, Downer J T. Beliefs about intentional teaching[Z]. Unpublished measure, University of Virginia，2007.

[125] Hamre B K, Pianta R C. Learning opportunities in preschool and early elementary classrooms[M]. Baltimore, MD: Paul H Brookes Publishing, 2007.

[126] Hamre B K, Pianta R C, Burchinal M, et al. A course on effective teacher-child interactions: Effects on teacher beliefs, knowledge, and observed practice[J]. American Educational Research Journal, 2012, 49(1): 88-123.

[127] Hamre B K, Pianta R C, Downer J T, et al. Teachers' perceptions of conflict with young students: Looking beyond problem behaviors[J]. Social Development, 2008, 17(1): 115-136.

[128] Hamre B K, Pianta R C, Downer J T, et al. Teaching through interactions: Testing a developmental framework of teacher effectiveness in over 4,000 classrooms[J]. The Elementary School Journal, 2013, 113(4): 461-487.

[129] Hamre B K, Pianta R C. Can instructional and emotional support in the first-grade classroom make a difference for children at risk of school failure?[J]. Child Development, 2005, 76(5): 949-967.

[130] Hamre B K, Pianta R C. Learning opportunities in preschool and early elementary classrooms[J]// School readiness and the transition to kindergarten in the era of accountability, Baltimore, MD: Paul H Brookes Publishing, 2007: 49-83.

[131] Hamre B, Hatfield B, Pianta R, Jamil F. Evidence for general and domain-specific elements of teacher-child interactions: Associations with preschool children's development[J]. Child development, 2014, 85(3): 1257-1274.

[132] Harcourt D, Mazzoni V. Standpoints on quality: Listening to children in Verona, Italy[J]. Australasian Journal of Early Childhood, 2012, 37(2): 19-26.

[133] Hargreavs A, Fullan M. Mentoring in the New Millennium[J]. Theory into Practice, 2000, 39(1): 50-56.

[134] Harms T, Clifford R M, Cryer D. Early childhood environment rating scale[M]. Teachers College Press, 2014.

[135] Harms T, Clifford R M, Cryer D. Early Childhood Environment Rating Scale(3rd Edition) [M]. New York: Teacher College Press, 2015.

[136] Harms T, Clifford R, Cryer D. The Early Childhood Rating Scale-Revised[M]. New York and London: Teachers' College Press, 1998.

[137] Harms T, Cryer D, Clifford R M. The infant/toddler day care rating scale[M]. New York: Teachers College Press, 1990.

[138] Hatch T, Grossman P. Learning to look beyond the boundaries of representation: Using technology to examine teaching (Overview for a digital exhibition: Learning from the practice of teaching) [J]. Journal of Teacher Education, 2009, 60(1): 70-85.

[139] Hatfield B E, Burchinal M R, Pianta R C, Sideris J. Thresholds in the association between quality of teacher-child interactions and preschool children's school readiness skills[J]. Early Childhood Research Quarterly, 2016, 36: 561-571.

[140] Heilbronn R, Yandell J. Critical Practice in teacher education: a study of professional learning[M]. London：POE Press, 2010.

[141] Helmerhorst K O, Riksen-Walraven J M A, Gevers Deynoot-Schaub M J, Tavecchio L W, Fukkink R G. Child care quality in the Netherlands over the years: A closer look[J]. Early Education and

Development, 2015, 26(1): 89-105.

[142] Hemmeter M L, Ostrosky M, Fox L. Social and emotional foundations for early learning: A conceptual model for intervention[J]. School Psychology Review, 2006, 35(4): 583-601.

[143] Herzenberg S, Price M, Bradley D. Losing ground in early childhood education[M]. Washington, DC: Economic Policy Institute, 2005.

[144] Hestenes L L, Kintner-Duffyn V, Wang C Y, La Paro K, et al. Comparisons among quality measures in child care settings: Understanding the use of multiple measures in North Carolina's QRIS and their links to social-emotional development in preschool children [J]. Early Childhood Research Quarterly, 2015, 30(7) : 199-214.

[145] Hightower A D, Work W C, Cowen E L, Lotyczewski B S, Spinell A P, Guare J C, et al. The Teacher-Child Rating Scale: A brief objective measure of elementary children's school problem behaviors and competencies[J]. School Psychology Review, 1986,15: 393-409.

[146] Ho J, Ng D. Tensions in Distributed Leadership[J]. Educational Administration Quarterly, 2016, 53(2):223-254.

[147] Hochschild A R. The managed heart: Commercialization of human feeling[M]. Berkeley: University of California Press, 2012.

[148] Holland C R. Language and literacy environment quality in early childhood classrooms: Exploration of measurement strategies and relations with children's development[M]. State College, PA: Pennsylvania State University, 2005.

[149] Howes C, Ritchie S. A matter of trust: Connecting teachers and learners in the early childhood classroom[M]. Teachers College Press, 2002.

[150] Howes C, Burchinal M, Pianta R, et al. Ready to learn? Children's pre-academic achievement in pre-kindergarten programs[J]. Early Childhood Research Quarterly, 2008, 23: 27-50.

[151] Howes C, Phillips D A, Whitebook M. Thresholds of quality: Implications for the social development of children in center-based child care[J]. Child Development, 1992, 63(2): 449-460.

[152] Howes C, Stewart P. Child's play with adults, toys, and peers: An examination of family and child-care influences[J]. Developmental Psychology, 1987, 23(3): 423-430.

[153] Howes C, Whitebook M, Phillips D. Teacher characteristics and effective teaching in child care: Findings from the National Child Care Staffing Study[C]//Child and Youth Care Forum. Kluwer Academic Publishers-Human Sciences Press, 1992, 21(6): 399-414.

[154] Hu B Y, Fan X, Wu Z, et al. Teacher-child interactions and children's cognitive and social skills in Chinese preschool classrooms[J]. Children and Youth Services Review, 2017, 79: 78-86.

[155] Hu B Y, Dieker L, Yang Y, et al. The quality of classroom experiences in Chinese kindergarten classrooms across settings and learning activities: Implications for teacher preparation[J]. Teaching and Teacher Education, 2016, 57: 39-50.

[156] Hu B Y, Fan X, Gu C, Yang N. Applicability of the classroom assessment scoring system in Chinese preschools based on psychometric evidence[J]. Early Education and Development, 2016, 27(5): 714-734.

[157] Hu B Y, Fan X, LoCasale-Crouch J, et al. Profiles of teacher-child interactions in Chinese kindergarten classrooms and the associated teacher and program features[J]. Early Childhood Research Quarterly, 2016, 37: 58-68.

[158] Hu B Y, Fan X, Sao Leng Ieong S, et al. Why is group teaching so important to Chinese children's development?[J]. Australasian Journal of Early Childhood, 2015, 40(1): 4-12.

[159] Hu B Y, Fan X, Wu Y, et al. Are structural quality indicators associated with preschool process quality in China? An exploration of threshold effects[J]. Early Childhood Research Quarterly, 2017, 40: 163-173.

[160] Hu B Y, Fan X, Wu Y, et al. Contributions of Teacher-Child Interaction Quality to Chinese Children's Development in the Early Childhood Years[J]. Early Education and Development, 2019, 30(2): 159-177.

[161] Hu B Y, Fan X, Wu Z, LoCasale-Crouch J, Yang N, Zhang J. Teacher-child interactions and children's cognitive and social skills in Chinese preschool classrooms[J]. Children and Youth Services Review, 2017, 79: 78-86.

[162] Hu B Y, Fan X, Yang Y, et al. Chinese preschool teachers' knowledge and practice of teacher-child interactions: The mediating role of teachers' beliefs about children[J]. Teaching and Teacher Education, 2017, 63: 137-147.

[163] Hu B Y, Li Y, Wang C, Reynolds B L, Wang S. The relation between school climate and preschool teacher stress[J]. Journal of Educational Administration, 2019.

[164] Hu B Y, Ren J, Lo Casale-Crouch J, et al. Chinese kindergarten teachers' use of instructional support strategies during whole-group language lessons[J]. Teaching and Teacher Education, 2018, 70: 34-46.

[165] Hu B Y, Wu H, Curby T W, et al. Teacher-child interaction quality, attitudes toward reading, and literacy achievement of Chinese preschool children: Mediation and moderation analysis[J]. Learning and Individual Differences, 2018, 68: 1-11.

[166] Hu B Y, Yang Y, Ieong S S. Chinese urban and suburban parents' priorities for early childhood education practices: Applying Q-sort methodology[J]. Children and Youth Services Review, 2016, 64: 100-109.

[167] Hu B Y, Zhou Y, Li K. Pinpointing Chinese early childhood teachers' professional development needs through self-evaluation and external observation of classroom quality[J]. Journal of Early Childhood Teacher Education, 2014, 35(1): 54-78.

[168] Hu B Y, Zhou Y, Li K. Variations in Chinese parental perceptions of early childhood education quality[J]. European Early Childhood Education Research Journal, 2017, 25(4): 519-540.

[169] Hu B Y, Fan X, Gu C, et al. Applicability of the classroom assessment scoring system in Chinese preschools based on psychometric evidence[J]. Early Education and Development, 2016, 27(5): 714-734.

[170] Hu B, Chen Y. Expert practitioner's views about the Chinese Early Childhood Programme Rating Scale (CECPRS)[C]. Shanghai: Paper presented at OMEP Annual Conference, 2013.

[171] Hu B, Roberts S K. A qualitative study of the current transformation to rural village early childhood in China: Retrospect and prospect[J]. International Journal of Educational Development, 2013, 33(4), 316-324.

[172] Hu B, Szente J. Exploring the quality of early childhood education in China: implications for early childhood teacher education[J]. International Perspectives on Early Childhood Teacher Education, 2009, 30(3): 247-262.

[173] Hu B, Li Y, Wang C, Reynolds B, Wang S. The relation between school climate and preschool teacher stress[J]. Journal of Educational Administration, 2019, 57 (6): 748-767.

[174] Hu B, Mak M, Neizel J, Li K, Fan X. Predictors of Chinese early childhood program quality: Implications for policies[J]. Children and Youth Services Review, 2016, 70: 152-162.

[175] Hu B, Song Z, Wang S, Locasale-Crouch J. Global quality profiles in Chinese early care classrooms: Evidence from the Shandong province[J]. Children and Youth Service Review, 2019, 101: 157-164.

[176] Hu B, Zhou Y, Li K, Roberts S K. Examining program quality disparities between urban and rural kindergartens in China: Evidence from Zhejiang[J]. Journal of Research in Childhood Education, 2014, 28(4): 461-483.

[177] Hu B. Examining program quality disparities between urban and rural kindergartens in China: Evidence from Zhejiang[C]. Vancouver: Paper presented at Association for Childhood Education International Annual Conference, 2014.

[178] Hujala E, Eskelinen M, Keskinen S, et al. Leadership Tasks in Early Childhood Education in Finland, Japan, and Singapore[J]. Journal of Research in Childhood Education, 2016, 30(3): 406-421.

[179] Invernizzi M, Sullivan A, Swank L, et al. PALS pre-K: Phonological awareness literacy screening for preschoolers[J]. Charlottesville, VA: University Printing Services, 2004.

[180] Jamil F M, Sabol T J, Hamre B K, et al. Assessing teachers' skills in detecting and identifying effective interactions in the classroom: theory and measurement[J]. The Elementary School Journal, 2015, 115(3): 407-432.

[181] Jamison K R, Cabell S Q, LoCasale-Crouch J, Hamre B K, Pianta R C. CLASS-Infant: An observational measure for assessing teacher-infant interactions in center-based child care[J]. Early Education and Development, 2014, 25(4): 553-572.

[182] Jung T, Wickrama K A S. An introduction to latent class growth analysis and growth mixture modeling[J]. Social and Personality Psychology Compass, 2008, 2(1): 302-317.

[183] Justice L M, Mashburn A J, Hamre B K, et al. Quality of language and literacy instruction in preschool classrooms serving at-risk pupils[J]. Early childhood research quarterly, 2008, 23(1): 51-68.

[184] Kagan S, Bowman B. Leadership in Early Care and Education[M]. Washington DC: NAEYC, 1997.

[185] Karoly L A, Zellman G L. How would programs rate under California's proposed quality rating and improvement system? Evidence from statewide and county data on early care and education program quality[Z]. Santa Monica, CA: RAND Corporation, 2012.

[186] Karoly L A, Zellman G L, Perlman M. Understanding variation in classroom quality within early childhood centers : Evidence from Colorado's quality rating and improvement system[J]. Early Childhood Research Quarterly, 2013, 28(3): 645-657.

[187] Katherine M M, Sharon B. Mentoring the New Professional in Interdisciplinary Early Childhood Education : The Kentucky Teacher Internship Program[J]. Topics in Early Childhood Special Education, 2001, 21(3): 131-149.

[188] Kathy S, Iram S, Brenda T, Pam S, Edward M, Karen E, Vasiliki T. Capturing quality in early childhood through environment rating scales[J]. Early Childhood Research Quarterly, 2006, 21: 76-92.

[189] Katz L G. Perspectives on the quality of early childhood programs[J]. Phi Delta Kappan, 1994, 76(3): 200.

[190] Kee K, Anderson K, Dearing V, et al. Results coaching: The new essential for school leaders[M]. Thousands Oaks, CA: Corwin Press, 2010.

[191] Klein P S, Feldman R. Mothers' and caregivers' interactive and teaching behavior with toddlers[J]. Early Child Development and Care, 2007, 177(4): 383-402.

[192] Kolb D A. Facilitator's guide to learning[M]. Boston: Hay/McBer Research Press, 2000.

[193] Kottkamp R B. Means for facilitating reflection[J]. Education and urban society, 1990, 22(2): 182-203.

[194] Kruif R E L, McWilliam R A, Ridley S M, et al. Classification of teachers' interaction behaviors in early childhood classrooms[J]. Early Childhood Research Quarterly, 2000, 15(2): 247-268.

[195] Kulik J A, Kulik C L C. Timing of feedback and verbal learning[J]. Review of educational research, 1988, 58(1): 79-97.

[196] La Paro K M, Maynard C, Thomason A, et al. Developing teachers' classroom interactions: A description of a video review process for early childhood education students[J]. Journal of Early Childhood Teacher Education, 2012, 33(3): 224-238.

[197] La Paro K M, Pianta R C, Stuhlman M. The classroom assessment scoring system: Findings from the prekindergarten year[J]. The Elementary School Journal, 2004, 104(5): 409-426.

[198] La Paro K M, Thomason A C, Lower J K, Kintner-Duffy V L, Cassidy D J. Examining the definition and measurement of quality in early childhood education: A Review of Studies Using the ECERS-R from 2003 to 2010[J]. Early Childhood Research & Practice, 2012, 14(1): 13.

[199] La Paro K M, Williamson A C, Hatfield B. Assessing quality in toddler classrooms using the CLASS-Toddler and the ITERS-R[J]. Early Education and Development, 2014, 25(6): 875-893.

[200] Lahti M, Sabol T, Starr R, Langill C, Tout K. Validation of Quality Rating and Important Systems(QRIS): Examples from Four States[R]. Research-to-Policy, Research-to-Practice Brief OPRE 2013-029，2011.

[201] Lahti M, Elicker J, Zellman G, Fiene R. Approaches to validating child care quality rating and improvement systems(QRIS): Results from two states with similar QRIS type designs[J]. Early Childhood Research Quarterly，2014，29（5）：11-22.

[202] Law K S, Wong C S, Wang D, et al. Effect of supervisor-subordinate guanxi on supervisory decisions in China: An empirical investigation[J]. International Journal of Human Resource Management, 2000, 11(4): 751-765.

[203] Layzer J I, Goodson B D. The "quality" of early care and education settings: Definitional and measurement issues[J]. Evaluation Review, 2006, 30(5): 556-576.

[204] Le V N, Schaack D, Setodji C M. Examining the associations between daily caregiving discontinuity and children's social-emotional outcomes[J]. Developmental Psychology, 2015, 51(5):635-648.

[205] Le V N, Schaack D D, Setodji C M. Identifying baseline and ceiling thresholds within the qualistar early learning quality rating and improvement system[J]. Early Childhood Research Quarterly, 2015, 30: 215-226.

[206] Lehrl S, Kluczniok K, Rossbach H G. Longer-term associations of preschool education: The predictive role of preschool quality for the development of mathematical skills through elementary school[J]. Early Childhood Research Quarterly, 2016, 36: 475-488.

[207] Leyva D, Weiland C, Barata M, Yoshikawa H, Snow C, Treviño E, Rolla A. Teacher-child interactions in Chile and their associations with prekindergarten outcomes[J]. Child development, 2015, 86(3): 781-799.

[208] Li K, Hu B Y, Pan Y, Qin J, Fan X. Chinese Early Childhood Environment Rating Scale (trial) (CECERS): A validity study[J]. Early Childhood Research Quarterly, 2014, 29: 268-282.

[209] Li K, Pan Y, Hu B, Burchahinal M et al. Early childhood education quality and child outcomes in China: evidence from Zhejiang province[J]. Early Childhood Research Quarterly, 2016, 36: 427-

438.

[210] Li K, Zhang P, Hu B Y, Burchinal M R , Fan X, Qin J. Testing the "thresholds" of preschool education quality on child outcomes in China[J]. Early Childhood Research Quarterly, 2018, 45: 445-456.

[211]   Li-Grining C P, Votruba-Drzal E, Maldonado-Carre ñ o C, et al. Children's early approaches to learning and academic trajectories through fifth grade[J]. Developmental Psychology, 2010, 46(5): 1062-1077.

[212] LoCasale-Crouch J, Konold T, Pianta R, et al. Observed classroom quality profiles in state-funded pre-kindergarten programs and associations with teacher, program, and classroom characteristics[J]. Early Childhood Research Quarterly, 2007, 22(1): 3-17.

[213] LoCasale-Crouch J, Williford A, Whittaker J, et al. Does Fidelity of Implementation Account for Changes in Teacher-Child Interactions in a Randomized Controlled Trial of Banking Time?[J]. Journal of Research on Educational Effectiveness, 2018, 11(1): 35-55.

[214] Louisa P, Hannah N, Carol H, Mary E M, Debra F D. Mentoring Early Childhood Professionals[J]. Journal of Research in Childhood Education, 2003, 17(2): 250-267.

[215] Love J M, Kisker E E, Ross C, et al. The effectiveness of early head start for 3-year-old children and their parents: lessons for policy and programs[J]. Developmental Psychology, 2005, 41(6): 885-901.

[216] Love J M, Schochet P Z. Are They in Any Real Danger? What Research Does and Doesn't Tell Us about Child Care Quality and Children's Well-Being[Z]. Child Care Research and Policy Papers, 1996.

[217] Lovibond P F, Lovibond S H. The structure of negative emotional states: Comparison of the Depression Anxiety Stress Scales (DASS) with the Beck Depression and Anxiety Inventories[J]. Behaviour research and therapy, 1995, 33(3): 335-343.

[218] Lower J K, Cassidy D J. Child care work environments: The relationship with learning environments. Journal of Research in Childhood Education, 2007, 22(2): 189-204.

[219] Maerten-Rivera J, Myers N, Lee O, et al. Student and school predictors of high-stakes assessment in science[J]. Science Education, 2010, 94(6): 937-962.

[220] Mamedova S, Redford J, Zukerberg A. (2013). Early childhood program participation, from the national household education surveys program of 2012 (NCES No. 2013-029)[EB/OL].[2019-10-11]. http://nces.ed.gov/pubsearch/pubsinfo.asp?pubid=2013029.

[221] Mantzicopoulos P. Conflictual relationships between kindergarten children and their teachers: Associations with child and classroom context variables[J]. Journal of School Psychology, 2005, 43(5): 425-442.

[222] Mashburn A J, Pianta R C, Hamre B K, et al. Measures of classroom quality in prekindergarten and children's development of academic, language, and social skills[J]. Child Development, 2008, 79(3): 732-749.

[223] Maslach C, Jackson S E, Leiter M P, et al. Maslach burnout inventory[M]. Palo Alto, CA: Consulting Psychologists Press, 1986.

[224] Mathers S, Linskey F, Seddon J, Sylva K. Using quality rating scales for professional development: Experiences from the UK[J]. International Journal of Early Years Education, 2007, 15(3): 261-274.

[225] Matsumura L C, Sartoris M, Bickel D D, et al. Leadership for Literacy Coaching: The Principals Role in Launching a New Coaching Program[J]. Educational Administration Quarterly, 2009,

45(5):655-693.

[226] McClelland M M, Acock A C, Morrison F J. The impact of kindergarten learning-related skills on academic trajectories at the end of elementary school[J]. Early Childhood Research Quarterly, 2006, 21(4): 471-490.

[227] McCormick, Center for Early Childhood Leadership.Professional development. The landscape of opportunity in early care and education. Research Notes[M]. Wheeling, IL: National Louis University, 2008.

[228] McDermott P A, Mordell M, Stoltzfus J C. The organization of student performance in American schools: Discipline, motivation, verbal learning, nonverbal learning[J]. Journal of Educational Psychology, 2001, 93(1): 65-76.

[229] McDermott P A, Rikoon S H, Fantuzzo J W. Tracing children's approaches to learning through Head Start, kindergarten, and first grade: Different pathways to different outcomes[J]. Journal of Educational Psychology, 2014, 106(1): 200-213.

[230] Melhuish E, Gardiner J. Study of Early Education and Development (SEED): Study of Quality of Early Years Provision in England (Revised)[R]. Department for Education, 2018.

[231] Mill D, Romano-White D. Correlates of affectionate and angry behavior in child care educators of preschool-aged children[J]. Early Childhood Research Quarterly, 1999, 14(2): 155-178.

[232] Moreno R, Valdez A. Immediate and delayed effects of using a classroom case exemplar in teacher education: The role of presentation format[J]. Journal of educational psychology, 2007, 99(1): 194.

[233] Nelson C A, Bosquet M. Neurobiology of fetal and infant development: Implications for infant mental health. In C. H. Zeanah, Jr. (Ed.), Handbook of infant mental health (pp. 37-59)[M]. New York: The Guilford Press, 2000.

[234] Neuman S B, Cunningham L. The impact of professional development and coaching on early language and literacy instructional practices[J]. American educational research journal, 2009, 46(2): 532-566.

[235] NICHD Early Child Care Research Network. Child-care structure → Process → Outcome: Direct and indirect effects of child-care quality on young children's development[J]. Psychological Science, 2002,13(3):199-206.

[236] NICHD ECCRN. A day in third grade: Classroom quality, teacher, and student behaviors[J]. Elementary School Journal, 2005, 105(3), 305-323.

[237] NICHD ECCRN. Does quality of child care affect child outcomes at age $4^{1/2}$[J]. Developmental Psychology, 2003, 39(3): 451-69.

[238] NICHD. Child care and child development: Results from the NICHD study of early child care and youth development[M]. New York: Guilford Press, 2005.

[239] NICHD. Early Child Care Research Network. Characteristics and quality of child care for toddlers and preschoolers[J]. Applied Developmental Science, 2000, 4(3): 116-135.

[240] NICHD. Early child care and children's development prior to school entry: Results from the NICHD Study of Early Child Care[J]. American educational research journal, 2002, 39(1): 133-164.

[241] NICHD. Early Child Care Research Network. Characteristics and quality of child care for toddlers and preschoolers[J]. Applied Developmental Science, 2000, 4(3): 116-135.

[242] Nylund K L, Asparouhov T, Muthén B O. Deciding on the number of classes in latent class analysis and growth mixture modeling: A Monte Carlo simulation study[J]. Structural equation modeling: A

multidisciplinary Journal, 2007, 14(4): 535-569.

[243] OECD. Encouraging Quality in Early Childhood Education and Care: Research Brief of Minimum Standards Matter[R]. Pairs: OECD，2015.

[244] OECD. Starting Stoang: Early Childhood Education and Care[R]. Pairs: OECD, 2001.

[245] OECD. Starting Stoang II: Early Childhood Education and Care[R]. Pairs：OECD, 2004.

[246] OECD. Starting strong IV: Monitoring quality in early childhood education and care[M]. Pairs: OECD, 2015.

[247] Pakarinen E, Lerkkanen M K, Poikkeus A M, et al. A validation of the classroom assessment scoring system in Finnish kindergartens[J]. Early Education and Development, 2010, 21(1): 95-124.

[248] Palaiologou, I. The early years foundation stage: Theory and practice[M]. London: Sage, 2016.

[249] Pan Y, Liu Y, Lau H. Evaluation of the kindergarten quality rating system in Beijing[J]. Early Education and Development, 2010, 21(2): 186-204.

[250] Peisner-Feinberg E S, Burchinal M R, Clifford R M, Culkin M L, Howes C, Kagan S L, Zelazo J. The children of the cost, quality, and outcomes study go to school[J]. Chapel Hill, NC: University of North Carolina, 1999.

[251] Peisner-Feinberg E S, Burchinal M R, Clifford R M, et al. The relation of preschool child-care quality to children's cognitive and social developmental trajectories through second grade[J]. Child Development, 2001, 72(5): 1534-1553.

[252] Perlman M, Zellman G L, Le V N. Examining the psychometric properties of the early childhood environment rating scale-revised (ECERS-R) [J]. Early Childhood Research Quarterly, 2004, 19(3): 400-412.

[253] Pessanha M, Aguiar C, Bairrão J. Influence of structural features on Portuguese toddler child care quality[J]. Early Childhood Research Quarterly, 2007, 22(2): 204-214.

[254] Peterson S M, French L. Supporting young children's explanations through inquiry science in preschool[J]. Early Childhood Research Quarterly, 2008, 23(3): 395-408.

[255] Petrogiannis K. Greek Day Care Centres' Quality, Caregivers' Behaviour and Children's Development[J]. International Journal of Early Years Education, 2002, 10(2): 137-148.

[256] Phillipsen L C, Burchinal M R, Howes C, Cryer D. The prediction of process quality from structural features of child care[J]. Early childhood research quarterly, 1997, 12(3): 281-303.

[257] Piaget J. Origins of intelligence in children[M]. New York: International Universities Press, 1952.

[258] Pianta R C, Howes C, Burchinal M, Bryant D, Clifford R, Early D, et al. Features of pre-kindergarten programs, classrooms, and teachers: Do they predict observed classroom quality and child-teacher interactions? [J]. Applied Developmental Science, 2005, 9: 144-159.

[259] Pianta R C, La Paro K M, Payne C, et al. The relation of kindergarten classroom environment to teacher, family, and school characteristics and child outcomes[J]. The Elementary School Journal, 2002, 102(3): 225-238.

[260] Pianta R C, Belsky J, Vandergrift N, et al. Classroom effects on children's achievement trajectories in elementary school[J]. American Educational Research Journal, 2008, 45(2): 365-397.

[261] Pianta R C, Hamre B K. Conceptualization, measurement, and improvement of classroom processes: Standardized observation can leverage capacity[J]. Educational Researcher, 2009, 38(2): 109-119.

[262] Pianta R C, La Paro K M, Hamre B K. Classroom Assessment Scoring System: Manual K-3[M].

Baltimore, D.C: Baltimore, D.C Paul H Brookes Publishing, 2008.

[263] Pianta R C, La Paro K. Improving Early School Success[J]. Educational Leadership, 2003, 60(7): 24-29.

[264] Pianta R C, Mashburn A J, Downer J T, et al. Effects of web-mediated professional development resources on teacher-child interactions in pre-kindergarten classrooms[J]. Early childhood research quarterly, 2008, 23(4): 431-451.

[265] Pianta R C. Enhancing relationships between children and teachers[M]. MA: American Psychological Association, 1999.

[266] Pianta R, Downer J, Hamre B. Quality in early education classrooms: Definitions, gaps, and systems[J]. The Future of Children, 2016, 26(2): 119-137.

[267] Plantenga J. Local providers and loyal parents: competition and consumer choice in the Dutch childcare market[G] // Eva L, Helen P. Childcare Markets: Can They Deliver an Equitable Service?. UK: The Policy Press, 2012: 63-78.

[268] Ponitz C C, Rimm-Kaufman S E, Grimm K J, et al. Kindergarten classroom quality, behavioral engagement, and reading achievement[J]. School Psychology Review, 2009, 38(1): 102-120.

[269] Poole M C. National Board for Professional Teaching Standards Early Childhood Generalist Portfolio: A Performance-based Assessment[D]. California State University, Sacramento, 2002.

[270] Purpura D J, Schmitt S A, Ganley C M. Foundation of mathematics and literacy: the role of executive functioning components[J]. Journal of Experimental Child Psychology, 2017, 153: 15-34.

[271] Purpura D J, Hume L E, Sims D M, Lonigan C J. Early literacy and early numeracy: the value of including early literacy skills in the prediction of numeracy development[J]. Journal of Experimental Child Psychology, 2011, 110(4): 647-658.

[272] Purpura D J, Logan J A R, Hassinger-Das et al. Why do early mathematics skills predict later reading? The role of mathematical language[J]. Developmental Psychology, 2017, 53(9): 1633-1642.

[273] Rao N, Chan C K K. Moving beyond paradoxes: Understanding Chinese learners and their teachers[M]//Revisiting the Chinese learner. Dordrecht: Springer, 2010: 3-32.

[274] Rao N, Sun J, Richards B, et al. Assessing Diversity in Early Childhood Development in the East Asia-Pacific[J]. Child Indicators Research, 2019, 12(1): 235-254.

[275] Raudenbush S W, Bryk A S. Hierarchical linear models: Applications and data analysis methods[M]. Thousand Oaks: Sage, 2002.

[276] Raver C C, Jones S M, Li-Grining C, et al. Targeting children's behavior problems in preschool classrooms: a cluster-randomized controlled trial[J]. Journal of Consulting and Clinical Psychology, 2009, 77(2): 302-316.

[277] Rentzou K. Using the ACEI global guidelines assessment to evaluate the quality of early child care in Greek settings[J]. Early Childhood Education Journal, 2010, 38(1): 75-80.

[278] Reynolds A J, Ou S R, Topitzes, J W. Paths of effects of early childhood intervention on educational attainment and delinquency: A confirmatory analysis of the Chicago Child-Parent Centers[J]. Child development, 2004, 75(5): 1299-1328.

[279] Rimm-Kaufman S E, Curby T W, Grimm K J, et al. The contribution of children's self-regulation and classroom quality to children's adaptive behaviors in the kindergarten classroom[J]. Developmental Psychology, 2009, 45(4): 958-972.

[280] Robinson V M J, Timperley H S. The Leadership of the Improvement Teaching and Learning:

Lessons from Initiatives with Positive Outcomes for Students[J]. Australian Journal of Education, 2007, 51(3):247-262.

[281] Rodd J. Leadership in Early Childhood: The Pathway to Professionalism[J]. Change Strategies, 1994: 181.

[282] Rous B, Grove J, Cox M, et al. The impact of the Kentucky professional development framework on child care, Head Start and public preschool classroom quality and child outcomes[M]. Lexington, KY: University of Kentucky, Human Development Institute, 2008.

[283] Sabol T J, Pianta R C. Quarterly Validating Virginia's quality rating and improvement system among state-funded pre-kindergarten programs[J]. Early Childhood Research Quarterly, 2015, 30(2): 183-198.

[284] Sandra L, Hong S, Howes C, Marcella J, Zucker E, Huang Y. Quality Rating and Improvement Systems: Validation of a local implementation in LA County and children's school-readiness[J]. Early Childhood Research Quarterly, 2014, 5: 7-21.

[285] Sandstrom H, Moodie S, Halle T. Beyond classroom-based measures for preschoolers: Addressing the gaps in measures for home-based care and care for infants and toddlers[J]. Quality measurement in early childhood settings, 2011: 317-346.

[286] Sarama J, Clements D H. Early childhood mathematics education research: Learning trajectories for young children[M]. New York, NY: Routledge, 2009.

[287] Scarr S. Quality of Child Care as an Aspect of Family and Child Care Policy in the United States[J]. Pediatrics, 1993, 91(2):182-188.

[288] Schank R. Dynamic Memory: A Theory of Learning in Computers and People[M]. Cambridge: Cambridge University Press, 1982.

[289] Schweinhart L J. Lifetime effects: the High/Scope Perry Preschool study through age 40[M]. Ypsilanti MI: High/Scope Foundation, 2005.

[290] Scott-Little C, Kagan S L, Frelow V S. Inside the Content: The Breadth and Depth of Early Learning Standards: ED498586 [R]. Greensboro: SERVE Center for Continuous Improvement at UNCG, 2005.

[291] Segal S. The role of contingency and tension in the relationship between theory and practice in the classroom[J]. Journal of curriculum studies, 1998, 30(2): 199-206.

[292] Setodji C M, Le V N, Schaack D. Using generalized additive modeling to empirically identify thresholds within the ITERS in relation to toddlers' cognitive development[J]. Developmental Psychology, 2013, 49(4): 632-645.

[293] Sharon A P, Patricia W W. Improving Quality in Early Childhood Environments Through On-Site Consultation[J]. Topics in Early Childhood Special Education Winter, 1998, 18(4): 245-255.

[294] Shavelson G, Webb N M. Generalizability Theory: A Primer[M]. California, London & India: Sage Pulications, 1991.

[295] Shen J, Tackett W, Ma X. Second Evaluation Report For Palm Beach County Quality Improvement System[R]. Palm Beach County, Fla: Children's Services Council, 2009.

[296] Shonkoff J P, Phillips D A. From neurons to neighborhoods: The science of early childhood development[M]. Washington D.C.: National Academy Press, 2000.

[297] Shulman L S. Knowledge and teaching: Foundations of the new reform[J]. Harvard educational review, 1987, 57(1): 1-23.

[298] Shulman L S. Those who understand: Knowledge growth in teaching[J]. Educational researcher,

1986, 15(2): 4-14.

[299]　Siekkinen M, Pakarinen E, Lerkkanen M K, et al. Social competence among 6-year-old children and classroom instructional support and teacher stress[J]. Early Education and Development, 2013, 24(6): 877-897.

[300]　Slot P L, Boom J, Verhagen J, Leseman P P. Measurement properties of the CLASS Toddler in ECEC in The Netherlands[J]. Journal of Applied Developmental Psychology, 2017, 48: 79-91.

[301]　Slot P L, Leseman P P M, Verhagen J, et al. Associations between structural quality aspects and process quality in Dutch early childhood education and care settings[J]. Early Childhood Research Quarterly, 2015, 33: 64-76.

[302]　Snow C E, Hemel S B V. Early childhood assessment: Why, what, and how[M]. Washington, DC: National Academies Press, 2008.

[303]　Sparks D. leading for results: Transforming teaching, learning, and relationships in schools[M]. Thousands Oaks, CA: Corwin Press, 2006.

[304]　Stipek D, Feiler R, Daniels D, et al. Effects of different instructional approaches on young children's achievement and motivation[J]. Child Development, 1995, 66(1): 209-223.

[305]　Suchodoletz A, Fäsche A, Gunzenhauser C, et al. A typical morning in preschool: Observations of teacher-child interactions in German preschools[J]. Early Childhood Research Quarterly, 2014, 29(4): 509-519.

[306]　Sylva K, Siraj-Blatchford I, Taggart B, Sammons P, Melhuish E, Elliot K et al. Capturing quality in early childhood through environmental rating scales[J]. Early Childhood Research Quarterly, 2006, 21(1):80-92.

[307]　Talan T N, Bloom P J, Kelton R E. Building the Leadership Capacity of Early Childhood Directors: An Evaluation of a Leadership Development Model[J]. Early Childhood Research and Practice, 2014, 16(1): 1-2.

[308]　Thelen E, Smith L B. A dynamic systems approach to the development of perception and action[M]. Cambridge: MIT Press, 1994.

[309]　Thomason A C, La Paro K M. Measuring the Quality of Teacher-Child Interactions in Toddler Child Care[J]. Early Education and Development, 2009, 20(2):285-304.

[310]　Thornburg K, Mayfield W A, Hawks J S, Fuger K L. The Missouri Quality Rating System School Readiness Study [R]. Missouri: Center for Family Policy and Research,University of Missouri—Columbia, 2009.

[311]　Tietze W, Cryer D. Comparisons of observed process quality in German and American infant/toddler programs[J]. International Journal of Early Years Education, 2004, 12(1): 43-62.

[312]　Tietze W, Bairrão J, Leal T B, Rossbach H G. Assessing quality characteristics of center-based early childhood environments in Germany and Portugal: A cross-national study[J]. European Journal of Psychology of Education, 1998, 13(2): 283.

[313]　Tobin J J, Wu D Y, Davidson D H. Preschool in three cultures: Japan, China, and the United States[M]. New Haven, CT: Yale University Press, 1989.

[314]　Tobin J, Hsueh Y, Karasawa M. Preschool in three cultures revisited: China, Japan, and the United States[M]. Chicago, IL: University of Chicago Press, 2009.

[315]　Tobin J. Quality in early childhood education: An anthropologist's perspective[J]. Early Education and Development, 2005, 16(4): 421-434.

[316]　Tout K, Starr R. Key elements of a QRIS validation plan: Guidance and planning template[R].

Washington, D.C.: Research-to-Policy Research-to-Practice Brief OPRE 2013, 2013.

[317] Tschannen-Moran M, Hoy A W. Teacher efficacy: Capturing an elusive construct[J]. Teaching and teacher education, 2001, 17(7): 783-805.

[318] UNESC EFA Global Monitoring Report Team. Education for all the quality imperative[R]. EFA Global Monitoring Report, 2005.

[319] Van Es E A, Sherin M G. Learning to notice: Scaffolding new teachers' interpretations of classroom interactions[J]. Journal of Technology and Teacher Education, 2002, 10(4): 571-596.

[320] Van I Jzendoorn M H, Tavecchio L W C, Stams G J J M, Verhoeven M J E, Reiling E J. Quality of center day care and attunement between parents and caregivers: Center day care in cross-national perspective[J]. The Journal of Genetic Psychology, 1998, 159: 437-454.

[321] Van Nieuwerburgh C. An introduction to coaching skills: a practical guide[M]. London: Sage, 2014.

[322] Vandell D L, Wolfe B L. Child Care Quality: Does It Matter and Does It Need to Be Improved?[R]. West Lafayette: Purdue University, Wisconsin Family Impact Seminars, 2000.

[323] Vartuli S, Snider K, Holley M. Making it real: A practice-based early childhood teacher education program[J]. Early Childhood Education Journal, 2016, 44(5): 503-514.

[324] Vermeer H J, Van I Jzendoorn M H, de Kruif R E, Fukkink R G, Tavecchio L W, Riksen-Walraven J M, van Zeijl J. Child care in the Netherlands: Trends in quality over the years 1995-2005[J]. The Journal of genetic psychology, 2008, 169(4): 360-385.

[325] Von Suchodoletz A, Fäsche A, Gunzenhauser C, et al. A typical morning in preschool: Observations of teacher-child interactions in German preschools[J]. Early Childhood Research Quarterly, 2014, 29(4): 509-519.

[326] Vygotsky L S. Mind in society: The development of higher psychological processes[M]. Boston: Harvard University Press, 1980.

[327] Wachs T D, Gurkas P, Kontos S. Predictors of preschool children's compliance behavior in early childhood classroom settings[J]. Journal of Applied Developmental Psychology, 2004, 25(4): 439-457.

[328] Wang G J. Exploring the relationship between teaching beliefs and teaching practices of teachers[J]. Educational Research & Information, 2000, 8(2): 84-98.

[329] Wanless S B, McClelland M M, Acock A C, et al. Measuring behavioral regulation in four societies[J]. Psychological Assessment, 2011, 23(2): 364-378.

[330] Waters E. Attachment behavior Q-set (Revision 3.0) [M]. Unpublished instrument, New York, State University of New York at Stony Brook, Department of Psychology, 1987.

[331] Watt H M G, Richardson P W. Motivational factors influencing teaching as a career choice: Development and validation of the FIT-Choice scale[J]. The Journal of experimental education, 2007, 75(3): 167-202.

[332] Weiland C, Yoshikawa H. Impacts of a prekindergarten program on children's mathematics, language, literacy, executive function, and emotional skills[J]. Child Development, 2013, 84: 2112-2130.

[333] Weiland C, Ulvestad K, Sachs J, Yoshikawa H. Associations between classroom quality and children's vocabulary and executive function skills in an urban public prekindergarten program[J]. Early Childhood Research Quarterly, 2013, 28(2):199-209.

[334] Wentzel K R. Are effective teachers like good parents? Teaching styles and student adjustment in early adolescence[J]. Child Development, 2002, 73(1): 287-301.

[335] White K J, Sherman M D, Jones K. Children's perceptions of behavior problem peers: Effects of teacher feedback and peer-reputed status[J]. Journal of School Psychology, 1996, 34(1): 53-72.

[336] Wiens P D, Hessberg K, LoCasale-Crouch J, et al. Using a standardized video-based assessment in a university teacher education program to examine preservice teachers knowledge related to effective teaching[J]. Teaching and Teacher Education, 2013, 33: 24-33.

[337] Woodcock R W, McGrew K S, Mather N. Woodcock-Johnson III: Tests of achievement[M]. Itasca, IL: Riverside Publishing, 2001.

[338] Woodcock R W, Munoz-Sandoval A F, Ruef M, Alvarado C G. Woodcock-Mu~noz Language Survey-Revised[M]. Itasca, IL: Riverside, 2005.

[339] Wu A D, Zumbo B D, Siegel L S. General piecewise growth mixture model: Word recognition development for different learners in different phases[J]. Journal of Modern Applied Statistical Methods, 2011, 10(1): 226-248.

[340] Wu Z, Hu B Y, Fan X. Cross-cultural validity of Preschool Learning Behavior Scale in Chinese cultural context[J]. Journal of Psychoeducational Assessment, 2019, 37(1): 125-130.

[341] Wu Z, Hu B Y, Fan X, et al. The associations between social skills and teacher-child relationships: A longitudinal study among Chinese preschool children[J]. Children and Youth Services Review, 2018, 88: 582-590.

[342] Yang Y, Hu B Y. Chinese preschool teachers' classroom instructional support quality and child-centered beliefs: A latent profile analysis[J]. Teaching and Teacher Education: An International Journal of Research and Studies, 2019, 80(1): 1-12.

[343] Yoshikawa H, Kholoptseva J. Unauthorized Immigrant Parents and Their Children's Development: A Summary of the Evidence [M]. Washington, DC: Migration Policy Institute, 2013.

[344] Yoshikawa H, Leyva D, Snow C E, et al. Experimental impacts of a teacher professional development program in Chile on preschool classroom quality and child outcomes[J]. Developmental Psychology, 2015, 51(3): 309-322.

[345] Yoshikawa H, Weiland C, Brooks-Gunn J, et al. Investing in our future: The evidence base on preschool education [J/OL]. Society for Research in Child Development, 2013. http://fcd-us.org/sites/default/files/Evidence Base on Preschool Education FINAL.pdf.

[346] Zaslow M, Burchinal M, Tarullo L, Martinez-Beck I. Quality thresholds, features, and dosage in early care and education: Discussion and conclusions. Monographs of the Society Research in Child, 2016, 81: 75-87.

[347] Zaslow M, Tout K, Halle T, et al. Toward the Identification of Features of Effective Professional Development for Early Childhood Educators. Literature Review[R]. DC: U.S. Department of Education, Office of Planning, Evaluation, and Social Development. US Department of Education, 2010.

[348] Zellman G L, Brandon R N, Boller K, Kreader J L. Effective evaluation of Quality Rating and Improvement Systems for early care and education and school-age care[R]. Research-to-Policy, Research-to-Practice Brief OPRE 2011-11a, 2011.

[349] Zellman G L, Fiene R. Validation of Quality Rating and Improvement Systems for early care and education and school-age care[R]. Research-to-Policy, Research-to-Practice Brief OPRE 2012-08, 2012.

[350] Zinsser K M, Curby T W. Understanding preschool teachers' emotional support as a function of center climate[J]. SAGE open, 2014, 4(4):1-9.

[351] 陈宇卿. 美国早期教育的系统化建设：研究与启示 [D]. 上海：华东师范大学，2014.

[352] 陈玉琨，代蕊华，杨晓江，等. 高等教育质量保障体系概论 [M]. 北京：北京师范大学出版社，2004: 50-51.

[353] 董素芳. 澳大利亚《学前教育及儿童保育国家质量框架》的产生、内容与特点 [J]. 学前教育研究，2013(2): 43-50.

[354] 方钧君. 早期学习标准的制定与实施：我们可以向美国学习什么？ [J]. 上海教育科研，2011(5): 91-93.

[355] 冯晓霞. 多元智能理论与幼儿园教育评价改革：发展性教育评价的理念 [J]. 学前教育研究，2003(9): 5-7.

[356] 郭良菁. 德国研制《儿童日托机构的教育质量：国家标准集》的启示：兼论我国制订质量评价标准体系的若干问题 [J]. 学前教育研究，2004(9): 58-60.

[357] 郭力平，谢萌. 美国的早期教育质量评定与推进系统及其启示 [J]. 幼儿教育，2012(15): 46-50.

[358] 洪秀敏，朱文婷，刘鹏，等. 新时代幼儿园园长专业素养的调查与思考 [J]. 教育学报，2018(5): 84-93.

[359] 康建琴，刘焱. 制定幼儿园评估标准需要澄清的几个问题 [J]. 学前教育研究，2011(1): 29-33.

[360] 李贵希，刘花雨. 建构主义知识观及其对我国学前教育评价的启示 [J]. 教育理论与实践，2009(10): 57-59.

[361] 李克建，胡碧颖. 国际视野中的托幼机构教育质量评价：兼论我国托幼机构教育质量评价观的重构 [J]. 比较教育研究，2012(7): 5.

[362] 李克建. 科学发展观视野下的幼儿园等级评定制度：来自浙江的经验 [J]. 幼儿教育，2010(12): 1-5.

[363] 李琳. 学前教育评价的历史发展轨迹及其未来发展趋势 [J]. 幼儿教育，2012(30): 42-47.

[364] 李霞. 中小学教师职业承诺问卷的研制 [D]. 武汉：华中师范大学，2001.

[365] 李政云. 美国佐治亚州学前教育机构质量评级实践与启示 [J]. 湖南师范大学教育科学学报，2016(3): 105-111.

[366] 梁慧娟. 天津市幼儿园园长专业素质现状调查及政策建议 [J]. 学前教育，2016, 12.

[367] 梁宇颂. 大学生成就目标、归因方式与学业自我效能感的研究 [D]. 武汉：华中师范大学，2000.

[368] 刘昊，王芳，冯晓霞. 美国学前教育质量评级与促进系统评介 [J]. 比较教育研究，2010(4): 72-75.

[369] 刘昊. 美国、澳大利亚学前教育质量监控系统比较及启示 [J]. 首都师范大学学报（社会科学版），2013(6): 131-135.

[370] 刘昆，郭力平，钟晨焰. 美国学前教育质量评级与提升系统：实施现状及面临的挑战 [J]. 外国教育研究，2016, 43(5): 110-128.

[371] 刘珊. 英国学前教育质量保障体系的特点、实施效果与启示 [J]. 陕西学前师范学院学报，2016(1): 127-129.

[372] 刘衍玲. 中小学教师情绪工作的探索性研究 [D]. 重庆：西南大学，2007.

[373] 刘焱，潘月娟. 《幼儿园教育环境质量评价量表》的特点，结构和信效度检验 [J]. 学前教育研究，2008(6): 60-64.

[374] 刘颖，李晓敏. OECD 国家学前教育质量监测系统分析及其对我国的启示 [J]. 教育科学文摘，2016(4): 29-30.

[375] 刘占兰 . 我国幼儿园教育质量的现状：与 1992 年幼儿园质量状况比较 [J]. 学前教育研究，2012(2): 3-10.

[376] 潘月娟，刘焱，周雪 . 美国学前一年教育的政策与实践 [J]. 比较教育研究，2010(10): 6-11.

[377] 潘月娟 . 儿童发展评价的新趋势：真实评价 [J]. 学前教育研究，2003(12): 5-7.

[378] 亓文涛，乔爱玲 . 形成性评价在基础教育教学中的应用研究 [J]. 2007(11): 89-92.

[379] 桑国元 . 职前教师教育实践的范式变迁与模式革新 [J]. 教师教育研究，2011(4): 16-21.

[380] 沙莉，霍力岩 . OECD 学前教育质量政策杠杆：背景、特点、八国实践经验及启示 [J]. 现代教育管理，2014(12): 112-117.

[381] 苏婧 . 幼儿园园长专业能力提升丛书 [M]. 北京：北京师范大学出版社，2017.

[382] 孙阳 . 幼儿教师情绪劳动发展特点及与情绪耗竭的关系 [D]. 长春：东北师范大学，2013.

[383] 陶露 . 一位幼儿园园长的成长过程研究 [D]. 南京：南京师范大学，2018.

[384] 王宝华，冯晓霞，肖树娟，等 . 家庭社会经济地位与儿童学习品质及入学认知准备之间的关系 [J]. 学前教育研究，2010(4): 3-9.

[385] 王芳 . 澳大利亚学前教育质量监控系统的新变革及其启示 [J]. 幼儿教育，2015(36): 47-51.

[386] 王声平，杨晓萍 . 构建学前教育质量保障体系的国际经验及其对我国的启示 [J]. 外国中小学教育，2017(5): 51-58.

[387] 王双，王惠萍 . 幼儿教师情绪工作问卷的编制 [J]. 时代教育，2016(2): 1.

[388] 王双 . 美国学前教育质量评级与提升系统的元评价研究述评 [J]. 外国教育研究，2017(9): 86-103.

[389] 王小英，陈晨 . 提升学前教育质量的政策杠杆与工具箱策略 [J]. 浙江师范大学学报（社会科学版），2017(2): 10-15.

[390] 王晓棠 . 质量监测背景下早期儿童评价的国际比较研究 [D]. 上海：华东师范大学，2016.

[391] 吴丽萍，陈时见 . 美国幼儿教师专业发展策略：技术协助（TA）及其实施 [J]. 外国教育研究，2013(10): 95-101.

[392] 肖计划，许秀峰 . "应付方式问卷"效度与信度研究 [J]. 中国心理卫生杂志，1996(4): 164-168.

[393] 杨晓萍，柴赛飞 . 质性评定方法对我国学前教育评价的启示 [J]. 学前教育研究，2004(3): 16-18.

[394] 张建平 . 高校教师专业发展的心理学思考 [J]. 高教探索，2006(4): 87-89.

[395] 中国科学院"科技领导力研究"课题组 . 领导力五力模型研究 [J]. 科学领导，2006(9): 20.

[396] 中华人民共和国教育部 . 幼儿园园长专业标准 [S]. 北京：中华人民共和国教育部，2015.

[397] 中华人民共和国教育部 . 中国教育年鉴 [R]. 2010—2017.

[398] 周欣，黄谨，华爱华，等 . 学前儿童数学学习的观察和评价：学习故事评价方法的应用 [J]. 幼儿教育，2012(16): 12-14.

[399] 周欣 . 建立全国性学前教育质量监测体系的意义与思路 [J]. 学前教育研究，2012(1): 23-27.

[400] 朱家雄 . "教得对"，才有"教得好"：一谈幼儿园教学的有效性 [J]. 幼儿教育，2010(1): 4-5.

[401] 朱家雄 . 对幼儿园课程改革的所见所闻和所思（上）[J]. 幼儿教育，2006(7): 4-6.

[402] 朱家雄 . 对幼儿园课程改革的所见所闻和所思（下）[J]. 幼儿教育，2006(9): 4-6.